人生小紀

與李澤厚的虛擬對話

馬群林　編撰

目錄

第五篇 「原意難尋，六經注我」

（1992－2021，下）

尾聲 「四個靜悄悄」

後記　一部「特殊作品」/ 433

又記 / 439

附錄

附錄一

附錄二

附錄三

李澤厚序

有如本書編撰者馬群林先生在「後記」中所說，並不存在這個對話。所以這本《人生小紀》應屬於馬先生的著作，而非我的著作。因為儘管所有對話大半摘自我的文章、論著、訪談、電子郵件、微信等，並經過我多次翻閱增刪，但經由他的編排、調整、拼接、撰寫、改動，便不完全是我的語言、風格和口吻，而且有些地方半文不白即他的口頭語言和我的書面語言交錯相接，有些地方雖屬同一主題卻是不同時期、不同重點、不同講法的拼接，如此等等，不一而足。總之，這本書不能算是我的書稿或著作，這是首先應該向讀者交代清楚的。本來，從一開頭我就不贊成編撰這本書，但馬兄非常堅決，多年孜孜不倦地將分散在我的論著中的一些觀點、看法、意見摘編彙聚在一起，還梳理加上我的一些生活經歷、事件以及他人的各種論評，其中也有我以前未曾談過的好些問題，如強調漢字（指漢文，非漢語）在融化各不同種族、文化而形成大一統中國時的巨大功能（我始終認為這是非常重要的關鍵問題，但我非專家，未敢多說），等等。這些的確花了他不少時間和極多精力，並堅決不顧我的反對，認為這是介紹我的思想的讀本，很有必要。雖然最後編成怎樣，我未再看，不知曉，但他既如此強硬「有理」，我便不好再說什麼了。

於是，便要我寫序。從二十幾歲起，我所有著作都從不請人寫序。因為寫序總會要講幾句好話，但並非所有好話我都願聽。那麼，我這個序該說幾句什麼好話呢？雖然我並不承認也不認可這就是我的「學思之路」，但對拒絕寫自傳的我來說，這本書材料真實、敘述清楚、內容寬泛，也有重點，倒是可以作為我的學術傳記來閱看的。這是實話，也就算是好話吧。但我估計此書今天迎來的可能是一片嘲笑咒罵聲，不過幾十年來我已經習慣生存在這種聲音中，也就無所謂了。

我已年過九十，心腦俱衰，本該匿聲，卻來寫序，而往事依稀，徒增悵惘，如今只欠嗚呼，可傷也矣。

此序。

2020 年秋日波齋

引子

「一生簡單平凡」

不喜歡談個人

馬群林（以下簡稱「馬」） 李先生好！明年（2020）是您九十壽辰，這裡提前給您祝壽！

李澤厚（以下簡稱「李」） 謝謝。

馬 按中國的老話，九十歲，該是鮐背之年了。

李 我從未想到會活這麼久。（笑）

馬 您的學術研究，如果從考入北京大學（1950）算起，迄今（2019）已有近 70 年了。我一直想梳理一下您這漫長的「學思之路」，給研究者提供一些可靠的基本資料。但首先要說明的是：這種「梳理」，這個「學思之路」，絕不是什麼「自述」「自傳」之類的東西。

李 那當然不是了！很早，包括余英時、傅偉勳、何兆武等友人都曾多次勸我寫自傳之類，一些出版社也屢次找上門來。我感謝大家的好意，但始終沒有寫。現在更不會寫了。不喜歡談自己，這是我的個性。

馬 您寫了許多自問自答的也就是虛擬的學術對談，我們這次也用這種方式，算是真正十足的「虛擬」了。但要強調的是，形式雖虛，內容卻實——即您所認定的自己一生中的一部份「詩文、話語、史實、情況」（《李澤厚散文集·序》）。這您總該認可吧？

李 勉強算吧。

馬 那我們就開始吧。首先我想問的還是上面那個話題：很多學者晚年都出版自傳、自述之類，您為什麼不寫？經歷了那麼長時間，遇到了那麼多事。

李 沒意思，不想寫。我曾講過，第一，我這個人一輩子，一個是讀書，一個是寫文章，沒幹過別的事兒，生活少有變化，履歷異常簡單：1930 年 6 月生，

湖南長沙人。1945 年湖南寧鄉靳江中學，1948 年湖南省立第一師範畢業。任小學教師一年。1954 年北京大學哲學系畢業。1955 年分配至哲學研究所工作。1992 年旅美至今。「社會關係」極其簡單，更無何「事蹟」可言。雖亦有悲歡曲折，境遇坎坷，但相比同輩中遭難的右派生涯，下輩知青的艱難道路，就不足道了。也有如海涅說康德是沒有什麼生平可說的人，人就是書，書也就是人。和古今許多書齋學者一樣，也就是看書和寫文章，只做了這兩件事，沒做別的事。

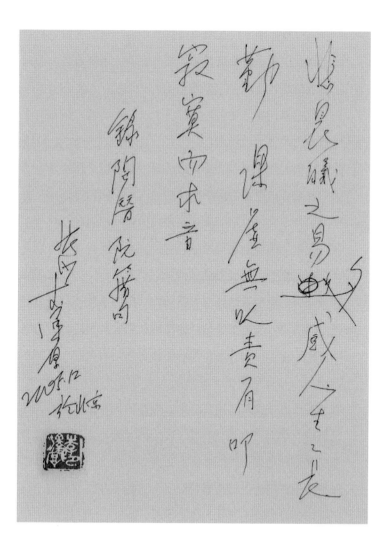

李澤厚手書自況集句聯（2005 年 12 月）

馬　過的基本是書齋生活？

李　對。再有，就是回憶使我痛苦，不願意經過痛苦再回憶痛苦。我從來就沒有特別愉快、特別高興過，而人家認為我是應該愉快高興的。我已經耽誤了不少時間，世界上什麼都可以補救，惟獨時間不能補救。

馬　好像您在什麼地方講過，曾打算寫本自傳。

李　那也是被好友傅偉勳（著名美籍華裔學者）「逼」得沒辦法才口頭答應的。九十年代初，傅多次邀請我為他主編的叢書寫本自傳，並給予特高稿酬。我沒答應，但他堅持，磨得我實在沒有辦法了，只好口頭應允了。

說到傅偉勳，我在一篇文章裡講過，他是我非常喜歡的學人之一。他比我小三歲，口無遮攔，快人快語，見真性情。他是個悟性極高、非常聰明的人，曾根據自己切身體驗寫過死亡學的著作，成為轟動一時的台灣暢銷書。我本想就這問題和他聊天，他卻於 1997 年匆匆去世了，竟由於癌症多次手術後的意外感染。如此豪爽的一位漢子，一下子就永遠沒有了。我想起此事，總備感悵惘。

我常玩味他晚年癌症手術後的情況：偉勳似乎很快樂，照樣喝酒，再三聲稱決不會死，仍在努力搞學問，但另一方面又極不滿足，總感人生沒意思。的確，如果不信神，不信鬼，那到底把人生意義放在哪裡才好呢？去日苦多，及時行樂？精神上難得滿足。著書立說，名垂後世？捨身飼虎，建功立業？貝多芬歡樂頌，浮士德上天堂……就滿足了？也未見得。佛說無生，那當然最好，生出來就是痛苦。但既然已生，又捨不得去自殺，如何辦？這個最古老的問題似乎還在日日新地壓迫著人，特別是死亡將近，再一次回首人生的時候。本來，人的生存問題解決後，性的問題、自然本性問題、人生無目的問題，會更為突出，更為惱人。有沒有、可不可以有無目的的合目的性呢？不知道，很難知道。也許，存在的深奧是有限的人和概念的理性所不能把握的？偉勳晚年「返璞歸真」，由學問人竟回到「自然人」，是不是在對人生作這種最後的詢問？是不是又一次陷入了對生死、對人生意義究竟何在作掙扎不已的無望追求和苦惱之中？我不敢作此肯定，只是懷疑和猜想。

馬　但最終還是沒寫？

李　沒寫。等那個出版社寄來合同後還是沒寫，我試著寫過，口頭既答應了，就準備寫，題目也想好了，叫《浮生記學》。我覺得這題目不錯。記得當時也擬了一些章節標題。但是動了兩三次筆都沒寫下去。寫不下去，就不寫了。合同一直放在抽屜中，沒有簽。

馬　可惜了！

李　算不了什麼。歷史上被淹沒、被扭曲的重要人物、重大事件多了，我的那點經歷根本微不足道。

走我自己的路

馬　在《浮生論學》《中國哲學登場》以及其他一些文章、訪談中，您倒是講了一些，讀者也很愛看。但我發現不少內容是重複的。

李　剛才說過，我沒那麼多故事，一生簡單平凡。過去講自己，也就是交代一些應交代的事，細節很少講，所以重複。講得也不多，那是問起順便講的。
　　當然，由於各種原因（我不喜歡談是主要原因），我在國內外的一些重要學術活動、會議和交往，如我當年極力活動到南方去的重要事情，其中包括涉及廣東的王越、北京的周揚，出國後發表的多篇英文論文及與國外洋人學者的交往，等等，很多人並不清楚或完全不瞭解。

馬　外界有不少關於您的各種傳聞軼事，有好有壞，您應該寫出來澄清一下呀，不然的話，就會被認定為事實了，有一句成語形容這叫「積毀銷骨」。比如多年前有位學人寫了篇《憶往敘實：八十年代初與李澤厚談孔子》。

李　那就只好隨它去了。這篇「敘實」就令我感到啼笑皆非，因為有關我的那部份「敘實」便非常不實，是編造出來的。但我實在沒有能力和興趣對付這種事情。

馬　還有一個小例子：李學勤先生去世（2019 年 2 月 24 日）後，有報道說：李澤厚曾稱李學勤為「大陸學界第一人」。有的書還曾把這句話印到封底。

李　這只是很細微的事，其他的更多。對李學勤先生的逝世，我深表哀悼，我也稱讚過他的學問，但從來沒有講過這句話。在與陳明的對話（《浮生論學》，2002 年）中還講過，我不贊同他領導的三代斷代工程，我認為蘇秉琦的成

就可能更大。倒是陳明講了一句：「當時國內的第一劍應該是這個李先生李學勤」，這是把陳明的話安到我的頭上了。(笑)

馬 2016 年網上有張岱年先生是否給方克立寫過「求饒信」的爭論，又旁出您給方寫求饒信的謠言，說您給方寫過不止一封，祈求方不要再揭發您了。但您 1992 年初即離京赴美，而方 1994 年才調任中國社科院研究生院院長。如此「時差」，本無交集，怎可能發生此事？所以，這個「故事」編得也太離譜了。

李 哈哈。我已置身海外，何饒可求？只知道方當時大講要「打落水狗」，指我，但我已離開中國，他打不成，便造謠了，但又拿不出一封信來。

馬 記得您在一本書的後記中說，經常受到「惡人」攻擊。這裡講的「惡人」，是指哪些人？

李 我之所謂「惡人」，並非指那些與我意見（不管是學術意見還是別的什麼意見）相左而批評我的人，也不指那些官方半官方的大批判家們，而是指一些與我極少往來、素無瓜葛卻不知為什麼（我實在弄不明白）對我非常仇視，無端攻擊、謾罵的人。這種攻擊見諸筆墨者有之，更多和更惡的卻是流言蜚語，無中生有，造謠中傷，真是人心險惡，可怕之至。行路難行路難，不在水不在山，但在人情反覆間。

所以，我對朋友劉再復說，我應該設想自己已經死了。這樣，一切攻擊謾罵、惡人惡語，對我也就沒有刺激，不起作用了。「身後是非誰管得，滿村聽說蔡中郎。」我倒可以逍遙自在，不出聲，只觀看世人的各種真假面目，這不挺有趣麼？

馬 哈哈，這完全是一種阿 Q 式的排遣法，但也可見您仍是初衷不改呀。

李 抄幾句過去寫的話吧：「我堅守自己的信念，沉默而頑強地走自己認為應該走的路。毀譽無動於衷，榮辱在所不計。」(1981)「關鍵確在於『沉默而頑強』，蓋非『沉默』無足以保身全生，非『頑強』不可以韌性持久。是以黃卷青燈，敢辭辛苦？任人責罵，我自怡然。我繼續走我自己的路。」(1989)

馬 希望我們接下來的對談，能真實而全面地展示您獨特的「學思之路」——「走我自己的路」。

李 但也不是什麼正規嚴肅的「對談」，算是「聊天」吧，隨意聊聊天而已。

第一篇

「獨上高樓，望盡天涯路」

（1930—1954）

一 「子欲養而親不待」

五代之前不姓李

馬 記得您曾講過,您家五代之前不姓李,是賜姓的。這有點意思。

李 説來話長,只能簡單提一下。祖父的祖父,也就是我的高祖,叫李朝斌(1825－1894),他本來姓王,王家養不起,就送給李家,後來從軍了,打了很多硬仗、死仗,封了大官──江南水師提督,賜穿黃馬褂。有了軍功以後,王姓讓他歸宗,曾國藩上了一個奏摺,説歸到王家,王家不過多一個兒子而已,但李家就沒有後人了,所以就主張還是姓李,不要姓王。但是以王家為郡望,王的郡望是太原,我們叫太原李氏,區別於其他的李。所以這個「李」是從我的祖父的祖父開宗的,傳到我才五代。有姓李的寫信給我説,我應是他們的那一輩,我説對不起,我不是,我是另外一個李。(笑)

我是大房長孫,還有很多房呢,因為這個老祖宗討了幾個老婆,反正兒子有 13 個還是 15 個,搞不清楚。我是他第一個孫子的第一個孫子。《清史稿》有《李朝斌傳》,多少卷我記不得了。那被賜姓的就是我祖父的祖父。

馬 我查出來了,在《清史稿》卷四百十五列傳二百二。李朝斌是曾國藩手下的名將,很能打仗,誥授建威將軍,正一品,其夫人亦誥封一品夫人。

李 對此事,我不大重視。跟我兒子也沒有講過。同祖父的弟弟妹妹也都是很晚才知道的。毛澤東時代這是不能講的。高祖的墓還在,位於長沙望城區,神道碑也在附近。2008 年我們同祖父的兄妹五人去看過並留影,照片刊在中華書局《李澤厚對話集》裡。

高祖這個人呢,目不識丁,完全是打仗出身,史書上有他的奏摺,當然不是

他寫的了，是他的幕僚寫的，我還查出來看過幾份。這個人官已不小，但仍生氣，為什麼呢？他覺得這些文官，沒有打多少仗，反而得大官；他出生入死，官還不是很大。他就叫他兒子狠狠唸書，他不認識字，我祖母說的，看他兒子功課的時候，先生圈打得多，他就欣賞；圈打得少，就要罵或者打兒子一頓。

以前是以貧僱農出身而自豪，現在有些人以顯示門戶為榮，我覺得好可笑，因為這些對我，特別是我的「學思之路」並無甚關係。聽說李朝斌墓及神道碑已經是湖南省文物保護單位，我也並不很重視，真是有點「數典忘祖」了。

馬　您的祖父是幹什麼的？

李　那當然也是做官的，叫李同壽（1872－1932），當過雲南思茅的知州，就是地區這一級，和法國人搞過邊界勘定等等。光緒三十二年（1906），因剿匪不力，被罷免回鄉。這時家境雖越來越破落，也還有不少錢跟房子，但土地已經很少了。《清實錄·光緒朝實錄》也有關於祖父被獎勵的記載。聽祖母說，祖父曾受到清帝召見，因官小，只能跪在很遠很遠的地方，根本看不到皇上，但也被視為家族的一種榮譽。

馬　祖父去世時，您才兩歲，應該沒有什麼印象？

李　那是，太小了。但似乎仍有一點點模糊印象，好像是祖父抱我逛漢口街市的情景。一點也不清晰，只記得好像有個銅像在那裡，這也可能是把後來圖片上南京的孫中山銅像混在一起的緣故？但家人說有過這件事。

馬　對父親的印象就深刻了吧？

李　我出生當日（1930 年 6 月 13 日），父親曾寫了一封信，給我外祖母的，這個報喜信我還保存著，算是我的一件珍貴「文物」：

岳母大人尊前：

　　前月肅上蕪稟，諒已早邀慈鑒。近維福體安康，至頌且祝。啟者：令嬡於本月十七日午前十時二十分解懷，得舉一子，大小均甚平安，堪以告慰遠注。茲特敬呈喜蛋等件，伏乞哂收為幸。專此敬請福安，伏維垂鑒。

　　　　　　　　　　　　　　　　　　小婿李進肅稟

　　　　　　　　　　　　　舊曆五月十七日午後四時發

　　　岳祖母

　　　姨岳祖母大人前叩名請安，恕未另稟

　　　姨岳母大人前附此請安

　　　伯閣哥嫂以次均附此問候

馬　在您的一本書裡看過這封信的圖片，字很漂亮，頗有些黃山谷的韻味。

李　字很好，特別是小楷。我父親叫李進（1904－1942），本名世裕，字叔陶，學名景範。高祖之時，家道殷盛，到我祖父的時候雖已開始沒落，但也還是富裕人家，所以父親當然讀了書，上教會學校。我父親是自己苦學，努力奮鬥出來的：已沒有土地等財產了，穿著透水的皮鞋上學，後來為了家庭生計，自己起了一個新名字「進」。後來又考入郵政局做事情，他資歷是大學預科，實際是中學生，但水平則超過很多大學生。當時去考的大多是大學畢業生，他便改了個名，也有怕考不過會被嘲笑的心理原因。結果好些大學畢業生沒考上，這位大學預科生卻考上了。當時郵政是英國人辦的，用的公文、出的佈告都是英文，不是中文。父親一直在郵局工作，是高級職員：甲等一級郵務員。

馬　那算是很不錯的工作了。

李　當時最好的工作，一是銀行，金飯碗，二是郵局，銀飯碗。父親的收入每月有二百多塊，所以我小時候的生活很好。很早就吃過巧克力、燒烤等食物，而且在家裡很受寵愛。記得抗戰中，隨全家從湖南調江西，坐的是帶篷的卡車（運一些行李），前面司機旁邊那個位置永遠都要麼是我父親，要麼是我祖母，他們抱著我。我母親和弟弟就從來沒有這個待遇。父親家教很嚴，吃飯時祖母未上桌坐下，未動筷子，我們便不能動筷子吃，所以從小便習慣於克制自己。

父親曾作《書示厚兒》詩：「潦倒誰於邑，謀生哪自由；韶華過似箭，期望

人生小紀：　與李澤厚的虛擬對話　　　　　　　　　　　　　　　010

渺如鉤；身世兩同恨，鄉心一樣愁；壯懷終是夢，有負少年頭。」我父親也是鬱鬱不得志，死得很早。我 12 歲時父親就去世了，才 38 歲。

一輩子的哀痛

馬　您在一篇文章中講過，對自己影響最大的親人是母親。可母親也是很早就去世了。

李　剛過 40 歲。母親叫陶懋柟（1907－1949），出身於官宦人家，她的祖父陶森甲（1853－1913），做過道台、總兵，是遊走在晚清和民國初年上層官場的一個人物。陶森甲之子陶惺孝（1880－1916），字涵宇，1904 年留學日本，死的時候才 36 歲，是我的外公。

馬　幼年時對母親有記憶嗎？

李　依稀有點。電影院失火，母親攜我逃出，那已是五六歲了，但記憶不清晰。再次，是母親在黃包車上告訴我快下鄉了，說鄉下的一些人物，其中有一個比我大兩歲的表姐。但在記憶中，我又把她與當時同宅鄰居也比我大的叫方永（當時小皮球上有個「永」字公司標記，所以記得特別清楚）的女孩混在

母親陶懋柟的人品與風範，對李澤厚影響極大

一起了。而且有種異樣感覺。當然還有好些五六歲時的往事：芝麻醬、蠟光紙、叔叔嬸嬸……都恍恍惚惚、如真似幻。

馬　從家庭背景看，您的母親應該屬於大家閨秀了。

李　母親沒有正式上過學，唯讀了幾天女校，但人極聰明，通過自學掌握了很多知識。我母親很重感情，看輕名利地位，我這一輩子不想做官，也堅決不做，可能與她對我的影響有關係。我清晰地記得，當年我父親做了代理郵政局長的消息在報紙上發表後，父親很高興，母親卻一副不以為然的樣子與神態。

　　提到母親，我很難過，也很愧疚。她去世的時候我沒有在她的身邊，我不孝順。那個時候我正好是失學又失業，她死在外地，等我趕過去，人已經入土了。

馬　沒能見上最後一面？

李　（沉默）沒有……

馬　真是令人悲傷！

李　她是死未瞑目呀！這是我一輩子的哀痛，到現在都是我人生最痛苦的事，過去幾十年了還是那麼的痛！每念及「樹欲靜而風不止，子欲養而親不待」，總不免泫然涕下。很遺憾母親沒有享到「清福」。在《李澤厚哲學美學文選》(1985) 的序文裡，我寫了一段話紀念母親：「她活到現在該多好！這本來是完全可能的。社會歷史和個體生活中的某些偶然總是那樣驚心動魄，追悔莫及，令人神傷。今天，我只能以這本不像樣子但在家鄉出版的小書奉獻給她──我兒子所不及見的慈祥的祖母、我親愛的母親寧鄉陶懋柟。」十多年前，我將三千冊藏書捐給嶽麓書院，並以我母親的名字命名──「陶懋柟書室」。

故鄉印記

馬　您在家鄉湖南生活了多久？

李　冷靜算一下，我在湖南先後不過十餘年，最長的一段，在寧鄉道林和長沙，

也不過八個春秋。但我總覺得那十多年特別是那八年，比我在北京的幾十年要長得多。實際上，少年時日並不長，而且也多創傷和痛楚，只是不願憶想它罷了，經常想起並願意隨意寫下的，大都是早經無意識編選過了的那些寧靜、閒散、日長如小年式的悠悠歲月。這可能與我偏愛二十年代的某些散文也有關係。記得魯迅說過，故鄉一些東西「也許要哄騙我一生，使我時時反顧」。記憶中庭院裡的金銀桂花樹，大門前的兩個大石凳，有著枇杷樹的花園，似乎很長、繞著水塘和竹林的圍牆……是不是這些給我幼年的心靈成熟中打上印記的東西，總潛在地引導我對時間、存在和人生之謎去時時反顧呢？

我家既非地主，也不是農民，長期住在城市。但我懷想最深的，卻仍然是那些大片金黃色油菜花的田疇，那漫山遍野熱情執著的映山紅，那充滿了甜蜜的潤濕感的江南農村的春天氣息……還有長沙，那教育會坪、文運街口、國貨陳列館、銀星電影院、九十年代我兩次回長沙尋找過的舊石板路，那「淡淡的三月天，杜鵑花開在山坡上，杜鵑花開在小溪旁」的歌聲，它們伴隨著那時的艱難歲月，將永遠留在我的記憶中，給我以溫柔和慰藉，蒼涼和感傷。

馬 再談談其他家庭成員的情況。

李 不講了。

馬 那就只說說您現在還有聯繫的那些親人。

李 一直保持聯繫的是我們共祖父母的兄妹五人。親弟弟一個（李澤民），雖遠在新疆，卻非常非常之親密。按傳統禮制為「堂妹」的三人（李澤美、李澤麗、李澤珊），實際卻如親妹妹一樣。我們的雙親在四十年代都不滿或剛到40歲便在身心悲慘中病逝，兩位母親因念掛兒女年幼均死未瞑目。我們兄妹五人1949年後雖天各一方，一直在不同地區工作和生活，卻始終保持聯絡，噓寒問暖，相互支持。五人也一直兢兢業業，認真工作，弟弟身為礦長和局領導卻每週必下礦一天，與礦工們共同挖煤，八小時不上井，所以「文革」時得到老工人們的奮力保護。五人未曾屈就權勢迎合時髦，卻居然有驚

無險，未遭巨難，未成右派，算是平安度過此生。這在那個嚴峻年代，真是很不容易和很幸運的了。新世紀以來，我們更是三年一聚，來自五方，歡笑滿堂，都健康地活到高齡。我說，這就足以告慰地下不幸英年早逝的兩對雙親和與我們共同生活過的熟悉、親切的祖母了。

就講到這裡為止。講老祖宗事情可以不動感情，講到後面動感情，免得影響情緒。我親弟弟最後竟因礦工職業病矽肺症死去……

二　最恨虛偽

生活頓陷困境

馬　您是何時開始上學讀書的？

李　先上的湖南長沙孔道小學。讀了一年，抗戰就爆發了，為避戰禍，隨母親到寧鄉道林便河外婆家，後來又到晃縣和邵陽，因此也輟學，由母親教《幼學瓊林》等。後來父親調江西任上，隨全家從湖南到江西贛州，插班入保粹小學，搞了個小學文憑考中學（贛縣匡廬中學）。實際上，我上學是從初中開始的。

馬　在那裡讀完了初中？

李　沒有。這時家裡出現變故，我父親在江西吉安任上去世了。父親葬在長沙。母親就帶著我們兄弟二人又回到了她自己的娘家——寧鄉靳江河畔的道林。母親此後以做農村小學教師謀生。我插班入寧鄉靳江中學（現在的寧鄉第四高級中學）讀初中。上了兩年，日本攻佔長沙，學校遷往山區。沒英語課，我的英語程度是初中二年級，因為初中二年級以後就沒上過英語了。

我父親從不攢錢，沒有什麼積蓄，父親去世後，家境便一落千丈，頓陷困境。母親帶著我們兄弟兩人艱難度日，甚至跑幾百里路去教書賺錢，慘澹經營，備嘗艱辛。當時有人說，等你兒子長大，你就可以享福了。母親回答：「只問耕耘，不求收穫。」至今這句話似乎還在耳邊，那情景仿佛仍在眼前，卻不幸竟成讖語。

馬 父親去世，家境衰敗，對您影響很大吧？

李 深切地體驗到了世間的人情冷暖，世態炎涼。如果家境一直很貧困，倒不一定會有這麼深的印象；如果由大富而一貧如洗，可能也不會有這種感受和記憶；所以魯迅講：「有誰從小康人家而墜入困頓的麼，我以為在路途中，大概可以看見世人的真面目。」我就是這樣，不是由大富而是由小康人家一下子墜入困頓（但也不是陷入赤貧）。我感觸更深的與其說是殘酷，不如說是虛偽，人情冷暖中的虛偽，所以我最恨虛偽。記得當年為了幾個臭錢受多少氣，如今有錢，又有什麼用？也記得當年春節，同住在一所大屋的親戚們大魚大肉，熱鬧非常；我們一家母子三人肉片豆腐，蛋羹一碗，冷冷清清，相依為命。

靳江中學片憶

馬 讀靳江中學時，有什麼印象深刻的事？

李 學校離家三十里。我每週往返一次，回家過星期天。記得我總願意邀表姐同路。我們是同班同學，家同在那個便河老屋。當時我十三四歲。有一次在路上，我用硬紙折成戒指形狀給她戴在手指上。她只戴了片刻。我們一句話沒說，我卻感到很高興。為什麼呢？當時並不大明白。只是留下來的記憶，還如此鮮明。但更多時候，卻是我一個人走。

馬 您在一篇文章中曾講過，「我愛上了一位表姐，卻長期不能表白，她倔強、冰冷而美麗」，這是少年情愫的初次綻放？似乎對您的情感也有影響？(笑)

李 不說了，不說這些了……記得那上學的三十里路，感覺長而又長，我只好在路上背要考試的古文，背不出來，便拚命想，這樣不知不覺走了不少路。我當時對自己這種既打發長路又利用了時間的「發明」沾沾自喜。

湖南中等教育一向發達。靳江只有初中，地處鄉村，且屬初辦，但回想起來，教員、校舍、圖書、同學……都相當不錯。我在這裡讀了不少課外新書，交了張先讓、楊章鈞、謝振湘等好朋友。還辦過壁報，每期四版，刊名《乳燕》，小說創作佔了大半篇幅。比我高兩班的龔振滬（龔育之）也辦了

個叫《洞觀》的壁報，兩版，多自然科學內容，頗有水平。這些都是「民辦」的，還有「官辦」和班級辦的。當時在我們這些小小學生裡，自發的辯論和議論似乎還不少，其中一部份，便是針對著學校和校長的。

記得有一次週會，校長周忠箸把我和龔振滬叫上講台，讓我們把一隻胳臂舉起來，卷起衣袖給全校師生看。他說，這兩個學生成績都非常好，但身體太差，這麼瘦弱，這怎麼行？！當時我既害怕，又高興，印象至深。我問過龔育之先生，他說他也記得。八十年代初，我在桂林看望這位分別了四十多年已八十高齡的校長，談及此事時，他當然早已淡忘了。

酷愛魯迅與冰心

馬　少年時期，誰的書對您影響最大？

李　魯迅。他的性格對我影響很大，包括好的或壞的影響。

馬　還有壞的？

李　看在什麼意義上說，例如我外表雖活潑，實際上卻很孤僻、悲觀，不愛與人交往、很不合群，自我感覺不良好，不是那麼朝氣蓬勃，等等。所以，不但魯迅剛韌、頑強的一面，而且他作品中孤獨、悲涼、沉重的一面（沒有這一面便不是魯迅），在我性格、情感、思想、興趣上，都留下了明顯的痕跡。

馬　為什麼喜歡魯迅？

李　我上初中時最喜歡的中國現代作家，有兩個，除魯迅外，還有冰心。之所以酷愛魯迅和冰心，大概就與自己的家境和母愛有關。魯迅叫我冷靜地、批判地、憤怒地對待世界；冰心以純真的愛和童心的美給我以慰藉與溫暖；而母親講的「只問耕耘」的話語和她艱苦奮鬥的榜樣，則教我以不求功名富貴，不怕環境困苦，一定要排除萬難去追求真理的決心和意志。國外有人認為，要歷史地、具體地分析一個人在學術上、文藝上的某些個性特徵，應該注意到他的少年時期。我終於放棄了中學時代成績一直很好的數理化，而搞上了美學，不知是否也應追溯到自己那個孤獨的、清醒的、傷感的少年時代？還記得中學時讀過歐陽凡海寫的一本書，1942 年出的，叫《魯迅的書》，對

我的影響也很大。

馬　相比魯迅，冰心的作品似乎「淺白」許多，您喜歡她什麼？

李　那時，她的《繁星》《春水》《寄小讀者》我都愛看。冰心的作品使人善良，使人和殘暴、邪惡劃清界限，這就足夠了。在冰心的單純裡，恰恰關聯著埋藏在人類心靈深處的最重要最不可缺少的東西，在這個非常限定的意義上，她也是深刻的。魯迅和冰心對人生都有一種真誠的關切，只是關切的形態不同。當然讀冰心，這仍然是少年時代的感受，因為以後就幾乎沒有再讀冰心了。

馬　見過冰心本人嗎？王蒙先生在一篇紀念胡喬木的文章說，九十年代初，胡約他與您等人去看望冰心，但沒能聯繫上您。

李　有這事。可惜我從來和冰心未見過面，不是沒有機會，住皂君廟的時候，離她住所很近，也沒去看過她。我這個人就是懶於交往，性格弱點，沒有辦法。

馬　開始讀魯迅時，您年齡不大，魯迅的東西還是比較晦澀的。

李　不大懂也硬著頭皮看，而且越看越有味，似乎從中可以悟出些什麼道理來，因而對魯迅佩服得五體投地。現在看來，也許我讀魯迅的書為時過早，但確乎對我影響至深。讀魯迅的書使人深刻，使人更嚴肅地面對人生。少年時代熱愛魯迅，大概與我不沉溺於抽象思維（儘管我很喜歡這種抽象思辨）、不喜歡瑣細的專業化、關注中國現實以及接受馬克思有關係。

馬　2009 年您在與劉再復先生的對話中說：「魯迅一直是我最崇敬的人物。我是頑固的挺魯派，從初中到今日，始終如此。」

李　在中國現代文學中，我覺得魯迅大大超過其他作家，包括超過張愛玲、沈從文等，當然也是郭沫若、茅盾、老舍、巴金等無法可比的。極強烈的情感包裹沉澱在極嚴峻冷靜的寫實中，出之以中國氣派的簡潔凝練，構成了魯迅前期作品所特有的美學風格。魯迅的小說、散文（如《野草》）所以能如此深入人心，具有那麼強大、深刻和持久的感染力量，與這種美學風格直接有關。它使人玩味無窮，一唱三歎；低迴流連，不能去云。《孤獨者》主人公

魏連殳那種夢醒之後無路可走的大苦悶化作深夜中淒慘的狼嗥，讓人聞之震撼不已。但即使這樣冷峻哀傷的作品，使人讀後的美學感受，也並不是低沉、消極或頹廢；相反，它燃起的是深重的悲哀和強烈的憤慨。

現在有人把張愛玲說成比魯迅更高，實在可笑。藝術鑒賞涉及審美對象諸多因素的把握和綜合性的「判斷」，不能只看文字技巧。張愛玲學《紅樓夢》的細緻功夫的確不錯，但其境界、精神、美學含量等等，與魯迅相去太遠了。要論文字，陀思妥耶夫斯基恐怕不如屠格涅夫，但他的思想力度所推動的整體文學藝術水平卻遠非屠格涅夫可比。陀思妥耶夫斯基的偉大正在於他那種叩問靈魂、震撼人心的巨大思想情感力量。

魯迅在發掘古典傳統和現代心靈的驚人深度上，幾乎前無古人，後少來者。貶視庸俗，抨擊傳統，勇猛入世，呼喚超人，不但是魯迅一生不斷揭露和痛斥國民性麻木的思想武器（從《示眾》到《鏟共大觀》、《太平歌訣》），而且也是他的孤獨和悲涼的生活依據（從《孤獨者》到《鑄劍》到晚年的一些心境）。而且，這種孤獨悲涼感由於與他對整個人生荒謬的形上感受中的孤獨、悲涼糾纏融合在一起，才更使它具有了那強有力的深刻度和生命力。他超越了啟蒙，有著對人生意義的超越尋求。

馬　但魯迅也有偏激的地方。

李　那當然。魯迅有許多偏見，許多激憤之語，作為文學家，可以理解，但作為思想家，就不那麼好理解。他對中醫的偏見，對梅蘭芳的偏見，對許多人許多事的偏見，我們只能視為文學家的偏激情感。魯迅的啟蒙是訴諸人的情感方面，是情感的力量，這是文學，包括後期的雜文，雖然包含著許多思想，但所以強烈影響人們、感染人們還是其中的情感力量，而不是他的說理。他那貌似說理的論辯其實是蘊涵著情感的文學表述，純從思想理論上看，是有許多破綻的。

馬　二十世紀七八十年代，您發表過兩篇談魯迅的文章（《略論魯迅思想的發展》《胡適、陳獨秀、魯迅》），影響很大。有魯迅研究學者指出：「李澤厚雖不是魯迅研究專家，但這兩篇文章，一直成為新時期以來魯迅研究前沿的引領

者，這在學術史上是一個罕見的現象。」（張永泉：《李澤厚與魯迅》，《魯迅研究月刊》，2015 年第 2 期）

李　以前神化魯迅，給他戴了許多「家」的帽子，其中最重要的三項是「革命家」「思想家」「文學家」。八十年代，我去掉他第一頂帽子，現在似乎應該去掉第二頂，而只保留第三頂：魯迅是文學家，是具有他人所沒有的巨大的思想深度的偉大文學家，又用自己創造的獨特文體，把思想化作情感迸射出來，確實非同凡響。這才還其本來面目。

八十年代我用「提倡啟蒙、超越啟蒙」八個字來概說魯迅，現在還覺得這一論點沒有過時，只是從來沒有展開來談罷了。魯迅不同於中國現代作家，也不同於西方的作家、思想家，全在這八個字之中。

最不喜歡的作家

馬　您剛才講，魯迅、冰心是您少年時代最喜歡的中國現代作家，那有沒有不喜歡的？

李　我在別處還說過，一直不喜歡的，也有兩個。

馬　哪兩個？

李　一個郭沫若，一個周作人。我特別對現在有些研究者把周作人捧得那麼高，把二周（周樹人、周作人）相提並論，很反感。我可以稱道周作人的文學技巧甚至藝術成就，但就是很難親近或接受他。魯迅那麼多作品讓我留下那麼深刻的印象，周作人則沒有一篇。周作人的知識性散文，連學問也談不上，只是「雅趣」而已。我不喜歡周作人，歸根結蒂還是不喜歡他的整體創作境界太舊，功夫下了不少，但境界與明末作品相去不遠。境界正是由思想深度和情感力度所組成的。而思想和情感儘管如何超脫、超越、超絕，仍總有其歷史和現實的根基。周作人大節已虧。據考證，周的某一不食人間煙火的閒適名篇便寫於日本皇軍進駐京城之際。這不由得使我想起魯迅說的「從血泊中尋出閒適來」（《病後雜談》）。2001 年我寫過一篇《讀周作人雜感》，最後一句是：「我總感覺他做作：但那是一種多麼高超的做作啊。」

馬　為何又不喜歡郭沫若？

李　一個（周作人）太消極，一個（郭沫若）太積極。我從來就討厭郭沫若和創
　　造社，也從不喜歡大喊大叫的風格，創造社的喊叫既粗魯又空洞。《女神》
　　的喊叫與那個時代的吶喊之聲還和諧，但我還是不喜歡。他那「天狗」要吞
　　沒一切，要吞沒太陽，吞沒月亮，我覺得太空洞，並不感到如何有力量。我
　　對郭的某些（也只是某些）歷史著作，如《青銅時代》中的一些文章以及某
　　些甲骨考證很喜歡，《十批判書》差一些。《中國古代社會研究》在當時的
　　確是開山之作，影響極大。郭極其聰明，那就不要說了。

　　當然，我不喜歡大喊大叫的作家和作品，但並不等於我就非常喜歡完全不喊
　　不叫的作品。周作人倒是不叫喚，很安靜地喝酒品茶，剛才說了，我也很不
　　喜歡。

熱衷於讀詞和填詞

馬　小時候還有哪些作家對您有影響？

李　在十四五歲的少年時代，我就帶著憂傷和感慨，看新小說、新詩，讀聶紺弩
　　的雜文，模仿艾青的詩、艾蕪的小說，更不要說冰心、巴金、茅盾、魯迅
　　了。那時我沒有與任何人來往，生活極其單調窮困。將來會是怎樣的呢？當
　　時一點也不清楚。像一條沒有前景的路，或者根本沒有什麼路。

馬　記得您說還曾鍾情於武俠小說、推理小說？

李　更早的時候（10歲前）對我有影響的一批書是中國武俠小說：什麼定身法，
　　什麼鼻孔裡哼出兩道劍光……即使荒誕，其中也有一些頗能滿足兒童的想
　　像、愉快的東西。想像力是心理發展中的重要因素，對以後影響大。記得小
　　時候看小說《封神演義》，到結尾時，使我非常驚異的是，姜子牙最後將那
　　些打拚廝殺得難分難解、你死我活的敵我兩方的戰死亡靈，竟然雙雙對對一
　　律封神；是非曲直、善惡恩怨、高下強弱統統勾銷，共同攜手，進入和平安
　　寧的神仙世界。以後長大了倒不看武俠小說了，例如金庸的大都沒看。

　　小時候，還喜歡讀推理小說《福爾摩斯探案》等，覺得能帶來智力上（邏輯

推理）的愉悅。還讀過亞森羅平等等，亞森羅平寫得差很多，福爾摩斯到現在還是經典。中國傳統特別是近現代非常缺乏這一部類的成功作品，以前倒有施公案、彭公案之類，但那些似乎太「原始」了。

馬　我讀過您少年時期寫的一首詞《虞美人》：「綿綿風雨家園淚，極目江山碎。曉來煩憂上危樓，千里沉雲何處放離憂。憑欄欲向東風惱，莫笑年華早；少年心意總殷勤，望遍山花春戀卻難尋。」

李　這是 1945 年春填的，15 歲，一半可能是無病呻吟，一半也有真實性。當時並非學校要求，也未有老師指點，卻非常熱衷於讀詞和填詞，特別是喜歡五代北宋詞，當然還有一個南宋的辛稼軒。對於詩，甚至唐詩，倒望望然而去之。我少年時喜歡讀詞，再大一些喜歡讀陶淵明的詩。

馬　您也一直很欣賞俄羅斯文學。那個以「食」為例的比喻，特別精彩，翻譯家戴啟篁在《屠格涅夫短篇小說選》的前言大加讚賞：「這個話本身就像一顆『千斤重的橄欖』（女詩人香菱小姐語），放進嘴裡，可以嚼出許多味道來⋯⋯請設想，倘若用理念性的闡述，恐怕成百上千文字也難以窮盡這區區四十五個字的味道。」

李　從中學起，我就非常喜愛俄羅斯文學（不喜歡英美文學），進入大學後，也讀了很多俄羅斯小說，不少是小開本的英文版。至今我仍然認為俄國小說超過所有其他國家，這大概也是我的偏愛和偏見？好像王蒙也如此。我打過一個比喻：「屠格涅夫的小說像一杯清茶，托爾斯泰像一席佳餚，陀思妥耶夫斯基像一瓶烈酒，契可夫則如極富餘味的澀果。」記得開始喜歡屠格涅夫，但後來讀陀思妥耶夫斯基的《卡拉馬佐夫兄弟們》，看完後兩三天睡不好覺，激動得不得了，好像靈魂受到了一次洗滌似的。

馬　您自小就喜歡文學，有沒有考慮過走作家這條路？

李　我小時候曾經寫過小說，老師誇獎得不得了。我不是沒有考慮過當作家，但冷靜一想，認為自己才力不夠。一輩子不喜歡與人打交道，「沒有生活」，怎麼寫小說？對自己要有清醒認識才行。又如，我也本想做歷史，卻喪失了機會，做歷史要有大量的資料、書籍。我下鄉勞動、「四清」，不下鄉則開

會、檢討，浪費了二十年；出國後不能大讀中國書，又是二十年，於是一生就報銷了。

三　精神危機

上了免費的第一師範

馬　從靳江中學畢業後，在哪裡讀的高中？

李　1945 年秋，我初中畢業後，考上了當時湖南最著名的省立一中，卻因沒錢不能入學，只好進了學費、雜費，連膳食費都不收的省立第一師範。我徒步四百餘里到位於安化橋頭河的第一師範，路上，聽到了日本投降的消息。在安化橋頭河上了一個學期之後，搬到了長沙嶽麓山左家壟山坡上。校前有兩株日本人留下的櫻花，暮春時節，開得極為熱烈。而極目遠望，湘江如白帶，似與樓齊，非常好看。

　　還記得抗戰勝利前，一位並不熟悉以至姓名全忘的年輕人，曾向我出示過自己的一張詞作書法，開頭那句是「任胡騎飲馬大江邊，國破不堪羞」，當時認為非常豪放，便記誦下來了。它使我想起長沙大火和會戰。

馬　第一師範也是名校呀，有「千年學府、百年師範」之稱，近代的曾國藩、左宗棠、胡林翼、郭嵩燾、陳天華、黃興等，現代的毛澤東、何叔衡、蔡和森、李維漢、任弼時、廖沫沙、周谷城、田漢等都曾在那裡學習或工作過。對了，前些年我還看到某雜誌刊載您少年時期的一些習作，那是您初高中寫的吧？劉再復先生曾說，您的這些作文很理性，不在乎權威（蘇軾父子），文筆也清麗。

李　我的作文一直很好，頗受老師嘉許，我母親曾拿給別人看，常被誤以為出自大學生的手筆。這些作文曾裝訂成一大厚冊，還帶到美國（劉再復見過），可惜後來銷毀了。由於搬家等原因，我毀了不少東西，現在想想，有的應該保存下來，但無所謂了。現存《反東坡晁錯論》《夏池聽蛙》《說難》《書項籍論後》《張家四傑傳》《五四校慶獻詞作三百體》《試就名賢中取其言行之

足景行者紀之以徵尚友之識》（之一、之二）等幾篇，被一名從事教育的朋友拿去發表了。

馬　您開始接受馬克思主義，也是在讀第一師範期間吧？

李　是的。當時學校充滿一種復古氛圍，死氣沉沉。進步學生運動開始風起雲湧，時局也日趨動盪，學校卻保守到連《大公報》之類小罵大幫忙的報刊都少見。還鮮明記得 1946 至 1948 年經常由左家壟渡河到長沙市的好些情景：黃昏日暮，坐一葦擺渡，風起時隨大浪浮沉起伏攝人心魂；餓著肚皮站在書店看書一整天，貪婪地翻閱著各種雜誌、報紙和書籍，這其中主要就是哲學社會科學方面的新書。正是在大量的閱讀和比較中，我自覺選擇了馬克思主義。所以，我的一些馬列基本知識，是在書店裡站著讀、在課堂上偷著讀得來的（我故意選擇靠最後的排次，上課時我也可以偷看自己的書），有好些書是冒著一定的危險來讀的。

在這種閱讀中，自己逐漸培養和增強了判斷是非和獨立思考的能力。應該說，這對我後來的研究工作起了很大的作用。我不喜歡人云亦云的東西，不喜歡空洞、繁瑣的東西，比較注意書籍、文章中的新看法、新發現，比較注意科學上的爭辯討論……這恐怕都應追溯到自己那個貧困、認真、廣泛閱讀的青少年時期。

啃下「費爾巴哈章」

馬　那時馬克思主義的書還是不能公開的。

李　是禁書。在嚴格被禁的白色恐怖下，對我反而更具有吸引力。當時傾心革命，思想是愈來愈左，醉心於《西行漫記》、艾思奇的《大眾哲學》、翦伯贊的《歷史哲學教程》、葛名中的《科學的哲學》等等。這些書都是自己選擇看的。自以為革命正宗，想窮究原理，於是由毛澤東而馬克思，由馬克思而黑格爾，而希臘，而其他。比如讀《路易·波拿巴政變記》等，我從書裡看到一種新的研究社會歷史的方法，一種新的理論，十分受啟發。當時根本瞧不起儲安平和《觀察》，記得那時國民黨宣傳《我選擇了自由》（維克多·

克拉夫青科著，1947 年）這本書，我拒絕看。現在想來，實在幼稚。

但儘管思想激進，自己的「小資」情感卻又仍然非常濃厚，有著各種各樣的朦朧的憧憬和期待，期待著鍾情、戀愛、歡欣⋯⋯可又什麼也沒真正發生和得到。回想起來，自己這方面的膽量實在太小。（笑）

馬　哪本書對您影響最大？

李　想想應該是周建人編譯的《新哲學手冊》。

馬　哦，我的藏書裡就有這本周譯《新哲學手冊》（大用圖書公司，1948 年版），它選取了英國人朋斯（Emile Burns, 1889－1971）編的《馬克思主義手冊》之「馬恩哲學精義」中的 7 篇，命名為「新哲學」。朋斯是多卷《馬恩著作選集》的英譯者，出版過多部馬克思主義的論著，1935 年初編的《馬克思主義手冊》，是歷史上比較權威的英文選本。

李　我看重的是手冊第一篇《馬克思與恩格斯：德意志觀念統系》。

馬　《德意志觀念統系》（現譯為《德意志意識形態》）是馬、恩合寫的第二部著作，周建人節譯了其中的第一章《唯物觀與唯心觀間的對立：觀念統系一般，特別關於德意志的哲學》（現譯為《費爾巴哈：唯物主義觀點和唯心主義觀點的對立》），現在通常簡稱為「費爾巴哈」章。

李　對。正是這個「費爾巴哈章」對我影響最深。此章晦澀難讀，當時我非常費勁地仔細研讀（以後也多次讀過），並完全信服了其中的觀點，至今沒多少根本上的改變。

馬　「費爾巴哈章」內容主要是批判鮑威爾、施蒂納、費爾巴哈的哲學觀點，同時第一次系統闡述了歷史唯物主義的基本原理，被視為唯物史觀的奠基之作，篇幅不大，但很抽象，很艱澀。

李　很難讀，是硬著頭皮硬啃下來了，但對自己影響很大，覺得比較起來自己學習馬克思主義的起點較高。所以，從一開始，我的實踐論與唯物史觀便不可分割，直到如今，而不同於毛澤東或王若水或西方馬克思主義的實踐論，轉眼七十餘年了，歎歎。

馬　就是說，您是從「唯物史觀」而不是從「辯證唯物主義」來接受馬克思主

義的?

李 對。這是我一個非常重要的起點和特點。直到現在,我仍堅持認為製造——使用工具的群體實踐活動是人類起源和發展的決定性因素,從而,這也就是認同馬克思、恩格斯所提出的製造工具、科技、生產力和經濟是自古至今人類社會生活的根本基礎。我認為這就是唯物史觀的硬核(hard core),是馬克思、恩格斯留下的最可珍貴的遺產。

馬 從五十年代您提出實踐美學觀點,到六十年代創立「積澱說」,到七十年代寫「康德書」,到八十年代宣導「主體性」,直到現在講「吃飯哲學」「四順序說」,等等,似乎都貫穿著這個唯物史觀的「硬核」。幾十年了,您似乎沒有什麼改變。

李 沒有變,核心觀點一以貫之,只是不斷擴展、延伸而已。

馬 《新哲學手冊》還收有馬克思的《費爾巴哈論綱》(現譯為《關於費爾巴哈的提綱》),後來作為恩格斯《費爾巴哈和德國古典哲學的終結》一書的附錄。這個提綱對您也有影響吧?如你後來強調「實踐」觀念等等。

李 當然有影響了。我認為,馬克思這篇簡短的十一條提綱,不過千字左右吧,就比恩格斯那整本書分量重得多,也重要得多。所以,我一直認為,真正有價值的東西,不在篇幅長短,關鍵是要有思想重量,要有獨到見解。

我也狂熱過

馬 馬克思主義是您在 1949 年前的主動選擇,這比被動灌輸的東西印象要深得多。

李 對。這點恐怕很重要。

馬 您參加過具體的革命活動嗎?

李 當時,對馬克思主義的真誠信仰,使我開始傾向於進步,傾向於共產黨。全班就我一個人這樣,後來被學校拉進黑名單,還突擊檢查我,不過我事先把書藏好了。我當時太高調了,周圍人都以為我是共產黨,連我弟弟都這麼以為。我當時有紅帽子,因為我革過命,冒著生命危險傳送過毛澤東的文章、

共產黨的文告等等。

馬　送給誰呀？

李　不具體講了。還送過軍旗圖樣，送給土八路。那時湖南還沒有解放，鄉下還有些土八路不知道軍旗的樣子。一個朋友「樹竿子」，拉隊伍，他跟彭德懷差一個字，所以我記得，他叫彭遠懷，是我初中同班同學。初中一年級下象棋他下不過我。他說他將來要當皇帝，我說你當皇帝，我就打倒你。他樹竿子要有軍旗。我就從長沙搞了一個軍旗尺寸藏著送給他。不過這次不能算什麼「革命」工作。我去的時候，他正在槍斃一個惡霸，挺起勁的。這只是隨便講講，不算什麼。但送毛澤東的文告等，就不是送給他，那真正是當時「革命工作」的一部份。不過送軍旗圖樣當時如果被抓到，也夠嗆的，當時不怕死。記得有一次，軍警林立，我身上帶的很多就是毛澤東的那些東西，查出來不得了的。反正那時候不怕嘛，所以我對一些學生說，不怕死有什麼了不起。我就不怕死過，但那不解決問題。

馬　您那麼積極參加革命活動，就沒有考慮過加入共產黨？

李　那時我是要加入的，我有一個機會，在湖南大學。後來因為母親死了奔喪，等回來以後再找這個人，就找不到了，沒加入。但我已經做過很多事情，省一師第一批地下黨員中，一些人直接間接接受過我一些影響。他們解放後身份公開時作報告還提到李澤厚受迫害。

我們畢業時有個小冊子，每個人寫幾句話，這個小冊子我至今還保留著。1998 年我回國跟老同學聚會，有個同學說他居然記得我寫的那句話：「不是血淋淋的鬥爭，就是死亡——敬錄 KM 語贈別本班同學。」KM 就是卡爾·馬克思，那時我是接受了馬克思主義的，但是當時不敢講馬克思，那是在國民黨白色恐怖統治下的 1948 年春，只能寫 KM。「血淋淋的鬥爭」，在當時是一種非常激烈的、狂熱的革命情緒，跟譚嗣同在《仁學》裡面講的「只有使新舊兩黨流血遍地，中國方有復興希望」是同樣的主張。那個時候年輕，有這種自我犧牲的、激進的精神和情緒，是可以理解的，也是值得尊敬的。

馬　您在蔣介石的白色恐怖時代生活過，如何評價蔣？

李　我對蔣介石評價甚低。政治上腐敗透頂，軍事上無能；到台灣後，更變本加厲地大搞特務統治。老實講，與毛澤東相比，蔣在才能方面差得太遠了，能力太差了。我曾將蔣介石列為二十世紀中國三大政治強人。蔣吸取了袁世凱的教訓，他只要當實際上的帝王就夠了，當然時代也不同了。但蔣喪失了歷史給予他的大好機會。抗日戰爭勝利後，他作為抗日領袖聲望極高，特別是在東北這樣一些淪陷區中，又擁有空前龐大的軍隊，他完全可以藉此機會建設一個現代化的、強大的資產階級共和國。可是蔣搞得一團糟，「劫（接）收大員」「五子登科」等等，腐敗透頂。他一心要想消滅已經強大的共產黨，硬要打內戰，結果失敗得出人意料的慘。蔣軍事指揮上好干預，卻又根本不行，簡直是個草包。他有那麼大的優勢，毛澤東也許都沒想到自己能那麼快取得政權，這方面，蔣的確有很大的「功勞」。我認為，當時只要蔣堅決不打，就不會有後來的局面，並完全有可能創造出另一種歷史格局，1949年革命是蔣逼出來的。

但我對蔣介石的兒子蔣經國評價很高。台灣在經濟、政治等各方面之所以能快速得到發展，蔣經國個人起了很大的歷史作用。最後的一筆是精彩的一筆。

馬　順便問一下，大陸曾刮起過「民國風」，大講「民國範兒」，您如何看？

李　對民國的看法，我可能與時賢有所不同。我並不認為民國就真那麼好，我特別不贊成美化蔣介石，許多事都壞在他手裡。我們當年上街遊行，就是要求自由、民主，反內戰、反飢餓、反獨裁。大家懷念民國，部份由於民國初期思想言論比較自由，軍閥們不懂文化，所以放任不管，但蔣介石執掌權柄後，就大管特管了，學校裡都要上「黨義」，即三民主義的課，我們那時就特別反感。

廢學三日

馬　您講過，小時候有過三次「悽愴感」記憶。

李　那是我在一篇短文中講的。一次是鷓鴣聲，這是在寧鄉道林便河大屋我家客廳的黃色大方桌前，7 歲；一次是躺在小小竹床上，面對燦爛星空，這是在江西贛縣夜光山的夏夜裡，11 歲；一次是淡月碎在江水中，閃爍不已，這是走在贛縣的浮橋上，12 歲。這三次都有一種説不清道不明的異常涼冷的悽愴感，像刀子似地劃過心口，難過之極。為什麼？我始終也沒有弄明白，因為並沒有什麼具體事件或具體原因。但自那以後，聽鷓鴣聲，看星空，望水中碎月，經常會湧出那種夢幻似的悽愴感覺。

還記得有一次在火車上，這已是五六十歲的老年了，偶然聽到放送《秋水伊人》歌曲，它一下子把我拉回到抗戰時淪陷區的農村少年時代，這首歌在那時候是很流行的，也沒有什麼具體事情，但它令人記起那可憐的寂寞時光。那秋天的落葉，冷清的庭院⋯⋯與歌曲那麼相似。記得當時在火車上因此拖延好久才入睡。一覺醒來，以為天亮了，原來才夜三點，是月亮的光綫——窗外一輪滿月。又是那樣説不明的感覺抓住我。

馬　這很有意思，您從小就非常敏感，有些與眾不同。對了，您是何時對哲學產生興趣的？

李　在高中最後一個時期對哲學發生興趣，因為我在思考人生的意義，哲學是研究人生最根本的問題，人從什麼地方來，要到什麼地方去，有沒有上帝等等。

更早，12 歲時，我經歷了一次「精神危機」：那年，我走到一個小山頭上看見山花爛漫、春意盎然時，突然感到我是要死的，那一切還有什麼意義呢？因此曾非常「悲觀」地廢學三天⋯⋯

馬　這次「精神危機」對您有什麼影響？

李　這大概是我後來對哲學——追問人生之迷感到興趣的最初起源，也是我的哲學始終不離開人生，並且把哲學第一命題設定為「人活著」而對宇宙論、自然本體論甚至認識論興趣不大的心理原因。當然，這種影響關係是在無意識層，我做哲學思考時，從未有意想及任何童年故事或日常生活。

小時候，我對數學、考古、寫小説都發生過興趣，有過把它們作為自己畢生

追求的意願，但終於選擇了哲學。儘管對近代思想史、中國思想史、美學、藝術史、心理學以及中國古代史中的好些具體問題都極有興趣，但我總不能忘情哲學。而且以自己一生精力去鑽這些領域內的一兩個專題，即使成了專家、權威，似乎也難以滿足自己原有學哲學的願望。而哲學卻總是要求更空靈、更綜合、更超越一些。至於自己為什麼會對哲學有這麼大的興趣，則大概與自己的個性、氣質、經歷等等有關吧。記得後來五十年代讀北大時，同班及高班好友如趙宋光、王承緒等紛紛在第二年轉系時，我仍歸然不動。

當了一年小學老師

馬　從第一師範畢業之後，您去哪裡了？

李　那時師範畢業不發文憑，要求擔任小學教師至少兩年才能領取畢業證，也才能報考大學。許多同班同學就此當了一輩子老師。工作得自己找，很難找（當時我思想相當左，人們懷疑我是共產黨）。我只當過小學教師，在寧鄉麒麟山下麟峰完小，沒當過中學教師。除後來在美國，也沒有當過大學教師。我不喜歡當教師，包括當大學教師。

馬　講講當小學教師的經歷。

李　時間不長，只有一年多。校長叫肖斗南，我教歷史，蔣沛昌教語文，還有成惕四等，大概有 13 名教員吧。記得肖校長請美術老師王承渭按年齡順序將這 13 人用剪紙頭像排列起來，做成扇形，貼在一條高大的木欄上，我是最小，排到最後。木欄是黑的，剪紙是白的，黑白相映，分外鮮明，至今印象猶存。當時教師同學之間都很團結，相互激勵，在那個異常艱苦的環境裡，學校有一股很強的凝聚力。

我講課學生聽得津津有味，但我沒有什麼教材，那時候剛剛新舊社會交替，1949 年到 1950 年的上半年，舊教材不能用了，新教材還沒有，解放區的東西也不是最好，我就自己編了一套教材，從人類起源一直講到當代。

四 自己摸索

「狀元來了！」

馬 現在，可以聊聊您的大學生活了。當初為什麼要報哲學系？

李 我在師範讀書時便決心考大學，學校沒英語課，我就自己學。還想過造假文憑去考。我中學畢業時，正趕上政權更迭。同學們大都選擇了上所謂「革命大學」，我則報考正規大學。

當年我同時考上北京大學和武漢大學的哲學系，我填報大學志願，第一是哲學系，第二是歷史系。就這兩個系。為何報哲學系，剛才講了，高中時對哲學有興趣，想繼續思考一些人生問題，當然主要還是受時代的影響。由於我在中學時候，數理化都很好，特別是化學，方程序背得特別多。大家都認為我會考理科的。記得同學很奇怪，問我考這個幹什麼，是不是要算命什麼的。當年街頭算命卜卦看相測字的地攤常掛著「哲學算命」的招牌。這說法也有一定道理，都有關命運的探詢。一度我還曾想報考醫學系。

馬 還想學醫？

李 前面說過，我從小就極愛讀魯迅的書，對魯迅佩服得五體投地。但對他關於中醫的一些議論，卻總有些半信半疑。到 20 歲的時候，終於不相信「魯迅論中醫」了。記得當時想考醫學院，動機之一，便是想在西醫基礎上來研究中醫，當年還和一些同學說過這種看法，以後解放了，我終於沒有學醫，雖至今引為遺憾，也無可奈何，誰叫當時自己被對哲學社會科學的熱情捲走了呢？「再回頭已百年身」，只好羨慕人家了。但儘管如此，我對中醫問題仍然注意而有興趣。後來仍想學，但始終未入門，基本知識也記不住。

馬 最後還是選擇了讀北大哲學系。

李 那時候我沒有一個錢，考進北大，連到北京的車票也買不起，遲到一個多月。9 月 1 日開學，我是 10 月中旬才到，找不到車票錢。曾想去賣血，但身體不行。當時交通不便，從長沙至北京，先坐粵漢綫火車，從長沙到武漢，然後坐輪渡過長江，坐平漢綫火車，從武漢到鄭州，再從鄭州到北京，

整整兩天兩夜。到校後，才知道自己在哲學系考的成績是第一，碰到了梅得愚，他說：「狀元來了！」這話印象很深。那時學生都要讀大一國文、大一英文，而我這兩門都免修。

武漢大學哲學系後來合併到北大哲學系的時候，記得武大的黃子通教授還在打聽我，因為我武大成績考得特別好。我很得意的是，考武大的那篇文章，我是用文言文而且是駢文寫的，大概非常好，他們才印象很深，我到了北大以後他們還記得我的名字。

馬　您在北大讀書時生活很困難，聽說任繼愈先生資助過您？

李　對。到北大後，生活過得很平淡，也很困苦，沒有任何經濟來源，在同學當中算是最窮的，是赤貧，而且還要負擔一個正在上中學、父母雙亡的堂妹。那時學校每個月發三塊錢的助學金，我一塊錢都捨不得用，把所有的助學金都留下來，攢下來三個月寄一次給她，大概是寄十塊錢，所以有段時間我用鹽刷牙，牙膏買不起。筆記本也買不起，只能買最便宜的活頁紙。那時學校還發衣服，夏天發襯衣，冬天發棉衣，那些衣服我穿了好多年。

任繼愈先生知道後，就讓我幫他謄抄稿子，每次給我 5 塊或 10 塊錢，到後來沒稿子抄了，就直接給了幾次錢。任先生給我的錢我全部寄給了妹妹。那時看到別人煎個雞蛋羨慕得不得了，就沒錢煎這個雞蛋吃。買不起書，最喜歡做的事情是到東安市場一帶看書，但經常挨餓。我進城看書，早上去，到晚上回，早上吃了早飯去，到第二天早上再吃早飯，一天就站在書店。所以我的胃都鍛煉出來了，我能飽、能吃、也能餓。

當時我的身體很差，有肺結核病。學校對於肺結核的學生還是蠻照顧的，進行身體檢查之後，把患肺結核的同學分到一起住，兩個人一間宿舍，有另外自己的食堂。

從小題目做起

馬　您是何時開始搞研究的？

李　大一，研究譚嗣同。也不是學校或老師要求的。那時花了很多時間去看譚嗣

同的材料。當時學生可借書 3 本還是 5 本，我記不清楚了。我要做研究當然不夠，自己一本書也沒有。我就想辦法，借任繼愈老師的借書證用，每次老師借書可以借 30 本，我借的都是綫裝書，可以借三十函，一函就是 4 本，每次弄一大堆書出來，要一個大袋子，分兩趟背回宿舍裡。

我記得在德齋，樓頂層還有一些沒人住的房間，不是宿舍，為什麼沒人住？因為有個斜下來的大屋頂，靠牆這邊很矮，蹲下去都沒有空間，窗戶很小，光綫極暗，白天也要開燈。我發現了這種房間，就破門而入，獨自在「閣樓」裡讀書，誰也不來往。

當時很少有人搞資料，像《戊戌變法》之類的資料等都還沒有編出來，包括像革命派的《民報》《蘇報》《漢聲》《浙江潮》等等也沒人看。我就利用藏書極為豐富的北大圖書館，翻閱了很多原件，抄了很多原始資料。要做卡片沒有錢買，就用非常便宜、非常薄的白紙，抄下來以後把它分類，剪開以後再貼到報紙上。那時我材料積累得相當豐富、相當多。直到 1979 年出版《中國近代思想史論》一書，仍利用了當年抄的一些材料。

馬　其他同學在幹什麼？

李　那時正值抗美援朝捐獻運動。學校支援身無分文的窮學生們以編卡片或寫文章的方式來參加這個運動。記得當時我的同學和朋友趙宋光先生寫了一篇講文字改革的文章在《新建設》雜誌上發表了。我則努力在寫關於譚嗣同哲學思想的稿子。我當時獨立搞研究，似乎與當時政治和政治運動也沒聯繫和關係。同學們看了很奇怪，因為沒人這麼幹，於是說我是「只專不紅」，當時還沒有這個詞，但就是那個意思。當時有位團幹部批我批得很厲害，我也不管他，讓他批，我堅持幹我的。（笑）

馬　為什麼會想起搞近代思想史，而且選擇了譚嗣同？

李　我從中學時代起就對歷史和哲學有興趣，自然就趨向思想史。而具體選擇了研究譚嗣同，則相當偶然，由於中學時代讀過蕭一山、陳恭祿、譚丕謨等人的一些書，對清史有些知識，對譚嗣同這位英雄同鄉的性格有些興趣，同時又認為譚只活了 33 歲，著作很少，就一本《仁學》小冊子，會比較好處理，

便未經仔細考慮而決定研究他。

應該說，這是相當盲目的。結果一鑽進去，就發現問題不大簡單，譚不成熟，思想極其矛盾、混亂、複雜，涉及古今中外一大堆問題，如佛學、理學，當時的「聲光電化」等等，真是「剪不斷，理還亂」，很難梳理清楚；遠比研究一個雖有一大堆著作卻條理清楚自成系統的思想家要艱難得多。所以我這篇講譚嗣同思想的文章易稿五次，直到畢業之後才拿出去發表。一直到收入 1979 年出版的《中國近代思想史論》文集中才似乎改得勉強使自己滿意。這個「經驗」實際上是給自己的一個「教訓」。

馬 後來，研究又從譚嗣同擴展到康有為、維新派及整個近代史。

李 在搞譚嗣同的同時及稍後，我逐漸認識到只鑽一點是搞不好這一點的。於是便有意識地把研究面擴展到康有為及整個維新派，並由此而下及革命派和孫中山。這就是說，我意識到，不瞭解整個維新運動的前前後後，便不能真正瞭解譚嗣同；中國近現代的個別人物如不與時代思潮相聯繫，便常常失去了或模糊了他的地位和意義，特別是一些並無突出思想貢獻或思想體系的思想家，更如此。這樣一來，對譚嗣同思想的研究逐漸變成對中國近代思想史的研究。

馬 研究康有為是從何時開始？

李 1952 年，比著手搞譚嗣同要晚。康的思想就比譚要系統、成熟，比較好弄一些。所以，研究康起步雖比研究譚晚，但卻首先出成果。解放後認為康有為是很差的，但我就從來不相信。

馬 現在看來，您從大一就開始獨立搞研究，似乎也太早了一點，太急了一點。

李 在 1985 年《我的選擇》一文中我講過，研究得早，不是經驗，而是教訓。我剛入學沒幾個月，就搞研究了，太早了，顯然是荒謬的事。沒有經驗，也沒有人指導，對象也選錯了。自己性子太急了，在基礎還不夠寬廣的時候，犧牲了許多學外文和廣泛閱讀的時間而一頭鑽進譚嗣同、康有為的小專題之中，停不下來了。那時不該搞這些。

我興趣比較廣。五十年代我曾想窮二十年之力研究和寫一本《從嘉靖到乾

隆》的明清意識形態史，我也曾想結合上古史研究《三禮》，我也想編阮籍的年譜並搞些考證，當然更想再深入探索一下中國近代的戊戌辛亥時期，或一生守著康德，美學方面還有好些很有意思的題目，還有《紅樓夢》、李卓吾、王船山……這塊未開墾的處女地更肥沃，更有問題可提，更有寶藏可發掘。如當時搞下來，年富力強，勁頭十足，到今天大概可以更有成績更有收穫吧。儘管至今仍然對這些有興趣，但時一過往，何可攀援；臨淵羨魚，退而不能結網，畢竟心有餘而力不足了。這就是面臨偶然性、盲目性而缺乏足夠的理性選擇的後果。我有時遺憾地回想起這一點，但已經沒有辦法。

基本沒上過課

馬　您說過，在大學期間基本上沒怎麼上課。

李　我在北大讀書是從 1950 年到 1954 年。那四年，運動不斷，先是「抗美援朝」，後來「三反五反」，接著又是「思想改造」。如果用現在的學分和學時制的標準，我是沒法畢業的，因為根本沒上幾年課。當時正進行思想改造，老師們也不允許講課，好多課都沒有開。我便自己看書，有時就逃避上課。上了兩年聯共（布）黨史課，因為你不去不行，點名，必須去。我就坐在最後一排，只好自己看書，或者寫信，或者寫想寫的東西，別人還以為我在做筆記。這麼對付過去了。（笑）

馬　除了聯共（布）黨史課，還上過哪些課？

李　聽過齊良驥、任繼愈、鄭昕、石峻四個人講的哲學史，他們自己編寫教材，兩人講西方近代哲學，兩人講中國近代哲學，中國從龔自珍講起，我研究譚嗣同與這也有關係。他們的講課提綱在圖書館還能找到，正式出版的。為什麼我管任繼愈叫老師呢？因為我的確上過他的課，半年，他和朱伯崑那時教近代思想史課，主要是任繼愈講。北大幾年，我沒有上過中國哲學史的課。上得最多的是聯共（布）黨史，兩年，還上過新民主主義革命，好像是理夫講的，記不太清了。

艾思奇講辯證唯物論，我上過一個學期，那是 1950 年。艾思奇是個好人，

他很有意思，根本沒有講辯證唯物論，那恰恰是朝鮮戰爭爆發時，每次上課都是講朝鮮戰爭。我畢業以後因為到《哲學研究》做編輯，去組過稿，他很平和，沒有架子。

馬 跟老師和同學有沒有交流？

李 我的性格比較內向。我最大的缺點，是不喜歡和人交流，也不喜歡向人請教，總是自己摸索，到書本裡找答案，沒受過誰影響，所以走了不少彎路。學問學問，要會問呀！但我從來不問。一直到現在，不喜歡請教先生，總是自己找書看。其實這是一大錯誤，損失不小。

讀第一手的原始材料

馬 那就談談您自己的讀書情況。

李 1950 年，讀北大前，我在《新湖南報》以筆名發表過一篇極短的小文：《學習折角劃綫》，意思是説要學會抓住書和文章中的關鍵和要害，自己身體力行了一輩子。我一直非常珍惜時間，從初中起就從不和人聊天侃大山，人際關係不好，原因之一大概也在這裡。包括看了不值得看的書，也非常後悔，覺得浪費了時間，時間就是生命本身。我一直主張快讀、也習慣於快（當然「快」也有弊病，例如「粗」、出錯等等），有計劃地廣泛讀，因之常常不是讀一本書，而是讀一批書。「不求甚解」，這可能沒錯，因為快讀節省了許多時間，古人說「一目十行」，我看可以做到，未嘗不好，對某些書，便不必逐字逐句弄懂弄通，而是儘快抓住書裡的主要東西，獲得總體印象。看別人的論文也可以這樣。快讀不是隨意讀，而是快讀那些必須讀的書，如某些經典。讀書有兩種，一種是有明確目的，一種是無目的的合目的性，兩種都重要。我以為真正需要慢讀、熟讀、細讀的並不多，當然也有。例如馬克思《1844 年經濟學哲學手稿》中的很小一部份，我就讀得極仔細，一個字一個字看，並作了大量批註。在快讀博覽中作出判斷，誰對誰錯，對多少，錯在何處，等等，我以為更為重要。

馬 馬克思主義的書也讀了不少吧？

李 讀了很多。記得讀《資本論》（當時中譯本只有第一卷）是在 1952 年，與讀達爾文的《物種起源》同時。當時深刻感到兩書是如此之不同，主要是感到兩書在方法上的不同。恩格斯將馬克思與達爾文相提並論，認為是科學上兩大發現（《在馬克思墓前的講話》）。我當時雖然完全接受恩格斯的這一論斷，卻感到兩者迥然不同：達爾文是通過極其大量的具體經驗現象的歸納來驗證其「原理」，馬克思的「辯證邏輯」則是從抽象的思辨的原理推演出整個政治經濟學，經驗材料在根本上是通過這些原理來支配的。一是理性主義（馬克思），一是經驗主義（達爾文），中國學哲學的人包括我自己，更容易為理性主義吸引，所以當時認為馬克思《資本論》的方法了不起，遠勝達爾文。這一直到「文革」中才開始懷疑。

包括第二國際的，列寧、斯大林的，也讀了不少。還有盧卡奇、葛蘭西等等。你現在看看馬克思主義的書，有好些還是不錯的；當然也有很多問題，包括馬克思本人。現在看起來，我在大學佔便宜的是學習了馬列的原著，不是讀別人轉述的材料。所以還是讀第一手材料，讀原著好。讀了第一手資料以後就可以作出比較判斷，不必先看轉述的東西。總之，我主張依靠圖書館，依靠自己，依靠讀原始資料。

馬 那西方哲學呢，也讀嗎？

李 當時我主要是研究中國近代思想史，也開始考慮中國哲學史上的一些問題，卻有意識地集中相當力量學西方哲學史。主要是讀著名西方哲學家的原著，覺得受益匪淺。當時上課很慢，規定看第幾章第幾節，我覺得很可笑，就看那幾章幾節怎麼能瞭解其整體呢？我看原著不是選段落看，而是選幾本，從頭看到尾。

馬 看過哪些西方哲學原典？

李 那時讀了不少西方哲學史。羅素的那本英文很流利，文章實在好，看起來非常帶勁。但那是他作為哲學家隨便寫的，不能做傳授知識的教科書。他上卷寫希臘哲學，從社會現狀寫哲學發展。下卷他越寫越隨意，對康德主要講了其時空觀，其他都沒有好好講；對叔本華，講了生平故事，挖苦了一番；詩

人拜倫也寫進了哲學史，還列了專章。這都只是他個人非常片面的看法。作為哲學史教材，恐怕還是梯利（Frank Thilly）、朗格（Lange）他們的更合適。其中朗格的《唯物論史》，我認為寫得最好。我看的是中文本，三十年代翻譯的，譯文也很漂亮，的確是大家手筆。特別是寫希臘那一部份。

我看哲學史，同時看幾本，讀柏拉圖，就同時看斯退司（Stacc）講的、梯利講的、威伯（A. Weber）講的、朗格講的，讀一個人要看四個人講的，看誰講得最好，比比高下優劣。讀亞里士多德也如此，西方哲學史就這樣學下來了。想想我那時受影響最大的哲學家，除馬克思外，有休謨、康德、黑格爾、萊布尼茨、柏克萊等——柏克萊的書很好看，有意思，薄薄的。休謨的沒有看那龐大繁細的《人性論》，看了《人類理解研究》。費爾巴哈《未來哲學原理》讀得也很仔細。我那時讀西方哲學史，讀柏拉圖，讀亞里士多德，這邊記作者主要的論點，那邊記我的評論。

還記得 1952 年我讀中世紀經院哲學家安塞爾謨（Anselmus）時感到震驚，覺得了不起，比宇宙論、目的論的理性證明強多了。「上帝」當然沒法用理性證明，從康德到維特根斯坦都講得很清楚。安塞爾謨的證明是錯誤的。他的「上帝」以「人人心中都有」的「經驗」作支撐，但並非古往今來且不分地域、文化、年齡的「人人」都有此經驗。所以這推論的前提不能成立。但他的這個證明本身似乎簡單卻異常精美，很有邏輯力量。他說：上帝既是人人心中都有的一個至高存在，所以它必然存在，否則就自相矛盾（不是至高至上，無與倫比了）。安塞爾謨講的是無限的未可經驗的上帝，不是任何可經驗的有限感性對象。這些經驗對象設想其存在而實際不存在是完全可能的；但那個至高的上帝，按安塞爾謨卻不可能在人心中不存在，所以它就必然客觀地存在。

馬 您在一篇短文講過，自己深受康德和黑格爾的影響。

李 黑格爾的《小邏輯》《歷史哲學·緒論》和康德的《判斷力批判》這三書對我影響很大。《歷史哲學》是上海的王造時譯的，王後來被打成大右派了。《小邏輯》是賀麟翻譯的，我也讀了英文本。初讀這三本書時，雖然難肯，

但讀下來卻有一種讀其他書少有的驚喜交錯的智力愉快，似乎給自己的思維和以後的研究，留下了深刻印痕。

康德那麼準確地一下子就抓住了審美現象的要害，勝過他人千言萬語的繁複描述，這使我下決心以後一定要硬啃康德的「第一批判」。我感覺康德有一種他人少有、極擅於敏銳發現和準確把握事物（或問題）的獨特本領，在認識論、倫理學、美學諸領域，莫不如此，這很值得思考、學習。黑格爾那無情而有力的宏觀抽象思維，則好像提供學人一種判斷是非衡量事物的尖銳武器；讀黑格爾之後，便很難再滿足於任何表面的、描繪的、實證的論議和分析了。儘管我後來相當討厭黑格爾式的詭辯和體系構建，也不贊同康德的先驗唯心主義，但我仍然覺得，他們兩人給了我不少東西。他們給的不是論斷，而是智慧；不是觀點，而是眼界；不是知識，而是能力。這能力有長處有優點，當然也有短處有缺點，這裡就不講了。

五　暗自掂量過那些教授、名家

培養自己的判斷力

馬　您還保留有當年學習數理邏輯的筆記？

李　在大學，我專門去上過數理邏輯課，練習做得很認真。那時系裡分幾個組，我差點到邏輯組去。歐陽中石是我同班同學，他就是學邏輯的，我們同時聽過王憲鈞的課。金岳霖的《邏輯》裡所附的那些題目，我大部份都做過，經過嚴格的推理訓練。我從不苦思冥想，但力求概念清晰，思想周密，大概與這有關，雖然自己並未感覺到這點。

記得五六十年代辯證邏輯與形式邏輯大討論時，我也寫了一篇，校樣已出，因胡風案而未發，論點應算不差，後要求我發表，我覺得自己領域太廣，對邏輯並沒深入研究，拒絕了。此稿前幾年才扔棄。

馬　您多次提到在讀書中要能分辨判斷誰對誰錯，對在哪裡，錯在哪裡，您一直非常重視、非常強調這個「判斷力」？

李　前面講過，這是我從中學時期就養成的習慣。在閱讀中作出自己的獨立判斷，這點很重要，因此讀書不是簡單獲取知識，而是培養鍛煉自己的識別、估價的水平和能力。你總得有個自己的看法。你要知道這本書好在哪裡、壞在哪裡，你要想清楚，不是公說公有理婆說婆有理，不要跟著別人講，跟著別人跑。我從中學開始就始終是這樣的，我認為，我的底子打得就比較好，可惜那些筆記都毀掉了。

具有了清醒的判斷力，才能使自己對各種問題變得更敏銳更清醒也更理性，從而不做權威的奴隸，也不做時髦的奴隸。好些學人一輩子缺乏判斷能力，分不清誰對誰錯，誰高誰下，總是跟著潮流跑，跟著時髦走。原創力哪裡來呢？想像力當然重要，但我以為最重要的是判斷力。難怪康德那麼重視判斷力了，康德本人就具有極強大的判斷力。

如我那時看斯大林的書，把斯大林前後不同的版本一對，哎，原來前一版有的人名，到後一版怎麼沒有了？改過了！原來是人被打倒了，就把書裡的人名事蹟刪掉了。跟我們這裡一樣，打倒高崗，高崗的名字就沒有了。這都是我自己看書看出來的。當然我發現了也不跟別人說，知道這是禁區。又如，1951 年我就讀過列寧遺囑，後來發現三八式老幹部研究員們完全不知道這個文件，這使我領會了好些事情。總之，要在自己讀書中培育才能，發現問題。

文史哲三系比較

馬　在北大期間，您雖在哲學系，但讀書卻很雜，哲學、文藝、歷史均有廣泛涉獵。

李　從小至今我讀書多而雜。前面說過，童年時愛讀武俠和福爾摩斯。以後，魯迅、冰心、馬克思、康德、愛因斯坦（當然我沒讀也完全讀不懂他的相對論論文），俄羅斯小說都有過影響。中國的老、莊、荀、韓（非），禪宗語錄，陶（淵明）、李、杜、韓（愈），五代北宋詞、納蘭詞也留下了影響。我對宋明理學、英美文學、當代藝術則一直不喜歡，這當然純係個人偏好。

到了北大，有圖書館，條件好了，讀的更多更雜。文科和理工科不同，不搞實驗，主要靠大量看書，我認為大學文科主要甚至完全應靠自學。一要有時間，要儘量爭取更多的自由的時間讀書；二要有書籍，要依賴圖書館，個人買書藏書畢竟有限；三要講究方法。當時哲學系就有個小小的圖書館，有些很基本的書，可以隨意在架上抽閱翻看，也可借出。國外大小圖書館都這樣，台灣也這樣。進館翻書很重要。書要讓大家看得見，能當場翻，現在用卡片索書壞處很大。因為人們在隨意翻閱中可以無意地發現問題，醞釀想法，翻翻你本不想看的書，也許會大有收益，也節省時間，翻一大堆書比借出來看，省時省事得多。記得八十年代我和胡繩談過這點，他非常同意。但他似乎也很難讓圖書館做到這點，那時他已是院長了。當然現在有電腦，情況已大不相同，讀書、查資料的方式也不同了。

大學時，我對文史哲三個系有個判斷：哲學系的缺點是「空」，不聯繫具體問題，抽象概念比較多，好處是站得比較高；歷史系的弱點是「狹」，好處是鑽得比較深，往往對某一點搞得很深，但對其他方面卻總以為和自己無關，而不感興趣，不大關心；中文系的缺點是「淺」，缺乏深度，但好處是讀書比較博雜，興趣廣泛。我在哲學系，但文史哲三方面的書全看。上午讀柏拉圖，下午讀別林斯基，別人認為沒有聯繫，我不管它。所以我從來不按照老師佈置的參考書去看，我有自己的讀書計劃。我讀書的一點經驗，也許片面：不讀書覺得無書可讀，越讀書覺得越有書要讀，而讀原作又比讀二三流的解說雖困難一些卻有益得多。

馬 好像您又特別強調讀歷史書。

李 對。讀歷史書是很重要的。從中學時代起，我就喜歡看歷史書，遠遠超過看哲學書。我對中國歷史特別熟悉，看過很多紀事本末。中國歷代的皇帝除元代外，當年我都能背下來；哪一朝哪一代發生的重要歷史事件和好些人物，我都非常清楚。我至今以為，學習歷史是文科的基礎，正如數學是學理工科的基礎。研究某一個問題，最好先讀一兩本歷史書。歷史揭示出一個事物存在的前因後果，從而幫助你分析它的現在和將來。研究社會現象，有一種歷

史的眼光，可以使你看得更深，找出規律性的東西。規律是在時間中展示的。你有歷史的感覺，你看到的就不只是表面的東西，而是規律性的東西。有了這種廣泛閱讀、思考，就形成了自己的一些見解、一些看法。八十年代我跟學生講過，你要「高」、要「深」、要「博」，你才會有原創力。自然科學家不一定如此，人文領域似有此前提。五十年代在北大讀書的時候，我思想上的獨立意識就比較強了。

現在，可坦白一件事情……（笑）

「我心裡有數」

馬　什麼事？

李　讀北大時，我對老師們，對當時的北大教授們，包括名家，心裡是評論過的，打過分的，他們怎麼樣我心裡有數。當然是指學術。

馬　哪些教授、名家？

李　就不具體說了。當時我就把他們暗自掂量過，並和自己的思考程度客觀地比較一下，這樣心裡就有數了。反正我稱過他們的分量，分量也就那個樣子。

馬　與他們有聯繫嗎？

李　當時北大還有很多老先生在，但是我跟他們聯繫很少。我沒有上過他們的課，他們都在「學習」，在運動中做「運動員」，我也不喜歡交往。對於那些老先生，既沒有盲目的崇拜，也沒有盲目的批判。那些老先生當時都是所謂的「舊知識分子」，被崇拜的不多，挨批判的倒是不少。

馬　馮友蘭先生對您似乎一直都很賞識，您是他的學生嗎？

李　我算不上馮先生的學生，他的課我沒上過，當時還不讓他開課，等他開課的時候我已經畢業了，也沒有和他一起工作過。但馮先生從我學生時代起便一直注意我，表彰我。他非常喜歡我，甚至在沒有見面之前。任繼愈先生當然也對我很好的。剛上大學，我給他們看過我寫的一篇「孟子」，是我當時的思想史箚記之一。反正我提出一些不同意見。好像他們說大地主階級、中小地主階級，前者反動，後者進步。我就說為什麼大地主階級就一定反動，中

小地主階級就一定進步呢？那也不一定吶。有時大地主階級比中小地主階級更進步。但這與當時的定論相悖，他們不敢表態。我一開頭讀馬克思的書是讀馬克思的歷史書《法蘭西階級鬥爭》，這本書大家都不注意，我推薦給別人看，看看馬克思是怎麼講歷史的，與當時人們講的包括老師和蘇聯專家講的完全不一樣。

後來，我在哲學所的時候，馮先生多次想調我到中國哲學研究室。哲學所在中關村，離北大很近，我偶爾去北大，到那裡去看他。當時我的稿費很多，買了一個留聲機，電動的，不用手搖，但是唱片很不容易找，我從馮先生那裡借了很多唱片。後來，哲學所從中關村搬到城裡，和馮先生來往就少了，中間也曾經去看過他幾次。我很少去看望他，馮先生對我的誇獎大都是別人不斷轉告給我的，我心中非常感激，那個時代很少有人誇獎我、鼓勵我。我常用以告慰的是，幾十年來我自覺沒有參加對他的「批判」（實際是圍攻、打擊），儘管我對他的好些看法頗不贊成，儘管當時也有人要我寫文章。

馬　您讀大學時，正是「以蘇為師」的時期，大規模翻譯蘇聯著作，派員到蘇聯學習，聘請蘇聯學者為顧問，您有沒有受到「蘇化」的影響？

李　沒有。那時我大讀西方哲學原著，因之鄙夷當年名重一時的蘇聯著作及哲學專家，雖然這些著作和專家是不可觸碰的。當時請了很多蘇聯專家，要學習蘇聯嘛，不僅僅理科而且包括文科，因為他們代表權威。包括馮友蘭他們也要去聽課，要聽他們怎麼樣來解釋歷史、解釋思想史。我從來就懷疑。蘇聯專家來講課，選派一些學生去，我沒有被選上，當時我自己暗暗高興，謝天謝地。蘇聯專家名聲高，號稱馬列，其實水平不高。他們經常大罵德國古典哲學，我講你罵出個道理也行，你罵的沒有什麼道理呀。我當時想，這跟馬克思甚至跟列寧講的並不符合呀，當時翻譯了不少蘇聯人寫的解釋馬克思主義的小冊子，我翻讀了幾本之後就不再看了。我完全不信他們那一套。蘇聯專家只是跟著斯大林講，毫無學問。但是當時不能說，說了不得了。

還可再說一事，以前似也從沒說過……

馬　哦，請講。

李　那時，我看托爾斯泰，看別林斯基，也看普列漢諾夫等。普列漢諾夫當時是不得了的，不論在學問淵博上還是對馬克思主義的瞭解上，都比列寧高，學術上算是最高成就了，正如托爾斯泰在文學領域裡面一樣，當然除了馬、恩，至少在當時對中國年輕人來說是這樣。普列漢諾夫當年的地位僅次於革命導師馬、恩、列，更是遠遠超過現在的盧卡奇、哈貝馬斯、福柯（Michel Foucault）、德里達（Jacques Derrida）等等。你去看看俄國思想史就明白了。但斯大林還批普列漢諾夫，當時我很不滿意，那更不能說了。

馬　對普列漢諾夫、別林斯基等人，您也在心裡比較過、掂量過？

李　老實講，我對普列漢諾夫評價也並不太高，就那樣，我當時想我要達到普列漢諾夫的水平那是可以做到的。他當時不僅是啟蒙大家，而且是繼承別林斯基。別林斯基的那個水平我能達到。車爾尼雪夫斯基、杜勃羅留波夫更不用說，但是要達到托爾斯泰的水平是不可能的，托是藝術才能，其他的人是理論思辨才能。這是對我自己的認識。當然不敢講，只敢想。

沒能留在北大

馬　除了讀書、寫作，大學四年有沒有什麼有趣的事？比如，看上過哪個女孩子？（笑）

李　倒是看上過至少兩個，嗯⋯⋯挺喜歡，可惜跟她們一句話也沒講，很遺憾。她們也不知道我何許人也。有時候路上碰到了，就多看兩眼，如此而已。姓甚名誰，是哪個系的我都打聽清楚了，但就是沒有勇氣，有自卑感。我承認我極少非常主動地追求女性，自卑兼自尊。（笑）

馬　您是 1954 年畢業的，當時為什麼沒有留在北大？

李　這還有個故事。北大哲學系，包括汪子嵩、任繼愈在內，要留我當助教，系裡都確定了，他們都告訴我了：「留下你，你留下。」我非常高興，當時願意在北大嘛。但是一到宣佈，不是。由上海華東教育局分配，我聽了等於打了一悶棍似的。我問了他們，不是他們決定的。他們還去奔走也沒有用，我們那屆以前這個留人的權是在系裡。從我那屆開始，留人的權力不在系裡

了，而由校的人事局加上一個系的學生代表來研究確定，實際是系代表說了算。我的同班同學，一個女生，是系學生代表，她比我年紀大一點，結果她就把自己留下了。

馬 但也沒能留到上海。

李 我那時恰恰得了肺病，吐血，在去上海的途中，曾經不得不在常州下車休整。到了華東教育局，就分配我到復旦大學，也高興。但我大口吐血，復旦就不接受，被退回來了。

馬 真是一波三折呀！

李 退回到北大，我就住在北大第一食堂的宿舍裡。那時學校攆我走，反說我不服從分配。但我沒地方可去，無家可歸，因為我老家早沒人了。那怎麼辦呢？沒有飯吃，學校一個禮拜給我開一個賞飯的條子，要我一個禮拜以後再去申請。其中對我最壞的一個人是外語系的，那個女的姓楊。她硬是要把我趕出去，要把我趕到外邊討飯。當時我生重病，吐血。但另外一個人，也是女的，姓王，稍微好一點，有點同情心，就一個禮拜一個禮拜地開我的飯票，這樣拖了三四個月。

馬 考研究生啊，那不就有機會留在北大了？

李 當時北大哲學系尚未恢復招考研究生制度，但即便有，我也不會去考。至今記得，畢業後，馮友蘭、胡繩都很想讓我做他們的研究生，我不願意。（笑）我覺得有導師反而受束縛。我認為導師不是必要條件，有沒有導師並不重要。連自然科學家像愛因斯坦都可以沒有導師，文科便更如此。當然有導師也很好。我覺得重要的是應儘早儘快培養自己獨立研究和工作的能力。

馬 那後來又是怎麼到的哲學所？

李 不是被復旦退回到北大等待再分配嘛，恰好這時籌辦《哲學研究》，也不是社科院——那時還沒有，是中國科學院，需要人，北京市人事局就把我分配去當編輯。那時候還沒有出刊，我跟另外一位叫鍾潛九的一起辦起《哲學研究》第一期。我可說是哲學所的元老，我領的工作證是「哲字 01 號」。（笑）

當時哲學所還未成立，正在籌備中。那「哲學研究」四個字是潘梓年請郭沫若寫的，郭沫若寫了五個「哲學研究」，畫了一個圈，說他認為其中一個最好，就是《哲學研究》現在那幾個字。那季刊搞了兩期。哲學所成立後就把我分配到辯證唯物論和歷史唯物論研究室。那是後話了。

第二篇

「衣帶漸寬終不悔，為伊消得人憔悴」

（1955－1976）

一 「這個人是哪裡的？」

「有點空谷絕響」

馬 您曾幾次提及《關於中國古代抒情詩中的人民性問題》這篇文章，那應是您的成名之作？

李 可以這麼說吧，1955 年發表，25 歲。很長的文章，有兩萬字，發在《文學遺產》上，《光明日報》的一個副刊。當時國內能夠發表中國古典文學研究文章的地方極少，還有一個《文史哲》，一個《新建設》。全國只有這三個地方發表文科文章，所以當時發表一篇文章極不容易的。登了兩期，1955 年 6 月 19 日、26 日（第 59 期、第 60 期）。《光明日報》還加了「編者按」，在當時是很少見的。

馬 這個「編者按」我找出來了，原文是：「在古典文學研究工作中，對於如何理解古典文學作品的人民性問題，經常是個極其複雜、艱難，然而卻又是極重要的問題。從來稿中，我們時常可以看見某些作者愛從作品中去找尋所寫『民』字有多少，來解釋作品的人民性有多少，或者先給作家如土地改革一般劃下階級成分，然後再根據這個成分來將作品的價值減低或抹煞。這些全都是非辯證唯物主義和歷史唯物主義地具體來研究分析問題，當然不能給我國長遠的具有現實主義優秀傳統的古典作家和作品以正確的評價。在這裡所發表的這篇論文，我們覺得是經過一番深思熟慮寫出來的，而且關於中國古代抒情詩歌的人民性問題，作者也坦率地提出了自己的正面意見，很可供大家的研究和商討。」

李 這篇文章在當時影響極大，名不見經傳，怎麼冒出這個人來？因為當時能在

這種報刊上發表文章的人都是教授級的。我什麼也不是，一名初出茅廬的大學生而已。

這篇講抒情詩人民性的文章，就是我從復旦被退回北大，在吐血、養病還被趕的狀態中寫的。那時大講階級性，強調階級分析方法，對文學作品的好壞都以作者的階級成分劃分，古代詩人大都是地主階級的，地主階級是反動階級，他們的詩怎麼會有價值呢？於是蘇聯就提出個「人民性」問題，就是他們作品裡面也有人民性，作為一種衡量標準，解釋舊俄文學中的「人民性」，當時游國恩等在屈原《離騷》中大找有多少「民」字來證明「人民性」等等。我的文章認為這樣找人民性不對頭，而提出另外的方法。我把它分為直接人民性、間接人民性。間接人民性又分為憂國憂民的，有個人抱負、要建功立業的，另外跟人民的利益符合一致的，還有最後是講山水花鳥的，等等。

馬　一下子就「爆得大名」？（笑）

李　我那分析破了天荒，當時震驚和影響中文系不亞於後來的《美的歷程》，幾十年以後，仍有人提及這篇文章。1987 年我到新加坡的時候，與新加坡國立大學中文系見面，系主任叫林徐典，比我大幾歲，他介紹我的時候說，「我們很早就讀過李澤厚的名文，獲益匪淺」，講的就是這篇文章。我當時臉都紅了。

馬　最近看了王學泰先生一篇文章，其中談到當年讀此文的感受：「我關注《文學遺產》是從 1955 年開始的。因為李澤厚的一篇長文在這個專欄上發表──《關於中國古代抒情詩中的人民性問題》。……我讀了李這篇近兩萬字的文章，認識到中國古典詩歌太有價值了，它是中國人的驕傲，是值得人們喜愛和長久誦讀的。……這篇文章我讀了兩三遍，它對古典詩歌作品價值的認定，給我的個人愛好以心理和感情上的支持。『人民性』是當時從蘇聯傳來的一種所謂『馬克思列寧主義的概念』。那時一切都要學習蘇聯，李澤厚運用這個概念來評價中國古代抒情詩，誰也不敢『亂打棍子』……此文的發表，有點空谷絕響。……後來李澤厚收在《門外集》中的《意境雜

談》進一步把人民性與古典詩歌藝術特徵結合起來，對於我理解古典詩歌有很大啟發。」（王學泰：《走過一個花甲的〈文學遺產〉》，見《〈文學遺產〉六十年》，社會科學文獻出版社，2014 年）

李　那文章其實極其幼稚，現在沒法看了。我一再提起，因為它是我的「成名作」，是我當年最有影響的一篇文章；同時也可看出那時老教授們在「思想改造」後的學術困境。我的文章似乎解決了他們一個老大難問題。當時北大有個朋友告訴我，鄧廣銘教授看了《光明日報》上我的這篇文章後，問好些人：「這個人是哪裡的？」給我印象極深。

「你的分析很好」

馬　您第一篇近代思想史文章也是這時發表的？

李　最先發表的是《論康有為的「大同書」》，1952 年寫成，1955 年 2 月發表於《文史哲》。發表前拿給任繼愈先生看，任看後寄給《文史哲》。一些老教授看了我的文章，並不贊同，但沒有什麼影響。現在看我 60 年前這篇處女作，感覺比那篇人民性文章要強多了，很欣慰，發現基本論點——從判定《大同書》初稿年代到論斷該書內容，雖曾遭人批評，至今仍然站得住，並與後來發現的資料吻合，説明我比那些批評者們正確。在當時的情況下，我對戊戌維新評價那麼高，在大陸學界就比較少。

馬　還與湯志鈞先生等有過一場關於《大同書》的學術論爭。

李　我給了康有為在當時可能是最高的評價，被湯先生大加批評，我作了回覆。那個時期，整個社會風氣比以前好得多，國家獨立（不受外國欺侮）、統一（不再有軍閥割據和內戰），社會上也比較平等、公正，所以知識分子對革命都極為崇拜，我自然也如此，認為歷史已經作了結論，應該革命，不能改良，並用這觀點來論述康有為。但我仍然説《大同書》是「有卓識遠見的天才著作」，對康有為的許多啟蒙主張，也給予相當高的評價。但當然不合當時的調門，不被認同且受到批評。

馬　記得 2012 年《讀書》雜誌上有篇文章，題目就叫《從康有為到李澤厚》。

在康有為那一代人中，嚴復、梁啟超、章太炎等，被學人們推崇褒揚。相形之下，康卻相當寂寥，評價似乎並不高。什麼原因呢？是因為他的學理水平（中學弱於章太炎，西學遠遜嚴復）？是他那造假「作風」（《戊戌奏稿》、「衣帶詔」等等）？還是別的什麼緣由？

李 2006 年我在一篇短文裡講過，作為政治家的康有為，特別是戊戌維新那一段時期，他是非常拙劣的、愚蠢的，結果導致徹底的失敗。早如當年王照、嚴復等人所指出，他急躁冒進，「間離兩宮」，未能審時忖勢，周詳謀慮，在戰略、策略上的大失誤，把本有成功希望的變法維新弄砸了。康負有歷史責任，他並沒有把他的改良主義用心落實在現實政治實踐的具體步驟和部署中。

但作為思想家的康有為，他卻仍應有崇高地位。回顧百年以來，在觀念原創性之強、之早，思想構造之系統完整，對當時影響之巨大，以及開整個時代風氣等各個方面，康都遠非嚴復、梁啟超或其他任何人所可比擬。他與現代保守主義思想源頭的張之洞、激進主義思想源頭的譚嗣同，鼎足而三，是中國自由主義的思想源頭，至今具有意義。我現在願意很明確地說，康有為是中國近代史上最具創造性的大思想家。

馬 當時《新建設》還發表了您的《論譚嗣同的哲學思想和社會政治觀點》，這篇影響也很大。王元化先生就很讚賞。我存有一封胡繩先生五十年代寫給您的信，其中說：「關於以太和仁的問題，我認為你的分析很好。」

李 那是我 1955 年畢業後剛發了一些文章，請胡繩提意見。我這一篇分析得很細緻，花功夫太大了，發表以後是有影響的。到八十年代，哈佛的一個德國博士生把它翻成了英文，沒有出版，儲存在哈佛大學圖書館，他寄了份給我，我不知弄到哪裡去了。他當時說佩服我分析得那麼細，認為我適合搞分析哲學，當時那是哲學主流。他還說想翻譯我的《批判哲學的批判》，我說我還要修改，等再版時再說，後來此人好像是做生意去了，我也沒和他聯繫。現在想起來有點後悔。

胡繩讀《論譚嗣同的哲學思想和社會政治觀點》等文後致李澤厚函（1956年7月28日）

澤厚同志：

寄來的一些文章，都已看了。一夜的星期天就看過的。

不止意緒潦草，不可能提出多少具體的意見，大體說來，總以為

評古典文字研究中的一些論點並且裏如裹起起一點，並他發展

厚了點，我覺得都應滿意的，這些文章都提出了的問題，總之分析。

我覺得都是满意的，這些文章的問題，總以這兩

我希望你在近代一般思想文方面繼續多做些工作，節沂你生出來。

第一文中看出這在李慶嘉西哥其他的出，

對改良收的左中右的面分法，以讀，在為室創初的往信，我

是有你雞的，但也有些在文章中的末面所譯細論證，固那以

在一之比是充足方面的研究所的但在还紀就記念。國德起的的來看

这代現代思想史的一方面研究亦的月的組化務是什麼，這樣把這方包

的研究孝老同对它包龐後明小身的新利，同多主要多听的對文的室

任何任務孝起來。

在机令的再面談吧。因為这些看到的孙都有，故的通回你。

胡繩　七月廿八

印象很深的稿酬

馬　剛跨出校門，您就一舉成名，在當時算是名副其實的青年才俊了！

李　五十年代，除了上面提到的《文學遺產》《文史哲》《新建設》，我還在隨後出版的《歷史研究》《文學評論》《哲學研究》以及《人民日報》等重要報刊上發表了不少有關中國近代思想史和美學文章，那時我二十多歲，不到 30 歲就似乎「而立」了。我的文章那時影響還蠻大的。五十年代我就收到過稱我為教授的外國學者的來信。

我這個人不愛張揚。我發表文章不大和人說，五十年代東德、蘇聯或翻譯或提及我的文章，單位裡沒有任何人知道。蘇聯的漢學家頭頭齊赫文斯基著作中提及了我，還給我寄來了書，他們也都不知道。這樣，「文革」時就沒有人「揭發」，我沒有因這些事挨批，你看多好。不然說你與「蘇修」有來往勾結，那還了得。

馬　「成名」之後，困頓的生活也有一個大的改善吧？

李　我 1956 年就拿過 20 元千字的稿酬，這是當時最高稿酬。一般是 10 元左右，高的是 15 元。一下子改變了一直窘困的經濟狀況。當時有個朋友說我揮金如土，我在一個地方也說過，我不記得發表沒有，就是那時我對錢有一種報復心理，收到就花，但那只是很短很短的一陣子。那時候大家生活都不富裕，我一篇稿費就有不少，我這個人一般不亂花錢。印象最深的是 1956 年冬，我在《哲學研究》上發表一篇美學文章，在《歷史研究》上發表一篇研究孫中山文章，兩篇都很長，稿費加起來整一千塊。當時我的月工資收入才 56 元還是 70 元，我記不清了，反正很少。好表完全買得起，可我就是不買嘛。我買了一個不太壞的但不是名表，就可以了。我從不用名牌。八十年代在新加坡的時候，有人說你買件名牌襯衣吧，我覺得穿名牌是負擔，生怕它丟了、壞了，這是典型的人為物役。我個人也不要求吃，我可以吃最好的飯，也可以吃最壞的飯，無所謂。有人說吃了好飯就不能吃壞飯，那不見得。我可以吃壞的，當然一年 365 天老吃壞的是不願意的。

馬　職稱解決了沒有？

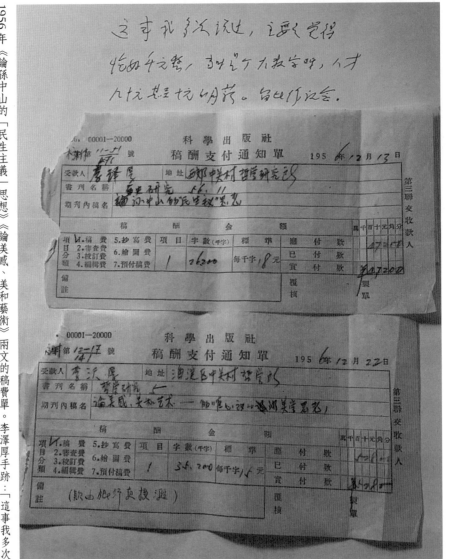

1956年《論孫中山的「民生主義」思想》《論美感、美和藝術》兩文的稿費單。李澤厚手跡：「這事我多次說過，主要是覺得恰好千元整，當時是個大數字呀，人才幾十元甚至十元的月薪。留此作紀念。」

李　當時我只是實習研究員（1962 年才升為助理研究員），相當於大學助教。在那種環境之下，既沒有提薪提級，也沒有分配住房，還是擠在三人共住一室的集體宿舍裡，而且使人側目而視，心理並不舒服。（笑）我發表文章不是感覺很高興，而是感覺很惶恐，是反而抬不起頭。老幹部、老研究員他們發表不了文章，所以那給我很大壓力。我只能非常謹慎，有人說我自高自大，見到人不是抬著頭就是低著頭，「白專」之類的非議頗多。因此身體上、精神上所受的創傷折磨所在多有。這也許是我比較抑鬱和孤獨的性格一直延續下來的原因。但也有一個好處，就是學會了使思想不受外來影響。

兩本小書

馬　五十年代您出過兩本書？

李　都不大。先是《門外集》，講美學的。當時出書可不像現在這麼容易，那時候全國一共沒出多少書。《門外集》連做美學研究的人可能都不知道。小 32 開的，12 萬字，收了 7 篇文章，由長江文藝出版社出版。那是 1957 年下放前夕，27 歲。作家出版社、人民出版社都找過我要出《門外集》，因為答應了長江文藝，就沒給另外兩家。書出得很快，從交稿到出書只有三個月時間。取到稿費，想到家鄉，捐去四百元，後來聽說讓支書中飽私囊貪污了。那封面印得太糟糕。我提了建議，結果顏色調錯了，太難看了。獻詞字也印得太大，難看之至。這本書我從來沒送過人。《門外集》的大部份文章，後來收入 1980 年的《美學論集》。

另一本是《康有為譚嗣同思想研究》，1958 年上海人民出版社出的，收了 7 篇文章，17 萬字，比《門外集》厚。香港有此書的翻印本，好些海外學人也對我提及此書，但這本書和這些論文在國內卻似乎沒引起什麼注意或反響。本來，按照原先的計劃，本書只是整個中國近代思想史論文集中的一部份，其他還應有「太平天國革命思想」「論二十世紀初年中國的革命民主主義思想」「孫中山思想研究」「馬克思主義在中國的傳播發展及其與反動思想的鬥爭」等部份。大學那幾年我在寫康、譚時，便想寫一本從 1840 年到

1949 年的思想史，收集了不少資料，也寫了提綱。後來由於我又轉向其他方面的工作，暫時就只好停下來了。這本《研究》後來收進《中國近代思想史論》中。

馬 我注意到，該書序文有一段話，講中國近代思想史的中心一環是「關於社會政治的實際問題的討論」。這是否可看作「救亡壓倒啟蒙」觀點的最初萌芽？

李 這段話，後來我原封不動地搬到《中國近代思想史論》的後記裡了。

馬 這本書在海外有一定反響。費正清《劍橋中國晚清史》有個評論，說該書是對康、譚「這兩位息息相關的才智作出的啟發性研究，儘管它有馬克思主義思想的框框」。前蘇聯著名漢學家齊赫文斯基說：「在中國近年一些論述康有為哲學觀點的著作中，最值得提出的是李澤厚和黎澍的論文。」傅偉勳先生說：「書中偶爾閃現作者的創見，文筆亦極清新流利，馬列教條的陳腐之辭並不多見。」美籍華裔著名學者張灝教授也說您對譚嗣同的分析非常精闢。這些評說您知道嗎？

李 這些我都知道。我看過費正清等人的書。張是口頭上向我說的。

二　李澤厚派

寫文章的兩條規矩

馬 上世紀五六十年代，您的學術活動主要是美學。當時大陸出現了第一次美學大討論，可否講講具體過程？

李 說來很簡單，最早是朱光潛在《文藝報》發表了一篇文章，叫《我的文藝思想的反動性》，作自我批評。周揚看了這篇文章以後很滿意，表明朱光潛願意接受馬克思主義，改造自己，是知識分子的代表。他這樣一個大教授，地位是很高的。黃藥眠隨後寫了一篇文章，在《人民日報》上發表，批判朱光潛。接著，朱光潛又寫了一篇文章，講美學既是唯物的，又是辯證的。蔡儀也寫了一篇文章，批判朱光潛。當時毛澤東正提倡學術問題可以「百家爭鳴」，美學討論就這樣開始了。具體內情是怎樣的，王若水或李希凡大概

知道。

馬　您也介入了？

李　在參加美學討論之前，我已發表了好幾篇其他文章。美學討論開始時，我寫了一篇三萬五千多字的長文，就是在 1956 年 12 月《哲學研究》上發表的那篇《論美感、美和藝術——兼論朱光潛的唯心主義美學思想》。《人民日報》打來電話說也要發，但篇幅太長，讓我壓縮，後來我就另外寫一篇，講美的客觀性和社會性，發表在 1957 年 1 月。這樣一來就有四篇文章（朱、黃、蔡、李），但因為黃藥眠的文章沒有提出什麼理論，於是就變成朱光潛、蔡儀和我三家之爭。

馬　您一直是在研究中國近代思想史，怎麼會去關注另一完全不同的美學領域？

李　當時，朱光潛發表他對美學的見解，我對他所講的有些別的看法，因此便加入了這場論爭，自此上了馬便下不來啦，這是偶然性，因為我那時正在研究中國思想史嘛。

　　必然性也有。因為我從小對文學就有興趣，那時就是文藝愛好者，接著在中學對心理學也有興趣，最後對哲學也有興趣。高中讀過朱光潛的《文藝心理學》，我上北大的時候，不開美學，美學課是「文革」以後才有的。朱光潛當時也不在哲學系，而是在西語系教英詩。但我剛入大學時就讀了好些美學書，記得一年級時還和同學們自發地討論過美學，並逐漸積累了某種看法。當時英文的美學書也不多。我記得看過本子不大的兩本很老的美學史，還在舊書店買到過，我一直藏著，後來不知弄到哪裡去了。鮑桑葵（Bernard Bosanquet）的美學史也沒有中文本，比較難看，但我也看了。《判斷力批判》是那時最重要的讀物，書不大，卻極有深度，當時有眼前一亮的感覺，至今記得。其實那書後一部份更重要更精彩，可惜中外注意的人不多。黑格爾的《美學》倒沒怎麼看，太大了，啃不動。因對文藝、心理學和哲學都有興趣，這三門科學的交匯點容易使我在美學方面發展，所以 1956 年遇上美學討論，也就很自然地參加了進去。

馬　剛一參加美學大討論，您就提出了自己的獨特觀點，非常難得！

李　當時主要是批評朱光潛先生，但從一開始我就覺得，要真能批好，必須有正面的主張。寫文章，五十年代我就給自己立了兩條規矩：一是，沒有新意就不要寫文章。用今天的話，就是「不立不破」，自己倒是較早就明確地意識到了這一點。幾十年來我很少寫單純批評的文章。我覺得揭出別人的錯誤並不太難，更重要的應該是能針對這些問題提出一些新看法。自然科學絕沒有人去完全重複論證前人早已發現的定理、定律，社會科學領域也應如此。「人云亦云」「天下文章一大抄」的做法、說法，我是不大贊同的。寫文章要有新東西，發現別人沒講透，沒講清楚，或者發現了別人還沒發現的問題、資料等，這才叫自己的研究成果。八十年代，當我的學生寫論文找我要題目的時候，我很奇怪。題目是你看了各種書之後，認為有什麼問題或體會，這才產生題目，老師給你題目還有什麼意義呢？當然老師可以指出一些待研究的問題，提供學生考慮。有點意思、有點感觸才寫，不然你寫出來幹嘛呢。儘管我也寫了好些應景文章，好多人讓我寫序，推來推去推不掉，就寫了一點，但還是講了一點自己的意思。基本上不亂寫，不多寫。

二是，不為名利寫文章。我不願意在政治或經濟的壓力下屈服。別浪費自己的時間和讀者的時間。五十年代我不是已經有點名氣了嘛，那時候約我寫文章、出書的很多，我百分之九十九都拒絕了。八十年代以來，約我寫文章、寫書的，就更多了，基本都拒絕了。好友傅偉勳當時在台灣主持一個大型叢書，他約我寫本講康有為或譚嗣同或康德的書，我都搞過的嘛，很熟，很容易寫出來，但我拒絕了，沒有寫。記得他說：「對你破例，重金收買。」（笑）我介紹他找其他一些人去寫，我自己一本沒寫。五六十年代是反名利的，我和一位同學說，「名利是副產品」，名利是需要的，但只是副產品，正產品是發現真理的愉快。幾十年來，上面這兩條我基本做到了。

因此，在第一篇批評朱光潛的文章中，我提出了美感二重性、美的客觀性與社會性以及形象思維等正面論點。這些論點雖然一直受到一些同仁的批評、反對，但我覺得這樣比光批評別人更有意思。

「直覺性」不敢展開

馬 這篇文章給大家留下了深刻印象,有學人回憶説:「最有分量的則是李澤厚1956 年在《哲學研究》第 5 期發表的《論美感、美和藝術》(研究提綱)⋯⋯第一次用馬克思《1844 年經濟學哲學手稿》的觀點,振聾發聵地提出自然本身並不是美,美的自然是社會化的結果,也就是人的本質對象化的結果。⋯⋯此文為實踐派美學奠定了第一塊基石,為中國美學研究開拓了一個新的天地。」(張榮生:《記上個世紀五十年代的美學大討論》,《中華讀書報》2012 年 2 月 1 日)「當我第一次看到李澤厚的文章的時候,我是很受啟發的,年齡嘛我們差不多,他比我大一歲,他是 1930 年生的。但是當時他的這麼一篇文章出來,我當時感到很了不起,看問題比較深。」(蔣冰海:《實踐美學:修繕,還是解構?——上海市美學學會研討李澤厚實踐美學思想暨汪濟生新著〈實踐美學觀解構〉會議全記錄》,2007 年 12 月 7 日)

李 1956 年的這篇文章,主要論點是「美感兩重性」,簡單説來,就是美感的個人心理的主觀直覺性質和社會生活的客觀功利性質,即主觀直覺性和客觀功利性。美感的這兩種特性是互相對立矛盾著的,但它們又相互依存、不可分割地形成美感的統一體。前者是這個統一體的表現形式、外貌、現象,後者是這個統一體的存在實質、基礎、內容。講直覺性時,我直接引用了黑格爾的《小邏輯》。認為「直接性」乃諸多「間接性」的結果,即認為直覺並非天生或先驗,而是由間接性所積累形成。

馬 我注意到,1981 年您在《美感的兩重性與形象思維》文中,第一句話就説:這個題目「抓住了我的要害」,文章從美感兩重性講到美感四要素(感知、想像、理解、情感)。

李 現在我已將「四要素」改為「四要素集團」,因為每一要素又包含有一些子要素。還將「情感」改為「情慾」,以前論述美感時,雖曾不斷提及「慾望在想像中的滿足」等等,但不夠充分,現改為「情慾」,更為確定明朗。

馬 最近我看一篇文章講:「李澤厚在 1956 年以反映論(所謂『哲學上的唯物』)來批判朱光潛的所謂『資產階級唯心主義美學』而儼然立一家之説。」但我

覺得似乎不能完全用「反映論」來解説您對朱光潛的批評？

李 其實，五十年代我是以「美感兩重性」來談「反映」和「認識」，便是相當獨特的解説，不同於傳統的「反映論」。

馬 認真研讀六十多年前的這篇文章，發現您後來提出的「美感四要素集團」「文化—心理結構」「情理結構（情本體）」等，若追溯其最初源頭，似乎就在此文中，就在美感兩重性觀點裡。您的哲學研究肇始於美學研究。

李 很高興你能讀得這麼細。我把美感放在首要位置上，之後才是講美。當時有人要我倒過來，我沒同意。我強調應研究美感，重視人所特有的心理特徵——這可説是以後提出「文化心理結構」和「情本體」的依端吧。雖然這篇美學文章就是講美感二重性，但當時「美學熱」的中心議題卻是在爭論美是主觀的？客觀的？主客觀統一的？即所謂「美的本質」問題。我在當年討論中卻總強調藝術作品作為美的對象有難以甚至不能用語言表達的「味道」這一特徵（與味覺相似，多樣、複雜、變易而難以用語言表達），從而就把美分作「美的對象」「美的質料」和「美的根源」來探討，認為「美的本質」只能就「根源」而不能就「對象」説，而「美的對象」當然由美感的直覺性與功利性所造成。我八十年代《美學四講》就是這樣接著講的，書中好些觀點就是從五十年代「美感兩重性」發展出來的。

馬 「直覺性」為什麼沒有展開講？

李 這在當時是非常敏感的一個問題。我的「直覺性」一提出來就被很多人反對，説是資產階級的「直覺主義」。當時我是想寫下去的，但不能寫，絕對不能講的。因為那時強調的是馬克思主義認識論和列寧的反映論。「文革」剛開始，有人在其批形象思維的文中就批我，説李澤厚很早以前就主張直覺論，就是指 1956 年這篇文章中提出的美感兩重性，把我對形象思維的看法與對美感直覺性的看法聯繫起來了。直到七十年代，我在劉再復主編的《文學評論》上發表文章，談了創作中的非自覺性、無意識性，當時大家都還不能接受，這其實就是美感兩重性的延伸。在五十年代，這些更不能講了的。講弗洛伊德，就是反動，罪莫大焉，就是那樣一種在政治陰影籠罩下的思想學術氛圍。

醞釀積澱思想

馬　文章還引用了馬克思的《1844 年經濟學哲學手稿》。

李　實際上，美感兩重性的看法還是從馬克思這本《手稿》中來的。在國內美學
　　文章中，這篇文章大概是在討論中最早提到馬克思的 1844 年手稿。當時我
　　看的是英文版。

　　《手稿》一個很重要的論點，是談人的感覺與需要具有不同於動物的非功利
　　性，馬克思強調人與動物在感受、感覺、感知上的區別，動物滿足它的生存
　　需要必須不停地尋覓食物，它的生理器官和官能大都為此服務。人與動物在
　　這方面有所區別。人的感性不只是為了生存的功利而存在。馬克思在《手
　　稿》再三強調感性的社會性，而不是理性的社會性。理性的社會性好理解，
　　什麼邏輯呀、思維呀這些東西。而馬克思恰恰講的是感性的社會性，感性的
　　社會性是超脫了動物性生存需要的功利。眼睛變成了能欣賞繪畫的人的眼
　　睛，耳朵變成了能聽音樂的人的耳朵。馬克思說：「因此，（對物的）需要
　　和享受失去了自己的利己主義的性質，而自然界失去了自己的赤裸裸的有用
　　性，因為效用成了屬人的效用。」就是說它不是屬於個體的、自然的、消費
　　的關係，不是與個體的直接的功利、生存相關的。也有如馬克思所說，對於
　　一個飢餓的人，並不存在食物的人的因素。憂心忡忡的人，對於最美的風景
　　也無動於衷。一個飢餓的人跟動物吃食沒有什麼區別，這是有深刻道理的。
　　中國古老的吃飯筷子上常刻有「人生一樂」幾個字，把吃飯當成是人的快樂
　　與享受，而不是純功利性的填飽肚子。這樣，人的感性也就失去了非常狹窄
　　的維持個體生存的自利性質，而成為一種社會的東西，這也是美感的特點。
　　它具有感性、直接性，亦即直觀、直覺，雖不經過理性卻又滲透著理性的特
　　點，這也就是它的客觀社會性。

馬　也就是說，您已開始在醞釀、思考日後的「積澱」思想？

李　從那時起，我就一直認為，應研究理性的東西是怎樣表現在感性中，社會的
　　東西怎樣表現在個體中，歷史的東西怎樣表現在心理中。後來我就造了「積
　　澱」這個詞。

想寫本《美的哲學》

馬 《論美感、美和藝術》之後，您又發表了好幾篇美學文章，繼續與朱光潛、蔡儀等人論辯。其中比較有分量的一篇，當屬《哲學研究》1962 年第 2 期上的《美學三題議——與朱光潛先生繼續論辯》。

李 這篇文章修正和補充了 1956 年的第一篇文章。是我最重要的一篇美學論文。文章很抽象，從概念到概念，當時曾想把它展開一下，寫本《美的哲學》

馬 「美是自由的形式」就是在此文中提出的。

李 這個觀點，在後來的《美學四講》中，我還是一直堅持，沒有變，只是作了比較充分的說明。但這裡要注意「自由」「形式」等詞彙的準確含義，並且必須從哲學角度來加以把握、判斷，不能作為漂亮的詞彙來看待和運用。「自由」是指「規律性與目的性的一致」，「形式」主要是指一種造型力量，是一個東西成為這個東西的力量、原因。所以，我不同意「美是自由的象徵」「美是自由的表現」之類的說法。

馬 您是用馬克思《手稿》中的「自然人化」思想來研究美和美感的？

李 《手稿》並不是講美學，而是講經濟學和哲學問題的。馬克思大概不會想到，一百多年以後，中國學人會從美學角度突出這部著作的偉大意義，認為這部著作為美感和美的本質提供了哲學基礎。

當時，如何令人信服地解釋自然美成了檢驗各種哲學理論的試金石。我反對美在自然典型、可以與人無關的論點，也反對將美等同於美感主要只與人的心理活動、社會意識相關的論點，主張用馬克思「自然的人化」來解釋美學問題，認為美的本質離不開人，人類的實踐是美的根源，內在自然的人化是美感的根源。我強調「人化」不能做簡單的字面理解，「人化」分外在、內在兩個方面和狹義、廣義兩種含義。「外在自然的人化」，主要指自然環境與人的關係的根本變化，由敵對變為親密，其中包括未經加工改造的日月星辰、森林沙漠等等。加工改造過的山川田園果蔬禽畜等等則是狹義的人化。「內在自然的人化」指的是人的生理性的感官感知和情感具有社會性質。這

兩個方面和兩種含義的「人化」都是長久社會實踐生活基礎上的歷史產物，使人具有了超生物的肢體、器官、經驗、價值等等。與「自然的人化」相對應，後來，我又提出「人的自然化」，包括人與自然環境的親密相處、人與山水花鳥比擬性的符號或隱喻共存、人與宇宙節律的生理——心理的一致或同構三個層次。我認為，形式美和美感首先出現在原始人群的物質生活活動中，然後擴展到其他方面，人的外在文明和人的內在人性最初是同源同步的，其後才發生背離和矛盾等等。我的這一哲學美學觀點從 20 世紀 50 年代至今，被學術界稱為「實踐美學」。

這種「古典式」討論現在看來也許可笑，當時卻很熱鬧。這裡，要著重重複強調的是，儘管自五十年代直至今日遭到各種強烈的反對，但我仍然堅持「狹義的實踐」（人類使用—製造工具的物質生產活動即所謂「工具本體」）這個核心、這個基礎始終不變，從而與當時和以後包括今天許多大講「實踐」的美學學人頗不相同。而且認為社會的發展愈來愈證實我這個「狹義的實踐」在美的發展過程中的核心作用，例如手機、互聯網、高鐵在今天社會美、自然美、藝術美中，在時間、空間、速度、變換、形式和人們的感受、想像、理解、情感亦即美和美感中的基礎性質和推動力量，更加突顯出「狹義的實踐」所具有的巨大的和根本性的力量。這正是「人的本質力量對象化」更為清晰、更為鮮明的呈現。

馬 我注意到，這篇文章提出的「客觀的自然的人化」（外在自然的人化）與「主體的自然的人化」（內在自然的人化），後來您將其發展為「外在的工藝—社會結構」與「內在的文化—心理結構」說，並進一步概括為「雙本體說」（「工具本體」與「情本體」）。

李 當時，我已較明確意識到，馬克思是從工具、科技、生產力，向外走；我是向內走。他走向生產關係、社會結構、批判資本主義、無產階級革命等等；我走向文化心理形成、理性來源、情理結構等等。他更重視歷史的社會變遷；我更看重歷史的心理積累，後來就與康德聯繫上了。再往後，我提出「新感性」等，並日益突出「情本體」等概念和詞語，等等。

另外，我在 1957 年《美的客觀性和社會性——評朱光潛、蔡儀的美學觀》一文中，還強調了美依存於社會存在：「在人類以前，宇宙太空無所謂美醜，就正如當時無所謂善惡一樣。」——這一看法，也可說是日後「事實與價值同源」的歷史本體論的起點。歷史本體論強調 is 與 ought to 在本源上的一致，亦即事實與價值在人類生存延續這一本體論上的同源和一致。

馬　在美學討論中，您對車爾尼雪夫斯基的美學思想的評價還是蠻高的。

李　車爾尼雪夫斯基的人品我很佩服。他被流放到西伯利亞那麼多年，還是不屈不撓。但他的小說《怎麼辦》，我也是硬著頭皮才看完的。據說列寧常常看，其實藝術品質太差，根本談不上好小說，「好」只在政治意義上。如同列寧讚揚過的高爾基的《母親》，在藝術上也不算上乘之作，比起他的自傳體的三部曲差得遠。

車爾尼雪夫斯基提出「美是生活」的命題，在西方美學史上從不被注意，甚至不被提及。但在中國大陸美學界、文藝批評界，特別是在二十世紀五十年代，卻起了任何其他理論都比不上的巨大影響。之所以如此，是它恰好適應了當時的革命文藝和革命人生觀的需要。車氏所用「生活」一詞本意是生命、生命力，雖然其中也包括社會生活，但基本上仍是抽象人本主義以至生物學的。在中國，人們卻甩開了車氏的這層含義，突出強調了其中的社會生活以及這種生活中的階級內容（根據車氏所舉貴族小姐的美與農婦的美等例子）等意義，作了一次解釋學的援用。

思想發展三階段

馬　有研究者說，發生在中國的這場美學大討論深受蘇聯影響，因為當時蘇聯理論界也有同樣的討論，也分幾派。

李　蘇聯確實也有過類似的討論，也分了社會派、自然派等等。但中國的討論由於抓住了馬克思的《手稿》，提出了一些新的語彙和文本，討論要深刻得多，理論水平要高一些，蘇聯則淺一些。如我一開始就提出了美感二重性，它來自黑格爾和馬克思，而與「蘇式」無關。我根本看不上那些蘇聯著作，

例如當時奉為圭臬經常引用的季莫菲耶夫的《文學原理》等等。

馬　第一次美學大討論是何時結束的？

李　1964 年「四清」開始後。在這場美學大討論中，我的美學文章寫得並不多，作家出版社出的《美學問題討論集》共六冊，收了許多文章，而我一共只有四五篇吧。

馬　《美學三題議》應該具有某種階段性意義吧？

李　在與劉緒源的對話中我說，我的思想發展過程，說起來也很簡單。從哲學上講，就是從五十年代到 1962 年發表《美學三題議》止，可以說是第一個階段。「文革」以後到出國前，算第二個階段。從上世紀九十年代，延伸至今，是第三階段。

馬　我在撰寫《李澤厚學術編年初稿》時，對您的「學思之路」，也有過一個劃分：第一階段：「醞釀與初創——同心圓的確立」。時間約從二十世紀五十年代初至 1962 年，代表作為《門外集》《康有為譚嗣同思想研究》《美學三題議》等。第二階段：「緘默與構建——思想系統的形成與定型」。時間約從 1963 年至 1976 年，代表作為《人類起源提綱》、《積澱論論綱》（《六十年代殘稿》）、「告別革命」、《康德新解》（《批判哲學的批判》）等。第三階段：「爆發與激蕩——思想領袖，青年導師」。時間從 1977 年至 1991 年，代表作為《李澤厚十年集》等。第四階段：「擴展與延伸——同心圓的自我完善」。時間從 1992 年迄今，代表作為《論語今讀》《己卯五說》《歷史本體論》《論實用理性與樂感文化》《由巫到禮 釋禮歸仁》《人類學歷史本體論》《中國哲學登場》《倫理學綱要續篇》《倫理學新說述要》等。這個劃分，您認可嗎？

李　這我就不管了，還可以作別的劃分，也可以不作劃分，關鍵還是要看思想。我的思想並沒有突然的轉折和變化。

馬　現在回過頭來，如何看待這場美學討論？

李　對於這場討論的意義，當時感覺不到。現在回頭來看，應該說很有意義，它是真正從毛澤東話語體系裡走脫出來的一種新的話語。這可以從兩個層面

來說。一是，1949 年以來有很多次學術討論，總是開始時宣稱執行「雙百」方針，結果大多數討論都變成了政治批判，以「討論」始，以「批判」終。最後總是以一種意見壓倒其他意見。只有美學沒有搞成這個局面，成了幾乎唯一的例外。儘管在討論中也互相說對方是唯心主義甚至修正主義，但沒搞成政治批判。開始的時候是三派，討論結束，也還是三派，政治人物也沒有說誰不對。現在也是這種情形，誰也沒有說服誰，如果當時一定要以哪種意見統一天下，就沒有什麼「美學熱」了。因此美學也始終保有學術的某些自由度。這倒是一條歷史經驗，值得注意。不過當時帽子還是扣的，修正主義啊，唯心論啊，形而上學啊，朱光潛也扣別人帽子，一樣的。包括宗白華批高爾泰時，也說他唯心論。「唯心論」可是當時誰也不願意戴的壞帽子，等於有大錯誤，現在年輕人很難理解了。現在有一些人根本不顧及當時的具體時代和政治環境，以今日的標準苛求當時，大肆抨擊這次爭論，實在令人奇怪。西方學者則完全不知道中國有一個「美學熱」。

二是，這場討論的確提供了一些新的語彙和文本，儘管是在當時那種語境之下，如「美感二重性」「人化的自然」「實踐」「自由的形式」等。「美感二重性」便有很大的潛在的容量，進入新時期後，形象思維的爭論爆發，我所提出的藝術不僅是認識、藝術創作的非自覺性等等問題，理論上便都源出於此。蔡儀在九十年代還在批判「美感二重性」，也的確有他的道理。由此可見，五十年代的美學討論中存在著很多潛在的東西，只要在適當的語境下，它就可以顯示出來；它的意義遠遠超出了美學專業的範圍，卻又仍然是學術的。

美學三派

馬　在這場美學大討論中，您憑藉著創造性的美學觀點脫穎而出，成為當時的美學三大派之一，您的「論敵」，要麼是學貫中西的學術大家（朱），要麼是老資格的馬克思主義理論家（蔡），而你只不過是一名二十多歲的年輕「後生」，這個反差很大呀！（笑）

27歲的李澤厚（1957年秋）

李 「三派」，就是「朱光潛派」「蔡儀派」和「李澤厚派」，那是朱光潛首先在文章中正式提出來的，不是我說的。我當時還年輕，26歲，助教級別，哪敢說自己是一派，特別是在當時那種情況下。而他們不同，蔡儀是老黨員，也是研究員；朱光潛更是權威。儘管我知道，我的意見的確與他們的不一樣，而且也的確有不少人贊同我，即使今天，贊成我的人還是不少。所以，當時朱光潛用了「李澤厚派」一詞，我當然很高興了。

馬 2005年高爾泰先生在《誰令騎馬客京華》一文中，對您由最先主張「四派說」又改為「三派說」，將他（主觀派）排除非常不滿，說自己「有一種再次被傷害的感覺」。

李 「四派」的提法，怪我，是我在1957年的一篇文章（《關於當前美學問題的爭論》）中提出的。這一提法看來是不能成立的，因為所謂的「四派」，就是把呂熒、高爾泰也算作一派，但實際上，他們的理論從系統和思辨的廣度和深度上，都難構成一派，而且引述他們理論觀點的人也不多。朱光潛、蔡儀倒各是一派。蔡儀有自己的體系，儘管你可以不相信他，但他有自己的一套，而且有他的學生堅決追隨他。所以還是朱光潛分的「三派」說比較準確。

馬 這也就是說，您只是從先前主張的「四派說」，後來轉而認同朱光潛提出的「三派說」而已。

李 就是這麼一回事嘛。高的那文章我看過，除了剛才你說的這事外，還提到《中國哲學年鑒》中「美學」條以及「美學領域從未有過政治批判」的說法等等。前者我根本不知道，後者也不是他所理解的那樣。

馬 杜書瀛先生有個說法：美學的「輝煌時期朱光潛是三十年代，蔡儀是四十年代，到了五十年代，雖然他們還在堅持自己的觀點，但是他們的時代可以說已經過去了。到了一個新的時代。五十年代最輝煌的是李澤厚，無論人們對李澤厚是如何的批評與責難，李澤厚在當時的確是受到了更多人的贊成，而且李澤厚的美學思想到後來還有進一步的發展。一直到今天，李澤厚的美學思想還是在被人們推崇。」（杜書瀛、李聖傳：《重返五十年代：蔡儀與「美學大討論」——杜書瀛先生訪談錄，《蘭州學刊》，2015 年第 1 期）您與朱光潛和蔡儀兩位先生有過交往嗎？

李 我認識杜先生，他是蔡儀的學生，能說這話真不容易。我的個性是不愛交往，不僅和美學家，和很多人都極少交往。朱光潛當時我是不是拜訪過，記不太清了。我那第一篇美學文章是在當時批朱先生的高潮中寫成的。那篇長文章的油印稿，送給一些人看過，其中有賀麟。賀麟看了以後，又送給朱光潛看。賀麟告訴我說，朱光潛給他寫了一封信，說在批判他的文章中，這一篇是寫得最好的。賀麟把那封信給我看了。我很感動，因為那時年輕嘛。大家批判朱光潛，都要給他扣了一大堆帽子，什麼反動、腐朽、資產階級，我也扣了不少，但好些人的文章沒有講什麼道理。我的這篇文章之所以受到朱光潛的稱道，大概是因為我講了一點道理，提出了自己的一些看法。但當時我二十幾歲，雖已發了幾篇文章，但畢竟是言辭凶厲而知識淺薄的「毛孩子」。這篇文章的口氣調門便也不低，被批評者卻如此豁達大度，這相當觸動了我，雖未常對人說，卻至今記得。還有，我談美感二重性，重視美感，大概觸動了他。

馬 朱先生真是有氣度、有雅量的大學者！

李 當然，朱先生在一些文章中也動過氣，也說過重話，但與有些人寫文章來羅織罪狀，誇張其辭，總想一舉搞垮別人，相去何止天壤！我想，學術風格與

人品、人格以至人生態度，學術的客觀性與個體的主觀性，大概的確有些關係。朱先生勤勤懇懇，數十年如一日地寫了特別是翻譯了那麼多的東西，造福於中國現代美學，這是我非常敬佩而想努力學習的。

因為自己懶於走動，我和朱先生來往不多。在「文革」中，倒去看過他幾次。我們只敘友情，不談美學，談得多的是中外文學和哲學，聊陳與義的詩詞，談恩斯特·凱西爾……雖絕口不涉及政治，但我當時那股強烈的憤懣之情總有意無意地表露出來。我把當時填的一首詞給朱先生看了，朱先生卻以「牢騷太盛防腸斷」來安慰、開導我。並告訴我，他雖然七十多歲，但仍每天堅持運動，要散步很長一段路程，並勸我也搞些運動。朱先生還告訴我，他每天必喝白酒一小盅，多年如此。我也是喜歡喝酒的，於是朱先生便用酒招待我，我們邊喝邊聊。有一兩次我帶了點好酒到朱先生那裡去聊天，我告訴他，以後若妻子再干涉我喝酒，我將以高齡的他作為擋箭牌，朱先生聽了，莞爾一笑。大概是 1974 年，朱光潛當時在翻譯聯合國文件，就是把外交文件的中文本翻譯成英文或英譯中，這在當時是重用他。他一點怨言都沒有，我卻頗為憤慨，完全是糟蹋人才嘛。朱先生送給我兩大函綾裝的《五燈會元》，還送給我兩本英文書，現在都捐出去和送給別人了。

「文革」後，朱先生更忙了，以耄耋之年，編文集、選集、全集，應各種訪問、邀請、講學、開會，還要翻譯維柯……於是我沒再去朱先生那裡了。《談美書簡》出版後，朱先生曾送我一本，扉頁上還題了首詩，記得最後兩句是：「長江後浪推前浪，翻新自有後來人。」

馬　朱先生在翻譯介紹西方美學上有重大貢獻，他獨自撰寫了《西方美學史》，書裡的很多資料都是他重新翻譯的。在這次美學大討論中，朱先生既不隱瞞或回避自己過去的美學觀點，也不輕易接納他認為不正確的批判。他接受了馬克思主義，自覺運用馬克思的「自然人化」「實踐」等觀點研究美學，直到晚年依然如此。您和朱光潛在美學上都講「實踐」，那麼你們之間的分歧究竟在哪裡？

李　朱先生的《談美》《文藝心理學》等，在三十年代影響很廣泛，對中國的美

學界有開創性的貢獻。他做了大量翻譯薈萃工作，如《歌德談話錄》、黑格爾的《美學》、萊辛的《拉奧孔》、克羅齊的《美學》、維柯的《新科學》等等，付出了艱辛的勞動，對他，我是非常敬重的。但他自己的看法並不多，他自己也承認這一點，他親口對我說過，他的著作中，就《詩論》比較有自己的見解。

我跟朱先生都講自然人化，都講實踐，這就造成一種假象，似乎我的觀點與朱先生的觀點合流了，其實，我跟他的區別是很清楚的。概括地來說，我跟朱先生的分歧是：我把物質生產看成是人類最基本的活動，把它與人的其他活動（如藝術實踐活動）作了一定的區別。而朱先生卻把物質生產活動與藝術生產活動混為一體。他是運用移情說來解釋自然人化的，即認為自然是人的認識對象、情感對象，人認識了或情感表達了，對象也就人化了。這當然也可以說是一種人化，朱先生講的人化是主觀情感作用的成果。所以，朱先生八十年代出版的《談美書簡》《美學拾穗集》還是說美感產生美，沒有美感就沒有美。雖然朱先生在論述時前面加了個「實踐」，但後面的論述基本還是原來的。我跟朱先生的分歧還是《美學三題議》中所談的分歧。

還有，我更重視康德的美學，朱先生也許更重視黑格爾的美學。一般都認為馬克思的美學繼承的是黑格爾和費爾巴哈的美學，而我更重視的是康德—席勒—馬克思這樣一條綫索。我以為席勒很接近馬克思，當然他沒有唯物史觀（即實踐觀點）這個根本基礎。

馬　我看過蔡儀先生的夫人喬象鐘所著《蔡儀傳》（2002），其中記載了您拜訪蔡先生時的情景：「那年春節時候，李澤厚在他評蔡儀文章發表後不久，來到我們家。他自我介紹之後，坐在蔡儀的書桌旁，蔡儀一言不發，冷冷地坐著，李澤厚問了幾句，兩人『無話可談』。好在不久來了別的客人，李澤厚隨即走了。」——這是不歡而散呀！（笑）

李　哈哈，有這事。那是 1957 年初，我的《美的客觀性和社會性——評朱光潛、蔡儀的美學觀》剛剛在《人民日報》上發表，當時一些人想要蔡儀到哲學所來，我很贊成，為此我去找過他。因為蔡儀先生是老革命、老黨員，是

馬克思主義者，年紀也比我大很多。我當時拜訪蔡儀，他板著臉，很不高興的樣子，大概就因為我批評過他。實際上，我對他還是很尊敬的，畢竟我是晚輩。我說，我們現在群龍無首，希望他來。他說，你後來居上嘛。他以觀點劃界，包括他的學生。他有一種捍衛馬克思主義的責任感，他認為我反對馬克思主義，當然也就對我不滿意。

馬　「美是典型」是蔡先生在美學上最著名的觀點。

李　他講典型是種類個體最能表現種類共性的那個東西。那麼，最典型的蒼蠅就是最美的蒼蠅。這講不通嘛。我當時批評他是機械唯物主義，沒有超出十八世紀法國唯物主義者的水平，他很不高興。（笑）蔡的書，乾巴巴，真是必須硬著頭皮才能看下去，看完後一點問題也沒有解決。

馬　從五十年代到九十年代，蔡先生一直批您批得很厲害。

李　蔡以及他的學生，一直批評我，特別是九十年代初，簡直是窮追猛打。蔡有篇文章，批我的「救亡壓倒啟蒙」是「奴才胚子」、是「漢奸賣國賊」的思想。有人看了後告訴我，按照他的文章，結論只能是政府應該趕快槍斃李澤厚。如此批判，可哀也矣。

給宗先生的書寫序

馬　當時，您接觸過宗白華先生嗎？

李　看望過。也是在 1957 年，我發表兩篇美學論文之後，當時我已離開北大，才特地去看望宗先生。現在依稀記得，好像是一個不大暖和的早春天氣，我在未名湖畔一間樓上的斗室裡見到了這位藹然長者。談了些什麼，已完全模糊了。只一點至今印象仍鮮明如昨。這就是我文章中談到藝術時說，「它（指藝術）可以是寫作幾十本書的題材」。對此，宗先生大為欣賞。這句話本身並沒有很多意思，它既非關我的文章論旨，也無若何特別之處，這有什麼值得注意的地方呢？我當時頗覺費解，因之印象也就特深。後來，我逐步明白了：宗先生之所以特別注意了這句話，大概是以他一生欣賞藝術的豐富經歷，深深地感歎著這方面有許多文章可做，而當時我們這方面的書又是何

等的少。這句在我並無多少意義的抽象議論，在宗先生那裡卻是有著深切內容的具體感受。和宗先生長談，也就只那一次。

馬 可惜宗先生寫得太少。

李 但他如果多寫，恐怕受的批判不會比朱光潛少。朱後來講馬列，宗卻一直未講過。1949 年後對宗先生是不大公道的，五十年代只評了個三級教授。好在宗先生有一個特點，具有魏晉風度，不在乎。當時對宗白華，大家根本都不知道，講朱光潛大家都知道，講宗白華卻很多人都不知道這個名字，包括搞美學的。正如當年搞哲學的人不知道熊十力這個人一樣。在北大也沒有什麼影響。八十年代開第一次美學大會的時候，都沒有邀請宗白華參加，而且連一個位置都沒給他留。宗白華先生與朱光潛先生兩個人，在我看來是不相上下的，現在宗白華的影響倒可能超過了朱光潛，引他的文章很多。《美學散步》講了一些很好的東西，完全是從哲學角度講的，是美學，不是文藝理論。

馬 八十年代您曾給宗先生的書寫過序，影響蠻大的，至今仍有人不斷提及。

李 那是宗先生出《美學散步》(1981) 集子，出版社要我寫序，原來我不答應，因為我年輕嘛，怎麼能給一位老人寫序。後來出版社一定要我寫，那就寫吧。宗白華的那些文章都是 1949 年以前散發在報刊上，根本沒成集子。我當時看過一點，也很少。1949 年後他發表東西極少，就兩三篇吧。在序裡，我提出「天行健，君子以自強不息」的儒家精神、以對待人生的審美態度為特色的莊子哲學，以及並不否棄生命的中國佛學——禪宗，加上屈騷傳統，我以為，這就是中國美學的精英和靈魂。宗先生以詩人的銳敏，以近代人的感受，直觀式地牢牢把握和強調了其中的前三者。還比較了朱光潛與宗白華，記得馮友蘭看後來信對我所講的朱、宗同異，深有同感，說宗得晉人風度，尤可佩。

在寫序的前後，包括書出版後，也一直沒去看過宗先生，事前事後也沒徵求過他的意見。表面的理由是宗老年紀太大了，有那麼多人去找他，我就不必去打擾；實際的原因還是因為我懶，太懶於走動。只是以後開會時遇到他，

也就是閒談幾句而已。

馬　1986 年宗先生逝世，您寫了篇悼念文章，文末的「三哭」，令人感慨萬分！

李　聽到宗先生病危的消息，我趕到北大校醫院時，宗先生剛被抬進太平間。沒
　　能與宗先生作最後的話別，只好在他遺體前深深三鞠躬。這篇文章當時沒能
　　刊出。

三　擦肩而過

一個好友自殺了

馬　五六十年代國內各種政治運動頻繁，知識分子自覺或不自覺地都會被捲進
　　去，無法逃遁。聽說批胡風時，也牽涉到您了？

李　整胡風的時候，我被作為「胡風分子」整了一年。當時寫思想檢查我就說自
　　己長期背著進步包袱。別人說，我自己也這麼講的。是認為自己很早就進步
　　的，因為的確接受馬克思主義比較早，就看不起很多人。

　　五十年代初，抗美援朝的時候，我還激情滿懷，當時，我在哲學系裡講演還
　　很受歡迎。也不算講演吧，反正是一種帶有鼓動性質的講話、發言，掌聲熱
　　烈，我自己也是滿腔熱情的。但已經慢慢消退下來，越來越看不慣了……

馬　看不慣什麼呀？

李　看不慣很多現象，學校的一些做法，包括那種想入黨的積極分子，他們有的
　　投機，明顯投機，有的太幼稚，很可笑。有的完全是為了個人利益。所以當
　　後來整胡風的時候，我就同情胡風，因為胡風是追隨魯迅的，也可以說是很
　　進步，他看不慣嘛。我也有類似的思想，所以要檢查。說我是反革命，總要
　　我交代與胡風的關係，逼我寫了一大堆什麼「我就是胡風，如何如何」的材
　　料。我沒有什麼東西可交代呀。(笑)

馬　同情胡風？

李　我說過胡風是魯迅最信任的人，說路翎的小說極有才華，我欣賞胡風《七
　　月》、《希望》、泥土社、螞蟻社等名稱和封面設計，覺得不落俗套而堅實樸

素，是魯迅遺風，很漂亮。還有，我買了胡風的《意見書》送人等等。「反胡風」運動初期還叫我寫批判文章，我說胡風是小資產階級的文藝思想，所以與無產階級發生了對抗。我也的確不同意胡風的一些理論。

馬　這不是很革命嗎？

李　結果胡風發表檢討，也說自己是小資產階級。這就成問題了，一定要審查我和胡風是怎麼預謀好這同一個腔調的。他們認為你跟胡風串通好了，你給他打掩護，因為胡風是反革命，不是什麼小資產階級。最後，是通過公安部仔細調查，發現我和胡風或「胡風分子」沒有任何聯繫。確實沒有聯繫，連信也沒寫過一封，更沒見過面說過話，我本不喜歡和人交往嘛。這中間，還把我帶去參加執行槍斃前的「公審反革命分子大會」，為了嚇唬我。但又怕我自殺，我才不會自殺的。跟我同案的一個好朋友，非常好非常有才華的一個人，自殺了。

馬　叫什麼名字？

李　叫王承祖。北大歷史系的，我們是好友，比我大一歲，跟我同案，自殺了，至今想起來都難過。我們一起談過路翎、胡風。他的才華功力遠在今日諸大名人之上，至今使我懷念。案出於讚賞「胡風派」被王的另一朋友告發，詳情就不說了。

馬　您的案子最後是如何了結的？

李　最後定我思想罪：受胡風嚴重影響，思想反動，需要批判。到 1957 年 5 月「反右」前夕，才把審查結論拿出來讓我簽字。給我看結論也很陰險，「反右」前夕李奇給我看的。我在被整結束以後，卻立即買了路翎 1949 年以前出版的很厚的《財主的兒女們》（上下冊），留作紀念。可見如何整也無效。我的藏書基本上處理光了，但這兩本厚書至今還留在北京的小書房裡，頗佔地方。

馬　與胡風毫無瓜葛，為何還要簽字呢？

李　當時我要是不簽字，接下來就當了右派。幸虧我在簽字時非常「狡滑」，我沒有否定對我的審查，只說「有些材料與事實有一定出入」，但是我同意這

個結論。因為畢竟沒說我是「胡風分子」，只說思想上問題嚴重，要批判。假定那時我翻案，那就完了，肯定是「右派」無疑了。

去敦煌竟意外躲過一難

馬 所以，到了「反右」的時候，您就聰明老實了。(笑)

李 我沒那麼大的預見性。「反右」想把我打成右派，沒打成，一個很大的原因是我離開了北京，在最關鍵的鳴放那幾天。我跟哲學所的熊孝祥，很早就計劃定了去敦煌。

馬 敦煌？

李 對，那是 1957 年，我在「反胡風」審查結論上簽字後就走了。5 月份走的，到 8 月份才回來。離開北京，到西安和他們會合，後經蘭州，坐了很久的火車，先到敦煌縣，從縣裡到莫高窟，記得是在沙漠中坐牛車，坐了一個晚上。那時交通很不方便。我的那篇《關於當前美學問題的爭論》(刊於《學術月刊》) 就是在路上修改的，大概到了敦煌以後才改定寄出。

我還獨自去了太原，一路上看了龍門石窟，看了晉祠，看了永樂宮壁畫，那時永樂宮還沒搬家，在原來的地方。還到陝西看了西安博物館、半坡等。還一個人爬了華山，爬華山很危險，但印象深刻。下午上的山，天黑了，一路沒人。那晚在一個和尚廟住下，那時人很少。第二天接著爬。印象最深的是「老君扶犁」。那時袋裡就揣一個工作證，我想如摔死，從工作證可以知道是什麼人。

馬 去敦煌是朋友間的相約遊覽？

李 是學術考察，費用由單位報銷。中央美院牽頭組織的，有薄松年先生等人，還有上海的陳麥先生、武漢的陳紹豐先生。以後就再沒有這樣的參觀機會了。八九十年代才重新開始遊歷。我很喜歡旅遊，主要看歷史古跡，可惜現在走不動了。

在敦煌我待了一個月，每個洞都看了好幾遍。那時都是開放的，沒有門，可以隨時去看，不像現在。和敦煌研究所的人來往很少，就是自己看。每看一

個洞，都做記錄，主要記自己的感受。至今記得，當時很想做敦煌壁畫藻井圖案不同時代裝飾風格的研究，如唐的自由舒展而含混，宋的清明規範而呆板，聯繫唐喜牡丹宋重松槐，以及唐宋詩的不同，覺得是非常好的美學題目，可以從審美趣味的變遷看人類心靈的積累和豐富。我一直有幾個很想做的實證性題目，卻始終未能做。算是畢生遺憾吧。

馬　如果不是去了敦煌，您估計自己會被打成右派嗎？

李　很有可能吧。當時有人一直說我是「漏網右派」，要在哲學所就跑不了。
（笑）

我比別人（同行者）推遲了兩個月回京。從敦煌回到北京的時候，揭發高潮已經過去。所裡也調查了我，仔細查問同行人包括美院的，問我在路上說過什麼話。還有一個原因，哲學所右派打得太多，佔百分之十五吧，這是相當高的了，大大超過毛澤東說的百分之五了。記得當時我和哲學所的徐亦讓合作發表過一篇文章，講定息不是剝削。別人和我說，就憑這篇文章就能打成右派。當時有個討論，定息是不是剝削。他們認為定息是剝削。我們說定息不能說是剝削。所以只要有這一篇文章，在別的地方就會被打成右派的。

馬　就這樣擦肩而過了？

李　有驚無險。我們是馴服的一代，誠實有餘，聰明不足。我們這代有很多人為了向党交心被打成右派。最有意思的是，我所有的檢討，包括所謂「犯男女關係錯誤」，也必須歸結到「與組織對抗」的結論上，歸結到「小資產階級劣根性」的個性上。當時是不准講個性的。「自由散漫」「老自由兵」更是經常聽到的最溫和的批評。總之，我一直被認為是最需要改造的對象。還有一事，我差點被發配。

馬　哦？說一說。

李　跟表姐戀愛，其實是單戀，我受處分。我很傻，是我主動跟組織講的。講了以後就把我處分很重。但我心裡並不後悔，一點也不。

馬　什麼處分啊？

李　開除公職，留用察看。儘管別人因此看不起我，說是「道德敗壞」，壓力很大。那時每個月給我 18 元，我還有些未用完的稿費支撐，有兩千元吧，那

就不必在乎。何況當時還是單身漢。本來要發配我到內蒙去，後來大概是被
周揚阻止了。當時哲學所分出一批人到內蒙，直到「文革」後才慢慢回來。

馬　被周揚阻止了？

李　對，周揚。我談形象思維的文章，1959 年發表的，那文章他很賞識。記起
一件趣事，當時我在文章中提出，形象思維不是思維，好多人大為反對。王
小波的父親叫王方名，著名的邏輯學家，毛澤東接見過。他就提出：形象思
維就是思維，是另一種思維，他說我要像抽象思維一樣，搞出它的同一律、
矛盾律來。我說，你要搞得出來，我就自殺。（笑）

不願當「筆桿子」

馬　聽說當時周揚要調您？就是說，您差點從政，成為「筆桿子」？（笑）

李　他原來是要重用我的，調我到文藝界去。我不認識他，我跟他們這些上層人
物是不打交道的。那是潘梓年告訴我的，說「周揚想把你調去……」我一
直最討厭的兩個詞，一個是「思想改造」，另一個就是「筆桿子」。文人一
成為筆桿子還有什麼意思，筆桿子的意思就是別人執筆，你只是桿子——
工具而已嘛，因此，要你寫什麼你就寫什麼。我在哲學界混了幾十年，一直
當不了「筆桿子」，也一直不願意去當。我多次拒絕過出題作文，我的確作
不出來。有人說我是不識抬舉。據說，「文革」前康生也曾看上過我的「文
采」。

馬　康生也想過用您？

李　有人透露這個「消息」給我，我趕緊躲得遠遠的。那時連田家英不也說康生
是東海聖人麼，康生的文化素質的確不低，字就寫得不錯，中國古典、馬列
經典也熟，比今天好些人強多了，但就是人太凶險狡詐。當然，當時我也並
不知道，就是不願見大官而已。一些人說我「太不爭氣」了。於是我在哲學
所一直挨整，挨各種欺侮，其實當時跟上了周、康，挨的整便更大了。我並
無此先見之明，只是抱定不當「筆桿子」而已。後來當然有人反對，我沒
去成。

馬 沒有反對的話你會不會去呀？

李 服從組織調動，那沒什麼可說，沒有什麼可商量的。要你去你就得去，而且是重用你呀。但我覺得如果去了，在以後的各種政治運動中會更倒楣了，會被弄得慘不忍睹。

馬 那是肯定的了。對您的處分後來是怎麼收場的？

李 後來王朝聞要編《美學概論》，需要人，指名要我，他們最後沒有辦法，就停止處分，工資降一級。

寫了「審美意識」章

馬 講講您參加《美學概論》編寫組的情況吧？

李 當時編寫《美學概論》（最初叫《美學原理》），周揚點名要王朝聞當主編。為什麼要他來當主編呢？因為朱光潛是黨外人士，不行，還是唯心主義的。蔡儀嘛，周揚不喜歡他。當時有這樣一個邏輯，認為政治上是馬克思主義，那學術上也一定是馬克思主義，便一定要高明一些。但到了蔡儀那裡就行不通，周揚就是認為他不行。因為他講的東西太離譜了，稍微懂點文藝的人，都不接受他那一套。周揚也不接受。真正對文藝作品有感覺的，那還是王朝聞，沒有別人。他當主編，那是很自然的。王朝聞自己並沒有多少理論。他的特點是對藝術有很強的敏感。王朝聞的藝術評論文章超過了許多藝術評論家。例如他的《一以當十》裡的文章，講這個東西、那個作品為什麼好，總是能講到點子上。他講川劇怎麼好，高腔怎麼好，梆子怎麼好，這要有非常充分和敏銳的藝術感覺才行。

當時參加《美學概論》編寫組的，有我、周來祥、葉秀山、朱狄、劉綱紀、田丁、楊辛、甘霖，還有袁振民、曹景元等，他們參加時間短，我也記不全了。李醒塵、葉朗、洪毅然等也參加了一陣子，後來就走了。王朝聞開始依靠周來祥，後來依靠我，再後來就是依靠劉綱紀。六十年代計程車少極了，我們坐公共汽車，有時王朝聞會請我們坐計程車。他當時出了幾本書，有不少稿費。只有他有能力坐計程車，我們都沒有錢。

馬　劉綱紀先生在一篇談話中回憶說：「直接說明美的本質的『審美對象』這一
　　章的初稿是由李澤厚執筆寫成的，在組內傳閱之後，王朝聞要我來修改。」

李　他記錯了。我並沒有寫「審美對象」，也沒有提供什麼「初稿」，我寫的是
　　「審美意識」章。最後整理時我也沒有參加。劉綱紀參加了「文革」後的統
　　稿。「文革」前已有鉛印本，「文革」一來就沖掉了。一直到「文革」後才
　　正式出版，但我已完全不與聞了。

馬　那篇《英美現代美學述略》也是在美學組寫的吧？有學者講，這篇述略可謂
　　1949 年之後國內對現代英美美學進行初步研究的第一篇重要文本，也是國
　　內最早論述分析美學的。您八十年代主編的「美學譯文叢書」應該與此文有
　　點關係吧？

李　在編寫組裡，我還負責搞現代外國資料，就有了這篇概況述評，1962 年寫
　　的，當時未發表，後來收到 1980 年《美學論集》裡，沒改。

四　下放勞動

經常搞「夜戰」

馬　「文革」前，您下放勞動過幾次？

李　兩次。我在單位裡是首批下放的。第一次是 1957 年 12 月，我和所裡幾十個
　　人被下放到太行山區的河北贊皇縣去勞動，翻過山那邊就是山西。當時下放
　　的大多數是右派，我在所裡還算是業務尖子，本來可以不去的，但是因為我
　　是「漏網右派」，所以也要下去改造思想。剛到農村，尚可挑燈（時農村無
　　電，只有煤油燈）寫作，撰寫了《論美是生活及其他——兼答蔡儀先生》，
　　但很快就沒有這種可能了。

　　在那裡主要就是勞動，累極了。而且又趕上 1958 年的大躍進，很緊張，整
　　天都在幹活。記得經常搞「夜戰」，半夜兩三點鐘就起來，怎麼幹？看也看
　　不見，我帶上一張油布，那時沒有塑膠布，走到地裡，把油布鋪在地上睡
　　覺，睡到天亮的時候起來幹活。現在想起來很可笑。農民也如此，但他們沒

有我這「奢華」的油布可以防潮。當時講「三同」，同吃、同住、同勞動，我們住在老鄉的家裡，吃「派飯」：今天在這個老鄉家吃，明天到那個老鄉家吃。過年的時候，有家的人可以回北京過年，而我們這些單身漢則不讓回來。

那時的勞動強度很大，我這個人也是蠢，第一次勞動，正當年，28歲，總想跟體力最強的人去爭高下。就是好勝，你挑一百多斤，我也要挑，最後終於挑到一百零幾斤，走很遠，爬山路的。我挑的那擔子，過秤的，這個數字一直記得。所以，每天都覺得很累，連看報的時間都沒有。那是冬天嘛，每天汗得那個棉毛衫變得像硬紙殼，繃硬繃硬的，成一塊板了，就這麼睡覺，也沒法洗澡，也沒有時間洗衣服。

馬　您在一篇文章中寫道：「我非出自農家，又素不愛勞動，屬於當時應下放勞動以改造思想的標準對象……我欣然接受『擁護勞動人民便應改造思想』的嚴密邏輯，卻又依然不願體力勞動，不願改造和『改造』不好。我雖從未在思想檢討會上以野草作例，證說自己改造之痛苦艱難，卻的確感到我這腦

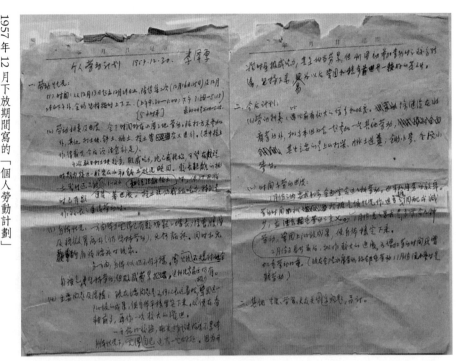

子裡是有矛盾有問題的。正如當年一再宣講『知識分子最沒知識』的經典論證是韭（菜）與麥（苗）不辨，似乎很有道理，因為我的確辨不清。但又立即想到，愛因斯坦可能也分辨不清，為什麼必須人人都要分辨得清呢？當然，我並不敢説，心中嘀咕而已。」（《蒲公英》，2007 年）這應是您 1958 年下鄉勞動時的心理狀態吧？

李　所以説，雖勞動下放，思想卻始終沒有被「改造」過來。（笑）

顧准覺悟很早

馬　對了，吳敬璉先生回憶顧准時説：「贊皇在河北省太行山邊，在那兒勞改的也不完全是勞改犯，有的沒戴帽子的也在那兒勞改，像李澤厚。他和李澤厚倆人，一邊抬筐，還一邊討論問題。」（邢小群：《我與顧准的交往——吳敬璉訪談錄》，《百年潮》，1997 年第 4 期）您與顧准有交往這事，從沒有聽您提及過，不管是在文章和我們的交談中，這倒可以寫下來，給後人留一份有價值的史料。

李　確有此事。這些不必提了，以免被人説我攀附名人，不好。當時與顧准先生曾同在一個生產隊，相處大概有六七個月時間，勞動小組開會，顧與我通常被批判，説是自由主義等等。顧准人很理性很直爽，我們對許多問題（如大躍進等等）交流了看法。記得當時顧非常勤奮，勞動之餘還仔細作各種調研，我則累得只想躺在床上，什麼也不管了。

馬　後來還有接觸嗎？

李　到了七十年代，大概是 73、74 年吧，記不太準了，在學部宿舍旁又與顧准見過，閒聊過。我對他説過關鍵在於「時日曷喪」，他沒説話。我至今記得他當時説豬碰了牆還會回頭，兩個人都心領神會。那時顧准每天帶饅頭到北京圖書館讀書研究希臘。他知道我在寫有關康德的書。這次與顧准談得很深。也有觀點不一致的地方，比如對中國文化的看法，顧准是激烈否定的。當然，顧准是非常理性的，是覺悟最早的一位。但沒想到他很快就走了。他是不幸的，連家人都不認同他，跟他劃清了界限。

馬 九十年代中國大陸出現了「顧准熱」，您如何評價顧准？

李 許多學人大講學術成就，說是當代中國頂峰云云。其實，衷心感欽的乃是他那種探求真理、威武不屈的倫理精神。顧研究的是西方自由主義，在西方自由主義文獻大量輸入的今天，也並無原創價值。顧准人格很了不起，影響別人的主要還是人格，這是中國的道德主義傳統。

那可真餓怕了！

馬 第二次下鄉是什麼時候？

李 1960 年，在山東。如果說第一次下放最深的印象是「累」，那麼這一次卻是「餓」。

馬 那正是大饑荒時期。

李 那可真餓怕了！全身浮腫，一按皮膚就是坑，那的確是嘗到飢餓的味道。短期的飢餓我是經受過的，在長沙考大學，為省錢，有時不吃一頓中飯，甚至一天不吃飯。這種情況在北大也有。但長期飢餓此前我沒有經歷過。長期飢餓就是這次下放。吃的真差，什麼東西都沒有。一天只有四個生白薯，還要勞動，那時牛都死光了，耕地靠人拉犁，一二十個人包括農民在內，共同控犁耕田。那時臉腫得像個胖子似的，那都是一按一個坑。我現在還保留一張照片。看上去很胖，其實是浮腫。一點力氣都沒有。那時，餓死了多少人啊，那種種情況今天的年輕人已不能想像了。

1960 年冬天回來。我這一輩子不吃肥肉，那時候北京也控制，只有高價飯館才有肉賣，處分沒有取消，我還有點稿費，就到高級飯館去吃了好多次，大吃了幾次肥肉。後來全身轉變，也不再浮腫，又不再吃肥肉了。至今我可以浪費金錢，但對浪費食品卻很不習慣甚至難以容忍。

這次下放時，我還沒有成家，記得有一次我躺在一個場地上，坡上就是火車道。火車開來開去，哎呀，我想：什麼時候能坐火車回去，回北京看看啊？因為那鄉下的生活實在太單調。早上起來就勞動，什麼也沒有。我也不愛和人交往。

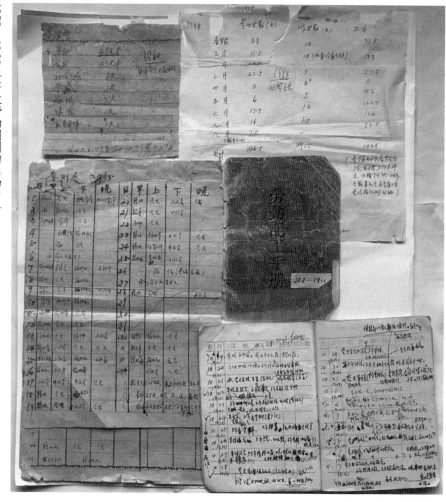

最好的時光被浪費

馬 下鄉時您才 30 歲，正是年富力強階段，本應正是讀書和搞研究的大好年華啊！

李 我粗粗算了一下，從五十年代上學起，便搞各種運動，加上下放、幹校等等，我最好的二十多年耽誤了。你們這一代，比你們更年輕一些的，根本就不瞭解那個時代。這也沒辦法，可以預言，將來會產生很多誤解和曲解。

馬 那就趁此機會，在這裡提醒幾句好了。

李　希望當評論一件事情、評論一個人物或評論一個問題的時候，最好瞭解一下那個時代，瞭解一下是怎麼一種環境。很簡單，你把那個時候的報紙拿來看看。你首先要熟悉那個時代的氣氛，就可以瞭解那時候的語言、那時候的思想、那時候壓倒人的一些東西。將來後代人要注意這一點，不要把現在或者後代的標準搬到那個時代，這非常錯誤。但是即使這樣，還會有很多誤解、曲解，那沒有辦法。歷史不斷被人解釋，所以我說「身後是非誰管得」，管不了的。有些人講：哎，中國知識分子沒有骨氣。我就心裡暗笑，我就想這些講人家沒有骨氣的人，假設在我們那個時代，可能是最沒有骨氣的人。缺少基本的品格，某種「沉」的東西。把什麼都看得那麼輕易，缺少生活感受，就容易投機取巧。這是很不好的。

馬　這兩次下放，正如孟子所云：「天將降大任於斯人也，必先苦其心志，勞其筋骨，餓其體膚，空乏其身。」（笑）

李　唉，真是倒楣，最好的時光被浪費掉！接著，1964 年「四清」運動開始，先是到湖北襄樊，後來又到河北保定地區徐水，前後兩次，大概也是兩年。「四清」和下放不同，下放主要是勞動，下放的人在別人看來都是犯了錯誤的，勞動是對你錯誤的懲罰。「四清」則不一樣，下去「四清」算是幹部，清查農村幹部的「四不清」。

回到所裡的時候，就搞各種運動，整天開會。還寫思想檢查、交代材料，寫的檢查材料超過好幾本書啊。記得所裡人事室老幹部齊秀俊有一次對我說，你的檔案太多了，我們燒掉了好多，檔案放不下了。但檢查不寫還不行，非寫不可，所以我們是很悲哀的，整整一代人。

當時我便感歎不能另謀生活。只能被迫運動，被迫勞動，否則你待不下去，又沒地方可去。不像現在，可以「拂袖而去」。我們這代人就是這麼過來的。

馬　在單位裡您下鄉算是最多的？

李　除了右派以外，我下鄉時間在所裡應是最長的，還有短期下鄉。當然，也有一些幸運兒，也不是領導，跟我一樣，卻極少下鄉，他們一直基本沒事。

五　核心思想早有了

造了「積澱」這個詞

馬　《中國文化》2011 年第 2 期刊登了您的《六十年代殘搞》（原名《積澱論論綱》），這個論綱之前沒有聽説過，可以談一談。

李　「文革」前，我主要寫了《人類起源提綱》和《積澱論論綱》這兩個提綱。前一個提綱最早刊在 1985 年湖南人民出版社的《李澤厚哲學美學文選》一書，1964 年寫的。當時正在進行「桌子的哲學」的討論，這是由王若水發表文章引起的，討論的背景是毛澤東反對楊獻珍。這個提綱是與好友趙宋光討論的。當時是想做發生學的規定，指出從猿到人的過程。後來我覺得不必這樣，確定「人活著」是一個基本現象就行了。我強調「人活著」不同於動物所在，就是製造和使用工具的實踐活動。這一特有的實踐活動從根本上打破了任何生物種族的局限，「產生了寬廣地主動利用自然本身的規律性力量以作用自然界並具有無限擴展可能的改造自然的強大力量，它面對自然區別於自然（客體）而構成主體。這就是主體性或人類學的本體存在」。

六十年代初，我就開始和趙宋光討論人類起源問題。我們對使用─製造工具的實踐操作活動在產生人類和人類認識形式上起了主要作用，語言很重要但居於與動作交互作用的輔助地位等看法完全一致。我們二人共同商定了「人類學本體論」這個哲學概念。「積澱」這個詞是我造的。在討論爭辯中，我與趙的意見也未能完全達成一致。例如，他堅持用「澱積」，我堅持用「積澱」，一直到這個世紀仍如此。1974 年我對這個提綱略加修改，並與趙宋光多次討論後，由他執筆擴展寫成《論從猿到人的過渡期》一文，刊於《古脊椎動物與古人類》雜誌（1976）。但該文似毫無影響。

馬　趙宋光先生用「澱積」，您用「積澱」，有何區別？

李　這兩個詞的意思不同。「積澱」是先積累然後沉澱下來，在這裡我強調的是歷史的積累性，這是一個動態過程，主要講的是活動，不是實體，是 function，即功能性的東西。但「澱積」一詞可以用在講述「積澱」心理的

成長上。對居於輔助地位的語言，看法也有差異，他強調交流方面，我強調因保存了實踐經驗（即製造——使用工具活動中群體生產和人際關係及交往溝通的經驗）而有大不同於動物交往的「語義」。還有，趙宋光當時認為在人類學本體之前有自然本體論，我不同意。

2015 年在夏威夷大學的「Li Zehou and Confucian Philosophy（李澤厚與儒學哲學）」國際學術研討會上，我非常欣賞其中一篇論文，它以近 20 年考古學的新分支——認知考古學的研究材料，從原始石器和手的變化等方面來論證和贊同我的積澱說。這是一位美國學者寫的。我講，這是對我非常重要的科學支持。

馬 後來您與趙宋光兩人卻走向不同的研究方向。

李 七十年代以來，趙走向幼兒數學教育中操作重要性的實證研究和非常具體的教學設計，而對康德、歷史和中國哲學傳統興趣不大。我對他歷來的發展十分重視並評價極高，因為我們都認為教育（不只是培養專業人才，而是注重人性解放）將是未來社會和哲學的中心。但與趙的音樂和科學知識背景不同，我的人文背景使我仍然停留在哲學領域，突出「文化心理結構」問題，在人類學本體論加上非常關鍵的「歷史」兩字，提出至今仍遭激烈批評的「經驗變先驗，歷史建理性，心理成本體」；我也更注意從根本上去瞭解和承續中國哲學傳統，六十年代我曾擬定「中國理性主義」一詞以區別於西方的先驗理性，未公開發表，後改為至今仍用的「實用理性」。同時因為關注西方哲學，康德成了我所選擇的研究對象，也成了自己哲學思想發展中的一個要素。對我來說，康德與馬克思和中國傳統的交會是重要的。

馬 您造的「積澱」這個詞，已經收入權威的商務版《現代漢語詞典》中，詞義解釋：一是作為動詞，指「積累沉澱」，一是作為名詞，指「所積累沉澱下來的事務（多指文化、知識、經驗等）」。

李 這個詞許多人都在用，甚至包括詩人。

強調的是個體精神之自由性

馬　但「積澱說」一直受到各種批評，比如說它強調理性，是理性主宰感性，抑制了個性，等等，八十年代就有人指責說：「在哲學上，美學上，李澤厚皆以社會、理性、本質為本位，我皆以個人、感性、現象為本位；他強調和突出整體主體性，我強調和突出個體主體性；他的目光由『積澱』轉向過去，我的目光由『積澱』轉向未來。」（劉曉波：《選擇的批判──與李澤厚對話》）

李　恰恰相反。這是誤解，他們沒有弄清楚。記得美籍華裔學者鄒讜教授對我說，西方都是講「心理文化結構」，你的這個「文化心理結構」哪裡來的？我說是我自己造的。（笑）我講過，為什麼叫「文化─心理結構」而不叫「心理─文化結構」，關鍵就在這裡。前者，是指文化駕馭著心理。後者，就是每個人的心裡再裝個文化筐子，那才是理性主義。我所講的，一方面，人之所以為人，乃文化塑建而成，有其積澱之普遍性；另一方面，人之所以為人，又在於他（她）乃個體存在，有其積澱之特殊性，所以在同一傳統同一文化中的人，仍大有差異。可見作為個體，人不僅身體、生理各不相同，心理、情理結構亦然。這才有個體的創造性、生命力，所謂「以美啟真」「以美儲善」，即均強調個體精神之自由性，積澱論的這一方面常為人所忽視或無視。

再強調幾句。文化謂「積」，由環境、傳統、教育而來，或強迫，或自願，或自覺，或不自覺。這個文化堆積沉沒在各各不同的先天（生理）後天（環境、時空、條件）的個體身上，形成各個並不相同甚至迥然有異的「澱」。於是，「積澱」的文化心理結構既是人類的，又是文化的，從根本上說，它更是個體的。特別隨著今日現代全球一體化經濟生活的發展，各文化各地域的生活方式，以及由之帶來的文化心理狀態將日漸趨同。但個體倒由之更方便於吸取、接受、選擇不同於自己文化的其他文化，從而個體積澱的差異性反而可以更為巨大，它將成為未來世界的主題。就在這千差萬異的積澱中，個體實現著自己獨一無二的個性潛能和創造性。這也許是樂觀的人類的未

來，即萬紫千紅百花齊放的個體獨特性、差異性的全面實現。它宣告人類史前期那種同質性、普遍性、必然性的結束，偶發性、差異性、獨特性將日趨重要和突出。每個個體實現自己的創造性的歷史終將到來。可見，「積澱」三層，最終也最重要的仍然是個體性這一層。它既是前二層的落實處，也是個體了悟人生、進行創造的基礎和依據，是「我意識我活著」的見證。主體的人並沒死亡，活在自己的「情—理」世界的心理構造裡。我說過，不同於「道」「氣」「心」「性」「理」，「情」無體而稱之為「體」，乃最後實在之謂，並非另有一在此多元之外之上的懸絕的存在或存在者。「情」是多元、開放、異質、不定、複雜的，它有萬花齊放的獨特和差異，卻又仍然是現實的。它實在而又空靈，正如我最愛的李白名句之一：「明月直入，無心可猜。」

「康德書」的前奏

馬　《積澱論論綱》比前一個提綱晚了近三十年才面世。可惜是個殘稿，只存留了 6 頁。

李　這個手稿我從來沒有拿出來過，當時（本世紀初）我本來準備扔掉，因為內容都已經在各書中發表了。後被一位青年友人整理出來，改題為《六十年代殘搞》發表了。這《殘稿》頗為重要，是我的基礎，很多看法已經寫在上面了，包括「實踐理性」等等。它開始了我的哲學論述。出發點是「人活著」，「人活著」就有「怎麼活」（即「如何活」）的問題，也從而才有「活的意義」「活得怎樣（人生境界）」的問題。「我活著」我認為這是原始現象，是前提和起點，可以看作等同於胡塞爾的純粹意識、黑格爾的絕對理念、康德的純粹理性等，他們首先講認識論，但我以為認識論並非哲學根本問題，強調認為「認識如何可能只能由人類如何可能來解答」。「主體所以能夠認識世界，是以長期的歷史實踐為基礎，從上述原始社會的社會意識活動開始，逐漸將自然客觀規律移入而化為即積澱（積累沉澱）為主體自身的邏輯—心理結構。」沒有人神兩個世界的心理背景（包括有意識或無意識），中國傳統使

我認為事實與價值在最終本體上是同一的：「人類生存延續」（即「人活著」）是最大的事實（歷史），也是最高的價值（至善）。

《殘稿》實際上是「康德書」（《批判哲學的批判》）的前奏，「康德書」的一些基本命題，《殘稿》裡都有。

馬　這個提綱與趙宋光先生討論過嗎？

李　這個稿子是後來寫的，他不知道。

馬　您又是何時關注「個體」的？

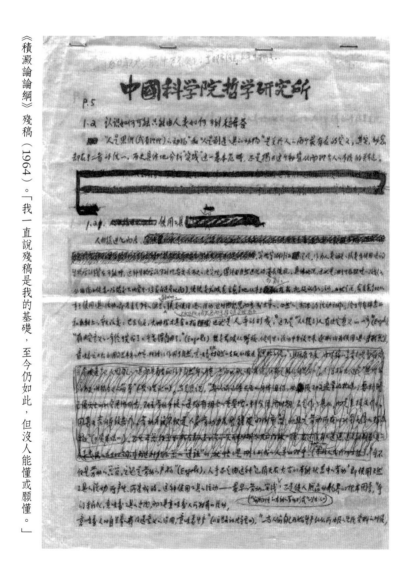

《積澱論論綱》殘稿（1964）。「我一直說殘稿是我的基礎，至今仍如此，但沒人能懂或願懂。」

李　我並不是一開始關注人類命運，到後來才關注人類個體。一開始，我就研究人類個體。構思人類學本體論是非常著重個體的。

　　我也早說過，我不同意把馬克思所說的「人是一切社會關係的總和」作為人的定義。馬克思並沒有說這是關於「人」的定義，這是後人的誤解。費爾巴哈講人是感性的存在，而馬克思強調人的感性的實踐，雖然是從人的總體來講的。馬克思是重視個體的。但常被人引用的「總和」這句話，忽略了人作為個體、感性的存在。我看過一本英文書，書名記不得了，其中強調馬克思是亞里士多德主義，而非柏拉圖，我認為很好。

馬　但您也不贊成「原子個人」理論。

李　對。一直不贊同。這我在許多地方重複講過了。

核心觀念 1961 年開始形成

馬　六十年代的這兩個手稿，已初步確立了您思想的基本觀點和路徑。看來，您年輕時就已在不停地思考問題。

李　我的核心思想早有了。好些基本概念和核心觀念，包括「情理結構」「實用理性」等等，基本上是在 1961 年開始形成的。

馬　1961 年？這麼早！

李　1960 年冬飢餓勞動後，由山東下放勞動回來，被貶到所裡資料室工作，那年大讀哲學書，接受維特根斯坦和杜威許多影響，思考了金岳霖所說的「中國的哲學」與「中國底哲學」的不同，那時已有中國是與西方先驗理性不同的「中國理性主義」，這即是後來的「實用理性」的來源。「中國有無哲學？」這問題至今還在爭論，這裡可摘錄後來形成的簡單觀點如下：「『中國有無哲學』？如果界定哲學為愛智學（philosophy），以形上學（metaphysics）、本體論（ontology）等為內容，如希臘或西方，則中國並無『哲學』。若界定『哲學』為以概念形態表述對人生（意義）、世界（本源）、社會（基礎）、認識（可能）等根本問題之觀念探求並構成某種總角度而言，則中國有哲學。而希臘及西方的愛智學、形上學、本體論，也都在此哲學界定的範圍之

內。從而，儘管角度、進向和問題不同，其為哲學，中西一也。由此亦可推論，並無特殊的所謂『中國哲學』，而只有普遍哲學在中國，此即中國哲學是也。『哲學在中國』的哲學將豐富哲學。從而，對中國哲學的敘說不必套用西方框架講有關 being 之本體論、主客觀二分之認識論等等，而可以另起爐灶，只要不失去其概念形態之對上述普遍問題的探索品格。」（《短記二則》，2005 年）

馬　此後您的核心思想有沒有什麼實質性的變化？

李　沒有。只是展開、補充就是了。我強調「文化心理結構」，看重心理，但不是心理學的經驗描述和科學研究。「積澱」也只是從哲學點明實踐、歷史、文化在人的心理上的累積、沉澱而已，並非經驗的或實證的研究。

馬　「文革」後您一下出了那麼多書，而且似乎是互不相干的領域，當時大家都感覺很奇怪，怎麼會出來這麼一個人呢？一些人認為您之前是「蘇（聯）化」，八十年代才突然冒出來的。

李　否。前面多次講到，五十年代我沒受「蘇式」馬克思主義什麼影響，因為1948 年我就仔細讀了馬恩一些重要原著，已經有了點馬恩的底子了。對照「蘇式」，覺得不大對頭嘛，只是不能講而已。那時年輕，想了很多東西，重要的是自己作了一些判斷，也積累了一些材料、一些看法，包括我現在寫的東西。

看了不少英文資料

馬　大學時您讀的西方哲學，古典的居多，何時開始接觸現代西方哲學的？

李　當年社會環境極其閉塞，資料很少，但我可以看英文著作。科學院哲學所圖書館是很好的，可以說當時在國內是最好的。它比北大哲學系有更多經費，每年可以購買最新的學術著作，由我們勾書目。我那時看了一些英文書，像皮亞傑（Jean Piaget）的《發生認識論》《結構主義》，凱西爾的《符號形式的哲學》，凱西爾看了好些本。還有其他的一些人類學著作，如《金枝》、馬林諾夫斯基、Baos 等等。這些書看了很興奮，很驚喜，因為發現有很多

地方和我想的一樣，更增加了信心。

馬　接觸過海德格爾嗎？

李　也看，不過一開始是通過存在主義哲學摘編之類。那是品質很高的書，由北大一些老教授編譯的，像熊偉、任華、洪謙、王太慶等，量不多，但質不低。當年哲學所還訂了很多國外雜誌，比北大多得多，大都是英文，也有德文的、法文的，因此也瞭解一點國外哲學的動向。當時雜誌沒幾個人看，而我一直是重視看學術雜誌的，因為雜誌發表的常常是最新的研究成果。

馬　榮格、弗洛伊德也讀過？

李　榮格也讀了不少，包括他早期有名的《心理類型》。榮格有許多神秘主義的東西，挺有趣的。榮格是神秘的，弗洛伊德是「科學」的。我認為榮格好在更多考慮集體無意識，與我的「積澱」就有關係了。但最終他歸於神秘的東西，很多至今難以理解，好像他說做夢自行車在某個地方丟了，結果果然在那個地方發現了。還有講預見未來，夢中遇見什麼事情，結果，果然發生什麼。他講的這些例子，的確很神秘的。上世紀八十年代在美國的時候，我特地找來幾部關於他的影片來看。是紀錄片，不是故事片，就是那種文獻片吧，挺有意思。

弗洛伊德的好些理論，我以為根本不可靠，我也一直不認同。弗洛伊德對夢的研究，說明文明對性的壓抑，這很有說服力。但他的心理分析治療法，那套曾經非常流行和非常時髦的理論與實踐，現在也衰亡了，因為那套極其繁複的分析治療過程，還抵不上現代醫學幾粒藥片的療效，這也說明心物並非二元。

讀皮亞傑和杜威

馬　皮亞傑、杜威似乎對您影響很大。讀他們的書，是在您的觀念形成之前，還是之後？

李　五十年代我在製造工具之後有一個「更新工具」，八十年代反而沒著重講，錯了，應該也著重講。我強調使用工具、製造工具、更新工具的群體實踐活

動，是在看這兩人的書之前。讀皮亞傑的著作比較晚，印象很深。不是因為我接受了他，而是感覺他的東西相同於我要說的。他在兒童心理的微觀領域內幾乎重複了馬克思、恩格斯上世紀在人類歷史的宏觀領域中的發現。即並非先驗的內在理性，也非邏輯、語法本身，而是實踐操作活動才是所謂人的智力、理性、思維的基礎和來源。物理經驗知識和邏輯數學知識都應追源到操作活動。

還有杜威，我讀了他的《確定性的尋求》（傅統先譯），後來也找英文版看過，我很重視這本書，覺得是杜威最好的著作。他細緻地論說了人類操作活動對認識的基礎地位和關鍵作用。他反對心靈實體的唯心主義和舊唯物主義（即從感覺材料出發的經驗主義和實在論）。他否認任何精神的實體存在，認為人的一切概念、思維均起源於人的操作活動。他強調理性絕非本體而只是工具，只是因為在勞動操作的社會實踐中，「出現了不停地敲、削、切、錘」等等，以及它的節奏、尺度，才使人類將一個無秩序和不穩定的生存狀態轉換改造成一個可控制和有秩序的生活世界。一切符號演算，如數學，都由此出。正是在這種種的動作操作中，產生出人類所特有的抽象概念和符號系統，例如數學。這些數學和邏輯，如杜威所強調，「並不是存在（Being）的形態，而是思考事物的方式。這樣，它們之間的聯接便從經驗的固定狀態中解脫出來……」從而可以應用於遠遠超出實際操作活動的廣闊天地，並且可以提示著事物間許多新的關係。這即是說，「操作本身」可以從各種特定的具體的活動情景下抽離出來，成為符號的操作（演算）系統。這種「操作本身」的抽象化的符號系統，就是數學和邏輯。它們是人所特有的理智力量。杜威強調的這兩點與前述我的看法幾乎完全相同。

我的《批判哲學的批判》，是把他們倆連在一起講的，我認為杜威、皮亞傑和我相當一致。杜威將數學結合了起來，這太符合我的想法了。皮亞傑也如此，我記得他和數學家貝斯（Beth）合作寫過講數學的書，很厚，那書很好，我太高興了，覺得證實了自己的看法。「使用工具、製造工具、更新工具」是我整個哲學的起點和核心，也是「積澱」的來由和源起，自以為非常

重要，卻一直被學人漠視、輕視、鄙視。也許要再等五十年才會被人（可能首先是西方學人）注意，那就很難說了，我也不必想它了。

馬 但與他們仍然有別吧？

李 雖然看後很興奮，但我跟他們還是不同，完全一樣的話，我就不寫了。他們就是講動作，講動作是認識的來源，都沒有強調製造——使用工具的動作和活動。我是從人類歷史宏觀講的，他們都只是從個體講的。皮亞傑是從兒童心理學講的，只注意了操作結構或形式本身，而沒有充分研究和論證使用工具在實踐操作活動中的地位和作用。因之，皮亞傑從吮奶（人與動物所共有）來開始他的論證，便正是其論點走入生物學化（例如把兒童教育主要看作順應生物的自然發生過程等等）的必然結果。我主張一方面要提倡從人類學角度探究原始勞動經由社會意識（巫術禮儀）而提煉出思維形式（邏輯形式、語言文法、認識規律）的歷史過程，另方面要注意從教育學角度探究兒童在使用物質工具和符號工具以建立起思維形式的心理過程。

杜威只是從人的經驗技藝的角度講一般的動作。杜威後來把一切都視為工具，那就錯了。我講的工具是指物質工具，是指物質的東西，不是所有的都是工具。儘管杜威強調揭示了數學、邏輯脫離特定經驗的獨立發展，但仍然沒能從哲學上重視作為歷史積累的心理成果，等等。

總之，我特別強調製造——使用工具——更新工具的實踐活動，這是馬克思的。但馬克思沒講與認識、與理性、與語言等等的關係，也就是沒怎麼講內在自然的人化問題。

六 「偏袒」西方哲學

最欣賞休謨

馬 既然講到西方哲學，是否可趁此機會順著這個話題，談一談您眼中的西方哲學？

李 可以隨意聊聊，掛一漏萬。

馬　從讀大學開始，您就一直非常重視西方哲學，讀了不少經典原著。您似乎一直有點「偏袒」西方哲學史？

李　是也。上世紀八十年代我招考美學原理和中國美學史的研究生，便不考中國哲學史、中國美學史，卻考西方哲學史，當時許多人感到很奇怪，不可理解。（笑）我就總對願意學哲學的研究生、大學生們說，必須學些西方哲學史。並且我還以為，如果不認真學習西方哲學史，中國哲學史也是搞不好的。我把西方哲學史看作是哲學的基本功之一，而中國哲學史則不是（原因何在，此處不談）。這幾乎成了自己一種相當頑固的主張，儘管風吹雨打，也迄無改變。

馬　您曾列出中西方十大哲學家，具體是哪些人？

李　那是 2004 年趙汀陽問我。我說西方嘛，康德、休謨、馬克思、柏拉圖、亞里士多德、黑格爾、笛卡爾、畢達哥拉斯、杜威，加上海德格爾吧。中國嘛，孔子、莊子、老子、荀子、孟子、韓非、王弼、慧能、朱熹、王陽明。當然這是我的個人意見。這些人只對我個人有意義，每個人可以有自己的角度、自己的選擇，所以不是什麼可以普遍接受的標準答案。

馬　好像還有個「西方六哲」的說法？

李　我當年曾喜歡的六位是柏拉圖、亞里士多德、笛卡爾、休謨、康德，還有海德格爾。原來我用「我認為」。「認為」就太主觀了，就好像你認為這六個就是最好的了，那就有點強加於人。而且後來也有變化，現在又有變化。

馬　如果從整個人類思想史角度看，哪位哲學家最了不起？

李　個人角度不同，觀點也會不一樣。我的看法是：康德恐怕是最了不起、最偉大的一位哲學家。康德哲學提出的是「人之所以為人」即「人是什麼」這樣一個總命題。前三問（「我能認識什麼？」「我應做什麼？」「我可期望什麼？」）都最終歸結於最後一問「人是什麼」。對這個偉大問題，康德從認識、道德、審美三個方面作了文化心理結構即「普遍必然」的人性能力（人性的主要特徵和骨幹部份）的偉大回答。但「普遍必然」的人性能力如何可能，歸結為「純粹理性」並未解決問題，「人是什麼」仍為疑問。於是，這

就應由提出「經驗變先驗，歷史建理性，心理成本體」的人類學歷史本體論來作進一步的探求了。

但是，在上述西方十哲中，你能猜出我最喜歡的是誰嗎？

馬 那還用猜嗎，非康德莫屬呀。

李 非也。我最喜歡、最欣賞的是休謨。(笑)

馬 休謨？

李 哈哈，感覺奇怪吧？讀休謨的書很早，那是 1953 年，半個多世紀過去了。我一直就比較欣賞他。休謨提出的那些問題，到現在為止，還是了不起的，並沒有過時。有些問題，康德做了很多建設性的解釋，休謨倒不一定做了很多建設性的解釋，但是非常深刻地提出來：不僅關於認識論的問題，而且關於情感的問題，關於情感和認識的關係或者誰為根本，休謨都提得很有意思。休謨的懷疑論是一個具有建設情懷的人所可以而且應該有的一種態度。休謨其實是個歷史學家，我現在不可能再去研究休謨了，我倒是很想有人能告訴我他對歷史的研究與他對哲學的見解有什麼關係沒有？雖然他哲學書出版在前，歷史書在後。因為迄今為止認為是沒有什麼關係的，講休謨時，一字不談他的史學，甚至可以不知道他實際上是歷史學家。他寫過十二卷的《英國史》吧？那是下了極大的功夫的。休謨在西方當然一直得到重視，特別是經驗主義、邏輯實證主義，講來講去逃不出休謨。但中國對他注意不夠，我估計將來會對休謨有興趣，我也希望這樣。

馬 您還講過，在古希臘哲學中也喜歡兩人。

李 那是在八十年代一篇書評裡提到的。我說在希臘哲學中，我有點偏愛畢達哥拉斯和巴門尼德。我覺得他們提出的問題，如數的結構與各種事物以及整個世界存在的關係，再如「存在」究竟是什麼，「存在」範疇的存在意義等等，都似乎是至今仍可以繼續思索的有趣課題。它的有趣並不在於對眼前現實問題有何直接助益，而似乎更在於它對思想的啟悟和訓練，使人們在科學、藝術以至日常生活、工作方法上變得更聰明、更靈敏、更喜歡深思和更願意探索一些。當然，亞里士多德仍然是最重要的。

海德格爾的「士兵哲學」

馬　除了這些古典哲學大師，可否在這裡也簡單介紹二十世紀西方哲學家呢？

李　我認為二十世紀最重要的兩個哲學家是維特根斯坦和海德格爾。維特根斯坦在西方現代哲學史上佔有非常重要的地位，影響極大，但他在中國是不會得勢的。海德格爾在中國則是顯學，海氏談生死問題、人生意義問題，中國人當然會喜歡。

馬　您曾說海德格爾哲學是「士兵哲學」，這個講法比較新穎，以前好像也沒有人這樣談過？

李　雖然我將海德格爾視為二十世紀最重要的哲學家之一，但是我是越來越不喜歡海德格爾，越來越看不起海德格爾。海德格爾的問題，不在於他做過納粹的校長，他在政治上自覺地擁戴希特勒，這是沒有疑問的，但這還是表層的方面，是次要的。關鍵是他的哲學本身有問題，有嚴重缺陷和謬誤，這我在上個世紀八十年代就講過。他的哲學充滿生命激情，有吸引力，即對生存的執著，對明天的悲情與盲目行動。這種哲學提示你，人必然要死，面對這一未定的必然，人要趕快行動，要自己抉擇，要決斷未來，這才是真實的存在。日常生活，常人的習慣，那是非本真的存在，只有擺脫平常的生活，時時刻刻用行動去把握未來，才是本真的生活，才是真實的存在。當甩開一切所謂「非本真」的生活，「本真本己」與上帝的會面，便構成一個空洞深淵，客觀上便會要求物質來具體填充。海德格爾哲學在「二戰」時就導致了納粹填補深淵的合理性。物質上升為虛空，在此的生命激情成了罔顧一切只奉命前衝的士兵的犧牲激情和動力。海德格爾在上世紀二十年代所提供的充滿情感的死亡進行曲，在這個時候，便歷史具體地奉獻給希特勒了。海德格爾是反對高科技的現代化，希特勒反對平庸的資本主義，並以國家、種族、集體名義扼殺個人。海德格爾的士兵哲學，充滿個體獻身國家、集體的激情。貌似強調個體，實際卻恰好相反。

多年前偶讀到一本書，其中說到「在第二次世界大戰的各大戰場上，盟軍在打掃戰場時經常可以從德軍士兵的屍體上發現海德格爾的頭像以及他的《存

在與時間》，這些納粹士兵或許最能理解海德格爾的向死的哲學」（劉國柱：《希特勒與知識分子》，時事出版社，2000 年）。我上述哲學抽象判斷竟有如此巧合的史實印證，頗出意料，為之愕然不已。

馬 有人拿中國的老子跟海德格爾作比較。

李 根本無可比性。海氏跟老子實質上是兩個東西，儘管我說老子來自兵家。海氏的確喜歡過老子，現在已出版了好些探討海氏與老莊哲學的關係的書和文章，認為兩者有共同點，但沒有重視他們的根本區別。我認為兩者區別很大，老子即使有包括兵家、法家的主動行動因素，但基本上屬於靜觀性的；海德格爾則充滿立即的行動性，是向前衝鋒、向前行動的士兵的哲學。用老子與之比附，並沒有真正懂海氏。只有孔子才能化海氏。好像沒有人這麼講過。孔子的「未知生焉知死」，可以消化海氏的「未知死焉知生」。

馬 您曾比較過海德格爾與薩特。

李 我喜歡薩特這個人，他的哲學我並不太喜歡。我不喜歡海德格爾這個人，但對他的哲學更喜歡一些。我認為薩特的哲學比較淺，例如，薩特對死亡的看法比海德格爾就要淺得多。死亡的問題是個很大的問題，每個人只能活一次，你時時刻刻意識到你會死，才能把握住你生的價值，活著怎麼辦？死是不可避免的，是別人不能替代的，這的確是獨特的問題。存在主義高峰已過去，但是從世界意義上看，海德格爾到現在為止還是影響最大的哲學家之一。薩特比他要差許多，但薩特非常可愛，比海德格爾強多了。

馬 海德格爾的《黑色筆記》中包含大量反猶言論，2015 年德國弗萊堡大學宣佈取消原來海氏曾擔任的現象學教席，您如何看這件事？

李 真是大快人心！我非常厭惡那些為海德格爾辯護的中外知名學者，這點你應知道。

尼采與叔本華

馬 尼采呢，似乎影響更大？魯迅就受過尼采的影響。

李 尼采確實影響過魯迅，但那是青年魯迅。從中學時代起，我就一直不喜歡尼

采。我曾向趙汀陽開玩笑地說過（也不全是開玩笑），黑格爾的《小邏輯》裡說（這是我概括的，黑格爾是分散說的），年輕人有三個特點：一是認為這個世界一無是處，必須徹底重估和搗毀；二是認為只有自己最了不起，不可一世；三是什麼事必須黑白兩分，不可「辯證」。尼采至少把前兩點高度抽象哲學化地表達出來。所以，年輕人非常喜歡尼采。而年輕人一代又一代永遠存在，所以總有人喜歡尼采。但到 60 歲還喜歡，我會感到有點奇怪。當然，對尼采，也許我有偏見，有人會說我根本不懂尼采。

馬　叔本華也講意志論。

李　叔本華、尼采都講意志論，但我寧要叔本華，也不要尼采。叔本華與尼采都回到感性，探究活人的生存，所謂意志，就是人要生存的意志，就是求生欲望。他們都反對康德的純粹理念，當然也反對黑格爾的絕對精神。但尼采與叔本華的哲學方向不同，叔本華主張消滅意志才能沉靜下來，意志太張揚，就會發瘋。藝術，包括文學，便是讓生存意志休息一下，放鬆一下，在欣賞時放下意志慾望，進入自由境地。消極意志論一旦進入審美領域，倒是變得很積極。我記得愛因斯坦、維特根斯坦都比較喜歡叔本華。

西方馬克思主義

馬　《批判哲學的批判》對「西方馬克思主義」提出不同意見，現在改變了嗎？

李　為何要變？我的看法依然是：總起來說，西方馬克思主義從盧卡契、葛蘭西和法蘭克福學派到今日批判理論，它們從政治、文化、日常生活各個方面深入揭露了資本主義，極大地開拓了馬克思的異化理論、意識形態理論和文化霸權理論，作出了重要貢獻。雖然這些批判絲毫動搖不了資本主義，但喚醒了人們對資本主義的認識，充滿了追求社會公正的倫理主義精神。在美國，馬克思主義影響了黑人運動、女權運動，也使社會有很多進步和改良。它們承繼了馬克思的倫理主義的一面，至今仍有價值和作用。其重要缺陷一直是，很少真正深入研討資本主義經濟，特別是在經濟全球一體化的今天。與「武器的批判」相似，他們的「批判的武器」缺乏構建某種建設的哲學，即

如何可能通由批判資本主義社會而在經濟、政治和文化上去研究逐漸建設出一個更好的社會。但即使如此，我也仍然以為，可以告別「武器的批判」，卻不能告別「批判的武器」。批判資產階級是馬克思主義一大特徵，這特徵即使在建設的哲學中也仍需保存，因為這對「建設出一個更好的社會」非常重要。

馬　如何看待「西方學院左派」？

李　説句不客氣的話，非常看不起！儘管他們非常顯赫，不可一世。他們那種缺乏足夠資料支撐的高姿態的批判和解構，使我想起當年紅衛兵：影響甚大但價值甚小。由於缺乏建設性的因素，這股時髦，我以為遲早會過去。因為一個根本問題在於，他們極力批判資本主義，但並不深入研究億萬人群的物質生活。他們不提近半個世紀以來現代化和現在的全球一體化，儘管有嚴重的壓迫、剝削、掠奪和各種不公正，但由於科技的發展、市場的擴展、產品的豐富、交通的發展、醫藥的進步，全世界各地域大部份人群物質生活在資本主義和全球一體化中取得了不同程度的提高和改善，人們的生命得到了延長（除非洲少數愛滋病地區）。這些名流學者一面身居發達國家，享受現代生活，一面卻大批現代化、理性、資本主義，大肆讚揚落後地區，強調全球化只是嚴重禍害，論證全球化並非新事物，幾百年前就有，等等。我以為並不符合經驗事實，是只圖自家名聲而不顧人們死活的假社會公正派。我的「吃飯哲學」正是在中國「文革」經驗基礎上對它們的反彈。它們那些念念有詞、難懂之極的玄言奧語，我只覺得不過是皇帝的新衣：「恍兮惚兮，其中無物。」也有「物」：一種情緒態度而已，卻以客觀的學術面貌出現。

已走到了盡頭

馬　心靈哲學（philosophy of mind）是當代西方哲學中最活躍的學科之一，如何評價？

李　心靈哲學也有不同派別，我重視的是以語言分析為途徑和依靠，結合腦科學成果，其中有指向「情理結構」的研究。它在哲學專業領域內也大有取代分

析哲學的趨向，與我提出「走出語言」的想法合拍，我非常讚賞。我以為正如當年語言哲學對我們瞭解語言的「意義」、用法、謬誤從而厘清思想混亂大有助益一樣，心靈哲學對我們瞭解「心靈」、厘清情感、慾望與思維、理性的關係也會大有助益。但是，也有如語言哲學一樣，心靈哲學已逐漸成為某種非常專業、技術性很強、細密謹嚴的准科學，只有極少數人能瞭解和懂得。它不再提出宏觀性的哲學命題，而我以為提出宏觀命題才是哲學的任務。

馬　現象學似乎影響更大？

李　心靈哲學有很好的科學含量和嚴謹的邏輯分析，相比之下，現象學在出發點上就把各種科學知識和日常生活等統統「括了出去」，完全從直觀體驗出發，用晦澀繁複的語言構建出一座座高聳入雲的迷宮大廳，描繪精細卻玄奧難通。前面我講過，海德格爾就把存在者及其具體生存環境即特定時代、社會作為「非本真」，「括出去」，通由高玄的語言，「此在」（Dasein）和「存在」（Being）便成了雖頗具魅力卻是空洞而危險的深淵。

馬　福柯、德里達在西方很流行，您讀過嗎？

李　雖只看過一些，但他們的基本思想我知道。比如福柯，我認為比較精彩的是，他說知識是與權力聯繫在一起的，任何一種知識都是被權力支配的。這是有道理的，甚至某些自然科學，都是被某種權力支配的。沒有什麼真正超脫的知識，沒有與政治無關的真理。但是，馬克思的思想裡早就包含著這一點。其實，福柯他們受馬克思的影響很深，但他們不願意講。福柯的其他主張，比如理性是監獄等等，我以為，學術價值並不高。

馬　您講過一位法國哲學家，叫列維納斯（Emmanuel Levinas），說他是「雷鋒哲學」？怎麼會有如此評價？（笑）

李　有人跟我講，他了不得呀。我想半天都想不出來為什麼，後來我想這是「學雷鋒」的「洋裝版」。我就為了別人活著，他人即上帝嘛，我就不要活了，學雷鋒好了。我跟劉再復說，這就是學雷鋒嘛，我活著就全是為了別人。豈有此理！這哲學違背人情。

馬　在《哲學探尋錄》裡，您曾對五光十色的現代西方哲學有個形象概括。

李　我說過，今日有反哲學的哲學：眼前即是一切，何必思前顧後？目標意義均虛無，當下食、色才真實。這大有解構一切陳規陋習及各類傳統的偉功，但也就不再承認任何價值的存在。無以名之，名之曰「動物的哲學」。今日有專攻語言的哲學：醫療語言乃一切，其他無益且荒唐。於是，細究語詞用法，釐清各種語病，技術精而又巧，卻與常人無關。無以名之，名之曰「機器的哲學」。今日有海德格爾哲學：深求人生，發其底蘊，知死方可體生。讀《存在與時間》有一股悲從中來、一往無前的動力在。無以名之，名之曰「士兵的哲學」。當然，還有各種傳統哲學和宗教及其變種，林林總總。其中，基督教神學最值得重視。

馬　被您形容為「機器的哲學」的「分析哲學」是二十世紀的主流，波及很廣，影響極大。

李　二十世紀是語言哲學的天下。卡爾納普反對形而上學，把哲學歸結為句法研究、語義分析；維特根斯坦把哲學弄成語言用法的糾誤，說「語言是我們的界限」；海德格爾說「語言是存在之家」；德里達說「文本之外無他物」；保羅‧利科（Paul Ricoeur）說「人即語言」；理查德‧羅蒂（Richard Rorty）說「沒有語言之後的實在」，等等。分析哲學成為英美的哲學主流幾十年，歐陸亦然。上世紀哲學的這個「語言學轉向」（Linguistic Turn）統領了一切，氣勢極盛，把杜威、懷特海這樣一些頗有見地的大哲學家也擠到了邊緣。學術界幾乎公認語言是人區別於動物的關鍵所在，現代高科技的數位語言也似乎充分證實和推動了這一點。西方哲學這一潮流也席捲了許多學科，影響遍及全球。

馬　未來呢？

李　我認為，現代西方哲學已走到盡頭了。其實二十世紀就是否定的世紀，以否定為開端，一直否定到現在。先是否定上帝，接著是否定人自身，不僅上帝死了，人的主體性也死了。確實都從根本上衝破了傳統。他們的顛覆、突破，採取的「策略」就是哲學的極端形式。尼采把人的主觀意志強調到極

端，維特根斯坦則把語言、分析強調到極端。現在最時髦的後現代主義理論，可以說，一部份是從維特根斯坦那裡衍生出來的。他們自認為發現了語言的終極真理。並自以為執此真理，念念有詞，一切「本質」「形而上」就可以煙消雲散。福柯、德里達等人已玩到了盡頭，不能老這樣下去。

人活著，這是各種事實中最重要最基本的第一事實，而人首先是靠麵包而不是靠語言活著。有比語言更根本的東西。對於人生意義的哲學探索，在下一個世紀可能會重新突出，這種探索，也可能是下一世紀的哲學主題。不能什麼都嘲笑，不能對任何意義都嘲笑。人類如果還要繼續生存、發展下去，在哲學上就得改變這種什麼都嘲笑的方向。所以，我說下一個世紀，是否定之否定的世紀，古典主義、人文主義可能還要復興。

有比語言更根本的東西

馬　走出語言？

李　是也。問題在於，能走出語言嗎？人的一切活動，包括我所強調的使用—製造工具—更新工具的實踐活動，也脫離不開語言，特別是今天有許多高科技領域的實踐活動本身也就是語言。而且，用以「走出」語言的也還是語言。所以，所謂「走出」語言，不是讓人不用語言，不是要人用心靈感應、神秘交往、「私人語言」之類——那只是倒退，而是讓人不要被語言的牢籠所框住。哲學當然用語言。哲學追求根本，但這根本就是語言嗎？我懷疑，問題就出在這裡。我以為有比語言更根本的東西。語言小於生活、實踐，生活、實踐大於語言。

我多次講過，無論認識論、倫理學、美學，我都希望走出語言，回到歷史積澱而成的人的心理。「人類如何可能」要進入「人類心理如何可能」，亦即「人性如何可能」，亦即「理性內構」「理性凝聚」「理性融化」如何可能的研討。

馬　所以，2010年您喊出了「該中國哲學登場了」這樣的口號來？

李　我本不大相信語言是人的家園或人的根本。中國傳統使我想到，憑藉它也許

能突破當今哲學的某些界限和窘境。我正是要回歸到認為比語言更根本的「生」——生命、生活、生存的中國傳統。這個傳統自上古始，強調的便是「天地之大德曰生」「生生之謂易」。這個「生」或「生生」究竟是什麼呢？我以為這個「生」首先不是現代新儒家如牟宗三等人講的「道德自覺」「精神生命」，不是精神、靈魂、思想、意識和語言，而是實實在在的人的動物性的生理肉體和自然界的各種生命。其實這也就是我所說的「人（我）活著」。人如何能「活著」，主要不是靠講話（言語—語言），而是靠食物。如何弄到食物也不是靠說話，而是靠「幹活」，即使用—製造工具的活動。說話只是人活著的必要條件而非充分條件，「幹活」卻是必要兼充分。當然，說話（語言）在「幹活」中起了極為重要的作用，甚至是「幹活」不可分割的組成部份，社會分工發展後，某些人說話就是幹活，可無論如何畢竟是第二位的，而且其語義仍然大部份與「幹活」相關。即使高科技的語言可等同於或本身即是工具實踐，但它們畢竟只是「人活著」使用—製造工具中的一個組成環節或部份而已。它們還是為「人活著」服務的，「生生」仍然居首要位置。

郭店竹簡說「天生百物人為貴」，可見人的生存、生活、生命又是諸生命中之首位。這是「人類中心說」嗎？不是。這是從人出發，以人為本，而不是從上帝、理性或語言出發。這也就是當年（二十世紀六十年代）我為什麼要從人類起源（即「人類如何可能」）來探究這個「走出語言」的可能出口。在哲學上，在思想理論上，「視西人如帝天」的時代可以結束了。現在有些人把西方二三流甚至不入流的一些哲學家搬進來，捧得那麼高，常常作為權威、經典引用，我覺得沒有必要。列維納斯、讓·鮑德里亞（Jean Baudrillard）、德勒茲（Deleuze）等等，沒那麼高嘛。就是德里達、福柯，也比馬克思差，我說過不必把他們看得太了不起。說中國沒有西方的那種「哲學」，也沒有什麼了不得的。為什麼一定要去追尋一個人為的所謂「超驗」或「形而上的終極品格」呢？沒有 Being，中國就矮了一截嗎？當然，這不是排斥西方。現在有人搞「國學」，排斥洋學，這也不對。中國文化就

是「善包容，肯學習，能吸收，可消化」。

馬　您對後現代哲學似乎有點太貶低了吧？例如曾把德里達視同於王朔。

李　其實我並不貶低後現代，「過把癮就死」（王朔），也就是一個比方，可能簡
　　單化，但容易理解。後現代哲學打破啟蒙理性的牢籠，是很大的貢獻。但後
　　現代是否定性、破壞性的，建設性就不能靠他們了。我的《世紀新夢》是
　　1999 年出版的，當時我說，「世紀新夢」應該不再是地上建天國的烏托邦的
　　理想社會，可是還要有社會理想。研究人性問題，便是使社會理想獲得某
　　種內在的建設性的支撐。有人問：上帝死了，人怎麼辦？尼采之後還有沒
　　有路？答曰：有，有中國智慧的情本體之路，包括內外。上帝死了，人照
　　樣活。

　　總之，我認為，後現代到德里達，已經到頭了；應該是中國哲學登場的時候
　　了。當然還早了一點，但可以提提吧，我先冒喊一聲。願有志者、後來者聞
　　雞起舞，競創新思，卓爾成家，走進世界。

七　逍遙派

放現在可能不結婚了

馬　在同輩人中，您結婚算是很晚的了，1963 年，33 歲了，在當時環境下，應
　　該有不小的壓力吧？

李　當年一些人認為我大概不找老婆或找不到了。我的確自我封閉，醉心孤獨。
　　要是放在現在我大概就不結婚了。那時年齡大了不結婚，就要承擔各種壓
　　力；再說結婚也有結婚的好處，要不你總得住擠得很的集體宿舍，那麼大年
　　紀了，書也多了，很不方便。

　　我太太比我小八歲，當時人家說她嫁了一個老頭。她是中國煤炭文工團的舞
　　蹈演員。她對我極好。我也不讓她知道我挨整、挨批，包括「文革」的大字
　　報等等，這是一個男人的基本原則。她從來不看我的書或批我的文章，不問
　　這些事的。結婚後，我住在她的單位宿舍（煤炭部和平里宿舍），當了我太

李澤厚夫人馬文君（1964）

太二十多年的家屬，她大概才去過我單位兩次左右。

馬 看過您夫人年輕時的照片，一本書上印的，非常漂亮！

李 當年攜手王府井，行人回首頻頻。（笑）她喜歡做家務這些事，她是一個極愛乾淨的人，每天不停地擦，一般人認為挺乾淨的了，那離她的標準還差得遠呢。我說她有潔癖。我動起手來很笨，釘釘子也不會釘，要麼釘不進去，要麼歪了，要麼砸到手，所以都是我太太釘。這個跟我小時候有關係，嬌慣，不讓我動手嘛。成家以後，這些就可以不動手了。

不讓兒子學文科

馬 您要孩子也很晚？

李 對，1973 年，算是很晚了。在家裡，我向來尊重太太，我們結婚十年才生小孩，就是她堅決不願意早生。小時候她生活條件不好，帶小孩有點怕，我就完全聽她的。我還想要一個（當時還沒嚴格實行獨生子女政策），但我自

己生不出來，她不喜歡，只好作罷。在教育上，我強調小孩的獨立性，從小不大干預他，甚至在功課上也很少幫助他，只告訴他一些基本原則，讓他自己去嘗試。現在他獨立性狠強。只是個性太內向，極其不愛交際。他16歲一個人去美國，讀應用物理。他根本不看我的書，連《美的歷程》他都沒看過，說沒興趣，我也尊重他，從來不要求他看。在家裡，我就是無為而治。

馬 當時沒有打算讓兒子學文科？

李 在他沒有生下來之前就決定了他不學文科。第一點，是因為文科很難，舉個例子：理科是有教科書的，它是一個台階一個台階地往上。比如微積分，你只要唸一本標準的教科書就夠了。文科則不行。特別是大學，它沒有什麼教科書可念的，所謂教科書都只能是參考書，文學史、史學概論、哲學史⋯⋯只念一種「教科書」行嗎？絕對不行，文科要讀很多很多書。好比是泡在一個罈子裡，泡過了，就成了醃酸菜；泡不夠就是生菜，你要泡得恰到好處不容易；況且什麼是正好也很難說，很難把握。所以文科要出真正的大成績，不是件容易的事，當然做個教授、寫點文章並不難。理工科想做出較大成就也不容易，儘管比讀文科要更緊張、繁忙，但相對來說比文科單純、容易，客觀的學術標準和價值比較確定。

第二點，當時還有社會條件問題。我兒子出生的時候是七十年代初，五十年代起搞文科在中國難有前途，而且危險。文科與政治連在一起，動不動就挨各種批判，搞不好就打成右派、反革命什麼的。這種情況多得是。我們這代人不就如此嗎？那何必呢！即使你有很大才能，即使你能搞出成果，到哪裡去發表呢？不讓你發表。而且整天下放勞動，我常常記起《人民日報》的社論，題目就是《哲學工作者到農村去滾一身泥巴》，聽說是康生叫人寫的，把文科的人趕下鄉去。因此無論從學科本身來說，或從客觀條件和環境來說，這兩點就決定了生下來不管是男是女，我都不會讓他（她）學文科。

另外，還有一點，就是理科不管怎樣，還是實實在在做點事，文科除有些考據、注疏、整理外，許多時候就只是空論，有些還是「代聖賢立言」，隨著政治指揮棒旋轉，歌功頌德，粉飾太平。即使寫幾篇像樣的文章、出個小名

也沒多大意思，很難得到人生的滿足。

馬　為了確保兒子能夠一生平穩？

李　對。但我並沒有一概而論，我沒有勸所有人都去學理科。我只是給我兒子打個保險系數，並且注意了他的性格、才能的特徵，使他能夠安全地生存、生活，而且盡可能得到人生的滿足。從小我就培養他注重數學，教他 2+2=4、4+4=8⋯⋯他一直作文不好，一篇作文三四句話就沒有了，沒話可說。我說沒關係，寫不出就不要勉強了。這是我有意引導的。現在看來，僅就其個性來說，這個決定也是對的。

不介入任何紛爭

馬　您的兒子出生在「文革」時期，那時候您在做什麼？

李　「文革」開始時，我在北京。當時有些人很狂熱地捲了進去，我算是個「逍遙派」，看法雖然也有一些，但是不介入那些紛爭，兩派都沒參加。不過機關跟學校有很大不同，因為都是成年人，所以不像學校裡鬧得那麼厲害，雖然兩派之間爭得也很厲害。當時我們所裡還有一個特點，就是操縱整個北京市的「文化大革命」，這是什麼原因呢？你要是熟悉情況就會知道，因為哲學所造反派的頭兒和中央「文革」小組有直接聯繫，別的地方的造反派都是年輕人，在我們所裡則都是老革命，跟康生有直接聯繫。我們所所謂的造反派其實也不過是跟中央「文革」小組有聯繫而已，在別的單位基本上算不上是真正的造反派，所以也引起真正造反派的不滿，就來造他們的反。當時很多人被揪鬥了出來，像張聞天、何其芳、錢鍾書、尹達、潘梓年、侯外廬等等一大批名流學者，就差郭沫若、范文瀾兩人了。

那時候我已經結婚了，就盡可能地不去所裡。但是有時候有事還是要去一次，我在「文革」的時候就有冠心病，得到一個好處就是開假條，一開就是兩個禮拜，我就不去參加「文革」的活動，在家裡看看書。「文革」期間，我還擬編本詩詞選加以小評自娛，做了一些，後放棄了。

馬　哦，這個挺有意思，可以整理出版。

李　早就扔掉了。

馬　您確實屬於「逍遙派」，柳鳴九先生的一篇文章可以印證：「在『文革』整個過程中，哲學社會科學部建國門 5 號大院，是一個特別熱鬧、特別引人注意的地方，而哲學所又是學部政治風雲變化、種種事件扮演的中心舞台。……哲學所是當時學部兩派鬥爭的中心舞台，這裡的能人，有這種本領那種能耐、有這種性格那種特質的人，幾乎沒人不捲入、無人不上陣，幾乎個個都登台參演了這出『群英會』……但有兩個我所注意的人物，在當時的喧囂中、在當時的大字報海洋中、在當時的辯論台上，從來是未聞其聲、未見其人的。一個是李澤厚，一個是葉秀山。……我當時就注意到有李澤厚與葉秀山，他們似乎從生活中消失了，他們似乎是整個離開了哲學社會科學部，他們到哪兒去了？他們在做什麼？」（柳鳴九：《悼憶葉秀山》，《東方早報·上海書評》，2016 年 10 月 16 日）

雖如此，但在「文革」那樣的大風暴中，很難有人能獨善其身，您不是也被點名批判過嗎？

李　那是批形象思維的時候。《紅旗》1966 年 5 月發表了一篇批判文章，題目叫《文藝領域裡必須堅持馬克思主義的認識論——對形象思維的批判》。我是重點批判對象。因為我的文章《試論形象思維》，大概在當時文章裡算是比較扎實的一篇，而且刊登在《文學評論》，當時是最高刊物，發表也比較早（1959）。

馬　誰寫的這個批判文章？

李　鄭季翹，當年吉林省委書記，文化人。鄭後來是「文革」小組成員嘛，那好厲害，但很快垮了。這個文章受到毛澤東的表揚。所以毛澤東的話有反覆，以前講寫詩要形象思維，現在又反對形象思維。於是，我成了反對毛澤東，所以「文化大革命」開始時候非常緊張，嚇得要命，馬上寫了一篇文章辯駁，但沒能發表。其他附帶批判對象，像霍松林，學生馬上就鬥他，我幸虧是在科學院這樣的大單位，哪輪得上我呢？如果是在任何一個學校裡，那首先就會被揪出來，當時批判周揚十大罪狀，提倡形象思維也算一大罪狀。

很多人就是因為主張形象思維，「文化大革命」一開始就挨批鬥，成了三反分子。

馬 寫沒寫過批判別人的文章？

李 那是沒辦法，但還是極少的，為了自保嘛。因為那時姚文元蒸蒸日上，我擔心得很吶。記得 1964 年，我寫過批判周谷城的文章，題目叫《兩種宇宙觀的分歧——駁周谷城及其支持者的「統一整體」論》，《人民日報》找到家裡來，邀我寫。我寫得很快，一個晚上就寫完了。還寫過一篇批電影《北國江南》的文章《「北國江南」和周谷城的美學理論》，也是《人民日報》約稿。都發表了。

馬 我看過李希凡先生當時寫給您的一封短信，是派楊昌鳳和姜德明兩人到您家裡約稿。

李 那時感覺一場災難要來了，我估計要搞第二次「反右」，知識界非常恐慌。當時我雖然年紀不大，但有點名氣了，所以得趕快出來自救，就寫了文章，以為這樣政治上就平穩了，其實太幼稚了。

絕對的小人物

馬 「文革」期間，社科院有許多著名學者被拉出來批鬥、被抄家，您遭遇了嗎？

李 我沒有被批鬥，也沒有被人抄過家，不過對於抄家我也有所準備。前面提到的那個殘稿《積澱論論綱》，原有 4 頁是講倫理學的，實際上是和政治混在一起的，我撕掉了。保留下來的是講認識論部份，與政治無關，純理論性的東西。記得家裡廚房有一個下水道，我把這個手稿放在盒子裡面，自己鑽下去爬了很遠，把盒子放下水道裡了。當時，也確實有人想整我，說李澤厚有這麼大的社會影響力，應該算一個「反動學術權威」，可在社科院，當時叫學部，這種大單位，我算什麼權威啊？我這小不拉子算什麼？（笑）

馬 小人物？

李 絕對的小人物！根本輪不上我，地位太低了。人家工資都是 200 塊、300 塊，我只有 69 塊錢，我算什麼啊？那時社科院都是大人物，楊獻珍、張聞

天、何其芳、俞平伯、孫冶方、金岳霖、賀麟、顧頡剛、侯外廬、錢鍾書、馮至、戈寶權等等，一大批，誰還會管我這種小人物啊？所以我就笑著跟人講，我到北大看大字報的時候，我的名字已經打上「×」了，但我在學部還是群眾。（笑）

馬 與單位也少有瓜葛？

李 儘量躲開。我在煤炭文工團的宿舍當了二十多年的家屬，單位裡什麼事都沒我的份。那時候有各種票證，買傢俱、買自行車等等都要票，我什麼票都沒去要過。總務科的科長，一個老頭，對我很好，他說都像李澤厚這樣，總務科就可以撤了，因為我只領工資和稿紙。1986 年才分給我住房。

我在一篇文章裡寫過，「文革」那年月，上午開完烏煙瘴氣的各種批鬥會、「學習」會、小組會，下午我總要一個人到家附近的地壇來散步、透氣，也想一些自己願意想的問題。久而久之，便成了習慣。儘管不是每天必到，但只要有空就來，而且都在下午。這時似乎突然得到了解放和充實，感到非常愉快。所以，即使風雨冰雪，即使有一堆事要做，只要下午能抽空，我總要來的。

非常僥倖

馬 您不是說過，曾被扣上了三頂政治大帽子？

李 五六十年代，我就被扣過三個帽子：一是不接近群眾，二是不靠攏組織，三是不暴露思想。今天年輕人不可能理解，當年卻是嚴重的問題，需要改造。「文革」一開始，大家以為我跟文藝界的人聯繫一定很多，跟「文藝黑綫」肯定有關。像陳荒煤，「文革」一開始就被揪出來，他管電影，過去一直請我看電影。還有戲劇界，幾乎每演一個戲都送我票。因為我搞美學，算是有點名氣啦。梅蘭芳的戲我就看過多場。後來發現，看戲成為負擔，我就不去了。所以，不和人交往壞處很多，但好處也有。那時，文藝界鬧得最凶，被外調的很多，而我沒有被外調。

馬 在高壓態勢之下，有沒有做過讓自己至今仍感內疚的事情？

李　沒有。我不是黨員，連團員都不是。我一輩子沒有對什麼東西宣過誓。我也不愛跟人打交道。我的朋友很少。在運動中能逃避就逃避，能少發言就儘量少發言。我自己檢討寫了不少，寫過違心的東西，但很少批判別人。

馬　好像歷次運動您都能幸運逃脫？

李　大批形象思維，我很緊張了一陣。姚文元上台，我緊張了一大陣子。在六十年代我和姚文元打過筆仗，他早就是我的論敵，我的《美學三題議》第三部份就是批評姚文元的。姚文元也批判過我，扣的帽子不小，説是資產階級。加上鄭季翹的文章，我想這下完蛋了。我想等姚坐穩了天下，就該整我了，學術問題也就變成政治問題了，但我也估計他們日子不會太長。還好，居然太平無事。「反右」時説我是「漏網右派」，「文革」時我應該被批但沒被批。

馬　算是僥倖？

李　非常僥倖！我政治上比較謹慎，注意掌握「度」，掌握「度」人才能生存。但也只是倖存而已。記得 1982 年初次去美國，所裡就有人寫匿名信誣告我，那時杜維明等人勸我多留幾天，我一天也沒多留，準時回國，回來後還緊張，趕緊設法表態。可見，我的人際關係的「度」始終也掌握不好，只得遠離人際寧求寂寞。

發現歷史真相很難

馬　聽説您 2009 年回國，與「文革」中的名人戚本禹、閻長貴有過接觸？

李　以前不認識。閻長貴當過江青秘書，戚本禹見過毛澤東多次。閻長貴送我的書的材料很重要，訂正了很多流言。這本書在國內公開發行，叫《問史》，寫江青的。毛澤東什麼時候決定結束「文革」，我根據材料判斷是武漢「7·20」事件之後，問了戚本禹，他是當事人，證明是對的，很高興。我特別想瞭解毛澤東跟劉少奇、林彪到底是怎麼回事，不想半輩子糊裡糊塗地被打發掉了。與戚在上海長談過兩次，他對我對黨史材料之熟大感驚訝。他還教我他在監獄中自練出來的一套養生術，當時看來身體極好。

馬　這段歷史您打算研究嗎？

李　沒有。很大一個原因是歷史不可信，很多材料都是靠不住的。有的人考證半天，根據材料得出一個結論，但那些材料本身就不可信。發現歷史真相非常困難，你能得到 60% 就了不得了，很多時候 10% 都沒有。很多關於我自己的好的、壞的講法，都沒有那回事。自己的事都是如此，更不要說歷史了。人活著，材料就這樣不可信，更不要說死後了。但我反對將歷史等同於文學虛構，即使好些材料不可靠，歷史仍有其一定的真實性，仍然非常重要。

馬　您如何看待老一輩學人的一些反思。

李　讀過一些。如李慎之先生寫的有名的《風雨蒼黃五十年》，當時他年紀快八十了，還能寫出這樣的文章，比許多年輕一輩、兩輩的學人都寫得好，沒有八股味，想得清楚，寫出來就清楚。我和李交談過許多次，最後一次就在他得病前兩個月。李慎之，其實包括從胡適到顧准等等，都只是提出一些自由主義的口號，還沒有人真正對中國的出路提出自己的自由主義的理論。他們只是自由主義的宣傳家，但他們的宣導對當今中國還是非常有意義的。

馬　和于光遠先生有接觸嗎？

李　于光遠在新時期的思想解放運動中，貢獻很大。我非常尊重他。他在世時，我還想去看望他，和他討論《資本論》問題。但他高齡不大見人了，又沒人幫我聯繫。于光遠是非常聰明的人，他反對偽科學，如果當年他能去國外繼續搞理論物理，可能成就會很大。但是很可惜，留在國內理論界。他倡導的兩門「學科」即「社會主義政治經濟學」「自然辯證法」是立不住腳的，我是不贊同的。

馬　聽說您對何方先生的《黨史筆記》《從延安一路走來》評價很高？

李　我認為在老一輩的人中，何的水平最高。我一直高度評價他的《黨史筆記》，主要是材料難得和可靠，是作者親歷記載，不同於高華的書。何的書顛覆了好些舊說，難能可貴。

馬　還曾登門看望過周有光先生？

李　那是 2012 年，周先生 107 歲，我去討教養生經驗。（笑）現在百歲高齡者不乏其人，但像周先生生命力如此旺盛，思想如此敏捷，恐怕是碩果僅存了。

年事這麼高了，還有這樣旺盛的思想活力，還對世界、中國、人生具有這麼高的熱情與關懷，還在不斷接受東西方的各種新資訊，而且還能作明快的判斷，實在令人欽佩。周老不為潮流而動，對任何尖銳的問題都保持清醒的頭腦和獨立的思想，尤其不簡單。中國學界太多情緒，但情緒不是學問，不是真理，情緒沒有價值。而周老的言論不帶情緒，只有對歷史負責的深邃思考。例如對於傳統，極端者要麼把傳統踩入地下，要麼捧上天空，現在的國學熱就是把傳統捧上天，但周老不為國學熱所動，他提醒說，這不是進步的表現。對於民主也是如此，要麼頌揚專制，要麼鼓吹激進民主，獨有周老既堅持民主，又提醒不能急，這便是理性。

馬 周先生 112 歲時去世，真是高壽呀！最近我剛讀完南開大學劉澤華教授的《八十自述》，劉先生從「王權主義」視角重新審視、評估中國歷史，影響很大，您如何看？

李 好像是 1978 年吧，記不太準了，我和劉澤華作為兩個特約代表，參加過在天津召開的全國史學規劃會議。劉確實不錯，當今之世，直斥王權，一士諤諤，不作媚語，雖略簡單，且遭冷落，仍能堅持，頗難得也。

八　擬了九個研究提綱

不斷想問題

馬 「文革」時，全國陷入一片混亂之中，您還在搞研究嗎？

李 怎麼可能呢？所有人都必須放棄研究工作，我當然也不例外了。

馬 私下的想法總會有一些吧？

李 那當然了。姚文元當時權傾一時，我對他的文章、思想實在太熟悉，居然那麼重用這種人來搞「文革」，這更引起了我的思考。

馬 哪些思考？

李 我擬了九個研究提綱，有一二萬字吧。那段日子沒寫文章，能發表的文章我不願意寫。我在不斷想問題，我後來發表的文章，不少是在那個時候形

成的。譬如，我懷疑辯證唯物論，由來已久，「文革」時基本形成。「文革」結束後，我在 1978 年發表的《略論魯迅思想的發展》一文中，為掩人耳目，故意用一個不起眼的小注指出，「辯證唯物論」這個詞馬克思、恩格斯從來沒用過。伯恩斯坦、考茨基也沒用，是普列漢諾夫開始使用這個詞語，列寧跟著用了以後，就成為經典，一直寫進政治文獻。這個東西變成了一個框架，到處套用，因為離開歷史唯物論，它便變成離開嚴格規定的具體社會基礎、無往而不適的關於鬥爭的玄想，作為理論體系及其運用都是不成功的。但是，也不能否認其中一些辯證法的觀念還是有益處的。

馬　您還提過「上層建築相對獨立性的強度」概念？

李　那是我五十年代就已提出的。當時我就懷疑經濟基礎決定上層建築這一理論，當年文章中雖不敢講也不否定，於是提出「上層建築相對獨立性的強度」這一迄今未被人注意的觀點，即認為所謂「上層建築」有其「相對」獨立性，而且在具體時日和不同情況下有「強度」的不同，並認為在前資本主義社會「強度」大，皇帝一個想法或命令如開戰，就會在根本上影響和改變整個社會生態；資本社會的經濟倒具有更強的制約能力，如美國四年一屆的總統選舉，很重要的因素便是看經濟情況如何。在古代特別是遠古，好些文化、文明的消失或毀滅並非經濟衰退所致，而是宗教、政治、武力（軍事）決定了社會的狀態和走向，所以不應是經濟決定論。如此等等。這兩個概念（經濟基礎、上層建築），今天看來，不適用、不符合經驗就更明顯。我後來不贊同也從不使用這兩個概念了。

馬　您對《資本論》的看法很重要，可惜至今無人重視。這個看法也是在「文革」中形成的嗎？

李　前面講過，我上大學時讀《資本論》，覺得《資本論》的方法了不起，到「文革」時也恰恰是對這個哲學方法論產生了懷疑。最關鍵的第一章，它展示的正是馬克思的哲學方法論。馬克思將「商品二重性」歸結為「勞動二重性」，其中關鍵是將「交換價值」歸結為「抽象勞動」。這在思辨上很有道理，但「抽象勞動」或「抽象的人類勞動」這些基本概念，和由此推出的「社會必

要勞動時間」等等到底有多大的經驗可操作性，使我非常困惑。將「勞動」從具體歷史環境中抽離，特別是將「勞動力」從具體「勞動」中抽離，這個「勞動力的支出」及其推演便完全脫開了歷史具體地使用—製造工具的勞動活動的結構體，成了一種黑格爾式的精神思辨的抽象運動。從而，「勞動二重性—抽象勞動—社會必要勞動時間→按勞分配（從而廢除商品生產，實行計劃經濟）→按需分配（各取所需。按勞分配也是一種資本主義法權）」這樣一條哲學邏輯成了貫串於馬克思經濟政治理論（剩餘價值、階級鬥爭）到策略理論（無產階級革命、無產階級專政）的基礎，我認為這一邏輯是有問題的。同時這一邏輯與我所強調的唯物史觀的核心部份（即使用—製造工具的實踐）並無必然的關係，成了康德所謂的「先驗幻相」（transcendental illation），即缺乏足夠經驗依據的理念、理想。

馬　造成這一結果的原因是什麼？

李　黑格爾主義的惡果。康德說過邏輯的可能性不等於現實的可能性，從而脫離作為歷史現實經驗的前景論述就極易成為空想。馬克思一向重視現實，更特別重視科技和生產工具，認為科技—生產工具—生產力是推動社會進步和經濟發展的根本動力和基礎，卻沒有在《資本論》著作中充分地和詳盡地論證，而完全被掩蔽在對資本主義生產關係的仔細分解中消失不見了。我以為，這可能是《資本論》以及整個馬克思理論的癥結所在。我在 2004 年《再談馬克思主義在中國》一文中有詳細論述。

從懷疑到告別

馬　還有，「告別革命」思想您說也是形成於「文革」時期。這個話題至今在海內外仍爭論不休，我們可以借這個機會展開細說一下。

李　無法細談，只能簡單提一下。我對「革命」的看法有一個變化過程。前面講過，1949 年以前，我充滿革命激情；50 年代以來，熱情慢慢消退。

馬　您在一篇文章中講過，對革命的反思最早源自大學時代讀恩格斯的論著。

李　大概是 1951 年，我第一次讀恩格斯《法蘭西階級鬥爭·序》，我注意到恩

格斯由革命轉向改良的思想路徑。恩格斯晚年看到當時軍事技術裝備的發展，深知革命（當時是大城市 [如巴黎] 工人起義的街頭巷戰）如無正式軍隊參與，已不可能成功。而當時工人可以參加投票的議會選舉卻成績很大，極有可為。恩格斯曾多次表述過放棄革命、轉向改良的看法。例如在 1874 年的《英國的選舉》一文中，他認為雖然仍由資產階級全面控制，工人作用甚微，但他說，「暴力革命在許多年內是不可能了……因此只剩下一條開展合法運動的道路」。在 1886 年為《資本論》寫的序言中，恩格斯說馬克思也得出「結論」，「只有英國這個國家，不可避免的社會革命能完全由和平的手段來實行」，其他國家則不可能。這裡便顯出，馬、恩並不認為「革命」是絕對不可改變的教條和聖物，是一條各國必經之路。既然英國當年可以，其他國家以後也未必不行。

馬　到了「文革」，您又有了進一步的看法？

李　對法國大革命、辛亥革命等，我一直懷疑。「文革」開始時，我覺得這很像法國大革命，連各種名稱包括街道、醫院甚至人名都要「革」掉換掉，很「革命」，很激進，但很淺薄。我對「造反有理」「革命總是正確的」的觀念產生了懷疑：革命為什麼一定就是好的？就是正確的呢？這種「先驗」原則是從哪裡來的呢？由於對改良派有過一些研究，對一貫被視為「保守」「倒退」的康有為、嚴復有些瞭解和同情。因之到了「文革」中期，我就已「告別革命」了。這個「告別革命」可說是「文革」時對「文革」的一種反動。我由四十年代對馬克思的全面接受，轉到六七十年代對馬克思有捨有取。

馬　「取」什麼？「捨」什麼？

李　我曾將馬克思的理論分為兩大部份：基礎理論部份和革命策略部份。基礎理論即唯物史觀，特別是唯物史觀的核心，即馬克思關於生產工具、生產力、科技是人類社會生存延續和發展的最終基礎這一根本觀點，我至今以為非常正確，是仍然「活著」並可繼續發展的馬克思主義。如前所說，這也是我自四十年代讀《新哲學手冊》中的「費爾巴哈章」後，就已接受和確立的觀念。除此之外，唯物史觀的其他部份和革命策略部份，許多我是不贊成的。許多

理論、觀點，要麼偏激（如社會革命理論），要麼片面（如剩餘價值理論），要麼馬克思本人並未展開（如異化理論），要麼並非馬克思所擁有（如所謂辯證唯物論），等等。

馬 您講過馬克思是一個歷史哲學家。

李 我覺得馬克思不是一個成功的經濟學家或革命家，卻是一個非常重要甚至偉大的歷史哲學家。包括《共產黨宣言》在內的馬克思的許多著作，在對人類歷史所作的許多描述和研究，如對各種社會形態、生產方式、生產力、生產關係、經濟基礎和上層建築的剖析，對工作日縮短和人類遠景的展望，等等，都是相當精彩和深刻的，是他的唯物史觀的具體呈現和成果。而且他的階級鬥爭理論也不是全都錯誤，在一定限度內，它至今仍然適用，只要不把它極度誇張就是了。馬克思依據許多歷史文獻（亦即經驗材料）所進行的研究和推斷，與後來的「馬克思主義者」憑幾條抽象原理或既定公式來拙劣立論很不相同。

馬 但您對革命的這種反思，不就與修正主義者伯恩斯坦等人一樣了？

李 「文革」中，我讀了伯恩斯坦的《社會主義的前提和社會民主黨的任務》《社會民主黨內的修正主義》《什麼是社會主義》等著作，感覺與自己的思考「不約而同」，但我晚了六十多年。我是在自己觀點已初步形成時才讀到伯恩斯坦的書，當時極感震驚，留下了深刻印象而不敢說。同時我也覺得，自己的哲學思路比他要深入徹底。伯在理論上並無深度，只是比較起來，我以為他更為踏實和更為理性，不隨波逐流，不為革命情緒所左右。他同工人階級的「實際運動聯繫多」，使他從現實經驗出發，第一個勇敢地提出了對馬克思理論的「修正」。

強調法治、理性、漸進

馬 您的這些思考、看法，當時與人交流過嗎？

李 怎麼可能呢！即便「文革」結束之後，也不敢公開講，只能在少數朋友中，在一些文章、談話中偶露一二消息。

馬 我注意到，您在 1978 年《論嚴復》一文中有一段話：「嚴復對資本主義社會的瞭解比改良派任何其他人更為深入，他站在資產階級立場上，把個人自由、自由競爭、以個人為社會單位，等等，看作資本主義的本質，從政治、經濟以及所謂『物競天擇』的生存競爭進行了論證。並且指出，民主政治也只是『自由』的產物。這是典型的英國派自由主義政治思想，與強調平等的法國派民主主義政治思想有所不同。在中國，前者為改良派所主張，後者為革命派所信奉。然而，以『自由貿易』為旗號的英國資本主義，數百年來的確建立了比其他資本主義國家（如法國）更為穩定、鞏固和適應性強的政治體系和制度。其優越性在今天也仍是一個值得研究的課題。嚴復當年的眼光是銳利的。」（《中國近代思想史論》，第 281 頁，人民出版社，1979 年）

李 這篇文章，儘管擁護革命的基調未能大改，但有意識地有所變更。我贊成英國式的改良，不贊成法國式的、暴風驟雨式的大革命，這種革命方式付出的代價太沉重了。這些看法現在看起來實在平淡無味，但記得當時寫時，還不免膽戰心驚。時春寒尚重，「凡是」尤存，「革命氣氛」仍然濃烈。我想，不要被人識破話中有話就好。其實，關於這點，偵破了也很平常。就是說，我認為，改良並不一定壞（錯），而革命並不一定好（對）。雖然這並不是說中外古今所有的革命或革命主張通通都錯了（這需要具體分析），但就本世紀中國來說，一味地提倡革命，肯定革命，歌頌革命，的確並非好事，這是思想史上值得研究和總結的一大問題。

隨著 1980 年代禁忌的逐漸解除，學術氛圍逐漸活躍，我終於敢在少數朋友中宣講「戊戌變法可能成功，辛亥革命一定失敗」「辛亥革命未必必然和必要」之類的論調了，但始終未敢提筆著文。

馬 記得 1988 年您在《廣州日報》發表過一篇短文《關於改良與革命答記者問》。

李 這只是在記者來訪時偶爾透露說：「包括法國大革命、辛亥革命等等都值得重新研究和評價。」即便如此，講後仍是心懷惴惴。幸好，報紙一般第二天就扔掉了，一個小消息沒人注意。

整個八十年代，我在好些文章（或答問）中，一直強調的建立形式（從哲理

説）、程序（從具體過程説），強調法制、理性、改良、漸進、建設，一直反對的是反理性、新權威、激情、革命、否定、破壞、狂熱、無政府等等。你可以去查看一下我那本《走我自己的路》。

到海外後，1992 年我發表了長文《和平進化，復興中華——談「要改良不要革命」》，算是第一次正式以文字形式明確表達了我對改良與革命的看法。

「兩面不討好」

馬 1995 年，您與劉再復先生的對話錄《告別革命：回望二十世紀中國》問世，這本書引起了強烈反響和巨大爭議，一直持續至今。

李 這書是劉再復先生努力的結果，所以不能把此書完全歸屬於我的名下。我只是提供了一個書名，那四個字的書名是我起的。記得那天開車回去，在路上突然想起劉再復有一本書叫做《放逐諸神》，兩個書名正好做個對仗。

這本書並非嚴格的學術論著，沒有嚴格的引證大量材料，沒有嚴格的論述論據，只是表述我們一種看法，當然這種看法的後面是有長期的學術研究和思索作基礎的。最重要的還是那句老話，要理性地探討問題，講話要負責任。

馬 關於這本書，有贊同的，如美國著名華裔政治學家鄒讜教授評價就很高，他説：「此書雖以對話錄形式發表，但對中國二十世紀之文化、思想、政治、文藝有極深刻之分析。」「你們兩位對話中回望二十世紀的文化與政治的思想系統就是對學術建設的一個重大貢獻。」「極度欣賞」。章開沅先生也説：「李澤厚提出『告別革命』，也是痛定思痛的產物。」也有學者認為，很多對告別革命的批判「是過度解讀了」。

當然，批評的就更多了。國內的不用説了，海外從另一個方面也批得很厲害。他們認為，對話顛倒了人的位置，宣傳的是新權威主義，為共產黨維持政權出謀劃策，並為共產黨壓制自由作辯護，是「討好政府」「討好鄧小平」。「李澤厚早就抱有為改革開放提供馬克思主義理論根據的願望，因此，他始終堅持與官方意識形態類似的理論傾向。」「知他原本是、現仍是馬克思主義者，真心真意地相信馬恩理論（他現人在美國，無必要講假話），內

心之惋惜實在無法用筆墨形容。」等等。

李　哈哈，所以嘛，在香港報刊上，有人撰文不無感歎道：「李澤厚和劉再復真是兩面不討好。」我們歡迎批評，即使被扣「反馬克思主義」「死守馬克思主義」「否定 1949 年的革命」「擁抱專制」「學術水平極低」等等帽子，也沒有關係。反正帽子已經夠多，再加幾頂而已。

　　剛才你提到的鄒讜教授，為人質樸，治學嚴謹，我與他有過許多學術交往與討論，特別是關於現代史方面的。還一起去看過康生的竹園。《告別革命》出版後，他給我們寫來一信，很長，有 30 多頁。

馬　「告別革命」一詞，在中國的話語環境下，無疑是一個非常刺眼的提法，必然會引起強烈的（包括情緒上的）「反彈」。但我讀了那些批評、批判，總覺得都太簡單化、太片面化、太抽象化，很多是無的放矢，不知所云。

李　這本書中開宗明義強調和明確界定了「告別革命」的含義，即「指告別以大規模群眾性暴力流血來推翻原有政權的激烈行動，而非泛指任何巨大的變革。」其他的不算革命，只能叫抗爭。我們在《告別革命》中講歷史主義，就是講具體的歷史語境和具體的歷史條件。重要的是具體情況具體分析，籠統地講「革命」或把革命抽象化，沒有意義。有些批評「告別革命」的文章，離開具體語境，沒有注意我們的談論是在近代改良思潮與革命思潮相互對應的歷史語境中進行的，也沒有注意我們所定義的「革命」是什麼，而是把革命概念泛化與抽象化。批評者沒有受過分析哲學的洗禮，對日常用語不作分析。所以其論述和批評都顯得含混不清，不得要領，過於籠統。

馬　就是說，所謂「告別革命」並不是說以前的所有革命都搞錯了？

李　這一點，我們書裡也反覆說過。我們只是「告別」革命，並不是簡單地反對或否定過去的革命。因為像革命這樣重要的、複雜的歷史事件和問題，持簡單的肯定或否定態度都是不妥當的。以往是簡單的肯定，凡是革命的都好，所以我們才講革命帶來的負面作用，我們反對或否定的是過去那種對革命的無條件的盲目崇拜和歌頌。但這不是說，革命包括辛亥革命只有負面價值，也不是說革命在任何時期都缺少理由。

我完全不這樣看。因為革命也確實可以帶來許多好東西，例如發生過革命的地方，平等、集體、社會公正等觀念都比沒有革過命的地方強烈得多。這便是革命的好遺產，可以繼承和發揚。而且，過去革命所高揚、所提供、所表現的英雄氣概、犧牲精神、道德品質、崇高人格是值得人們尊敬的。它們仍然是對人類的一大貢獻，「太上立德」，這些英雄們在這個方面給人類留下了巨大的精神財富、情感語言和典範人品。人們可以從過去的革命情懷中吸取力量，用在更有實效更少毀傷的生活和人生道路上。這涉及到我所講過的「倫理主義與歷史主義的二律背反」。

歷史是具體的，已過去的歷史是不可假設的實在過程，但未來卻都是可探索、展望的過程；總結歷史經驗教訓，可以使人們不犯或少犯錯誤，從而有助於人們去主動創造歷史，這在今天，比任何時候，都更是大有意義的事情。

改良更不易

馬　其實，與激烈的「革命」相比，看似平和的「漸進」「改良」，也遠不如人們想像的那麼容易，甚至比「革命」更難。

李　對。做改良家不像做革命家，只要一腔熱血視死如歸就行了——當然具體的革命工作也很複雜、艱難和瑣細，但較之改良，還是更乾脆痛快。革命可說是一種能量消耗，而改良則是一種能量積累，積少成多，積小成大，看來似慢，其實更快。一個問題一個問題地解決，就是積累。改良者需要更多的知識、經驗和學問，它比革命更為麻煩，更為複雜，更為瑣細，更為緩慢，更為捉襟見肘，更為令人生氣。因此它需要更多的意志、信念、耐心、毅力，需要更為細緻、繁瑣、枯燥、複雜的調停、協調、和解、妥協、合作的工夫和功夫。以前我們這一點強調得太不夠了。

所以，改良並不容易。我講要改良，不是反對一切鬥爭，那叫投降，不叫改良。改良不是投降，不是順從，改良恰恰是鬥爭，而且可能是非常尖銳的鬥爭。所以，針對急風暴雨式的「革命性的創造」，我提出「轉換性的創造」，

主張逐步改良，逐步放開，不必徹底破壞，迅速改變，而可以逐步「轉換」，或舊瓶新酒，或即舊立新，使舊形式逐漸轉成新形式。這是我幾十年來的一貫主張。

馬　您好像對盲目的群體情緒和豪言壯語也很反感。

李　我認為，以革命的名義煽動起的群眾運動及其所帶來的嚴重後果，這是二十世紀最大的教訓之一。群眾運動經常有兩大問題，一個是情緒壓倒理性；二是多數壓倒少數。這兩點都有危險性。有人說，群眾運動有天然的合理性，我懷疑。這要具體分析。例如抗日戰爭前的學生運動確有其合理性，但並不是一切學生運動、群眾運動都如此。即使有合理性，也不能盲目歌頌或崇拜，因為其中仍然有上述兩大問題。情感具有個性內容，它是個體的、多元的、獨特的、複雜的。群體性情緒則完全丟失了、否定了這些，成了通向暴力的走道或傾向。群體情緒有時推動歷史，當年的抗日救亡歌曲起了多大的鼓動人心的作用！所謂民族義憤、革命激情不都是群體情緒嗎？所以我們並不是一概抹殺群體情緒，而是強調要理性地重視它分析它，而不是盲目追隨或一味歌頌。

我一再宣稱最討厭豪言壯語，不管用的什麼美麗的語言、正義的理想，因為它自欺欺人，誤導民眾。「自由，自由，多少罪惡假汝之名以行」，是我中學時代讀過的法國大革命時羅蘭夫人的話。由高喊自由、民主所帶來的多數專制和血腥恐怖是現代各國歷史多次上演過的深重教訓。中國特別需要的是培育一種寬容的、懷疑的、理性的批判精神。也只有它才能真正有利於判斷是非，並逐漸褪去和避免由各種道德主義、民粹主義煽起的情緒狂熱和政治盲動。中國曾為這些付出了沉重的歷史代價。

馬　您還講過要「社會理想」，不要「理想社會」。

李　我反對整體的社會工程設計。我覺得，現在可以用某種比較深刻的理論來論證「摸著石頭過河」這句話；很多人批評它忽視理論，其實它恰恰可以是一種經驗理論，我們可以把它與哈耶克的有些東西聯繫起來。哈耶克就反對過分相信理性、反對社會工程設計。我在這一點上也比較明確，即「烏托邦」

的整體社會工程設計一定會導致災難，相反，根據經驗出發來不斷修改、不斷探索的前景，反而比較可靠。

我以前認為儒學傳統的大同理想「貨惡其棄於地也，不必藏於己；力惡其不出於身也，不必為己」（《禮記·禮運》），與共產主義的「各盡所能、各取所需」等，可以相互聯結，作為鼓舞人心、團聚人群去改變世界（包括自我身心）的情感信仰和「社會理想」，成為中國傳統的（政治）宗教性道德的重要延續。現在看來並非如此，因為前者是「社會理想」，後者是「理想社會」。這個「理想社會」，並無實現的可能性和必要性，設計具體方案和步驟去實現，就會形成一種政治宗教並帶來巨大災難。我強調「社會理想」不同於「理想社會」，因後者從觀念的潛在可能性可以變為現實性的實踐，即想方設法去在現實中實現這個「理想」，特別是現代政治宗教興起後。而前者標明只是觀念的烏托邦，即不可能至少是當前現實不可能或不應可能。所以孔夫子説「與三代之英」，「丘未之逮也」，「丘」要在現實實踐的只是文武周公之道的「小康」。康有為深藏其《大同書》也是如此，康認為「大同」不可能在當前現實中實現，如變成一條「我們找到了一條大同的路」就會很悲慘。革命常常就是憑一種觀念、一個理想，為達到一個目的而去做的整體社會工程設計。而現在，不要再搞那種龐大的社會工程設計了——當然，你要設計一個地區怎麼樣，比如這個地區的工廠怎麼蓋、房子怎麼安排，等等，那是可以的——重要的是從幾種具體的、比較實際的經驗中，探索前進道路的多種可能性，不斷地積累、反思、修改、前進。

四順序説

馬　在《告別革命》這本書裡，您提出了著名的「四順序説」（經濟發展—個人自由—社會公正—政治民主）。

李　原來叫「四階段」，我很快改為「四順序」，因為「階段」一詞使人產生四個方面完全分離的感覺，「四順序」便標明四個方面和問題同時存在、相互交織、彼此影響而且同時進行，但又仍有先後、輕重、緩急的次序不同，不

能顛倒，不能錯亂。

馬 為何如此排序？

李 我在國外遭到最多反對的就是這個「四順序」，很多人說必須先搞政治民主，以後再說經濟發展。我主張現在的當務之急還是發展經濟，壯大這個社會之本，這才是正路，目前經濟快速發展態勢最好再持續一段時間。但這僅僅是第一步；第二步將是在經濟發展的基礎上增多個人自由，也就是有個人擁有資產、經營、雇傭、遷徙、選擇工作和選擇存在方式的自由，以及言論的自由、出版的自由等等。這當然也是逐步實現，不可一蹴即得。達到這一步之後，才應較響亮地提出「社會公正」問題，而最後才是「政治民主」問題。政治民主是經濟發展、個人自由、社會公正的結果，政治民主的確重要，但遠不是當前中國現實所急需。我不迷信。

我常說，希特勒憑選票上台，美國議會民主長期未能阻止越戰大錯。從上世紀八十年代至今，我一直反對中國立即實行全國性的「一人一票」直選總統和反對黨制，因為中國人太多，國太大，現在如實行這些東西，反而會糟糕，會急劇放慢甚至摧毀經濟。

馬 還提到「四順序」有兩個前提？

李 對。一個是保持生態環境，一個是社會穩定。經濟發展與保持生態環境經常矛盾，甚至嚴重衝突，如何因時因地保持一個適當的「度」，便是關鍵。我一直贊成社會穩定。無政府是最可怕的，因為任何人可以幹任何事情，社會就會重新陷入野蠻殺戮的「叢林狀態」。當然，我也講過，穩定並不是僵化或固定不變，強調「穩定壓倒一切」但要防止最後「壓倒」穩定。我始終擁護鄧小平緊抓經濟建設和社會穩定這兩條，並也認為一切有關的政治改革，包括各方面的民主、自由，也只有在這前提下，根據中國的情況，有計劃和有步驟地，由上而下和由下而上相結合地逐漸前進、推進，才能真正搞好。

馬 「告別革命」思想是否可以這樣總結一下：在「人類視角，中國眼光」的「人類學歷史本體論」的哲學視角下，關注和著眼於「當下」與「未來」的中國，「告別理想社會」「告別革命」「告別暴力」「告別激進主義的思維方式」，

提倡理性、多元、法治、漸進、建設，在「經濟發展—個人自由—社會公正—政治民主」的改良之路上，實現「西體中用」的「轉換性的創造」，奮力走出一條對人類命運有普適意義的中國現代性之路？

李　也可以這樣講吧。

九　地震棚裡寫完「康德書」

幹校的兵營生活

馬　「文革」期間，您還下放到「五七幹校」？

李　那是 1970 年，到河南信陽專區，先在息縣。編成連隊，兵營式的。一開始，我們住的是老鄉的土房子，黑黑的，沒有窗子，四面都是土，下雨的時候到處都是爛泥，一腳踩進去，吱吱叫，半天拔不出來。白天到很遠的荒地去幹活，每天主要的活動就是勞動，勞動之餘就是開會。這樣幹了幾個月，我們就開始自己蓋房子，自己做坯，燒磚，快造完了，一聲令下又走了。老鄉把房子都拆了。我們撤到駐馬店地區的明港，住兵營。連長指導員們住一間小房，就是連部，算是寬敞的。大部份「五七戰士」和一些帶家屬的，都住大營房，用葦席隔開。單身漢集體住，地盤大一點。一家一戶的，各自隔開，吵架、說話、解手什麼的，都聽得見，沒有任何隱私。(笑)

馬　楊絳《幹校六記》寫的不就是那個背景、環境嗎？

李　最主要的東西沒寫。反映得很不夠。錢鍾書的序不是說了，沒有記「鬥」嘛。「文革」主要是「鬥」嘛。(笑)

馬　有沒有什麼趣事？

李　那時有人捉弄沈有鼎，那就不要說了，我是相當反感的。沈以好吃著名。他亂吃，把一些毫不相關的東西都煮到一起吃。他以前是單身，下放的時候已經有老婆了。老婆幫他寫好這是沈有鼎左腳的鞋子，那是右腳的鞋子。(笑)他真是糊裡糊塗的。他的身體也好，冬天我們都戴帽子，他不戴。沒有想到「文革」後不久就去世了。

我和沈有鼎有相同的一點，喜歡吃得好。從幹校回京，沈常請我吃飯，為了和我聊天，天南地北，聊了不少《周易》和邏輯。《批判哲學的批判》出版後，哲學所有人說我的康德是跟沈學的。其實我們恰恰沒談康德，沈對康德瞭解不多，對我用馬克思講康德也毫無興趣。

寫出「康德書」初稿

馬　您在一篇文章講過，那時在幹校，要讀書都異常困難。

李　當時好像就是要準備在那裡安家落戶似的，就是那種氣氛。讀什麼書啊！只是跟 1958、1960 年下放比起來，幹校的生活輕鬆許多，沒有飢餓，伙食也好些。由於身體不好，幹不了什麼重活，我被安排到「老弱病殘組」。當時去幹校，每個人都有一個箱子，是統一發的，可以放衣服什麼的，我則把自己最喜歡的和自己覺得最值得讀的幾本書放到箱子裡。其中就有一本英文版「人人叢書」本的康德的《純粹理性批判》，不很厚，但很「經看」。

在幹校，還是有一些機會讀書，因為總不能時時刻刻地開會搞運動，所以每天還有一段自學時間。當時只准讀《毛選》，連看馬列也受批評，要讀其他書更困難了。好像又回到 1949 年前的秘密讀書一樣，閱讀時，上面放一本《毛選》，下面是我自己想讀的康德……

馬　現在的人真是難以想像，讀書也會搞得那麼膽戰心驚，弄得這麼苦澀。您的「康德書」初稿就寫於此時吧？

李　在幹校，我開始著手準備那本《批判哲學的批判》。我偷偷地仔細讀康德的《純粹理性批判》。那本書就是要慢慢地讀，要非常地細心，真是一個字一個字讀，不止讀一遍，做了很多筆記。我發現讀康德的書我可以提出一些自己的看法。

在幹校分好幾個階段。第一階段根本沒有時間。到後來沒有勞動了，就有時間。所以那段時間我就在寫，實際上在寫《批判哲學的批判》的初稿。我寫在一個很不打眼的筆記本上。當時材料有限，能看到的材料更加有限，所以一直沒有動筆，因為如果不看哲學界其他人的研究成果，一個人在那裡想半

天，結果是人家早已想出來的成果，那時間與精力就算是白費了。

馬　之前，您是研究中國近代思想史和美學的，且頗有實績，為何會轉而研究起康德來？

李　本來，在研究美學時，我就對康德最感興趣。後來由他的美學擴展到他的認識論、倫理學和歷史哲學。我將康德與馬克思連接了起來。我以「主體性實踐哲學」又稱「人類學本體論」（這個世紀初我簡稱之為「歷史本體論」，意義未變），反抗當時的正統意識形態。具體地講，我之所以寫康德，有如初版後記所說，確乎為了「避難」。時間總不能白白浪費，既不允許我去研究原來搞的東西，在當時批林批孔批先驗論的合法藉口下，我可以趁機搞點康德。1949 年以後，國內研究、介紹康德的論著少而又少，對康德的漫畫化的否定則幾乎成為所謂馬克思主義的「定論」。另一方面，一些人又把康德著作視同天書，形容得那麼高深莫測、玄妙嚇人，這些都使我覺得應該有一本全面地通俗地論述康德哲學的書。想改變一下多年來對康德的漠視和抹殺，是寫作本書的動機之一。

還有另一個重要的推動力，就是當時我對馬克思主義哲學的極大熱忱和關心。當看到馬克思主義已被糟蹋得真可說是不像樣子的時候，我希望把康德哲學的研究與馬克思主義的研究聯繫起來，一方面，馬克思主義哲學本來就是從康德、黑格爾那裡變革來的；而康德哲學對當代科學和文化領域又始終有重要影響，因之如何批判、揚棄，如何在聯繫康德並結合現代自然科學和西方哲學中來瞭解一些理論問題，來探索如何堅持和發展馬克思主義哲學，至少是值得一提的。另一方面，無論在國內或國外的馬克思主義哲學中，我認為當代都有一股主觀主義、意志主義、倫理主義的思潮在流行著。它們的社會背景、階級基礎並不一樣，理論上也有許多差異，卻奇怪地具有這種共同傾向。在所謂「革命的文化批判」「自發的階級意識」等等旗號下，馬克思主義竟被變成了一種主觀蠻幹的理論。從大躍進開始的「人有多大膽，地有多大產」到「文化大革命」的「靈魂深處爆發革命」以及「一分為二」就是辯證法、吃塊西瓜就是實踐、「鬥爭」「革命」就是哲學的一切，等等，

不是很需要從理論上來加以好好考慮麼？

我認為應該明確馬克思主義不僅是革命的哲學，而且更是建設的哲學，不但因為我們現在主要是建設，而且因為建設文明（包括物質文明和精神文明）對整個人類來說，是更為長期的、基本的、主要的事情，它是人類賴以生存和發展的基礎。光批判，是不能建設出新的文明的。我們要從人類總體的宏觀歷史角度來鮮明地提出這個觀點。這一切便都通過評論康德而進行，在客觀許可的範圍內，表達一點自己的意見。因此，所謂「康德述評」者，儘管「述」在篇幅上大過於「評」，但後者倒是我當時更重要的目的所在。

「中亦略抒憤懣焉」

馬 您何時從幹校回到北京的？

李 1972 年，任繼愈主編《中國哲學史簡編》，他調了汝信、我、孔繁、鍾肇鵬、林英幾個人，我就回來參與那本書，但主要還是在搞私貨，即研究康德。一到北京條件改變了，很高興。在家裡我便利用幹校時的筆記正式寫了起來。毛澤東不是提倡批判先驗論嗎？康德是先驗論的代表，我借書就有了理由，我可以說在批判先驗論嘛，但是我在書中恰恰肯定了先驗論是有道理的。當然都是在偷偷摸摸幹。我的德文不行，所以我只能根據一些英譯本來進行研究。別人也幫我借一些書，當然還是很不夠。那時看了很多書。我從來不講我研究的這些東西，也從來不去申報什麼課題。所以出版前沒有人知道我在寫康德，但自己卻覺得難得又有本書，有一種充實感。

馬 在如此艱難困苦的環境下從事寫作，又看不到任何希望，那可真是需要堅韌的意志力呀！

李 我在該書後記中曾說：「『四人幫』兇焰日張，文化園地，一無可為。姚文元在台上，我沒法搞美學；強迫推銷『儒法鬥爭』，又沒法搞中國思想史。只好遠遠避開，埋頭寫作此書，中亦略抒憤懣焉。」雖然深信江青等人必垮，卻沒想到會那麼快，所以寫的時候，是沒有想到會很快出版的。但是只

要一念及「只問耕耘」的話，我就繼續幹下去，就這樣陸陸續續弄了好幾年。由原來那個筆記本上幾萬字，慢慢發展到十幾萬字、三十幾萬字。反正那時知識分子沒什麼事，我的一個同學好像在做木器什麼的。我絕對不會考慮做那些事情，也沒有耽誤那段時間，就集中精力寫康德。康德不太好寫的。這中間也有一些別的事情，孩子出世啊，參加任繼愈主編的那本《中國哲學史簡編》啊，等等。

馬　在任繼愈先生主編的這本書裡，您寫了哪些章節？

李　最先是《中國哲學史簡編》一卷本，人民出版社出的。我寫了其中的譚嗣同、太平天國等章節。任繼愈原來的《中國哲學史》，是四冊本。上幾本都編好了，就是第四冊近代沒出來，後來我們就把第四冊也補齊。我寫的不多，沒佔我什麼時間，分給我的任務幾天就弄完擱置，到時交差。有一章連夜寫，一個晚上趕了出來。記得《簡編》緒論的初稿也是我寫的，定稿則是汝信或孔繁。全書由孔繁統稿。

馬　「康德書」1976 年完稿，從 1972 年正式寫算起，用了整整四年時間。

李　1976 年發生大地震，我住在「地震棚」裡，條件很差，但我倒感覺很充實，心情非常愉快，因為我的寫作已接近尾聲了。在「地震棚」裡，我寫完了《批判哲學的批判》一書。我這個人不大受環境影響，我說，如果「四人幫」晚垮台一些，我的書會寫得更厚一些，因為有更多時間琢磨。記得當時寫康德歷史哲學和目的論的時候，覺得裡面有更多的東西值得鑽研和發掘，但限於時間和篇幅，沒有去做。後來想做，卻全忘了。

馬　1976 年的中國，可真是一個多事之秋呀！從周（恩來）、朱（德）、毛（澤東）的逝世，到「四五運動」，到唐山大地震，再到「四人幫」垮台，等等。其中又以毛澤東的逝世影響最大。

李　我在 80 年代一篇文章中曾講過，不管你是愛還是恨，是贊成還是批判，毛澤東比任何其他人物在中國現代留下了遠為龐大的身影。這身影覆蓋了、主宰了、支配了數億人和幾代人的生活、命運和悲歡，他將是長久被人反覆研究的對象。而且，與中國近現代一些政治大人物如孫中山、袁世凱、蔣介石

有所不同，毛主要是以其通過政治樹立的思想權威作了這種主宰和支配，所以具有重要的思想史的位置。當然，這是一個分歧極大的，而且將來也會多次反覆的課題，遠非這裡所能談和所應談的。

第三篇

「一事平生無齮齕，
但開風氣不為師」

（1977－1991）

一　一個甦醒的新時期

「第一隻飛燕」

馬　現在很多人都在回顧、懷念上世紀八十年代，您是如何看待的？

李　那是一個甦醒的年代、啟蒙的年代，是一個充滿理想、激情和希望的年代，越往後看越會發現八十年代的可貴。1978 年我在《中國近代思想史論》後記裡寫過一句：「中國進入一個甦醒的新時期。」

馬　1979 年，中國掀起了一場前所未有的詩歌熱潮，讀詩寫詩、做文學青年似乎是那時的時尚。

李　「文革」結束後，知識分子特別是青年的心聲如洪流般傾泄而出，一切都令人想起五四時代。人的啟蒙，人的覺醒，人道主義，人性復歸……圍繞著感性血肉的個體從作為理性異化的神的踐踏蹂躪下要求解放出來的主題旋轉。西方十八、十九世紀的啟蒙主義思潮著作也開始大規模地譯介進入中國，文化藝術思潮也進入一個以反叛和個性解放為主題的創作高潮。「人啊，人」的吶喊遍及了各個領域各個方面，首先非常敏銳地反映在文藝上。

馬　突出代表應該是朦朧詩。

李　那真是詩歌的春天！尤其是那些年輕的詩人，經過漫長的冬天後，終於在這個詩歌的春天裡找到了創作激情和創作方向。北島、舒婷、芒克、江河、顧城和楊煉等詩人在北京創辦了民間文學刊物《今天》，在詩歌藝術上進行了探索。我讀到了油印的《今天》，很感動，因為其中有著強烈的自我意識。

馬　但也遭到很多非難。

李　朦朧詩被指責「看不懂」，甚至說年輕詩人在歷史觀上太片面、情緒上太悲

觀，呼籲人們幫助這些「迷途者」，以「避免走上危險的道路」。還有人義正詞嚴地痛斥朦朧詩是「新時期的社會主義文藝發展中的一股逆流」。記得當時有家刊物多次找上門來，要我寫批判文章，批支持朦朧詩的「三個崛起」觀點（謝冕《在新的崛起面前》、孫紹振《新的美學原則在崛起》、徐敬亞《崛起的詩群》），我堅決回絕，他們完全找錯人了。

馬 您是第一個站出來肯定朦朧詩的，盛讚它是新時期文學的「第一隻飛燕」。乍暖還寒之時，支持年輕人的探索是需要勇氣的。

李 朦朧詩改寫了以往詩歌「反映現實」與圖解政策的傳統模式，把詩歌作為探求人生的重要方式，實質上就是一場人的崛起運動。因為「文革」以其極「左」的方式嚴酷地摧毀了人本主義思想，以至於使得那個時期成為失去理智、失去人性的文化最恐怖時期。

馬 隨後的「星星畫展」，也引起了轟動，如同肯定朦朧詩一樣，對「星星畫展」您也是大力支持。

李 我在《畫廊談美》（《文藝報》，1981 年第 2 期）中為年輕人辯護：「在那些變形、扭曲或『看不懂』的造形中，不也正好是經歷了十年動亂，看遍了社會上、下層的各種悲慘和陰暗，嘗過了造反、奪權、派仗、武鬥、插隊、待業種種酸甜苦辣的破碎心靈的對應物嗎？政治上的憤怒，情感上的悲傷，思想上的懷疑；對往事的感歎與回想，對未來的苦悶與彷徨，對前途的期待和沒有把握；缺乏信心仍然憧憬，儘管渺茫卻在希望，對青春年華的悼念痛惜，對人生真理的探索追求，在蹣跚中的前進與徘徊……所有這種種難以言喻的複雜混亂的思想情感，不都是一定程度地在這裡以及在近年來的某些小說、散文、詩歌中表現出來了嗎？它們美嗎？它們傳達了經歷了無數苦難的青年一代的心聲。」

文章發表後不久，社會上掀起了「反精神污染運動」，「星星畫展」被點名批判，我也有了「準備再過冬天」的感慨。但時代畢竟在迅速前進，儘管要穿過各種回流急湍，一代新人的心聲再也休想擋住了。

「美麗的女性走廊」

馬 「朦朧詩」「星星畫展」已載入文藝史冊了。

李 它們已在中國現代文學史、文藝史上確立了不可忽視的位置，異端已經化為傳統，構成了「文革」後非常重要的美學文本。

可惜的是，我搞美學，但一篇像樣的文藝批評文章也沒寫過。有一篇，連題目都想好了，叫《美麗的女性走廊》，感到那時作品中的一些女性形象寫得很有特色，因為「文革」中女知青常常心靈最純潔，在身心上卻最受迫害。

馬 噢，這個可以說一下。

李 我當時覺得，七十年代後期和八十年代初的文藝，有種幾乎是遍及各文藝領域的一個主調，就是接近於五四的敏感主義，並且呈現為一條美麗的女性畫廊——充滿著抒情哀傷的女性主人公的苦難倔強，引動著、觸發著、打動著人們。從《報春花》（話劇）裡的白潔到《星光啊星光》（歌劇）的濛濛，從小說《公開的情書》裡的真真到油畫《1968 年 × 月 × 日初雪》中的紅衛兵女俘虜，從電影《我們的田野》裡的七月到電視劇《今夜有暴風雪》的裴曉芸和女指導員，以及一下湧出的一批女作家群（從張潔到張辛欣）都似乎比那些或刻意描寫的、或當做主角的「文革」中受迫害的「黨委書記」以及好些男子漢，要光彩奪目、引人注意得多。

為什麼？也許女青年們在這場「史無前例」中感受得更多？也許因為比男性畢竟在身心上更脆弱、更敏感，同一事件落在她們心理上的重量比男性更沉重，更難堪，所付出的真誠、所遭受到的苦痛、忍耐、等待和喪失也就更多？從而，情感的解脫、寄託、抒發、表現也就更強烈？電影《十六號病房》的女主人公說：「將來，會好的，會好的。將來一切都會好的。」「醫藥費能找到，工作能找到，對象能找到，什麼都能找到，但有一件東西……」失去了的青春還能找到嗎？人生的意義還能找到嗎？從而，「我的心還能熱起來嗎？」這種深沉的傷感和心靈的苦痛大概只能出自女性。

馬 文章後來寫了嗎？

李 只是想好了題目，根本就沒有寫。

馬　當時，您對一些文學作品作過點評，我印象較深的是對張潔一篇小說的評論：「張潔有篇小小說——《拾麥穗》，我認為比《愛是不能忘記的》強多了，但沒人注意。……你說不出這是什麼意思、什麼道理，到底說明什麼問題，但它傳達出一種淡淡的哀愁、孤獨、惆悵……的味道，很耐琢磨。這是藝術。藝術品就要有一種味道，使你感受到什麼東西，感情受到感染，使人琢磨。因此所謂概念、認識是在中間，而不是說不出來的。」還記得劉索拉的《你別無選擇》發表後，您講過：「這大概是第一次看到的真正的中國現代派的文學作品。它並不深刻，但讀來輕快，它是成功的。」還有您對張賢亮《綠化樹》的評論，等等。您的這些評論，雖然很短，有的就一兩句話，但一下子就點到作品的關鍵處，勝過長篇大論，給人留下深刻印象，頗類似於中國古代的「詩話」「詞話」。

李　八十年代的文學很有生氣，很有成就，起點比五四和以後高多了。

馬　那時您真是繁忙啊！看看那本《走我自己的路》就知道了：一會兒請你與會發言，一會讓你給書作序，一會兒雜誌創刊請你寫賀詞，一會兒舞蹈家協會要你說幾句，一會兒書法家協會邀你寫文章，一會兒讓你談齊白石，一會兒要你討論電視劇，一會兒讓你講工藝美學……到處是您的聲音！

李　我已經推掉了很多。

文藝主要靠感覺

馬　說到文藝，您有個觀點我非常讚同，就是文藝創作與批評主要靠感覺（審美感受）。

李　在 1956 年那第一篇美學文章裡，我就強調過這個問題：評論首先要有感覺（審美感受）。沒有感覺，拉上一些概念和理論套將下去，那是不行的。別林斯基比別人厲害，就因為有感覺，他能敏銳而準確地感受到作品的風格性狀、作家的才能特徵，加以說明論證，使作家和讀者雙雙獲益。批評就是要靠這個東西。研究文學史、藝術史，也以有感受感覺為好。有人毫無感覺，老是從概念到概念，說來似乎頭頭是道，卻點不出作品打動人的要害何在。

藝術家有感覺，但講不出來，他通過作品表達概念語言所不能説出的東西，批評家就要用理性的文字把這種感覺表達出來。藝術家如果能用理性的語言表達出來的話，那就成不了好藝術家。感覺、感受，不光是在文學藝術裡，在自然科學裡也需要，但不像文藝這麼強烈和必需。愛因斯坦説過，科學發現要靠自由的想像，要靠直覺，不是邏輯推理，也不是經驗總結。

馬　所以，您講作家不可「太清楚」「太聰明」。

李　作家最好是保持一種敏感與朦朧的狀態，能保持這種狀態，才是天才。但是如何保持，為什麼能保持，就説不清，難以捉摸。作家自己也不明白，這也就是我早就強調的「無意識」。太清醒、太清楚的人成不了大藝術家，他們就是要模模糊糊、糊裡糊塗，反而好。作家不可太聰明，太聰明就成不了大作家。太聰明了，什麼都想到、想透，有太強、太清醒、太準確的判斷能力，想得很周全、精細，這樣就會丟掉文學中那些感性的、偶然的、最生動活潑的東西。像陀思妥耶夫斯基，就常常是糊裡糊塗的。他又是賭博，又是喝酒，連即將上絞刑架的前夕，也是糊裡糊塗的，還想到告別、懺悔、新的生命等等。這種性格，才能把全部生命投入文學，才能把內心深處那些最豐富、最真誠的體驗表達出來。這些東西才不會被理性的聰明所阻撓、所掩蓋。

從事社會科學、理論研究卻相反，要求清晰、準確、精細、全面，但文學創作卻可以片面，作家詩人想得太全面，也就是太聰明，太精明，什麼方面都顧到，就寫不好。所以我一直説「文藝難以周延分析，感情無須周到全面」。作家的「配合」形勢，也是太聰明的一種表現。扭曲自己的才能去適應社會，既要作品得名，又要生活得好，有名有利，擁有一切，但這在創作上卻要付出巨大的代價。希望我們的作家氣魄能更大一些，不必太著眼於發表，不要急功近利，不要遷就一時的政策，不要遷就各種氣候。真正有價值的文學作品是不怕被埋沒的。

馬　還講過作家不必讀文學理論。

李　最好讀點歷史和哲學。讀歷史可以獲得某種感受，增強文學深度；讀哲學則可以增加智慧，獲得高度。無論對歷史還是對現實，都應當有敏鋭和獨特的

感受，保持這種感受才有文學的新鮮。讀文學理論的壞處是創作中會有意無意地用理論去整理感受，使感受的新鮮性、獨特性丟掉了。

個人偏好

馬 在藝術欣賞上，您似乎也有自己的某種「偏愛」？

李 是也。我寧肯欣賞一個真正的歷史廢墟，而不願抬高任何仿製的古董。記得在成都，我對遊人冷落的王建墓非常讚歎，這是五代藝術的真跡；而一點也不喜歡那著名的、掛滿了名人字幅的、虛構的杜甫草堂。又如，我喜歡反映社會憂思的作品。有人說寫這種作品的作家很痛苦，但我「欣賞」這種痛苦。一個真誠的作家，對於社會的痛苦決不會無動於衷，這些痛苦應當在他們的心靈上引起不安，如果他們對人間的痛苦徹底冷漠，我想，他們的作品是很難真正感動人的。世界上第一流的作家，如托爾斯泰、巴爾扎克、卡夫卡，他們都是深刻地關懷社會的作家，都是把自己的作品與時代最根本的東西聯繫在一起，社會上最焦慮的問題也是他們最焦慮的問題。這方面，中國作家是有很好的傳統的。我喜歡古典悲劇，喜歡比較嚴肅的、哀傷的作品，我不喜歡那種遊戲人生的作品，也不喜歡滑稽戲、相聲。看了悲劇，會使人活得更堅定，能獲得力量，我喜歡魯迅也是因為這一點。音樂我是門外漢，但年輕時喜歡貝多芬，現在喜歡莫札特。

馬 您對齊白石評價很高，八十年代還寫過一篇紀念文章。

李 那是家鄉報紙的約稿。二十世紀中國畫家，我憑直覺感受，很喜歡齊白石、林風眠、豐子愷。我以為齊白石是二十世紀中國最偉大的畫家。齊白石的構圖、畫境、筆墨，是地地道道根底深厚的中國意味、中國風韻。它的確是代表中華民族的東西。它是民族的，卻又並不保守。齊白石的詩、畫以及篆刻既不乏上層讀書人的風雅韻味，同時又兼有一股粗獷、潑辣、生機勃勃的民間氣勢，上下層都喜歡。他的特色是把這二者結合得那麼好。吳昌碩也很好，但就在這一點上遜色。他的金石味有時使人略感枯索而不及齊之豐潤活潑。還有豐子愷的漫畫，既中國又西方，既傳統又現代，我感覺很好。當然

吳昌碩、潘天壽、李苦禪，我也喜歡，他們的現代性恐怕要通過筆墨、構圖等特點來分析。任伯年、徐悲鴻，我就不喜歡，儘管他們有明顯的現代味。我是外行，講不清，也不敢說。

馬 對那些前衛藝術，您似乎不感冒？

李 是也。比如徐冰最有名的那個《天書》，一開始我就不喜歡。這是他最了不起的作品吧，可我對它的評價很低。包括馬塞爾‧杜尚的，我曾說，當杜尚把便壺放在展覽廳（《泉》），便宣告了藝術的終結。藝術終結與歷史終結同步，即一個不需要自巫術禮儀以來鼓舞或影響群體的「藝術」的散文時代開始，所有藝術都成為裝飾和娛樂。本來，自巫術禮儀以來的藝術中就有裝飾、娛樂的方面或因素，現代使它們獨立而自由發展開來，產生了再一次的形式解放。藝術消亡，審美卻泛化普及。如此等等。

當然，我也講過多次，我不喜歡的不一定不好，這與藝術趣味、審美需求，與個人的人生背景相關。

人道主義論爭

馬 八十年代思想文化界有一個重大事件，即「異化」與「人道主義」討論，您有沒有受到影響？

李 沒有，都與我無關，包括「反精神污染運動」。胡喬木知道我不同意王若水的理論，他通過院裡的梅益副院長、所裡的孫耕夫副所長，要我寫文章，批判異化和王若水的人道主義。就問題本身來說，我認為王若水那些理論是不對的，我那時關於主體性的一些文章已經發表了。但是讓我批判王若水，我是絕對不幹的。我就打馬虎眼，打模糊圈，我也不硬頂，反正我不寫，就完了唄。（笑）

還記得有一次，鄧力群特地把我找去，讓我寫一篇命題文章，我沒有當場拒絕，反正我不寫，不寫他也沒有辦法。我曾跟胡繩當面講過，我講知識分子在某些情況下，有所作為是比較艱難的，有所不為可以勉力做到，我不幹，我消極怠工總可以。但有些人就是要急於表現和展示自己，不擇手段，現在

仍然是這樣。

馬　您在《試談馬克思主義在中國》這篇長文裡，專門談論了這個「人道主義」思潮。

李　我認為，真正在馬克思主義理論領域中展示出新時期特點的，是關於「人道主義」的論爭。「文化大革命」把從上到下整個社會中的傳統的與革命的信念、原則、標準統統破壞了，人們在思想、心理、身體、生活各個方面卻受到了空前的痛苦和損傷。人們或被迫或自願地出賣自己、踐踏自己、喪失掉自己。人不再是人，是匍匐在神的威靈下的奴僕、罪人，或者則成了戴著神的面具的野獸。於是，神的崩潰便從各方面發出人的吶喊。人的價值、人的尊嚴、人性復歸、人道主義，成為新時期開始的時代最強音。它在文學上突出地表現了出來，也在哲學上表現出來。它表現為哲學上重提啟蒙，反對獨斷（教條），反對愚昧，反對「異化」，表現為對馬克思《1844年經濟學哲學手稿》的研究盛極一時。當然最集中地表現為呼喊人道主義，把馬克思主義解釋（或歸納或規範）為「人道主義」。強調馬克思主義是「以人為中心」「人是馬克思主義的出發點」等等。這當然是對「文化大革命」以及以前數十年把馬克思主義強調為階級鬥爭學說的徹底反動，是對「以階級鬥爭為綱」的根本否定。

馬　那您為什麼不同意「人道主義」觀點？

李　因為從根本理論上來講，「人道主義」觀點是不正確的，是極為膚淺和貧弱的。強調馬克思主義具有人道主義性質是不錯的，但把馬克思主義解說為人道主義，或以人道主義來解釋馬克思主義，卻並不符合馬克思當年的原意。因為馬克思主義主要是一種歷史觀，即唯物史觀。人道主義不可能是歷史觀，用人道主義來解釋歷史，來說明人的存在或本質，經常淪為一堆美麗的詞藻、迷人的空談、情緒的發洩。人道主義強調「人」，主要是個體、個人。馬克思主義歷史觀講的人，主要是從人類總體出發，然後講到個體。這我在《批判哲學的批判》一書中講過。可見，人道主義作為哲學理論，還需要仔細研究、充實和提高。如果不加以嚴格的科學論證，那它就還不可能成

為真正的理論創新。

馬　但您仍然熱情肯定人道主義思潮在中國出現的歷史正當性和巨大現實價值。

李　那當然。意識形態並不等於科學，也沒有所謂完全正確的理論，何況在理論上並不正確的東西在歷史上卻可以起重要的進步作用。在粉碎了「四人幫」、中國社會進入「甦醒的八十年代」的時候，多麼必然也多麼需要這種恢復人性尊嚴、重提人的價值的人的哲學啊！這些口號、觀念充滿著多麼強烈的正義情感而符合人們的願望、欲求和意向啊！多麼切中時病啊！儘管它在理論上相當抽象、空洞、貧弱，不能深刻說明問題，而且情感大於科學。所以，說「一個怪影在中國知識界徘徊——人道主義的怪影」（王若水）便是有其真實的現實依據的。

這也就說明了，為什麼人道主義的理論、觀點、思潮，儘管被大規模地批判，卻受到廣大知識分子以至社會的熱烈歡迎，並且它能與經濟改革同步，配合和支持著改革，把社會推向前進。而那些批判者，卻始終應者寥寥。從理論上說，這種批判的根本弱點，止在於它沒能具體地、科學地考察中國這股人道主義思潮的深厚的現實根基、歷史淵源和理論意義，也就是說，這批判沒有注意到這股人道主義思潮有其歷史的正義性和現實的合理性。批判離開了這個活生生的現實，仍然是就理論談理論，從而這批判也抽象、空泛、貧弱，離開了正在前進中的中國社會實踐，它當然不能取勝。

馬　胡喬木的《關於人道主義和異化問題》（1984），算是那場大討論的總結了。

李　胡的小冊子發表前，曾徵詢我的意見，我說《1844 年經濟學哲學手稿》雖非成熟的馬克思主義，但在基本性質上已不同於費爾巴哈，而是邁向歷史唯物主義途中非常重要的一步，決不能否定或抹殺。胡對手稿並未採取此種態度。總之，我的觀點無任何改變，從五十年代開始我就肯定馬克思的這個手稿。當然，《手稿》是國外傳來的人道主義熱，《德意志意識形態》之「費爾巴哈章」是高於它的歷史主義，我講中國歷史主義的重要性。

馬　我看過一篇對話，認為八十年代思想文化的高度既不如五十年代的老右派（章、羅、儲等人），更不如晚清李鴻章、袁世凱、康有為、梁啟超、楊度

等人。您怎麼看？

李　完全不同意。章（伯鈞）是搞政治的，並沒有自己真正思想性的東西。羅（隆基）是一個很差的政客，他的思想全是美國書本上的一些東西。儲（安平）也談不上，就是一個具有自由主義思想的知識分子。如果要説有思想，楊度是有的，康有為更不用説了。至於袁世凱，雖傾向維新改革，但他根本沒有什麼思想理論可言，純粹是以個人野心和陰謀權術來維護統治的。他就是一個想當皇帝的人，他若不想當那個名義上的皇帝，中國局面會很不一樣，都被他弄糟了。我在《中國近代思想史論》中對晚清這些人物有論議。

二　「評」更重要

「能看出一個新的哲學體系」

馬　《批判哲學的批判：康德述評》，是「文革」後您最早出版的一本書吧？

李　1979 年 3 月出版的，比《中國近代思想史論》早幾個月。在我八十年代出版的所有書中，最重要的就是這本「康德書」。

馬　主要內容是什麼？

李　我以「人類如何可能」來回應康德的「認識如何可能（先天綜合判斷如何可能）」，認為社會性的人類物質生產活動是人類認識活動的本質和基礎，認為認識論放入本體論（關於人的存在論）中才能有合理的解釋。我將皮亞傑兒童發展理論嫁接到人類學，認為以使用—製造工具的實踐為根本的社會活動與人們「先驗」的認識形式有重要關係，是這些普遍形式的「物質」基礎。我以人類的「客觀社會性」來解釋康德的「普遍必然性」，以為並沒有康德説的那種普遍必然的先驗理性，只有屬於人類的普遍心理形式即人性能力，並在物質實踐—生活基礎上產生，卻又並非意識約定的「客觀社會性」。我把康德的先驗形式逐一解讀為經由人類生活實踐所歷史形成的文化心理結構，我稱之為「積澱」。我提出「積澱」應從「人類（共同）的」「文化（共同）的」和「個體的」三個層面進行剖析，認為認識是「理性的內構」，

表現為百萬年積累形成似是先驗的感性時空直觀、知性邏輯形式和因果觀念；倫理是「理性的凝聚」，表現為理性對感性欲求的壓抑、控制和對感性行為的主宰、決定；審美則是「理性對感性的滲透融合」。「積澱」理論重視理性與感性、社會與自然、群體與個體、歷史與心理之間的緊張以及前者如何可能轉換成後者，並著重個體的獨特性和創造性，以獲得人的自由：認識的自由直觀，倫理的自由意志，審美的自由享受，等等。

「人是什麼」是康德提出的最後一問，康德晚年走向人類學，未及完成的「第四（歷史）批判」是康德哲學的終點，卻正是我的歷史本體論的主題。生活—歷史的暫時性和積累性是我關注的要點。「歷史本體論」特別重視操作活動對認識的基礎作用，從而對科學技術和社會生產力的發展採取肯定態度，因為它帶來「人活著」在物質方面的巨大改善。但又非常重視由現代科技發展所帶來的各種可怕的異化，認為「人活著」正處在雙重異化中，異化的感性使人成為縱欲的動物；異化的理性使人成為機器的奴僕，「人是什麼」變得很不清楚了。根據我的積澱理論，人不應只是理性主宰感性，也不只是感性情慾動物，而是理性如何滲入、溶解在感性和情慾之中，以實現個體存在的獨特性。因此，我設想第二次文藝復興：第一次文藝復興使人從神的統治下解放出來，今日的文藝復興是人需要從機器（科技機器和社會機器）的統治下解放出來。這解放不是通過社會革命，而是通過尋找人性。

可提一下，由於對大講或只講階級性的疑惑，是促使五十年代寫中國抒情詩長文和七十年代末主體性第一提綱突出並以後持續研討人性問題的由來。由馬克思的「向外走」轉到我的「向內走」，「康德書」顯示這一特徵。文化心理結構、情本體均由此而展開。

馬　「批判哲學的批判」——好拗口的書名呀！

李　最初擬定的是《康德新解》，因為當時的政治情況未能採用。中文版書名一直是《批判哲學的批判——康德述評》（英譯本又改為：《康德新探：一個儒學—馬克思主義者的視角》）。何謂「新解」？即想在敘述、介紹、解說和評論康德哲學的過程中，初步表達自己的「人類學歷史本體論」哲學思

想。所以，儘管「述」在篇幅上大過於「評」，但後者倒是我當時更重要的目的所在：以馬克思為基礎，重新提出康德的問題，然後再向前走。這是《批判》一書所相當明白講出過的主題，有趣的是，一直沒人注意。

馬　關於這本書，我存有苗力田先生給您的信，信中說：「盛夏中展讀大作，一付清涼劑也。……唯盼能早日見書，是（使）這片荒蕪得不成樣子的園地，得其碩果。」並說書中的康德引文「基本是用引靈活而又不失其真的」等。

李　這裡有一個故事。「四人幫」垮台的那個 10 月份，我就把這本書交給商務印書館了。商務請苗力田先生審稿，我怕譯文有錯，特別請他注意。但後來商務遲遲不出。商務最喜歡拖書啦。我一氣之下，就把它抽回來，也很少人這樣做。抽回來交給人民出版社，很快就出了。當時沒有書，缺書嘛，開始我怕沒人買，《批判哲學的批判》，「大批判」是一個字，我兩個「批判」，人家怎麼受得了？沒想到一下子這書反映很好。商務後悔了。後來商務印書館的負責人到我家，說很後悔沒出，想約請我寫本關於黑格爾的書。我沒有寫，但心裡動了一下。我想真要寫出來，也不會太差。不過我更想寫的是海德格爾。我德文不行，搞海德格爾不懂德文是根本不行的，不像康德，據說德國學生看康德寧可看英文本，比較好懂，也不知這傳說確否。康德有好幾個英文譯本，可以參照著看。

馬　我還看過一封美籍華裔數理邏輯學家王浩先生給您的信，其中說對這本書「非常佩服」。

李　他看了《批判》，說很喜歡。他說這本書應該翻成英文，但問題是，懂康德的，看不懂中文，漢學家又不懂康德，所以很難找到合適的人翻譯。1982－1983 年，我作為訪問學者，在美國威斯康辛州，他來看我，當著林毓生的面說：「我崇拜你！」弄得我很尷尬。林當時就說「我不崇拜」。我說：「你是大名人，貢獻那麼大，不應該這樣說。」他說他的這點貢獻不算什麼，「那很容易，真正難的還是哲學上搞點東西」。他說從《批判》裡已經能看出一個新的哲學體系。幾十年也只有他說過這話，印象至深。當時心中暗想，畢竟有識貨的。

「有思想史意義」

馬 出版之前，您的同事知道嗎？

李 不知道。所以，書出來後，很多人大吃一驚，因為我在所裡從來不講我研究的這些東西，大家也從來沒想到我會寫這樣的書，只知道我是搞美學和中國近代思想史的，而且我不懂德文。

我也學過德文。1956 年，當時有個德國人 W. Zeisberger 教我們，記得有葉秀山、梁志學（即梁存秀）、葛樹先、錢廣華、顧敏珍等。他一邊教，我一邊自學，但達到的最高程度只是捧著字典能夠看點恩格斯，但是後來全丟了。我在大學裡學過一點，這次又學一點，兩次都丟了，正如當年用功學過的俄文那樣。葉秀山堅持下來了。但是堅持得最好的是梁志學，所以我們開玩笑說，那個班就培養了一個梁志學。這個班 1957 年 12 月底就解散了。

馬 哲學所的同行怎麼看待這本書？

李 書出版後，我送給一些精通德文又研究康德的專家，包括梁志學、王玖興、苗力田他們，都送了他們兩本，一本給他們，另一本請他們指錯，也不改，就在下面畫一道綫就可以了，以後還給我，我再版時好改正。可是後來我找過他們，都沒給我，說是沒找出什麼來。我想這大概是客氣話，但當時我卻是認真的。像牟宗三研究康德，其中就有錯，儘管牟譯了三大批判，但基本精神把握錯了。像「內在超越」，康德沒有那個思想。像「智性直觀」，牟從認識論搬到了倫理學，和神秘經驗接通，而康德是反對神秘主義的。牟也是從英文讀的，但這和讀英文沒有關係。

馬 這本書體現了您獨立思考的理論勇氣和超前意識，出版後影響極大，許多學人給予極高評價：「第一次真正體會到哲學的魅力」（崔之元）；「它對於中國意識形態以至政治的影響不亞於康德、黑格爾的哲學著作對於德國資產階級革命的影響。它直接開啟『文化大革命』結束後的思想啟蒙運動」（陳望衡）；「它是新時期哲學、美學思想的一個非常集中而且系統的表達。它預示了『新時期』的許多自由、理想和意識形態，是一本有思想史意義的著作」（張旭東）；「在用康德解釋把握時代命脈甚至推動時代精神的意義上，李澤

厚無人可比」（丁耘）；「對於剛剛改革開放的中國文化思想界來說，無疑是一個非常重要的哲學事件、理論事件或思想事件」（宋偉）；「我認為那本書是二十世紀中國思想者絕對的精品，某種程度上，等於是中國最好的思想者在和世界最好的思想者對話」（黃道炫）；等等。

李　首印三萬冊，那相當不錯了，很快買光，似有洛城紙貴之勢。當時的年輕人至今還對我說，他們知道什麼是哲學，是自讀這本書始。說法似頗誇張，查來倒也平實。只要稍事翻閱 1949 年以來大陸出版的所謂哲學和哲學史著作，便可知曉。哲學在那裡不是「愛智」而是「毀智」，不是「聞道」而是「罵道」（罵人之道），也就是嚇人、打人的理論—政治棍棒。唯心唯物是欽定標籤，辯證法成了變戲法。毛澤東提倡普及哲學，於是「賣西瓜的哲學」「打乒乓球的哲學」，風行不絕。這不是笑談，而是有白紙黑字為證的「哲學著作」，真是林林總總，不一而足。於是《批判》一書，從內容到形式，從觀念到結構，不但異於常規，而且還有「離經叛道」之走勢，從而也就被人（主要是青年一代）刮目相看。

　　初版後記我本來引用了龔自珍的一首詩，出版時接受了一位好心的同志的建議，刪去了。自己從小喜歡龔的某些七絕，大概屬於偏愛，這首也是其中之一。後來一位台灣學者猜到所要引龔自珍的詩為：「河汾房杜有人疑，名位千秋處士卑。一事平生無齮齕，但開風氣不為師。」（《己亥雜詩·一〇四》）

馬　劉再復先生在一篇文章中講，八十年代胡喬木讀了《批判》一書，給您寫過一封信，其中說：「可惜我讀得太晚了。」

李　確有這事。

馬　有學者將這本書與鄧小平聯繫起來：「李澤厚致力於將抽象的康德主體論歷史化為具體的中國問題。……鄧小平的改革開放迫切需要一種修正主義的馬克思主義理論，來印證其摒棄階級鬥爭發展經濟的合法性。李澤厚對於物質生產實踐的論述，似乎又與改革派的意識形態轉向隱隱相合。……李澤厚的哲學論著並不是在象牙塔中獨自沉思的結果。與此相反，李澤厚的哲學總是對接踵而至的社會危機和政治例外狀態的一種回應。」（涂航：《回到康

德：李澤厚與八十年代的啟蒙思潮》，《思想》第 34 期，2017 年 12 月）

李　我的「康德書」是在「文革」時寫成，交稿在鄧小平上台之前。非常有意思的是，儘管我一點也沒有想去聯繫現實的政治、經濟，但我所主張的「建設的馬克思主義哲學」卻恰好與鄧小平以後提出的「以經濟建設為中心」「科技是第一生產力」的「改革開放」路綫相平行一致。現在這個理論還是沒人注意，但是我認為還蠻成功的。

馬　所以有人講，您事實上是鄧小平改革路綫理論的重要來源。九十年代初有一篇文章，標題我還記得，叫《「李澤厚與鄧小平完全一致」的神話》，發表在當時著名的《中流》雜誌上。

李　這是批判我的一篇重要文章。可見很多人都認為我跟鄧小平是一致的，所以才有批判我的文章。我認同鄧小平的改革開放路綫。我認為，來源不是我，誰也沒有影響誰，這可能是分岔開的兩條平行綫，但共同反映了這個社會的總趨勢、總要求。這就很有意思。

馬　您如何評價鄧小平？

李　我對鄧小平的評價一直非常高，他很了不起。鄧小平大概是近百年對中國最有貢獻的人物。鄧首先糾正由他負責執行的反右運動，改正了數十萬知識分子的聲名地位。他上台後的二十年使中國產生了空前巨大的變化。鄧是一個經驗主義者，一直是「摸著石頭過河」，形勢會逼著他慢慢地走，隨著時間的推移，經驗的積累，他本人的思想也會變化，他是最接受經驗的。當年的經濟改革並不是鄧原有的設想，也是這樣不斷總結經驗教訓一步一步地逐漸展開的，當時還有大批資歷深厚的高級老幹部極力反對。為什麼我講鄧小平會搞改革，他看著形勢，慢慢變，他有這個氣魄。1987 年，鄧小平要闖這個物價關，搞得一下子物價漲了，他知道不行就收回去了。八十年代，搞政治體制改革他也講了。但你若打亂他的秩序，他指揮打仗出身，打亂他的部署他是不幹的。他能夠在舊的體制下搞特區，當時有很多老人對這一套不滿意，但鄧畢竟接受經驗教訓，聽取不同意見，堅持下來了。像陳雲、李先念這些元老就從未肯定過鄧的經濟特區，連去看一下也不幹。他在 1992 年南

行中又做了那樣一個我認為是「扭轉乾坤」的講話，就很了不得。在共產黨的高層中，他是最清醒的，他從讓人民富裕、發展生產力這個角度去總結過去的教訓。不迷信意識形態，這是他的長處。鄧提出「不爭論」便是極具智慧的。他善於運用常識，這也是「實用理性」。他的一個特點是不講理論，與毛恰好相反，毛是每次必講理論。

記起一事。1984年國慶35周年閱兵典禮的群眾遊行中，北大學生突然扯出自製的標語旗幟「小平你好！」，自發卻忠誠地表達了中國人民對改革開放政策的感謝、擁護和歡騰，轟動一時，群情昂奮。現場直播時千千萬萬的電視觀眾和當時製作、打出、觀看過這旗幟的人們，都清清楚楚、明明白白地看到和知道是「小平你好」這四個大字。但隨後不久，迄至今日，大量書刊、電視、圖畫卻統統硬把它改換為「小平您好！」為什麼要改「你」為「您」？一般都認為是為了尊敬長輩、崇敬領袖，當然是十足的好意。殊不知這樣一改，不但與歷史真實相違，也疏遠了領袖與人民之間親密的感情關係，「您好」實際上是以更禮貌和更客氣的方式拉開了小平同志與人民的距離，而「你好」卻是多麼的自然、直率、真誠和親切！這是題外話了。

儒學、康德與馬克思三合一

馬 您在《康德新解》英譯本序（2016）中說，「人類學歷史本體論」是中國儒學、康德與馬克思三合一。那麼，在這本「康德書」裡，這個「三合一」有沒有體現？又是如何體現的？

李 或明或暗的都有呈現。但寫作本書時，正值毛澤東發動批孔大運動，我不可能談儒學，而且這畢竟只是一本講康德的書，所以必須與我幾乎同時寫作、發表的其他著作（如《孔子再評價》），特別是此後的著作和這些著作中提出的「度的本體性」「實用理性」「樂感文化」「兩種道德論」「情本體」等等聯結起來，才能充分看到這個「三合一」。

例如，在認識論，我回答康德那著名的「感性與知性的不可知的共同根源」的問題，認為它不是先驗想像，而是人類實踐，即認為感性源於個體實踐的

感覺經驗，知性源於人類實踐歷史的心理形式。康德歸諸「先驗」的知性範疇和原理，我以為是百萬年人類的獨特實踐對心理結構形式的塑建成果。它通過語言和教育（廣義）傳遞給下代，代代相傳，對個體來說，成了「先驗」。本書中突出以客觀社會性來替代普遍必然性，就是以實用理性和「一個世界」觀來倒轉那個並無由來的康德的「純粹理性」，就是強調人通過行動中所不斷把握、創造、開發和恒動不居的「度的本體性」，來建立各種確定的客觀社會性，以替代那所謂普遍必然的本體世界。對人類學歷史本體論哲學而言，不可知只可敬畏者是宇宙為何存在的物質物自體，即宇宙本身，亦我所說的「理性的神秘」之所在。這個「只可思之，不可知之」的物自體及其「宇宙與人協同共在」等根本設定，使「一切發現均發明」的認識論具有無比開闊的前景。所有這些，可能不會為有「兩個世界」悠長背景的西方學人所接受，卻正是基於中國傳統所可作的現代解說。

例如，在倫理學，康德著名的三條「絕對律令」，我以為其中「普遍立法」和「自由意志」兩條，也是百萬年人類心理塑建的形式結構。「人是目的」則並非「絕對律令」，它是具有某種普遍性並兼理想性的現代社會性道德。道德是以理性而非情感為基礎，觀念是理性的內容，它隨時代、社會、文化不同而變遷，理性的形式是意志，它是自古至今人類道德行為和心理的普遍必然性的（仍乃客觀社會性的）不變結構。

美學方面當然也是如此。它更涉及個體身心、感性理性的水乳交融等等。

總之，對個人來說的「先驗」，實際上是人類總體經驗所歷史地積澱而建立的，這就是「人類學歷史本體論」所說的「經驗變先驗，歷史建理性，心理成本體」。這也就是 A New Key to Kant 的 Key。它是以中國儒學為基地，接受馬克思，而對康德所作出的一種新的理解和解說。

達爾文以自然進化談了人類起源，現代社會生物學論證人與動物的相同相似，認為動物也有道德、審美甚至政治等等，本書接受達爾文，但反對後一學說和潮流。達爾文的終點是我另開爐灶的起點。我認為「人是什麼」「人類如何可能」「人何以為人」已非自然演化所能決定或解釋，而屬於人類自

我塑建問題。從本書開始，到我後來的論著，我一直從中國儒學特別重視人獸區分這一根本觀點出發，提出人類心理的文化歷史積澱，認為儘管許多動物甚至鳥類也使用工具，但人類為維持生存，百萬年必要而充分地製造─使用工具的群體實踐，使人類突破了基因極為接近的黑猩猩之類的動物生活，萌生了理性、情理結構、語言（主要是動物所沒有而與工具製造使用有關的語義），從而逐漸開啟、產生和決定了對待自然和對待群己關係不同於動物的客觀社會特徵，開啟、產生和決定了邏輯、數學、各種符號系統等不同於動物的人類認識形式和倫理規範、道德律令等不同於動物的行為方式；並且是由後者（倫理）引發出前者（認識）。我特別重視正是它們以後長久的獨立發展，反過來不斷地構造人生和生成現實，使人類獲有了超生物的肢體、性能、存在、價值和獨有的主體性（subjectality 實踐、行為、活動）和主觀性（subjectivity 心理、認識、審美）。也正是負載著和積澱著這種歷史經驗，才使語言成為存在之家。儘管以此為基礎的現代文明帶來了各種禍害災難，但總體來說，畢竟利大於害，使人類生活和生存邁進了一大步，這正是今日儒學所應重視和書寫的「人類簡史」。本書未能展開這些，只是通過論述康德，作了一個隱秘的導論。

馬　為何還要加上傳統儒學呢？

李　我以為馬克思、恩格斯論證了人類社會的物質生存的歷史層面，而沒有著重探討人的內在心理。人性卻始終是儒學的中心課題。儒學強調「內聖開外王」。我從哲學上提出「文化－心理結構」（cultural-psychological formation）和「情理結構」（emotional-rational structure）等概念，在科學上，我認為腦科學、心理學和教育學，將以實證地、具體地研究人性而成為未來學科的中心。而這又恰恰是對「人是什麼」，實即「人性是什麼」的根本問題的新解。我說過，人類學歷史本體論是中國儒學為基礎與康德和馬克思的三合一。當然，這個「三合一」只是主體，其中還吸取融入了好些其他的中外學說和思想，包括海德格爾、維特根斯坦、杜威、皮亞傑等等。

意猶未盡

馬 這本專著三十多萬字，在您的論著中算是大篇幅的了，但讀後仍感覺許多地方點到為止，沒有充分展開。

李 這本書是「四人幫」剛垮台就交出的，當時「凡是」氣氛仍濃，雖心懷異數，卻不能大事聲張，只字裡行間略顯消息，好些思想還沒有充分展開，許多地方只是點到一下、暗示一下而已，但即使是一兩句話，如能引起注意，在當時我以為便是很有意義的事情。而章章節節均大引馬列，以為護符。今日看來，必覺奇怪；但於當時，乃理所當然。

記得王玖興當時很驚訝，很欣賞，說許多人都沒有注意到我書裡講 things themselves 和 thingitself 的區別，就是物自體分為單數與複數，這個區別是很重要的。我是講單數的那個 thingitself，作為整體。很多問題，要仔細摳才行。但至今為止，我也仍然認為那裡面還有一些非常重要的觀點沒被人發現。

馬 您當時在書中提出的觀點，後來有沒有變更？

李 也有個別觀點，在後來有所改變。比如，關於「物自體」。在寫《批判》一書的七十年代，我並不認同這個不可知的「物自體」，當年認為沒有什麼不可知。到後來，我否定了自己的這個觀念，相反，我特別強調了這個只能敬畏卻不可認知的「物自體」，在《論實用理性與樂感文化》（2004）一文中明確表達了這一看法，強調了敬畏或畏敬，這是以前所未表達的，並且把它與「美學是第一哲學」的論證聯結在一起了。

又如，關於辯證法。《批判》一書在當時寫作情境下和認識水平下，至少在表述上是以肯定的態度來講從黑格爾到馬克思的實體辯證法，即認同了辯證法是客觀世界或事物所具有的普遍規律。直到《論實用理性與樂感文化》才明確否定任何客觀實體辯證法，即它並非事物或對象本身的性質，強調辯證法只是人們在「存在層」的認知方法，並與「操作層」認知方法的邏輯—數學相區分。

馬 《批判》從初版到現在，已出了六版。

李　第一版附了一個批判「蘇修」的文章，為了劃清界綫什麼的，後來再版就刪掉了。第一版附錄裡還有一個年表，那不是我搞的，是商務印書館一位學兄搞的，後來也不收了，因為這是別人的勞動成果。

　　這本書先後一、二版於人民出版社，三版於安徽文藝出版社，四版於台灣三民書局，五版於天津社科院出版社，六版於北京三聯書店，每版均小有刪改。「述」的部份沒有改動，「評」的部份稍有增刪，有時只改動幾個字，但很關鍵。各版均如此。其中比較重要的是 1985 年人民版修訂本和 2007 年三聯書店「三十周年修訂第六版」。

馬　第六版是您到海外後的修訂，應該有更多的思考在裡面吧？

李　這是我的最後一次修訂。這本寫在「哲學就是認識論」和歷來康德研究的傳統之中，講第一批判是我當年用力最多的重頭戲，全書十章佔了五章半。但我以後沒再研究這方面的問題，所以評述稍作刪削，大體如舊。美學部份和生平部份也少改動。「要點」是更突出了康德最後一問「人是什麼」，突出地將「文化心理結構」的主體（認識、道德、審美）界定為「人性能力」（人性的主要特徵和骨幹），作為「人之所以為人」來解説康德。「人是什麼」迄今並無解答，「人性」更是古今中外用得極多但極不清楚、非常模糊混亂的概念。這次修訂本的上述界定，自以為重要。當然，人性還有其他內容和部份。其次，第九章有關倫理、政治、歷史觀的部份則從文字到主旨均有變更，修訂得最多，以更明確的讚賞態度表述了康德「告別革命」、言論自由、漸進改良、共和政體、永久和平等論點，並重提「要康德還是要黑格爾？」「回歸康德」等問題，認為康德從人類學視角所追求的普遍性和理想性，比黑格爾和現在流行的強調特殊、現實的反普遍性具有更久長的生命力。但這並不與初版強調以使用─製造工具界定實踐作為基礎的人類學本體論相矛盾，而且還把它和「經驗變先驗，歷史建理性，心理成本體」的文化心理結構（人性能力）的主題更加突出了。此書本意也並非專講康德，而是通過康德與馬克思的聯結，初步表達了自己的哲學。這次修訂使這一點明朗化了。

但這畢竟是一本四十多年前的書了，而且是寫在當時中國惡劣的情境中。如果今天來寫，肯定會很不一樣。我已年老體衰，無力再作，包括書中留下許多缺陷和時代印痕，也不能修改、訂正了，深感愧疚，讀者諒之。

「交了第一本考卷」

馬 《批判》之後，您那幾篇主體性哲學論綱《康德哲學與建立主體性的哲學論綱》《關於主體性的補充說明》《關於主體性的第三個論綱》《第四個論綱》等，更是引起了思想界的極大關注。

李 篇幅都不大。論綱的內容就在《批判》裡，是《批判》的概括和發展，明確提出了自己的哲學思想。本世紀出版的《歷史本體論》《實用理性與樂感文化》《人類學歷史本體論》等，也不過是《批判》和這些論綱的補充、擴展與完善。

馬 特別是那篇《康德哲學與建立主體性的哲學論綱》，當時給我的印象非常深。1981 年 1 月馮友蘭先生讀了這篇提綱後寫信給您，其中說：「接到《提綱》，我一口氣讀完，得到啟發不少。你指出了中華民族的歷史任務，而你已為此任務起步走，交了第一本考卷，任重道遠，但起步是正確的，欣慰之至。」

李 這個提綱寫於 1979 年，我是故意發表在一個很不顯眼的、許多人寫的《論康德黑格爾哲學》文集（上海人民出版社，1981 年）裡，原來只想有少數人注意就行了，不料很快許多青年學人便發現了。當時就有一個上海的學生寫了一篇文章，把它與《共產黨宣言》並列到一起，說這是馬克思主義在中國的嶄新發展，甚至是里程碑等等，讓我大吃一驚，那還了得，我趕緊回信說，你不能公開發表這篇文章，也沒地方讓你發表，因為這會惹禍的。

這些提綱和《批判》「評」的部份，是我八十年代全部著作中最為重要的方面，後來把它們彙編為《我的哲學提綱》（1990）一書，台灣出的，算是對朋友們多次建議我寫哲學專著的某種回應。這本小書曾收入《李澤厚十年集》《李澤厚論著集》中。

馬 包括劉再復先生就講，他那影響巨大的「文學主體性」，也來自您的這幾篇論綱。

李 劉再復那時倒是說過，他的主體性思想是從我那裡來的。但他有他的思考，引申出一大片，發揮了創造性，在文學界造成很大影響，比我在哲學界的影響大得多。

馬 還記起一個小插曲，八十年代您提出「要康德，不要黑格爾」，引來不少爭議。

李 引起了批判，因為馬克思是繼承黑格爾嘛，否定黑格爾，似乎就是要否定馬克思。其實這不是我說的，當時德國有一個哲學大會的標題就是「要康德，還是要黑格爾」。我講兩個都要，但是如果非要我選一個，那我還是選擇康德吧。但我並沒有否定黑格爾，黑格爾對我影響也是很大的。

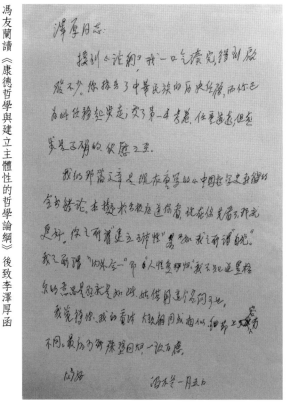

馮友蘭讀《康德哲學與建立主體性的哲學論綱》後致李澤厚函（1981年1月）

回到康德的含義

馬 在《批判》及以後的一些書、文章中,您都講過「回到康德」這個問題,可否趁此機會再談談?

李 我在好些書裡講「回到康德」,裡面包容了一些並不相同的意思,有不同的內容和含義,既然你提到,就概括澄清一下:

1979 年出版的《批判》講的「回到康德」,是從黑格爾的總體、理性、必然,回到個體、感性、偶然,同時也由社會回到心理。

2007 年出版的《批判》第 6 版的「回到康德」,是針對當前,加上了一層意思:從後現代和新左派強調的特殊性和現實性,回到康德的普遍性和理想性,也就是強調了康德講的普世價值。

2006 年出版的《李澤厚近年答問錄》中,則強調要重視康德的「辯證篇」,強調區分先驗與超驗,指出超經驗地運用範導理念造成先驗幻相,與此緊相聯繫的便是由列寧回到伯恩斯坦。

在美學上,就是「回到康德,恢復美感」,反對後現代藝術用概念取代審美。後現代精英藝術是極度發展的金融資本社會和西方強勢話語權力支配下的寵物。它故意要與舒適的、享樂的、純感性快慰的日常審美相對立,以醜陋的刺激指向概念,成為美學中「四集團要素」的某種變態。現在要反對變態,恢復常態。

馬 2011 年與劉緒源先生的對話中,您也談到「回到康德」這個問題。

李 再談「回到康德」,是重複突出研究心理和人性。這「心理」「人性」不是休謨式的經驗心理學(經驗的細緻描述和科學研究),而是「先驗心理學」,是從哲學上講心理的結構和形式。它落實到經驗證實,是未來腦科學的課題。其實十九世紀的好些大家如朗格、策勒爾、泡爾生以及狄爾泰都認為康德哲學的基礎是心理學,但一般都是指經驗心理學,沒強調這是對心理的一種先驗假定,是先驗心理學或哲學心理學,並非經驗的心理科學。哲學上,黑格爾把康德「人是什麼」的「先驗心理學」變為精神是什麼,構造了理性吞併一切的思維的邏輯本體論;海德格爾把康德的「人是什麼」變為存在是

什麼，構造了個體向死而生的激情的基礎本體論；我希望把康德的「人是什麼」變為心靈是什麼，構造人類向個體積澱生成的歷史本體論。海德格爾雖從「人是什麼」出發，卻絕對擯斥人類學、心理學的一切經驗闡釋，突出活生生的個體有限性所應緊緊把握住的選擇和決定未來可能性的「去在」（此在）。但這個完全擯棄經驗和科學的「去在」，卻成了危險的空洞深淵。只有回到「與他人共在」的「非本真」亦即人類學、心理學的世間生活中來，才能真正讓個體緊緊把握這「去在」，對命運做出自己的選擇和決定，我以為，這樣才回答了康德的問題。

馬　這就是您從《批判》開始的解釋學的「正讀」康德嗎？

李　對。可見，所謂「回到康德」，並非真正回到康德的先驗哲學，而是恰恰相反，把康德翻過身來，即以馬克思（工具本體）來作康德（心理本體）的物質基礎，而這基礎，又是以人的物質生存─生活─生命亦即中國傳統的「天行健」「太初有為」為核心的，這樣才能扭轉海德格爾的方向，突破前面說過的由邏輯─理性─語言為核心的西方哲學，成為「走出語言」的新世紀的重大轉折。

三　美學熱

為何偏偏是美學熱？

馬　新時期，在思想文化界首先出現的是「美學熱」。從廣義上說，前面講到的「朦朧詩」「星星畫展」，都是當時美學熱的一種反映。討論形象思維算是「美學熱」的開端吧？

李　契機就是發表毛澤東講形象思維的一封信，說「詩要用形象思維」，它也可以說是美學討論的序曲、先聲和一個組成部份。1949 年以來有兩次「美學熱」。第一次是五六十年代的美學大討論，第二次就發生在改革開放以後。第二次美學熱中活躍的中年人大多是通過第一次美學討論引起了興趣，以後選擇了美學。在這個意義上可以說，第二次美學熱是第一次美學熱的繼續

和發展。二者的差別在於，第一次美學熱是自上而下，而這一次是由下而上，是一種群眾性的由下而上，特別是當時很多青年人對美學有一種狂熱的興趣。

馬 改革開放之初百廢待舉，經濟學等本應最先成為顯學，為什麼卻偏偏是美學？

李 「文革」十年內亂，毀滅文化、毀滅美，醜惡的東西實在太多了，以醜為美的現象實在太多了。在所有報刊中沒有「美」這個字，談美就是資產階級。養花都是不行的，是資產階級。一些野蠻的、愚蠢的、原始的行為也被說成是革命的，給人們的教訓太深了。當時社會從「文革」中剛剛過來，人們對於美的追求、對生活的正常追求和嚮往被壓抑被扭曲得太久了。這樣，尋找什麼是美、什麼是醜，就帶有很大的普遍性。有些年輕人告訴我，他們就是為了追求一種美的人生理想、人生境界而對美學有興趣、研究美學的。一般人也都講究一點穿衣打扮，把自己的房間、環境、傢俱弄得好看一點。只從這一點看，也就可瞭解當時美學為什麼會有那麼大的普遍性。也就是說，「美學熱」不簡單是一個學術問題，它具有深層的社會含義。比如，在七十年代末八十年代初，便有幾個反覆，穿喇叭褲呀、留長髮呀，便都被說成是資產階級，是精神污染。到底什麼是美，便成了一個大問題。討論美便有了非常具體的現實意義。可以說，「美學熱」象徵著也帶動了整個社會的復甦。另外，一些本來是倫理學問題，都以美學、趣味、風尚問題出現。倫理學在西方是非常重要的，比美學重要得多，但倫理學在當代中國一直討論不起來。為什麼？因為它與政治的關係太密切了。一講倫理，就是共產主義道德，這就講不清楚了。與倫理學相比，美學的自由度要大一些。

馬 文學藝術方面的問題也引起人們對美學的興趣。

李 那時文學非常熱，而對於什麼是美的、成功的作品，官方和民間的認識往往有差別，甚至相反。人們就追問：到底什麼是美的、成功的作品？判斷一個作品的標準到底是什麼？這些問題與美學有密切聯繫。因而，這個美學熱對突破十七年那套文藝理論起了很大的作用。那套文藝理論不講美學規律，都

是政治原則，從美學這方面突破，成績很大。

馬　當時還召開了一次全國美學會議，對美學熱起到了推波助瀾作用。

李　那是 1980 年，在昆明召開的第一屆全國美學會議，會上成立了中華全國美
　　學學會。周揚很支持美學，他擔任了名譽會長，朱光潛任會長，王朝聞、蔡
　　儀和我三人任副會長。會議結束後，好些著名報刊發表了紀要和側記，許多
　　報刊紛紛發表美學論文進行爭論。

馬　當時「美學熱」持續不衰，愈來愈多的年輕人或自覺自願或情不自禁地捲進
　　了這個熱潮。

李　記得當時有工廠、醫學院請我去講美學，當然我沒有去，有些人去了，講了
　　一通。（笑）工廠講美學，很奇怪吧。女工也買美學書，買回來，一頁也看
　　不懂，她買的是黑格爾的《美學》第一卷。在大學裡，甚至理工科、醫科，
　　也開設了美學課。我便遇到過搞環保工作的女大學生，學自然科學的研究
　　生，年輕的海關檢查人員，僻遠鄉村的中學教師……美學的書出了很多，
　　一大書架，在書店裡佔據顯要位置，其他沒有什麼書。刊物也是這樣，美學
　　刊物就有七八種，影響很大。美學變成了一個大家族，這是古今中外都沒有
　　出現過的罕見現象。這也出我意料，是以前根本沒想到的。所以我說「美學
　　熱」是一個很好的博士論文題目，把這種事情放到特定的歷史語境裡面看，
　　是很有意思的，很值得研究。外國人根本不瞭解。

馬　但這場「美學熱」後來就消退了。

李　從學術的角度考察，「××熱」往往伴隨著膚淺、趕時髦、湊熱鬧、嘩眾取
　　寵、故作驚人之語、立異以為高。美學熱恐怕也不例外。我在 1985 年就提
　　醒人們，美學太熱並非好事，已經把某些人熱昏了頭，美學熱在學術界乃至
　　社會生活中表現出了嚴重的俗濫傾向，美學變成了一塊招牌，「愛情美學」
　　「軍事美學」「新聞美學」等等都出來了，什麼都掛一個美學，荒唐！所以後
　　來「美學熱」就出現了退潮的趨勢。

「大美學」雜誌

馬 您的「實踐美學」無疑是處在第二次「美學熱」的中心地位。

李 我自己從來沒有用過「實踐美學」這個詞，包括我在上世紀五十年代所寫的文章裡，也沒有用過這個詞。我講「實踐」講得很多，當然也講「美學」，但從來沒有把這兩者合在一起叫「實踐美學」。這是別人加在我頭上的。在本世紀初的一次討論會上，我才第一次表示願意接受這個詞。以前我為什麼沒用過「實踐美學」這個詞？原因很多。其中之一是這個概念不清楚。什麼是實踐美學？凡講實踐的就是實踐美學？但是，為什麼後來我又表示願意接受了呢？我在吸取海德格爾、馬克思的教訓，別人說海德格爾是存在主義，他不承認。但是，不管他承認不承認，現在人們還是認為他存在主義。馬克思說他自己不是馬克思主義者，可是到今天，人們仍然稱呼他是馬克思主義者。你不承認，人家也認為你是這個。所以，我現在承認「實踐美學」這個叫法。當然，實踐美學是一個開放的詞，我認為各人可以有各人的看法，不必統一。有人把蔡儀、朱光潛和王朝聞等人的美學，都叫實踐美學，這當然可以。但與我所理解的實踐美學沒有多大關係。

馬 八十年代，您曾任社科院哲學所美學室的副主任（後來是主任），都做了哪些與美學有關的工作？

李 與職務無關，我從來不接受任何官職，當時它也不與工資、級別掛鉤。但成立美學室後，由於主任齊一（老幹部）放任，實際上確是我在主持。齊一是難得的好人，我 2006 年去三亞看望過他，也是我出國後看望過的唯一的哲學所老人和同事。回想起來，當時主要做了三件事，都是有意識去做的。
一是主編《美學》雜誌。一年一期或兩期，當時大家的反映還是比較好的。掛的名是哲學所美學研究室與上海文藝出版社合辦，實際沒有什麼編輯部，就我一個人在幹，從策劃到組稿到審稿到發稿。一個人做完全可以，人多反而扯皮。我那時不論門派，不看人，只看文章品質，無名小卒，只要文章好，我都用。大名人的文章，倒不一定。

馬 《美學》是中國當代第一本專業美學刊物，當時非常有名，從創刊到停刊，

歷時八年，出版七期，後來為什麼沒有持續辦下去？

李 這本雜誌因為開本較大、每期字數多、影響大，人們稱之為「大美學」。1980 年出版的第二期，發表了從美學角度重新翻譯的《1844 年經濟學哲學手稿》，是朱光潛先生節譯的，由此引發了美學界持續多年的《手稿》研究熱，推動了中國美學的研究。後來逐漸感覺文章太一般化，而要深入下去，也不是短期可以做到的，於是就停辦了。劉綱紀當時想接過手，在武漢出版，由於種種原因，最後也沒有搞成。

美學譯文叢書

馬 另一事，應該是您主編「美學譯文叢書」吧？它是最早的一套大型叢書，是新時期西學東漸的先鋒，當年非常暢銷，影響極大。計劃出 100 種，實際上只出了 50 種。

李 五六十年代大陸基本上看不到西方的東西，我倡議並著手這套叢書是在 1980 年第一次全國美學會議前後。今天難以相信，編這種與政治毫無關係的叢書，在當時仍要冒某種嚴重風險，現在的年輕人都不會理解，當時的情況就是這樣：翻譯西方的東西是禁區，是了不得的事情。一些人都好心地勸我，翻譯這些東西，可能會是一個罪名，因為你是在販賣資產階級的東西嘛。但我感到高興的是，在這幾十來年好些有關美學、文藝理論批評以及其他論著中，常常見到引用這些叢書中的材料。這說明，儘管有缺點、毛病，這套叢書畢竟還是有用的，有益於廣大讀者的。我堅持「有勝於無」的原則，雖多次被人嚴厲指責，也可以無悔了。

這裡要說明的是，在當時艱難的情況下，滕守堯不但與我分擔風險，而且大量組稿、約稿、催稿、審稿、定稿以及與各出版社打交道辦交涉，種種學術性的和事務性的繁複瑣細的工作，全由他一人包攬。其實，他也並不善於打交道、搞人際關係，這點和我有點相似，而且他的時間、精力也畢竟有限，真是難為他了。所以，這套叢書，主要是滕守堯的功勞，沒有他，便不會有這套叢書。許多人不知道這一點，他也一直不吭聲。我要他共署主編，他因

顧慮客觀環境，堅決不肯，這對我倒形成了「掠人之美」的心理負擔，今天一吐為快。

這套叢書是所有叢書裡最早的，但進度卻是最慢的。我多次稱之為艱難牛步，但也沒法，我們太不善於辦外交了。可慶的是，其後不久，由年輕學人主持的各種叢書大量出台，許多大家名作迅速譯成出版，三聯在這方面做了重要工作。「日月出矣，爝火自甘熄滅」，「美學譯文叢書」的工作便自行停止。

馬　也有人對叢書提出了不少批評。

李　這套叢書有很多不足，有好些重要著作，如杜威的《藝術即經驗》、杜夫海姆的《審美經驗現象學》、阿多諾的《美學理論》以及海德格爾、維特根斯坦、貢布利希、本雅明等有關論著，或因未找到譯者，或因譯者未譯或未完成譯事，以致均付闕如。已出版的原作水平也參差不齊，有的品質頗差因某些原因勉強收入。有兩種的譯文品質曾受到批評，甚至金戈鐵馬式的討伐責罵。其中，有批評正確的地方，對此，我應承擔一定責任。作為主編，我並沒有審閱每部稿件，最多只是翻閱一下，好些未曾過目。除了懶惰之外，精力、時間和外語水平有限，都是原因，總之是失職，我謹在此向讀者致歉。但這套書中的某幾種，並未徵得我的同意（甚至我的助手滕守堯也不清楚），便被放進去出版了，出版後並未給我，有的至今我也未見到。

馬　記得您還主編過一套《美學叢書》？

李　對，出過好幾本。當時我還擔任過《中國大百科全書‧哲學》美學學科主編，副主編為馬奇、蔣孔陽，成員有朱狄、劉綱紀、楊辛、張瑤、趙宋光等。我只寫了一個總括性的「美學」條目。因自知能力有限，在那以後我堅決謝絕了各種擔任「主編」的邀約。

與劉綱紀主編《中國美學史》

馬　第三件事呢？

李　就是與劉綱紀先生一起主編《中國美學史》。1978 年哲學所成立美學研究室

討論規劃時，我提議集體編寫一部多卷本的《中國美學史》。因為古今中外似乎還沒有這種書。雖然，譬如美國的托馬士‧門羅在六十年代寫過《東方美學》、日本今道有信著有《東方的美學》，但我總覺得不但許多看法和我們很不一樣，而且也都嫌太簡略，如有的由先秦一下就跳到魏晉，根本不講漢代，等等。總之，篇幅和分量都很不夠，都並不是一部真正的中國美學史。

儘管各種準備條件（如資料的搜集整理）還可能不夠成熟，很可能要犯各種錯誤，但我想，無論如何，總該一試才好，即使積累一些失敗的經驗也值得。於是也就不顧某些同志的不以為然，提出了編寫本書的建議。室內、所內的同志和領導都欣然贊成，積極支持，把它列入國家重點科研項目，並要我擔任主編。我和大家都很高興。

為準備寫作此書，我整理了過去的筍記，出了本《美的歷程》，想粗略勾畫出一個整體輪廓，以作此書導引。室內外一些學者積極地分頭撰寫，聶振斌寫了墨子、王充的初稿，韓德林寫了孔子、孟子的初稿，陳素蓉寫了莊子的初稿，鄭湧寫了荀子的初稿，韓玉濤寫了孔子以前的初稿，劉長林寫了韓非、陰陽五行的初稿，王至元寫了老子的初稿，高爾泰寫了屈原的初稿。只有我這個主編沒有寫。當然也動筆擬過一些提綱，對各章基本觀點、脈絡提出過一些看法和意見。但總之，還是「主」而未「編」。

馬　劉綱紀先生當時在武漢大學，他如何成為《中國美學史》主編之一呢？

李　因為，我不久發現，由我作主來不斷地確定許多人寫作的內容、觀點、格局、形式和進度，並把許多不同人的文章編改成一本系統的書，使其風格、觀念大體一致，的確是件異常艱難、非我性格和能力所可勝任的事情。會聚許多同志編書，似乎是六七十年代的常規盛事，也成功地編寫出版過一些著作。但我不自度量力，貿然承襲此風，只有自討苦吃了。加上自己還要忙於別的一些工作和寫作，此書就一再拖延下來。幸虧 1980 年我已把劉綱紀拉來幫忙。開頭他也只是分擔部份章節，但他寫得很快，也很系統，也非常贊同我提出的許多基本觀念。於是，後來我就請他也來擔任主編，出版社起初不贊同，經我說服同意了。

馬 關於《中國美學史》，劉綱紀先生在幾篇訪談中也談到過。如他說：「這部書的寫作得到了李澤厚的極熱誠的鼓勵、支持、幫助和推動，這也反映了了我們之間的深厚友誼。」但他又講，是「中國社會科學院和武漢大學聯合搞這個項目」，「他把全書的基本觀點的提出都歸到了他的名下，還引了我給他的信中的話為證。其實，那些話是我偏愛他、寵他，表達我對他的友情。真正說來，這書的許多基本觀點是由我提出的。如他提到的『味美感覺』『莊子反異化的人生態度』均由我提出。」「他當時正在寫收入《中國古代思想史論》中的文章，我後來發現他從我的文章中吸收了若干觀點、材料。可以這樣說，我這部美學史影響了他對中國思想史的看法。但由於他的論文的發表先於美學史的出版，人們就認為，美學史就是他的思想的發揮，其實不是這樣的。雖然大家是好朋友，但友誼歸友誼，學術歸學術。不少人認為劉綱紀是李澤厚思想的闡明者和追隨者，這是我不能接受的，也根本不符合事實。」如此等等。

李 也有人將劉的幾篇訪談寄給了我。但事實不是他說的那樣。撰寫《中國美學史》的起意，剛才講了，與武漢大學並無關係，不是「聯合搞這個項目」。關於這部書的編撰情況，兩篇後記均有說明，如二卷後記：「本卷由李、劉商定內容、觀點、章目、形式，由劉綱紀執筆寫成，李澤厚通讀定稿。」劉對此一直未有異議。在通讀定稿時，我從內容和文字進行了某些修改，但的確不多，因事先已作了許多商定。也不強求全書必須完全貫徹我的觀點，確如劉所講的「即使我的觀點與他的《美的歷程》或後來的《華夏美學》的看法不太一樣，他也不改，照樣保留。」劉的觀點和文字更多保存了革命傳統，讀者有意見，我不便多說，只好說文字不夠理想。讀者現在可自己去比較。我從不隱瞞或不注明我的觀點或材料的來源，對劉綱紀所說，頗感奇怪，但他並未有具體說明。我的《孔子再評價》是 1978 年寫定 1980 年發表，《中國古代思想史論》特別是莊子反異化等觀點均醞釀成熟於自己六七十年代大讀西方存在主義時期，與劉沒有關係，等等。作類似這種自辯，極感無聊，真是無可奈何。「及其老也，血氣既衰，戒之在得」，孔老

夫子也真厲害，我常以此自警。

馬　已出的二卷主編是您和劉綱紀先生，但此書實際上是由劉綱紀先生執筆寫成的。

李　是也。劉綱紀在參閱其他人初稿的基礎上，重新寫出全書各章。所以我始終不把這部書列入我的著作中，儘管我提供了某些基本觀點。功勞主要應屬劉綱紀先生。記得在給劉的信中，我提出第三卷及以後各卷不必署我的名字了，將來全書大功告成，亦作為劉的著作。已出版的二卷的稿酬，我也分文未取，全部給了他。後來與劉的思想分歧看來愈來愈大，他篤信和堅持馬列毛，應為正統左派，連胡喬木都有不同看法的文藝講話，劉仍崇奉，很難理解；不識外語，卻一味排外。2009 年我曾去武漢看望他，相晤甚歡，但心知分途已遠，已無法討論問題了。劉去世後，我那輓聯「憶當年合作，音容宛在；雖今朝分手，友誼長存」，下聯本是「惜晚年分手，友誼尚存」，但覺不妥，未用。

馬　最近我看到東方出版中心出版的劉綱紀兩卷本《中國美學史》（2021 年 1月），實乃您與劉先生主編《中國美學史》第一、二卷的修訂本，但刪除了您的主編署名及您所寫的兩篇後記。「緒論」增補了「中國美學史的回顧與展望」節，新撰〈《中國美學史》第一、二卷修訂本後記〉（未完成稿）。劉綱紀先生重版此書時，是否徵詢過您的意見？

李　全然不知此事。一切都無所謂了。

馬　很可惜，這本書只寫到魏晉南北朝，沒有寫完。

李　後面幾卷有的也已寫出初稿，我也審讀過。此書是哲學兼歷史之作，但我總覺得以後寫得越來越像文藝批評史，與我原擬的原則不符了。我曾提出以華嚴說唐，禪宗說宋，眾多詩話詞話中具有哲學意味的思想包括神韻、肌理、性靈諸說，應提煉到思辨高度來講明清，避免等同於文藝批評史，並應著重挖掘、匯集、保存零星材料。出國的頭幾年，我還與劉綱紀就美學史的寫作、進展通過信，後來此事就不了了之，中斷了。從八十年代到九十年代初，我與劉就《中國美學史》編撰事宜大約有過二百來封往來信件，有位熱

心朋友整理了出來。當時編撰真相，如看到我與劉的這些通信便清楚了。

馬　這本名為《李澤厚劉綱紀美學通信》已由浙江古籍出版社出版，我看了，應該說全面而真實地反映了《中國美學史》的寫作情況，與您在兩篇後記中的陳述完全一致。如您在信中說：「曹丕論氣（不同於孟子）、陸機論文，均有開創性，似可更突出一點。魏晉似乃以儒説道（包括《文心雕龍》亦然），以形成儒、道融合。同時思辨水平大大提高，言意象、形神等範疇是否應有專章或專節，請考慮定奪。我仍覺得文采比較起來是次要的，更重要的是理論的深度和論證的清晰性。魏晉玄學甚有新意，[比文學應更凸出一些，注意勿寫成文藝思潮史。向（秀）郭（象）是否應講？]，包括《世説新語》中某些談論，核心似在理想人格的樹立，如從美學角度闡發，大可補今日哲學史之不足。⋯⋯ 二卷似宜在『細』字上作功夫，一則魏晉思辨本較細微，二則魏晉六朝文辭簡潔，不詳加介敘不易讀懂。如王微、宗炳等文，均宜全文錄入，分段講解。所以一章似大不夠。宗炳文似需結合《宏明集》中他的論文一併討論。如二卷仍如一卷之評價和結構，則嫌過粗，而將貽笑於洋人。因他們對此有較細之研究，如宗炳一文，即有數種譯本。《文心》《詩品》《文賦》等等，亦宜作些細膩之分析。」（1985 年 2 月）如劉綱紀先生信説：「關於《中國美學史》，兄所言令我感動，又覺不安。無你對我之鼓勵推動，以及你對中國思想文化所提出的重要看法，此書是不能如此之快地問世和引人注目的。」（1987 年 12 月）「三卷開筆。重閱《歷程》之有關部份，再次歎服吾兄觀察之鋭敏深刻，『五四』以來，無一人能比！兄之思想實已有超過魯、郭處。每思及此，甚感快慰！」（1988 年 2 月）「明清部份，多次告寫者細閱《宋明理學片論》一文，將由此文之基本想法生發開去。明清美學真豐富，可講者甚多。《片論》一文，深得其精要。」（1991 年 11 月）如此等等。這些信件很有史料價值。

李　因在國內外數次搬家，劉的信，遺失不少，不全。

馬　高爾泰先生也參與了美學史書的編寫，在一篇訪談中他説：「至今我仍然感謝，當年他（指李澤厚）把我從蘭大哲學系借調到社科院哲學所，我得以在

那個時代的漩渦中心北京，度過了關鍵的三年。」八十年代，高爾泰在青年人中是很有影響的。

李　高爾泰是我寫信請他來的，那時他還遠在西北蘭州。「文革」前我們通過信，他還送過我幾次畫。另一位編寫者韓玉濤也是調來的，記得當時他在一所中學。高是藝術家，文字很漂亮。但高思想很混亂，如把一些理性也算做非理性，這就不但使理性這概念變得更加模糊，而且也使他文章本身發生很多矛盾，這就很難討論。

四　美學三書

「令人歎為觀止」

馬　1980 年後，美學熱進入高潮，新時期的重要美學著作已大部份出齊，如朱光潛的《談美書簡》、蔣孔陽的《德國古典美學》、宗白華的《美學散步》和王朝聞主編的《美學概論》等等。1981 年，您的《美的歷程》出版了，算是第二次美學熱的標誌性事件。

李　這本書是在 1978 年寫的。寫作的過程很快，大概只有幾個月就寫完了，1979 年秋天交稿。但思考的時間很長。前面講過，五十年代我到敦煌考察了一個多月，還看了不少名勝古跡。故宮所藏名畫如《清明上河圖》等等也早看過，還做了點筆記。中國文學我讀中學時便熟悉，一些看法早就有了。對中國歷史我也很熟悉、很清楚。「從感傷文學到《紅樓夢》」這一部份和「明清文藝思潮」的大部份內容等，五十年代我就已經思考了，在一些文章（如《審美意識與創作方法》）裡都談過。「盛唐之音」這一部份，是六十年代開始思考的，那時候我下放到湖北，在農田勞動，忽然間張若虛的《春江花月夜》就在腦際浮現。當時大陸對《春江花月夜》是批判的，認為是頹廢文學，我覺得恰恰相反，它是「走向成熟期的青少年時代對人生、宇宙最初覺醒的『自我意識』」，是通向「盛唐之音」的反映。「青銅饕餮」是七十年代，也就是「文革」期間寫的……根據許多年斷斷續續的思考，許多年陸

陸續續寫下的筆記，在短時間裡就完成了書稿。

馬　寫此書的動機是什麼？

李　我主要的興趣在哲學，我認為哲學離不開「人」，離不開「人」的命運，離不開「歷史」。經過「文革」的浩劫，我更不滿足於當時大陸「僵化」及「割碎」的美學和文學史、美術史，《美的歷程》就在這樣的心情下動筆了。

馬　記得出版前，前三章以《關於中國古代藝術的箚記》為題刊載於 1980 年《美學》第二期，另在《文藝理論研究》《學術月刊》上也發表了三篇。

李　1981 年 3 月，該書由文物出版社正式出版。起初，文物社怕這書賣不掉，但另一個編輯說：賣不掉就堆到我辦公室。結果很快就賣掉了，而且賺了錢。文物社有一位很好的編輯葉青谷先生（就是那「另一個編輯」），《歷程》就是他多次約稿的成果，可惜他過早去世了，我卻不知道，因一直忙於俗務，很少來往，我應在此深表悼念。那書後的照片也是我選的，當時文物出版社給了很多照片，我挑了一些。

馬　書出版後，影響極大，好評如潮，至今也銷得極好，算是您影響最大、流傳最廣的書了。海外有評論說《歷程》是王國維《人間詞話》之後的又一部名著；劉小楓說，《美的歷程》「猛然改變了我對國人哲學的成見：這不就是我在歐洲古典小說中感受到的那種哲學嗎？激動、興奮在我身上變成了『美學熱』，狂熱愛上了『美學專業』」；傅偉勳說：「《美的歷程》一書，乃是他那獨特的美感經驗（感性），與深細的美學思維（理性）之間交相融化而積澱成的一部傑作；……令人歎為觀止。《美的歷程》可以算是李澤厚寫作才華的巔峰之作。」張法說：「《美的歷程》超越了一種知識論上的學術史，而閃爍著一種智慧和美感的光輝。」意大利學者馬里奧·佩爾尼奧拉在《當代美學》稱，您「是二十世紀審美文化領域中偉大的思想家，……通過一種對整個社會所進行的簡潔而翔實的歷史分析，有關美學與文化之間關係的所有重要問題在他這裡都得到了考察。並且，在這個過程中，李澤厚表現出了知識分子中極為少見的得體和優雅。他對中國文化思想的精妙之處的把握如此深刻有見地，同樣令人驚歎。」等等。

李 但也招來大量的批評、責難、攻擊，認為《美的歷程》「屬於基本史實的常識性錯誤就夠怵目驚心了」，寫法也是「不倫不類」，根本不該出版這種書，等等。總之就是惹惱了不少人。記得當時蔡儀主辦的美學雜誌便用整版封面刊登了一幅有大字的趙佶的花鳥畫，配合專文批判我犯了「常識性大錯」。劉再復講：「八十年代有人嘲笑說，《美的歷程》算什麼，既不是文學史又不是藝術史。有一位研究歷史的朋友對我說，李澤厚這本書一鍋煮。我說，它的好處就是一鍋煮。」的確，說不清該算什麼樣的著作，專論？通史？散文？劄記？……都是，都不是。外國好像也沒有，我就不管它了。但這也正是它的特點所在。

馬 馮友蘭先生就給予高度肯定：「《美的歷程》是一部大書（應該說是幾部大書）是一部中國美學和美術史，一部中國文學史，一部中國哲學史，一部中國文化史，這些不同的部門，你講通了。死的歷史，你講活了。」（馮友蘭：〈談《美的歷程》——給李澤厚的信〉，《中國哲學》第 9 輯，1983 年）

李 馮先生不搞美學，卻是最早給予《歷程》一書最高評價的人，點明了它的影響和意義，我非常感謝他。胡繩也很喜歡這本書，他給我寫信，說特別欣賞我對蘇軾的論述。此外，劉綱紀、包遵信、章培恒等學者也都說了好話。但大多數學者則保持沉默。

馬 我看過一些材料，許多著名作家、音樂家也說受過此書影響，如「著名作家陳忠實自言上世紀八十年代中期曾集中讀過李澤厚的著作，當時一起摻和著讀的，還有另一位學者談人的文化心理結構的一本書。這兩本書，陳忠實自稱讓他看到了文學的另一種表述可能。」（《華商報》，2010 年 6 月 18 日）「著名作曲家葉小綱特別說明了《第一小提琴協奏曲》的創作經歷。『這首作品是我青年時代邁向音樂的第一步。它的靈感來自於對敦煌古樂譜的研究以及魏晉南北朝佛像雕塑。當時，李澤厚《美的歷程》出版，他提出，佛像洞察一切的微笑是對苦難最大的蔑視，這給了我無垠的想像力。』」（中國新聞網，2016 年 1 月 25 日）

李 哦，這我倒沒料到。

審美趣味史

馬 這本書在寫法上很特別，之前的藝術史似乎沒有人這樣寫過。史、論、識三者融合為一，可讀性極強。

李 《歷程》不是藝術概括，不是一般意義上的所謂藝術史論著，而是美學欣賞，是「審美趣味史」，是從外部對藝術史作些描述，但又並不是對藝術史作什麼研究。

馬 「審美趣味史」？

李 是也。由於是趣味史，所以我從歷史、社會、思潮等講起。也的確沒有人這樣把文學、美術、考古，統統放到一鍋煮。有文學史、藝術史等各個門類的史，以及美學史，就沒有《美的歷程》這樣的審美趣味史。有人把《歷程》當作講藝術史的專著，那就完全錯誤了。它只是一本欣賞書，而且是「鳥瞰似的觀花」的「籠統」（見該書「結語」）粗略之作，因此便不可能作任何細部份析。

這本書，每章每節都是我想出來的，都有些新東西，在當時都是特意「標新立異」，很多提法、觀點等等，都是以前沒人談過的。像「龍飛鳳舞」，本來現成詞語，用來講遠古，卻是我想出來的。「儒道互補」也是我自己想出來的詞（正如後來我提出的「儒法互用」作為中國政治思想的一個基本概念或詞語）。這種看法，早就有了，但沒有人用過這詞語，台灣一位學者寫了一本書，其中他考證出這詞是我新造的。其實當時也並未被普遍接受，一位宗教所的老學者曾大怒說，儒道素來對立怎能說互補？但不久就被廣泛使用和流行，卻不知是我造的詞語。

寫《歷程》的時候，我就覺得這本書有意義，會有影響。這本小書十餘萬言，上下數千年，縱橫數萬里（從文學、各類藝術到歷史和哲學），涉及人物、作品、事件、思想百十，自己並非專家（也不可能「專」那麼多家），實不自量力，姑妄言之。書中各項主題如雕塑、繪畫、文學（詩、詞、曲）三類型三境界說、兩種盛唐說、楚漢浪漫主義、魏晉文的自覺、漢唐藝術比較、明清文藝思潮、龍飛鳳舞、青銅饕餮（「獰厲的美」）等等，雖自矜屬

於創見，卻可能貽笑方家。現在看來，這本書好像都只是常識，但在當時，每章每節都不是常識，都是跟當時的「常識」即主流意見相反的，這可以拿當時的那些書、文章對照。我記得書出版的同時，一本很有名的文學評論雜誌上一篇文章說漢賦是我國文學的恥辱，這在當時是「常識」。

馬　《歷程》每章篇幅大體相當，給人感覺是收著寫，有篇文章說，當時出版社對篇幅有要求，所以您就壓縮了明清部份內容，打算以後增補進去。

李　非也。也記得一日本學者看了《歷程》，認為明清時代材料多，可以多寫一些。我不認同此看法，因就整體說，中國藝術高峰並不在明清。出版社當時根本未限字數，我扔毀了一些資料和筆記，有點可惜。因現在想不起來了，當年記憶力仍甚好，不在意。但從未同意或打算「再版」時再加明清材料，我倒說過，當然可加，但那就不是《歷程》了，即破壞了該書的整體佈局。

馬　《美的歷程》文字非常優美，一直備受讚譽。台灣蔣勳先生說：「李先生的思維、文筆、情懷，都讓我相信，即使在『浩劫』中，仍然存在著這樣寬闊、優雅、美麗而自由的心靈。……至今，《美的歷程》仍是我常拿出來讀的書，有時吟誦一兩段，覺得像詩，不像論述。……因為有生命的關心，才能有美，也才會有詩。」劉緒源說：「大散文什麼時候開始的？不是從余秋雨開始的，是從《美的歷程》開始的，這個真的是大散文，它有觀點，有創意。但又是文學性的文本，可以作為散文來讀。所以，有的人把它當文學看，有的當藝術史來看，也有的當資料來看。這本書影響特別大，一直受歡迎，這和它內容上的新奇、扎實，形式上的好讀好看，既是理論，又是文學，同時它又不是思想史論那樣的專業性的書，一般讀者也能夠讀，都有關係。所以它的長盛不衰不是沒有道理的。」

李　寫作時，我從未去考慮什麼「文學性」之類的問題。

「內篇」更重要

馬　《美的歷程》章節在雜誌上發表時，曾注明它是「中國美學史」的「外篇」，而「內篇」是《華夏美學》，這本書又是何時寫的？

李 1987 年我到新加坡東亞哲學研究所做研究，在那裡我完成了《華夏美學》。這本書在搞《中國古代思想史論》時已經寫了一半，是和《美的歷程》配套的，在構思上也是交錯的。這是我一開頭便承諾的談中國美學的「內外篇」，內篇講美的觀念，外篇講趣味流變。《華夏美學》在 1988 年 8 月由新加坡東亞哲學研究所初版。

馬 與「外篇」相比，您似乎更重視這本晚七年出來的「內篇」？

李 因為它更為重要，涉及的哲學問題比《歷程》要多，這可能是由於自己偏愛哲學的緣故吧。書中提出中國美學仍以儒學為主流，這是頗有異於許多中外論著的。這些論著大都承認儒家在政治、倫理等領域內是主流，但在藝術、美學中，卻力主應以道家為主幹。本書未能苟同這一流行看法。其次，更為重要的是，本書強調了中國文化傳統和文學藝術，既非模擬，也非表現，而是以陶冶情感、塑造人性為主題，也就是強調內在自然的人化和人的自然化。希望這種哲學──美學思想對今日和未來，對設想更為健康、更為愉悅的社會生活和人生境地，仍有參考價值。

馬 這本書香港版和北京版的封底印有一個內容提要，概述得相當精準，可以抄在這裡：「華夏美學，是指以儒家思想為主體的中華傳統美學；它的悠久歷史根源在於非酒神型的禮樂傳統之中，它的一些基本觀點、範疇，它所要解決的問題，它所包含的矛盾，早已蘊涵在這個傳統根源裡。從而，如何處理社會與自然、情感與形式、藝術與政治、天與人等等的關係，如何理解自然的人化和人的自然化，成為華夏美學的重心所在。作者漸次論述了遠古的禮樂、孔孟的人道、莊生的逍遙、屈子的深情和禪宗的形上追索，得出結論是：中國哲學、美學和文藝，以至倫理政治等等，都是建基於一種心理主義上，這種心理主義不是某種經驗科學的對象，而是以情感為本體的哲學命題。這個本體，不是上帝，不是道德，不是理智，而是情理相融的人性心理。它既超脱，又內在；既是感性的，又超感性，是為審美的形上學。」

海外有篇《華夏美學》書評説：「李澤厚的展望給人啟發、讓人鼓舞，如果『世界哲學』終有可能實現，很大程度上將歸功於孔夫子與康德。至少《華

夏美學》提供了一個富有吸引力的解釋，為何中國哲學與文化是『審美的』而不是科學的邏輯的。無論就其提出的問題、作出的回答，還是敞開的可能性來說，這都是一部精彩的著作。」（Marthe Chandler：〈海外書評：李澤厚《華夏美學》英譯本書評之一〉，梵羽譯，《中華讀書報》，2013 年 8 月 9 日）

李　英譯本 2010 年在美國出版。説到書評，想講兩句，我覺得海外書評常要言不煩，比較公允。國內此道卻始終不興，非虛詞吹捧，即肆行謾罵，更多的是不置一詞，於是書籍成災，好壞難分，與國外刊物大多每期都有書評，差別太大了。書評其實很為重要，可惜無人注意。

馬　這本書也講到了後來的「情本體」思想。

李　多處明確談及情本體，如《形上追求》章：「中國傳統的心理本體…… 無目的性自身便似乎即是目的，即它只在豐富這人類心理的情感本體，也就是説，心理情感本體即是目的。它就是那最後的實在。」如結語部份：「心理本體的重要內涵是人性情感。…… 這個似乎是普遍性的情感積澱和本體結構，卻又恰恰只存於個體對『此在』的主動把握中，在人生奮力中，在戰鬥情懷中，在愛情火焰中，在巨大鄉愁中，在離傷別恨中，在人世蒼涼和孤獨中，在大自然山水花鳥、風霜雪月的或賞心悦目或淡淡哀愁或悲喜雙遣的直感觀照中，當然也在藝術對這些人生之味的濃縮中。去把握、去感受、去珍惜它們吧！在這感受、把握和珍惜中，你便既參與了人類心理本體的建構和積澱，同時又是對它的突破和創新。因為每個個體的感性存在和『此在』，都是獨一無二的。」

「你是有體系的」

馬　在《美的歷程》《華夏美學》之前，您出過一本《美學論集》（1980）。

李　這本書收錄了我五六十年代的美學論文，還有幾篇七十年代末的。五十年代的美學文章相當幼稚，不能再看，特別是文字囂張淺陋，用詞激烈，自己都覺得汗顏之至。今日看來，如強調從本質論、反映論談美學、典型、意境等等，似多可笑；但過來人則深知在當年封腦錮心、萬馬齊暗下理論掙扎和衝

破藩籬之苦痛艱難。從而，其中主要論點又與後來之變化發展有一脈相承之處。我在首篇文章的補注中說：美學實際包括三個方面或三種內容，即美的哲學、審美心理學和藝術社會學，今日美學實際上乃是以審美經驗為中心或基地研究美和藝術的學科。書各篇也涉及這三方面。其中《美學三題議》《形象思維續談》，還有幾個短篇等文較重要。

馬　這本書也影響不小。

李　書一出來，劉再復第一個說：「你是有體系的。」這話當時給我印象很深，因為還沒有人這麼說過，只我自己心裡知道。後來講這話的人就比較多了，但也只是在口頭上講講而已。在書裡，我講了藝術不只是認識，講了藝術創作的非自覺性等，突破了反映論。這在今日是常識，當時卻是不得了的事，被斥為反馬克思主義。蔡儀及其學生都在猛批。

還想起一事，上海文藝出版社的郝銘鑒先生，就是這本《美學論集》的責編，他後來曾提出過一個四卷本《澤厚文存》的出版計劃，我沒拿出選目。後來因出國回來搞古代，就放棄了。他責編的《朱光潛美學文集》五卷本出了。

馬　五十年代您曾想寫本《美學引論》，是否就是這個《美學論集》？

李　在 1956 年《論美感、美和藝術》的結尾，我曾提到要撰寫一本《美學引論》，以後不斷收到一些不相識的同志們來信詢問，也曾遭到蔡儀的諷刺（見蔡著《唯心主義美學批判集》），其實此書當年寫成了大部份初稿，後因參加《美學概論》的編寫工作，暫時停寫。其中有些部份曾以文章形式改寫發表，如《美學論集》裡的談藝術種類、典型、形象思維、創作方法、虛實隱顯諸篇。

告別美學

馬　「美學三書」的最後一本《美學四講》是最晚出的。

李　這書也是在新加坡完成的，當時新加坡方面曾希望我留在該地，我婉謝了，去了美國，到 1988 年底回京。經過香港，就先出了港版。1989 年 3 月由香

港三聯書店初版。我的美學觀點主要就在這本書裡。

馬 成書前，內容也發表過嗎？

李 之前我做過四次演講：《美學對象和範圍》（1980）、《談美》（1984）、《美感談》（1984）、《藝術雜談》（1985），都發表過。《美學四講》就是將這四次演講記錄稿加以調整連貫，予以修改補充，裁剪貼之而成，一應讀者要求「系統」，二踐出版《美學引論》之早年承諾。

馬 與《美學論集》相比，《美學四講》有哪些不同之處？

李 基本觀點沒有變化，如對美和美感的基本看法，如對那兩派（朱、蔡）的看法。在書中，我對美學是什麼、美是什麼、美感是什麼、藝術是什麼這四個問題作了一些基本的說明。還是哲學美學，其中吸取了一些現代的成果，像分析哲學、格式塔的心理學等等。對存在主義、弗洛伊德等，我都作了哪些贊同、哪些不贊同的說明。香港版的書店做廣告說，它「回應了現時流行的中外各美學流派」。

當然，沒有變化，是說基本觀點沒有變化，但就美在我的思想中的地位而言，就美學在我的理論結構中的位置而言，那是有變化的，因為後來我的美學思想成為我的哲學思想的一部份。這種變化與我後來研究康德哲學和中國古代思想史有關係。有人說，你又搞中國古代思想史，又搞康德哲學，又搞美學，弄不到一起呀。我呢，恰恰是思考哲學的根本問題時，三位一體了。所以，講美的本質，後來就發展了。美與人密切相關，那麼，回到康德的那些問題，它的哲學意義自然就增強了。再有美學的地位問題。在一定意義上，美學在我的哲學中是一種動力式的中心。西方所講的美學，不管在哪個哲學體系中，都不是最高的層次。黑格爾講的是藝術→宗教→哲學。克爾凱郭爾（Kierkegaard）更如此，審美層次的地位很低。西方的最高層次都是那種與上帝交往的神學，是講回到上帝的懷抱中。中國沒有宗教，沒有什麼東西能夠代替宗教的那個境界，所以我把美學擺得地位很高。中國的回到「上帝」懷抱則是擺到美學層次上，講天人合一、人與自然的認同和同一，這種皈依感、歸宿感可以同樣充滿宗教感情。這就是我在《四講》裡提出的「悅

志悅神」境界。這些思想慢慢形成了一個完整的東西，一個哲學結構。

還有關於形式美的問題。五十年代我把它說成是自然美，但在《四講》裡面，我認為形式美也不是自然美，而是社會實踐的結果。我把沃林格所說的「抽象」放入到生產實踐中去。形式美不是對自然的美感形成的，而是在實踐中形成的。這非常重要。但這不是基本觀點的改變，而是深入了一步，把基本觀點貫徹得更徹底一點而已。

馬　也論及到情本體嗎？

李　對。如提出建立「新感性」：「也就是建立起人類心理本體，又特別是其中的情感本體。」又如書的結尾所講：「於是，回到人本身吧，回到人的本體、感性和偶然吧。從而，也就回到現實的日常生活（everyday life）中來吧！不要再受任何形上觀念的控制支配，主動來迎接、組合和打破這積澱吧。……於是，情感本體萬歲，新感性萬歲，人類萬歲。」這即「情本體」思想。

馬　《四講》之後，您似乎就再沒有碰美學了。

李　我告別了美學。我講美感是情感的數學方程序，指的是由許多不同的心理因素，如理解、感覺、情慾、想像、期待、意向等結合而成的不同比例的結構體。但這只是一個相當空洞的設想，沒法說服人呀。我只能這樣冒然講幾句，不敢多講。例如，看電影和欣賞書法，都有審美因素，但大不一樣。這個不一樣，就是因為心理因素的各種結構、關係、成分、比例不一樣。但到底如何，恐怕一百年後才能弄清楚。美學作為獨立學科還遠未成熟，其成熟有待於心理學的發展，而心理學迄今仍處於嬰兒階段，之所以如此，是由於人體神經生理學主要是腦科學尚在起步時期，無法解釋和闡發心理活動和過程。美感搞不清楚，別的也就談不上了。我只是在哲學上概括一些美學問題，很少談具體的美學問題，不做具體的實證的研究。我也只能停在這裡，無法多言。我講過，要麼做藝術社會學研究，要麼做審美心理學研究，但我自己不打算搞，所以就搞別的東西了。《四講》算是我的第二階段的終結。

馬　「美學三書」中，您更喜歡哪本？

李　後兩本在學理上更重要些，但在當時沒有引起注意，這兩本書產生影響，那已是很晚了。八十年代出版的這三本（「美學三書」這個書名，是別人起的），不斷重印，並都譯成英文，有的還譯為德文、日文、韓文等。

馬　朱立元教授在一篇文章中講：「我始終認為，李澤厚先生是當代中國成就最高、貢獻最大的哲學家、美學家，他為實踐美學創立了整個哲學框架，建構了基本的理論思路，提出了一整套學術新範疇，並做了系統、深入、嚴密的邏輯論證和闡述。」（《我為何走向實踐存在論美學》，《文藝爭鳴》，2008年第 11 期）有篇文章講，李澤厚的實踐美學「不僅推動中國思想界啟蒙，而且為世界美學理論發展貢獻了中國範式與思路。」（王普明：《國外實踐美學研究述評》，《上海文化》，2019 年第 8 期）能否在這裡簡要概述一下您的「實踐美學」與傳統的馬克思主義美學有什麼不同？

李　傳統的東西方馬克思主義美學有兩個共同點：第一，它們都把藝術作為主要對象，第二，認為藝術與社會聯繫密切，重視研究藝術與社會的關係、作用、意義等等。我的人類學歷史本體論美學有所不同，它不僅是講藝術，不只是講藝術與社會的關係，而是從構造人類心理本體、情感本體來討論。它不僅僅是藝術理論，這與馬、恩、列、毛、普列漢諾夫、盧卡契都不同。藝術作品的價值恰恰在於它是人類心理本體的對應物，同時反過來說明人類心理結構的建設。我把這與中國古典美學聯繫上了，因為中國古典美學講究陶冶性情，提到哲學高度就是建立心理本體、情本體。

「美學是第一哲學」

馬　上世紀九十年代以來，美學又有新的發展新的變化，出現了「後實踐美學」「生命美學」等等，有人講實踐美學正受到挑戰、替代。

李　我認為，「實踐美學」還沒有開始，應該把它努力做起來，所以大可不必擔心「被替代」之類的問題。這不是謙虛，也不是誇張，這是現狀。我只覺得，有時候好像在前進，而實際上是退回。

當然，我贊同有各種意見發表。但我更傾向支持的仍然是實證研究。如新興

的「神經美學」（Neuroaesthe），就是實踐美學所完全贊同、包容並寄予極大希望的重要方向，是實踐美學所講審美心理學的重大開拓。當然，對美感兩重性與四要素集團說的研究方向並不只是神經美學，例如對兒童審美心理發展的研究就很重要。

馬 2019年，您出版了最新的美學集子《從美感兩重性到情本體——李澤厚美學文錄》。這本書呈現了從「自然的人化」到「人的自然化」、從提出「積澱說」到確立「情本體」及闡釋「理性的神秘」「美學是第一哲學」等人類學歷史本體論美學的基本脈絡，並最終走向理性與情感錯綜交織而成的「情理結構」亦即「情本體」。讀後，感覺較之《美學四講》，在哲學探究上似更進一層。如劉再復先生所講，您的美學是「擁有哲學—歷史縱深度的哲學家美學」。告別美學已經三十年了，怎麼會想到出美學書？

李 我根本不情願出這種書，但出版社堅持，並請出再復兄來遊說，只好妥協，先出單行本，後又收到「中國現代美學大家叢書」。但既非出不可，就不應是只炒冷飯，湊集幾篇，那沒有意思，不如不出，我希望儘量編出點新意來。書中的六個專題二十二篇文章是經過摘錄、組合、拼接而成的，倒凸顯了我的美學的哲學特質。我講過，我的美學不是研究具體問題的，我的美學是哲學美學，即直接隸屬於我的哲學構架（人類學歷史本體論）的。其中輯六中的《作為補充的雜談》和《關於「神經美學」》二文，都是今年（2019）寫的，也收到書裡。但總之，這本書如「前記」所言，年老體衰，力不從心，一時實在做不成了，得請讀者原諒。

馬 我注意到您在《關於「神經美學」》文中提出了「大美學」（the Great Aesthetics）這一命題，之前似乎沒有？

李 第一次提出。但基本思想之前都說過。這「大美學」是在尼采宣告「上帝死了」之後，中國哲學對世界文明所可能作出的重要貢獻。

馬 《作為補充的雜談》講「美學是第一哲學」，如何理解這個命題呢？

李 很早就提出了。這是一個非常深刻而廣闊的哲學命題，可以從許多不同的角度和方面去探索。法國猶太學者列維納斯提出「倫理學是第一哲學」，從者

甚眾。特別在中國，由於傳統哲學基本上是倫理學，倫理學作為第一哲學似更是毋庸置疑。但有如康德指出，「道德不可避免地走向宗教」，康德本人便以「道德的神學」替代神學道德論來作為最後的歸宿。中國學人特別是儒學家們更是如此，由於中國沒有高居哲學之上的宗教，經常是以一個似有似無人格神的「天道」「天命」「天意」實則仍為純理性的「道」「命」「性」「理」來作為最後的統領或主宰，其實也就是「第一」哲學，並由它來推演出道德律令和規範。宋明理學的心性論便是如此。倫理學成為中國哲學的必要內容。寫過《中國倫理學史》的蔡元培敏感到此，而提出「以美育代宗教」以求恢復感性的尊嚴。人類學歷史本體論以一個世界觀承接此意，提出「美學是第一哲學」，強調積澱的感性才是根本，應由理性的倫理道德和宗教上帝回歸到世俗感性，並多次提出了「以美啟真」（認識論）、「以美儲善」（倫理學）和「以美立命」（存在論）即對自身命運從肉體到精神的本體感受、關懷與行動。「第一」之義應指什麼也就明白了。中國缺乏人格神的宗教信仰，實際是以宇宙自然為上帝、為依託、為歸宿，既超道德而又不脫離感性世界，可「視死如歸」而又「托體同山阿」（陶潛詩），所以美學能成為最高的人生境，美學是第一哲學亦就此而言。原想寫本小書談談這個問題，但寫不動了，只好放棄，正如其他想做而無法做的事。

馬 但目前走紅的「第一哲學」是政治哲學（包括各種規範倫理學）。

李 對。這也仍然是在貫徹我的歷史主義，我講的美學作為「第一」只是未來式，《美的歷程》結尾就說：「俱往矣，美的歷程只是指向未來的。」政治哲學主要討論個體與群體卻是當今至少幾十年甚或百年最需要研究和解決的首要問題。「美學是第一哲學」主要是就個體而言，古今皆然，它將與各種宗教並行不悖，因為各種宗教或將永恆存在。另方面，中國傳統的宗教性道德，以天（敬天法祖）、地（厚德載物）、人（世間關係）的和諧來指導現代原子個人和契約基礎上的社會性道德，達到「樂與政通」「樂以政成」的理想境地，又正是「美學作為第一哲學」構成中國政治哲學重要特色並對人類文明能作貢獻之所在。

五　文化熱

從美學熱到文化熱

馬　現在回想起來，八十年代還是挺熱鬧的，「美學熱」之後，又出現了「文化熱」。

李　美學充當了思想解放運動的重要一翼，或者說發揮了思想啟蒙的作用。思想啟蒙沒有滿足於對「文革」歷史悲劇的簡單清算，而是向著民族的歷史與文化的深處挖掘，結果形成了「文化熱」。從廣義上說，「文化熱」裡頭也包括了「美學熱」，或者說「美學熱」是「文化熱」的前奏或一部份。從「美學熱」過渡到「文化熱」，並不偶然，是有綫索可求的。

馬　八十年代中期產生了三個大的民間文化機構：以金觀濤為主編的「走向未來」叢書編委會，以甘陽、劉小楓、王焱、蘇國勳、趙越勝、周國平等為主力的「文化：中國與世界」叢書編委會，以湯一介、龐朴等為主力的「中國文化書院」編委會，您也是中國文化書院的主力。這三大文化機構的成立，可以說是「文化熱」的標誌。

李　我和三個文化機構都有聯繫，但都未深入參與。既是「中國文化書院」的成員，也參與了「走向未來」叢書，主要是當時真正的主編包遵信經常來找我商量。《文化：中國與世界》創刊前也和我討論過，這個名字還是我最後和他們確定的，但我沒參加他們的活動。參加比較多的是中國文化書院活動，因為常有「雅聚」，交往較密，相見略多。當時有關中國文化書院的各種報導，也常常以湯一介、龐朴、李澤厚三人名字出現。實際上我根本沒與聞或過問任何大小「院務」，包括魯軍先生鬧分裂那件書院特大事故，我當時也未聞未問、不知不曉，後來從同住一樓上下的龐朴處，才略悉一二。總之我是各處被邀列名，從不管事。

我在書院只講演兩次，一次是講中國智慧，首次提出「實用理性」和「樂感文化」概念；一次是講西體中用。這兩次的講演提綱後來都鋪衍成文發表了。印象最深的是，當時清華大學建築系吳良鏞教授，居然不計自己的身份

地位，以普通學員報名來院聽講，使我大為驚訝，這在國外並不稀罕，但在論資排輩的敝中華卻極為難得。這使我暗自佩服，認為頗值自己學習。

馬 其實，您對文化的關注很早。《美的歷程》《華夏美學》等書中提出的許多概念，包括「儒道互補」「魏晉風度」「審美積澱」等等美學話題已經是超越了美學的文化思考。更早之前，1979 年的《中國近代思想史論》，其中的許多話題也都涉及到了文化，「後記」說得很明白：「之所以應該重視中國近代史的研究，也正是在於中國近百年來的許多規律、因素、傳統、力量等等，直到今天還在起著重要作用，特別是在意識形態方面。」

李 我八十年代的康德書、思想史書、美學書，講的全是過去，試圖從中國的角度反思歷史和文化，起點卻出於對現實的思考，所談的問題都或多或少與現實有關聯。

反傳統的文化熱

馬 當時的「文化熱」很是熱鬧，但您是有所批評的。

李 我並沒有極力反對，但有保留，不贊成。八十年代的「文化熱」實際上是以文化代替政治，大家帶著很大的激情討論「文化問題」，關注指向的其實是改革等各方面的話題。我認為當時的「文化熱」，是一種「反傳統的文化熱」，好像我們中國所以這麼差，就是因為中國人「醜陋」。我們這個傳統要不得，乾脆把它扔掉、丟掉、粉碎。這看來很激進，實際上給真正阻礙我們前進的主要問題打了掩護，恰恰掩蓋了、取消了阻礙改革的關鍵所在。《河殤》和那位「文壇黑馬」劉曉波便是代表。當時我在中國文化書院召開的座談會講，《河殤》不應該禁止，作為文藝作品，它是一種情感性的東西，表面上主題可能是否定傳統文化，實質上表現的是人們對現實的不滿與批判情緒，所以才會引起強烈的共鳴。但是作為學術來討論，那是另一個問題，我不同意把導致保守、愚昧和落後等問題的原因歸結為文化，把罪過歸結為「黃色文明」。因為文化傳統是人人有份的，哪個不是文化的產物，哪個不受傳統的影響呢？那就人人都有錯，真正的問題所在反而不見了。真正

有問題的還是那句老話，就是在政治、經濟、文化等各方面的封建主義的殘餘。我們要切切實實地抓住一些真正阻礙我們前進的問題。有意思的是，如果說八十年代的「文化熱」是把一切壞的東西都歸咎於文化，歸咎於傳統，那麼，現在的「文化熱」「國學熱」，則完全不同，來了個 180 度的大轉變。

馬　您還批評「文化熱」中空泛議論太多。

李　對。當時的所謂「文化熱」中，中外古今大談文化好像已經是一種普遍的格式。有在半版報紙篇幅內就概括出中西文化幾大「特徵」的大作，有以數萬字便判定中西傳統優劣之「名篇」，也有諷刺別人以示高明卻仍然是以空對空的評論。中國的才子太多，下筆千言，倚馬立就，無需什麼準備便可以縱談古今中外，如數家珍。無奈讀來卻總使人感到模模糊糊，勉勉強強。有時則如墜雲里霧中，對作者們使用那許許多多的基本概念、觀念是否自己真弄清楚了，也頗為擔心。

我當時曾特別強調要多搞一些專題的、微觀的、實證的研究，主要的力量應該放在這個方面才好。我講，題目越小越佳、材料愈多愈妙。現在我也仍然這麼主張。我想，中國人多，搞學問的也多，如果有五百人幾年內分頭寫出五百個文化小專題，例如有關中外古今的衣食住行各方面，包括制度、歷史等等，對飲食、起居、服飾、房屋、交通、婚姻、家庭、娼妓、流氓、俠客、文人、禮儀、風俗、迷信、僧侶……作出細緻的研究，你攻一點，我鑽一點，或描述，或記敘，或分析，或論說，把每一點的微觀世界都搞得繁針密綫、清楚翔實，那麼，在這個具有廣泛深入的專題研究探討的基礎上，再來從總體角度比較，論辯中西文化或傳統與現代，那不更多一點客觀真理性嗎？這比大家擠著去做某些空洞而巨大的題目，有意思得多。現在看來，近二三十年已大有改變，有進步，這許多方面有一些很扎實，很細緻，題目小而內容多的論著，這是學術的好現象。當然好的「宏論」還沒有。

構建理性的形式

馬　所以，您講過不能老停留在「五四」的水平上，甚至不如「五四」。

李　我曾對「五四」有個批評：激情有餘，理性不足。有理性，但還不夠強大。取得了成果，也埋下了禍根。表現為缺乏理性分析，以激情為內容的一切經驗被當成革命的聖物，要求人們無條件地去繼承去光大。「文革」不就是這樣嗎？

　　「五四」當年否定傳統主張西化之激烈徹底，恐怕八十年代的激進者也不及。如「欲廢孔子，不可不先廢漢字」，「二千年來用漢字寫的書籍，無論哪部，打開一看，不到半頁，必有發昏做夢的話」（錢玄同）；「只有一條出路，必須承認自己百事不如人，不但物質機械上不如人，不但政治制度上不如人，並且道德不如人，知識不如人，文學不如人，音樂不如人，藝術不如人，身體不如人」（胡適）。我覺得當年梁漱溟反對學生火燒趙家樓、毆打章宗祥，認為是破壞法制，是真了不起，當時是一片讚揚聲，包括學術界和大學者們。

　　「似曾相識燕歸來。」我所憂慮的是，在八十年代後期，從徹底反傳統到宣導非理性主義和新權威主義，又成為社會時髦意識，似乎又一次重複著「理性不足，激情有餘」。儘管它們也有某種理論形態作旗號，但許多時候卻連形式邏輯的基本規則也不遵守，從概念模糊到論證過程不遵守同一律，以至「四名詞」邏輯錯誤、自相矛盾，甚至不做任何論證，公開用「他媽的」「操蛋」之類的詞彙來替代說理，等等。在理論深度上，八十年代的徹底否定傳統論者似也未能在實質上超過陳獨秀、李大釗當年的水平，如陳、李曾指出「宗法家庭本位」、農業小生產經濟基礎和為專制政治服務等等。

馬　在一篇訪談中，您特別強調要「加深『五四』的科學精神，彌補『五四』的不足」。與當時彌漫著的非理性情緒相反，您一直特別強調要提倡理性。

李　準確地說，是建設的理性和理性的建設。發揚理性精神具體表現為建立形式。五四成就最大的正是白話文、新文學、新史學（如疑古）等現代形式的建立。可惜的是，在其他領域（如政治領域），五四以來一直沒有建立這種新形式。我講，現在要真正繼承和發揚「五四」的科學與民主精神，一是要提倡多元，多元並不簡單，它不能是無序的混亂，而仍然是有理性有秩序

的。它是一種自由的秩序、批判的理性。二就是提倡理性了，包括民主，也需要理性才能建立，即寓科學於民主之中，使民主具有科學的形式，即理性的形式。

1989 年 4 月我接受採訪時講，目前年輕人中流行一種徹底反傳統的現象，在某種程度上與紅衛兵現象近似。但不能解決什麼問題，很可能是一種破壞的力量。中國需要的是建設，而不是破壞。中國缺乏的是建設性的理性，而不是非理性。我還講，像中國這樣大的國家，沒有中央的權威性，很容易封建割據，各行其是，或者又回到一盤散沙的過去。但我指的是建立現代法律的權威，這其實才是現代化的一個最關鍵的問題。記得採訪稿刊登在《人民日報》和《世界經濟導報》上，有案可查。同年 5 月，參加中國社會科學院舉辦的「『五四』七十周年國際學術討論會」，我作了《啟蒙的走向》的發言，這篇文章大家沒怎麼注意，其實很重要。其中強調今天應注意發揚理性，構建理性的形式，樹立法律的權威。不贊成充滿激情去徹底否定傳統和徹底否定現實的全盤西化論，無論在文化或政治上，都如此。應該努力造成一個「多元、漸進、理性、法制」的新時代，這才是現代化社會和走向現代化的真正健康的道路，才是我所期待的五四精神的具體發揚，才是我所期待的啟蒙在今日的走向。記得一家報紙是將我這八字的手寫體發表了。當時很多法律都沒有制定，只好由「法制」而進步到「法治」。

這種破壞性的非理性也反映在學術上，包括王元化先生提倡的所謂「否定的辯證法」，還有劉曉波搞的那些東西，都不是理性地建立形式，而是情緒地否定一切。記得當時在給哲學所的同事寫的一篇序文中，我強調要重視英美經驗論傳統，我覺得這種清晰知性和不惑精神的經驗主義，也許正是在文化上使英美避免歐洲大陸那種曾氾濫一時的法西斯非理性迷狂的重要原因之一。中國學人治西方哲學，一般更喜歡德國哲學，而常常輕視或忽略英美經驗論，總覺得它們「不夠味」，其實這恐怕並不見得完全是好事。在中國應多提倡一點英美經驗論傳統中那種細密的科學分析、重視實證的態度、方法和精神、懷疑精神，少來一點神秘、迷狂的酒神（實際是仿酒神假酒神）精

神，少來一點尼采、海德格爾那種充滿情緒衝動和行動反應的刺激作用。此種作用的確是興奮劑，可以起弱扶贏，但我總覺得其中包含有某種中毒性的副作用，很有點像今日美國青年喜歡服用毒品一樣：一針之後確乎很暢快、很過癮、自我擴張，似可摧毀一切⋯⋯中國的起弱扶贏恐怕不能靠這些，而仍然要靠民主、科技和理性。

馬　當時還出現過一股「尋根熱」。

李　那是要回到民間，到民間去尋根，走向民間，而不是到孔孟那裡去尋找。

六　思想史三論

「後人恐難以想像」

馬　在七八十年代，您寫了著名的「思想史三論」，最先出的是《中國近代思想史論》。

李　1979 年 7 月出版，與《批判》同年，但晚幾個月。收的十篇文章，實際寫於兩個不同時期。三篇研究和孫中山文寫成、發表於五十年代大躍進運動之前，其他各篇寫成和發表於七十年代「文革」之後。儘管二者合成此書時作了一些統一修改，但畢竟各自帶有時代的不同印痕。寫於五十年代的大體坐而論道，從容不迫，分析較細，材料較全，一些人就很喜歡。而寫於七十年代的則又失之過粗，基本是些提綱性的東西，但搞現代思想史的金沖及先生當時卻跟我說：「你最近的幾篇文章，比過去好。」歷史學家趙儷生先生也曾當面對我講，很喜歡這幾篇提綱性的文章。

馬　好幾篇是發在《歷史研究》上。

李　當時的《歷史研究》是黎澍先生主編的。那時《歷史研究》思想是非常解放的，應該算一面旗幟，可惜現在大家都不提，許多人不知道黎澍，太不公平了。我七八十年代文章發得多，各刊物報紙都有，但主要在《歷史研究》。黎澍思想解放得比較早，比李慎之早。黎澍對我的文章特別喜歡。我寫辛亥革命的文章他是作為刊物頭條登出來的。我的文章極少作頭條，所以這篇

（就是提出「救亡壓倒啟蒙」的這一篇）記得特清楚，當時有哲學所的同事提起，我也挺高興。

也許可以提一下，黎澍是最早說我是「思想家」的人，是在八十年代，他是學界的領導人和老革命，太不容易了。金克木在文章裡將我與馮友蘭、梁漱溟、熊十力等人並列，何炳棣誇我是他見到的最聰明的學人，等等，好些長輩學者對我很好，我至今難忘。

馬 這本書出版後，有振聾發聵之效，影響極大。陳思和教授說：「許多地方都開啟了我們對時代的看法。那時候『實踐是檢驗真理的唯一標準』的討論剛剛開始，思想解放運動剛剛開始，這本書發揮了巨大的啟蒙作用。」（《1978－2008 私人閱讀史》，深圳報業集團出版社，2009 年）雷頤教授講：「中國近代思想史論述使包括筆者在內的一代人獲益之深，後人恐難以想像。」（《80 年代的時代閱讀與個人經驗》）李輝先生也說：「李澤厚這本專著出版，令人耳目一新……它奠定了我的歷史觀。」（《走在美的歷程上——與李澤厚往事》）當事人的這些回憶，今人是很難感受到的。

李 現在看來就是很普通一本書嘛，但在當時卻頗為轟動，在「三論」中影響最大，此已難為今人理解了。出版者曾親口說，假如差半年就出不來了。可以見到當時整個氣氛是什麼情況。時值毛剛去世，人們思想似一片茫然，這書通過近代思想人物的論述，提出了一些看法，其中好些的確是有所指而發。當時人家認為我離經叛道已經很遠了。在封閉多年、思想阻塞的年代裡，這本書算是起了開風氣之先的作用。例如，現在肯定王國維、梁啟超算什麼呢，是平淡無奇的常識，在當時就不是常識，他們都是幾十年被罵倒的人物，當時的「常識」是徹底否定，所以《近代》肯定他們，在當時是石破天驚的顛覆，非同小可的危險話語。

馬 作家王兆軍在一篇文章中講：「上世紀八十年代初，有幸購得李澤厚先生的《中國近代思想史論》，如飢似渴地讀了。……雖然現在已不能詳述該書內容，書中的思想光輝卻一直給我溫暖的照耀。該書首篇關於太平天國「其興也勃其亡也忽」的論述，對我產生過具體的指導作用。那篇文字，我讀了不

下五遍，從中看到了農民革命戰爭諸多規律性現象，並將多年鬱積於心的一個農民形象點化為活的人物，讓我寫出了中篇小說《拂曉前的葬禮》。這篇小說雖然文字上不無粗糙，但書中的主要人物田家祥卻有意無意地帶有近代思想史的餘暉。王蒙先生看了那篇小說，輾轉找到我單位的電話，特別給予讚揚。後來該小說獲得中國第三屆優秀中篇小說獎。」（《思想的快感（我的啟蒙書）》）現在看來，這似乎就有點不可思議了！

李　哈哈，有這事。王兆軍當時上門找過我。我問是受哪一篇的啟發，他說是太平天國，我就笑了。也聽到過其他一些作家、藝術家說，這本書影響了他們的創作。我簡直不能置信，如此枯燥的學術論文，文藝家們如何可能去讀的？我很驚訝，印象頗深。其實，這是因為那個時候還沒書可讀的緣故。

並未過時

馬　讀這本書，總給人一種非常強烈的現實感。最近偶然看到一條微博，一位教授向讀書節推薦了五本書，其中就有您的這本《近代》，有人留言：「李澤厚先生的這本最近剛看，確實振聾發聵。」教授回覆：「可能比當時的 1980 年代還振聾發聵」。這就很有點意思了。（笑）

李　研究中國近代思想史上的人物和問題，不只是對過往思想的單純複述或史實考證，而似乎還能聯繫到現實的身影，與現實有著深刻的聯貫關係。這裡並不需要故意的影射，而是昨天的印痕本來就刻記在今日的生活和心靈中，是歷史的「客觀規律」使類似現象重複出現。中國近現代的關係尤其如此。於是，對此作出認真的自我意識的反思研究，難道不是一件很有興趣、很有意義的事情嗎？

但這種意義的真正發現卻是在「文革」前幾年和「文革」之中。民粹主義、農民戰爭、封建傳統……無不觸目驚心地使我感到應該說點什麼。而這點「什麼」恰好可以與自己近代思想史的研究結合在一起。我在「後記」中講：「死人拖住活人，封建的陳垢阻撓著社會的進步。」「人民民主的旗幟要在千年封建古國的上空中真正飄揚。因之，如何在深刻理解多年來沉重的經驗教

訓的基礎上，來重新看待、研究中國近代思想史上的一些問題，總結出它的科學規律，指出思想發展的客觀趨向以有助於人們去主動創造歷史，這在今天，比任何時候，將更是大有意義的事情。」所以，我似乎因三十年前所盲目闖入近代思想史的這個偶然性，終於取得它的規律性、必然性的路途而感到某種慰安。特別是好些青年學究當面或寫信來說明他們感受的時候。

記得在《章太炎剖析》（1978）一文，我把章太炎以道德的十六個等級來劃分社會階層等等講出來之後，好些人都很驚奇，覺得與毛澤東時代確實太像了：都把道德視為社會的根本，都如此激烈地反對資本主義，都崇拜農民，都覺得知識分子和工農相比，道德太差。所以知識分子甚至工人（在南京）也必須下放勞動「向貧下中農學習」。這是中國現代民粹主義的傳統。

馬 王元化先生對《近代》這本書評價很高，多次推薦《論嚴復》《章太炎剖析》等文，說「目前我們還很缺乏這種文章」（《文學沉思錄》，上海文藝出版社，1987年）。但也有人說，畢竟時過境遷，書中很多觀點現在已是常識，因而這本書已完全「過時」。但我發現，後來的《中國現代思想史論》，很多觀點在《近代》這本書裡就有了。

李 我聽說是王更欣賞五十年代的那幾篇，但不知誰說得對。《近代》的確蘊含了後來在《現代》等書中展開以及至今尚未展開的好些思想、觀點、看法，如提出「救亡壓倒啟蒙」、「法國式」與「英國式」之分等等。這本書許多地方只是點到為止，沒有展開，不多發揮，都是提綱性的。這本書是在「四人幫」垮台後不久交出去的，不能多說，只好如此。記得《批判》和本書出版後，好幾位同仁曾問我：為什麼好多重要論點都一筆帶過，語焉不詳？但後來也有一些人告訴我他們還是「偵破」了。

我並不認為此書已經徹底「過時」，它的好些歷史觀察和價值描述是至今仍然有其意義的。最近有人還告訴我，重讀此書，仍有強烈的感慨。遺憾的是，現在年輕人對七十年代末八十年代初的情況似已相當隔膜，完全不能體會和瞭解此書和其他一些事、一些書的真實情況和作用，因此他們的評論就抓不住要害。

剛才你提到《論嚴復》（《歷史研究》，1977 年第 2 期），這讓我記起一事來。「文革」後，美國第一個訪華學術代表團看到此文中居然引用了當時著名的史華慈（Benjamin I. Schwartz）的書（《尋求富強：嚴復和西方》）而大為驚訝（正如後來台灣看到《美的歷程》一樣），他們以為中國大陸的學者都被封閉和禁聲了。此事當時登在某內刊上，引起了胡喬木等人的重視。

馬　《近代》這本書主要談的是晚清的人物、事件與思潮，順便問一下，您如何看「康乾盛世」？

李　我很反感那些清宮劇、辮子戲，裡面充滿著奴才觀念和愚昧意識。對康熙、乾隆我也持否定態度。我認為，滿清對中國的統治，使中國歷史發生了倒退，我對滿清入關的評價是負面的。上世紀六十年代劉大年寫過一篇《論康熙》的文章，發表在《人民日報》上，極力歌頌康熙的功績，我當時就極反感。滿清使中國歷史大倒退，在農業上厲行小農政策，外交上閉關鎖國，文化上大搞文字獄和思想鉗制。但這一切都搞得很高明。例如修《四庫全書》，既籠絡、收買了大批知識分子，又銷毀、篡改了大量書籍，當時不許思想，所以考據風行。明代中葉以來禮教崩壞得很厲害，商品經濟、思想文化本來有良好的發展前景，清朝的入主使這一切被中斷，退回到小農社會的閉關狀態。「三言二拍」中所反映的濃厚的市民風尚、氣息都消失不見了，盛行的是偽古典主義。而如果當時李自成成功了，情況就會不一樣。少數民族入關帶來的總是落後和倒退，從政治、經濟到文化都如此。世界歷史已多次證實了這點，不僅中國。我認為滿清的「功績」可能就是擴大了中國的版圖，但因此對清朝、清帝國全面頌揚我不贊成。

可捎帶講一下，我對慈禧太后的看法跟別人也許不一樣。廢除科舉就是慈禧太后做的，這是很大的膽識，斬斷了以前讀書人做官的途徑，等於斬斷了皇權制度的基礎，誰也不敢做，她做了。我覺得慈禧死得太早，她假如晚死 10 年，中國完全有可能走上憲政道路。要麼她就早死 10 年也好，戊戌變法就成功了。可她偏偏死得不早不晚。所以嘛，歷史有很大的偶然性，我不贊成人家講的「一切都是必然」，沒有那麼多必然，歷史上的偶然因素特別

多。領導人的個人品質、性格都能影響歷史進程。

馬 所以，您在《近代》後記中講：「偶然與必然是需要深入研究的歷史哲學的最高範疇。」

李 對。這裡可再講幾句。從「偶然性」看，便不是「群眾創造歷史」，而是最高層政治人物在創造歷史，所以中外歷史從來主要就是帝王將相史，都主要是這些人的生平、事蹟、方略、政策以及思想和私人生活等等，因為它們可以主宰、支配以至決定絕大多數「人民群眾」的生活、生存以及生命，造成歷史的前行、停滯或倒退，當然，其他因素也起作用。從深層說，人民大眾生產食物以供人們食用在創造歷史，這裡講的只是從政治哲學的角度來看，這就不是舊版或新版的「人民群眾創造歷史」所能替代。只有人民真正議政、參政、主政，才可能儘量避免和減少種種可怕的偶然性的發生和出現。可見偶然性之重要大矣哉。

「有突破之功」

馬 也可能《近代》——書當時影響太大，現在網上甚至書上介紹您時，還常常這樣寫：「主要從事中國近代思想史和哲學、美學研究」（笑）。對了，您又是何時開始考慮中國古代思想？

李 從五十年代開始，我便有兩個研究領域：美學和中國近代思想史。在研究中國近代思想史時，也在考慮中國哲學史上的一些問題，對中國古代思想也形成了一些看法。中國近代思想史的主題之一便是革命。七八十年代我出版美學書，但同時也在繼續進行五十年代開始的中國近當代思想史的研究，並且由近當代擴展到古代。因為告別革命之後更需要從積極方面去研究和認識中國的傳統，這個傳統在以前是被革命所輕視或否定或摧毀的。

馬 《孔子再評價》是您第一篇中國古代思想史文章？

李 文章寫於 1976－1978 年，1980 年發表。我提出孔子的仁學模式由四因素構成：血緣基礎，心理原則，人道主義，個體人格。最為重要和值得注意的是心理情感原則，它是孔學、儒家區別於其他學說或學派的關鍵點。四因素互

相制約，構成有機整體，其精神特徵是實踐（用）理性。血緣、心理、人道、人格終於形成了這樣一個以實用理性為特徵的思想模式的有機整體。建立在血緣基礎上，以「人情味」（社會性）的親子之愛為輻射核心，擴展為對外的人道主義和對內的理想人格，它確乎構成了一個具有實踐性格而不待外求的心理模式。孔子通過教誨學生，「刪定」詩書，使這個模式產生了社會影響，並日益滲透在廣大人們的生活、關係、習慣、風俗、行為方式和思維方式中，通過傳播、熏陶和教育，在時空中蔓延開來。對待人生、生活的積極進取精神，服從理性的清醒態度，重實用輕思辨，重人事輕鬼神，善於協調群體，在人事日用中保持情慾的滿足與平衡，避開反理性的熾熱迷狂和愚盲服從等等，它終於成為漢民族的一種無意識的集體原型現象，構成了一種民族性的文化—心理結構。孔子成為中國文化的象徵和代表。

馬 我看過馮友蘭先生給您的一封信，講「此作對於現在中國哲學史的研究有突破之功，佩甚」，並建議可將題目改為《對儒家的再評價》。

馮友蘭讀《孔子再評價》後致李澤厚函（80年代初）

李 我將《孔子再評價》打印稿寄給馮先生，這是他的回信。當時還開了個會，于光遠主持的，一些老先生，王明、容肇祖、張岱年等等，他們說「唯物」「唯心」此文一字未提，階級鬥爭也未提，大有問題，馮當時因「四人幫」問題受牽連，未能參加，但眼光畢竟比他同輩人高。該文的確影響很大，說「突破」非誇張。

這裡還有個插曲，黎澍主編的《中國社會科學》號稱中國最高學術刊物，本來要將《孔子再評價》和顧准的文章一起發在創刊號上的，好些人反對，創刊號就沒發成。後來在胡喬木的支持下，發在第二期上。顧准的遺文後來就一直沒在那刊物上發出來。我的《宋明理學片論》(1982)、《秦漢思想簡議》(1984)、《漫述莊禪》(1985) 諸文也是發在《中國社會科學》上。

馬 編《中國古代思想史論》時，您又在此文後增補了一節《附論孟子》。我印象很深的是您所講的孟子那奇特的「養氣」說：理性凝聚（「集義」）為意志，人憑這種凝聚的理性的感性（「氣」）能與天地相交通。

李 我對孟子的講法也與歷來特別是當下的講法頗為不同。我強調的是孟子「大丈夫」的「自由意志」，否定各種先驗的性善論。學人們至今都認為人性中有某種天賜的或自然生成的「善」，並認為這是人類倫理—道德的根源，說法雖有不同，多種多樣，但總說不清楚。而我一直認為動物中就有同情、合作、憐憫的方面，也有爭鬥、撕打、殺戮的方面，到人類，前者便「文化」為所謂「善」，後者便是「惡」。所以我贊同由倫理而道德的荀子，提出「人性」乃塑健而非天生的教育—心理路綫。現在學界特別是儒學研究中討論極為熱烈，我巍然不動，還是康德深刻：內在道德之路必然走向道德的神學和宗教。

馬 論孔子這篇文章反響很大。郭齊勇教授說您「是最早給孔子平反的學者，標誌著哲學思想史界撥亂反正的開始」。杜維明先生講：「李先生後來寫了《孔子再評價》，在學術界引起了很大震撼。因為當時大陸學者即便不說反傳統，在思想上與儒學也是有相當距離的，而李先生居然提出對孔子要重新評價，等於把整個儒家傳統從正面重新來考慮，所以當時很多人對他有很大的

質疑。」(《統合孟荀與儒學「第三期」》,《上海儒學》,2018 年第 7 期)

李 文章發表之初,很多人不以為然;但是情況很快也就改觀了,也變得比較能夠接受了。《孔子再評價》實際標誌著以原典儒學來吸收融會康德和馬克思以眺望未來。至今看來,還是這篇最有影響和最為重要。

我四次訪日,規格最高的是會見了太平首相和與日本學士院有澤廣巳、末延三次等頂級學者進行學術交流的那次。印象最深的是最後一次與桑原武夫握手告別時,他說「最大的學者還是出在中國」,當時貝塚茂樹、島田虔次等均在場。我講《孔子再評價》(正要發表),這些大學者都在記要點,大概是我講的仁是四要素組成的文化心理結構讓他們很感興趣。別的學者講時卻沒人記。美國的狄百瑞教授還將《孔子再評價》收入他編寫的影響廣泛的《中國傳統的來源》(*Sources of Chinese Tradition*),我們有過許多學術交往,他曾兩次邀約我參加夏威夷會議。從國內說,此文至今恐仍未「過時」,在《論語今讀》新版中,我仍附錄此文。四十年過去了,令人歎惜。

馬 這篇文章裡蘊含的一些思想觀點,直到九十年代您才做了一些具體展開和發揮,如情本體、巫史傳統等。

李 我的「情本體」也可以說源起於此文。文中提出「仁的結構」中的「心理原則」,突出的恰恰是「情」而非「理」。人性是人心的情理結構,而不只是理性。我至今仍然堅持「仁」是這個四方面的結構體,即由「血緣基礎、心理原則、人道主義和個體人格」所形成的人性結構,也就是我後來《論語今讀》所提出的「情理結構」(emotio-rational structure)即「情本體」(emotion as substance),其中的情理交會既區別於禽獸動物,也區別於理性機器,這是我數十年沒有變動的人性論的觀點圓心。九十年代我將它展開為「兩德論」「情理結構」(參閱《歷史本體論》《論語今讀》等)的倫理學論說。

我還把巫術和禮儀連在一起講。文章一開頭就講這個「巫術禮儀」的問題,並與當年對少數民族鄂溫克人調查研究相比較,認為《周禮》是通過「祭神(祖先)」的禮儀擴而成為社會組織、生活規範的整套規範。其中包括了政治經濟制度、貴族生活規範、社會等級規則等等,是從巫術到禮儀。但是

我沒有講，當時我拿不準，後來愈想愈清楚。1999 年發表的《説巫術傳統》更具體地展開了一些。

1985 年我將八十年代陸續發表的有關古代思想的九篇文章彙集出版了《中國古代思想史論》。

十幾萬字就打發掉了

馬　《中國古代思想史論》在人們還「沉沒」於唯物唯心的對峙難以自拔的時候，就開始用「文化—心理結構」「實用理性」「積澱」來解讀孔子和宋明理學家等，用「瞬息永恆」等詞彙來描述莊子和禪宗的意境，等等。這種解釋的新穎性、敏鋭性足以引起人們的極大興趣。

李　這本書就是要試圖改變一下幾十年來中國哲學史只是簡單地分割、羅列成唯物主義與唯心主義的鬥爭史的陳陳相因的面貌。我想從中國文化心理結構等角度進行研究，希望這種研究能略有新意。比如孔子吧，有多少哲學史就可以説有多少位孔子，每個人都有他所理解的孔子，並且都認為這才是那個「真正的」孔子。我的興趣卻不在這裡，而主要是想探究一下兩千多年來已融化在中國人的思想、意識、風俗、習慣、行為中的孔子，看看他給中國人留下了什麼痕跡，給我們民族的文化心理結構帶來了些什麼長處和弱點。這個孔子，倒是個活生生的，就在你、我、他以及許多中國人中間。我認為發掘這種結構，將人們的無意識喚醒為意識，瞭解其中長久維繫這個具有巨大人口的文化體的「精神」，將有助於中國的現代化。這正是我的「西體中用」的重要內容，即在輸入西方現代化的科技—經濟以及政治體制的同時，能使它們在中國很好地運用和實現，還需要瞭解中國的文化傳統或哲學精神。這種精神也呈現在中國思想家的經典文本中。

馬　但整本書給人的感覺還是太簡約了一點。

李　因為是集中在中國文化心理結構這個概括性的主題之上，我就只能選擇一些最有代表性、最有實際影響的人物和思潮，棄而不論許多比較起來屬於次要的人物、學派和思想，例如先秦的名家以及其他好些非常著名甚至非常重要

的思想家；也捨棄了所論述的人物、思潮中離這一主題關係較遠的方面、內容和層次，當然更完全捨棄了一些屬於考證範圍的問題如人物生平、史料源流、版本真偽等等。總之，所作的只是一種十分粗略的輪廓述評。我絲毫不想以齊備為目的，只望能在捨棄中更突出所要研討的主題：即在構成中國文化—心理結構中起了最為主要作用的那些思想傳統。同時在論述中也儘量注意詳人之所略，略人之所詳，以避開重複。我與侯外盧、馮友蘭等人不同，他們都是寫「史」的，我是寫「論」的，「史」「論」是很不一樣的。而且我寫的是「思想史」，不是「哲學史」。

馬　都是提綱性的東西？

李　是也。上下數千年，九篇文章、十幾萬字就打發掉了。自己寫作時，便深感底子太薄，功力不夠，知識太少，不可能也不應該駕馭這麼大的場面，甚至暗暗發誓「以後再也不寫這種東西了」。但結果居然還強如人意，這書在海內外的反應都不壞，不斷被人提及甚至還受到讚賞。我自己也比較喜歡這一本。原因是儘管材料少，論述粗，但畢竟是企圖對中國整個傳統作某種鳥瞰式的追索、探尋和闡釋，其中提出的一些觀念和看法，如「樂感文化」「實用理性」「文化心理結構」「審美的天地境界」等等，我至今仍以為是相當重要的。

這本書可發揮填補的地方很多。這本書講了許多儒家，其實我的興趣也許更在老莊玄禪；這本書都是提綱，其實我更想對其中的一些問題例如宋明理學的發展行程作些細緻的分析。我常常想，只要在上述題目中選定一個，在我原有基礎上，搞它十年八載，大概是可以搞出一兩本「真正」的專著來的。如今垂垂老矣，卻始終沒能那樣做。

樂感文化與實用理性

馬　您在這本《古代》書裡，總結出來哪些中國文化的哲學精神或性格？

李　上世紀九十年代我寫過一篇文章，講儒學的「表層」與「深層」結構。所謂「表層」結構，指的便是孔門學說和自秦、漢以來的儒家政教體系、典章

制度、倫理綱常、生活秩序、意識形態等等。它表現為社會文化現象，基本是一種理性形態的價值結構或知識──權力系統。所謂「深層」結構，則是「百姓日用而不知」的生活態度、人生意義、價值觀念、思想定勢、情感取向；它們並不純是理性的，而毋寧是一種包含著情緒、慾望，卻與理性相交繞糾纏的複合物，基本上是以情──理為主幹的感性形態的個體心理結構。當然，所謂「深層」「表層」的區分並不容易。第一，「深層」是由「表層」經歷長久的時間過程積澱而來，其中包括自覺的文化教育（如古代的「教化」政策）和不自覺的風俗習慣。中介既複雜多樣，自覺不自覺也交錯糾纏，從而很難一刀兩斷，截然劃開。第二，「深層」既然包含無意識和感情，也就很難用概念語言作準確表達。它與「表層」的區分只能大體點明一下。

那麼，什麼是這個「深層結構」的基本特徵呢？《古代》一書論述過的「樂感文化」和「實用理性」，仍然是很重要的兩點。它們既是呈現於表層的文化特徵，也是構成深層的心理特點。將這兩點歸結起來，就是我到九十年代常講的「一個世界（人生）」的觀念。

馬 那就先講講這個「實用理性」。

李 以前我闡述康德時，講過「客觀社會性」，現在我明確它即是經驗合理性，實用理性正是這種「經驗合理性」的哲學概括。中國哲學和文化特徵之一，是不承認先驗理性，不把理性擺在最高位置。理性只是工具，「實用理性」以服務人類生存為最終目的，它不但沒有超越性，而且不脫離經驗和歷史。它認為沒有與「人道」分離的「天道」，「天道」與「人道」一致，而且是「人道」的提升（不是由天而人，而是由人而天）。

歷史意識的發達是中國實用理性的重要內容和特徵。所以，它重視從長遠的、系統的角度來客觀地考察、思索和估量事事物物，而不重眼下的短暫的得失勝負成敗利害，這使它區別於其他各種實用主義。先秦各家如儒、墨、老、韓等都從不同角度表現了這種歷史意識。到荀子、《易傳》，則將這種歷史意識提升為貫古今通天人的世界觀。把自然哲學和歷史哲學鑄為一體，使歷史觀、認識論、倫理學和辯證法相合一，成為一種歷史（經驗）加情感

（人際）的理性，這正是中國哲學和中國文化一個特徵。

我講過，中國實用理性主要與中國四大實用文化即兵、農、醫、藝有密切關係。中國兵書成熟極早，中國醫學至今有效，中國農業之精耕細作，中國技藝的獨特風貌，在世界文化史上都是重要現象。它們與天文、曆數、製造、煉丹等還有所不同，兵、農、醫、藝涉及極為廣泛的社會民眾性和生死攸關的嚴重實用性，並與中國民族的生存保持直接的關係。所以，我在《古代》書中曾不斷指出老子之於兵、荀易之於農、陰陽五行之於醫、莊禪之於藝（首先是技藝）的聯繫，因為研究不夠，可能有些牽強，然而中國實用理性的哲學精神與中國科學文化的實用性格，我以為是明顯地有關係的。

當然，實用理性也有缺失。八十年代以來我多次指出孟子論辯違反形式邏輯，荀子反對純粹思辨，說「言無用而辯，辯不惠而察，治之大殃也」。莊子是「六合之外，聖人存而不論」。中國智慧強調的是「理論聯繫實際」「以實事程實功」「實踐是檢驗真理的唯一標準」等等，並且經常由「度」直接走向「中」「和」「陰陽互補」「天人合一」，完全缺乏脫離經驗現實的抽象思辨的思維模式和習慣。中國先秦的一些非常傑出的名家、邏輯學家，如公孫龍、墨子後學，都沒有得到發展。古代中國的技藝非常發達，但科學並不發達，始終沒能產生古希臘的數學公理系統和抽象思辨的哲學。科學上不可能出現牛頓、愛因斯坦。中國的數學和科學都是直接服務於現實生活的技藝，而不是獨立於人事的非社會功利的真理探究。但也因為它的實用性格，當它發現抽象思辨和科學系統有益於人的時候，便注意自己文化的弱點而努力去接受和吸取。

馬　順便問一下，實用理性（pragmatic reason）與實用主義（Pragmatism）有什麼同異？

李　簡單來講，相同點是：第一，兩者都反對先驗主義，都認為人的認識、道德和審美均由經驗而來。第二，都以人類的物質性生存為基礎和目標。第三，都非常強調人的操作實踐活動，認為理性由此出，理性只是工具，都面向未來。

相異點是：第一，實用理性強調人類生存和活動的超生物性，與生物適應和控制環境有根本的不同，這不同起源於使用—製造—更新物質工具，實用主義漠視這一點。第二，實用理性強調歷史的積累和文化對心理的積澱，認為從這裡生發出客觀性及普遍必然性的絕對標準和價值，重視歷史成果，所以叫人類學歷史本體論。實用主義不然，認為有用即真理，一切均工具。第三，實用理性設定物自體（天道）作為經驗來源和信仰對象，提出「宇宙與人協同共在」，實用主義不認同這些。當然這是相當簡單化的比較，而且這裡的實用主義主要是指杜威。

馬　再說説「樂感文化」。

李　簡單説，即中國文化心理不以另一個超驗世界為指歸，它肯定人生為本體，以身心幸福地生活在這個世界為理想、為目的。在中國意識中，天雖大，人也不小，人要去參與天地的工作，所謂「參天地，贊化育」，天地沒有了人就失去了意義，可見人在中國思維傳統中佔的地位很高的。中國傳統的知識分子（士大夫）對鬼神多半採取孔夫子「敬而遠之」「祭如在」（舉行儀式時假定神的存在，即採取一種敬畏的情感態度）；在老百姓，另一世界只不過是生活在這個世界的死後延續，從古至今，人們都做出各種日用傢俱、食品、房屋甚至鈔票等等埋葬或焚燒給死者。「樂感文化」重視靈肉不分離，重視感性心理和自然生命，肯定人在這個世界的生存和生活。即使在黑暗和災難年代，也相信「否極泰來」，前途光明，「留得青山在，不怕沒柴燒」，這光明不在天國，而在這個世界。

　　所以，中國哲學追求的是知與情，亦即信仰、情感與認識的融合統一體。實際上，它乃是一種體用不二、靈肉合一，是既具有理性內容又保持感性形式的審美境界，而不是理性與感性二分、體（神）用（現象界）割離、靈肉對立的宗教境界。它所指向的最高境界即是主觀心理上的「天人合一」，到此境界，「萬物皆備於我」（孟子），「人能至誠則性盡而神可窮矣」（張載）：人與整個宇宙自然合一，即所謂盡性知天、窮神達化，從而得到最大快樂的人生極致。是審美而不是宗教，成為中國哲學的最高目標。這也許就是中國

樂感文化（以身心與宇宙自然合一為依歸）與西方罪感文化（以靈魂歸依上帝）的不同所在吧？包括魯迅，也並不喜歡陀斯妥耶夫斯基，這大概不會是偶然吧？

但「樂感文化」並不是「憂樂圓融」的「喜洶洶」。我以為中國包括「儒」「道」，由於均源出於「巫」，「天道」都由「人道」提升建立而成，由「倫常日用之道」上升為「於穆天命」的「道」。這「提升」當然是一種「假設」和「約定」。我以為最值得重視的是，這種「假設」和「約定」使這本體和人生具有十分濃重的悲劇性質。人生一無所本，被偶然扔擲在此世間，無所憑依，無所依皈（因為沒有人格神），只能自己去建立依歸、憑據和根本，比起有一個外在的上帝，這豈不更悲苦、更悽愴、更艱難、更困苦？充滿人文精神的中國樂感文化，其實有這樣一種深層的悲劇基礎。但這要點一直沒有被充分闡釋，這個悲劇性的方面經常被引向敬畏的「天命」的準人格神方向，或引向所謂「憂患意識」的政治社會方向。只有在《古詩十九首》之類所謂「一字千金」的人生詠歎中，才略約展示出這種深深的人生無所憑依的本體悲哀。

「樂感文化」也有不足的一面，比如滿足、停滯在一種虛幻的、原始的圓滿中，它回避了激劇的痛苦、靈魂的衝突，在很大程度上回避了苦難、死亡和醜惡，缺乏由這種苦難死亡和醜惡所激起的更強大的精神要求和衝擊力量。

兵家是中國哲學第一家

馬　您講過，關於中國古代思想史，自認為有三大重要創獲。

李　除了提出「實用理性」、「樂感文化」、對荀子的評估、說莊子哲學是美學等等之外，至少有三個重要創獲，它們都是假說，有待以後科學論證其真偽：一是「巫史傳統」（巫的理性化），二是「情本體」，三是「兵家辯證法」。這三點在《古代》一書中都或明（「兵家辯證法」）或暗（「巫史傳統」「情本體」）地講到。

馬　其中，您的「兵家辯證法」觀點影響很大。李零教授講：「1984 年，李澤厚

先生寫了篇文章，叫《孫老韓合說》⋯⋯李先生說，《老子》受《孫子》影響，《易傳》受《老子》影響，只是假說，未必被普遍接受，也很難被證明，但在以往的研究中，這是最高屋建瓴、洞察隱微，啟發我們做深入思考的卓見，難怪屢被引用。」（《兵以詐立‧自序》，中華書局，2011 年）

李 我說過，兵家是中國哲學第一家。要真正瞭解中國古代辯證法，要瞭解為什麼中國古代的辯證觀念具有自己特定的形態，應該追溯到先秦兵家。兵家把原始社會的模糊、簡單而神秘的對立項觀念如晝夜、日月、男女即後世的陰陽觀念多樣化和世俗化了。它既擺脫了巫術宗教的神秘衣裝，又不成為對自然、人事的純客觀記錄，而形成一種在主客體「誰吃掉誰」迅速變化著的行動中簡化了的思維方式。它所具有的把握整體而具體實用，能動活動而冷靜理智的根本特徵，正是中國辯證思維的獨特靈魂，而構成中國實用理性的一個重要方面。

馬 這個「兵家辯證法」有哪些特點？

李 第一，一切以現實利害為依據，反對用任何情感上的喜怒愛憎和任何觀念上的鬼神「天意」來替代或影響理智的判斷和謀劃。只有在戰爭中，只有在謀劃戰爭、制定戰略、判斷戰局、選擇戰機、採用戰術中，才能把人的這種高度清醒、冷靜的理知態度發揮到充分的程度；第二，必須非常具體地觀察、瞭解和分析各種現實現象，重視經驗；第三，在這種對現實經驗和具體情況的觀察、瞭解、分析中，要迅速地從紛繁複雜的錯綜現象中發現和抓住與戰爭有關的本質或關鍵，儘快捨棄許多次要的東西，避開繁瑣的細部規定，突出而集中、迅速而明確地發現和抓住事物的要害所在，要求以一種概括性的二分法即抓住矛盾的思維方式；第四，客體在這裡作為認識對象不是靜觀的而是與主體休戚與共的，是從主體的功利實用目的去把握的。其實，毛澤東的軍事思想的哲學明顯地近似或符合這個中國古老的兵家辯證法。這個辯證法是與主體實踐行動密不可分的辯證法，從而它也是認識論，即毛的「實踐論」。

馬 與西方辯證法對比，有何不同？

李 大體說來，西方的辯證法從語言論辯中產生，是思維的藝術，思辨的智慧；中國的辯證法從戰爭兵法中產生，是生活的藝術，生存的智慧。前者鍛鍊培育了人們的思辨理性，產生了高度抽象的理論科學，為中國傳統所遠遠不及。後者鍛鍊培育了人們的實用能力，產生了眾多的技術發明，培育和延續了一個如此眾多人口、廣闊疆域、有統一文字語言而且歷史悠久未斷的巨大時空實體。

馬 何炳棣先生也很重視您的「兵家辯證法」觀點，他講：「當代思想史家中，李澤厚先生對中國文化積澱往往有新穎深切的體會，而且能把深邃的道理做出精當易曉的解釋。他認為先秦思想流派中最先發展和應用辯證思維的是兵家，因為戰爭事關生死存亡，『略不經心便可鑄成大錯，而毫釐之差便有千里之失』……筆者覺得這一現象從李澤厚的宏觀論斷中可以得到合理的解釋：《老子》談兵部份確有不少處可認為是《孫子兵法》的延伸和概括，但《老子》之所以富原創性，正是因為它能把《孫子》軍事辯證法提升到政治和形上哲學的辯證層次。」（〈有關《孫子》《老子》的三篇考證〉，台北「中央」研究院，2002 年）

李 何炳棣先生晚年是通過任繼愈老師聯繫我的。我到美國後，何先生想與我合作寫思想史，因為我們的好些觀點相當接近和一致，可惜年歲都大了，又分兩地，不可能弄了。何先生曾手書《孫子》《老子》兩書裡的辯證片語寄我，後來我影印到我的一篇講演稿中（《陰陽五行：中國傳統的宇宙觀》）。何是我很尊敬和看重的海外學人之一。他在美國學界地位非常高，擔任過美國亞洲學會會長，治學嚴謹，材料扎實豐滿，見解重要。如他的「墨子源於孫子說」，認為墨子秉承孫子，懂兵書，能守城，曾為秦（時國勢尚弱）守城拒魏，其後，墨家融入法家。我贊同此說，認為墨子「尚同」，墨家鉅子制度等均取自軍隊，入秦後墨家思想學說中之「兼愛」「非攻」等下層性質消亡喪失，而「尚同」「力田」等則為法家吸取，成為耕戰體制、絕對專制的重要思想來源，這才是郭沫若所提及過的「墨法在秦合流」。但「兵—墨—法」這一綫索卻從未為治思想史者所注意，拙文《墨家初探本》《孫老

韓合說》亦未能涉及。我曾特將何這一重要論點補注於《新版中國古代思想史論·「說巫史傳統」補》中，以明墨家思想之來龍去脈，再次確認兵家在中國古代思想史上的源頭地位。而且我認為，現代中國曾以新形式再現了「兵—墨—法合流」，參閱拙文《再談馬克思主義在中國》（2005）第一部份。

馬　這真是一段學術佳話！可謂互啟互用，相得益彰，在當今學界尤其值得大力宣導。前幾年，我還讀過《中國文化》雜誌上劉夢溪先生的〈讀《漫述莊禪》致李澤厚〉，他說：「我無法描述讀了《漫述莊禪》的喜悅心境……我不僅在思辨上、在道理上同意你對莊玄禪的論述，在實感上、在審美上也被你的論述征服了。……我認為你這篇文章的價值、意義，真是不可估量——它將為思想史的研究、傳統美學的研究，開一新生面，引入目的性和規律性合一的科學途徑。」寫得很動情，很真誠。

李　那是他八十年代寫給我的信，我從美國回來，還給了他，他就登出來了。這些年，我將許多人過去寫給我的信，陸續送還給他們，包括我的弟弟、妹妹。

有人跑來質問我

馬　《古代》一書因對傳統思想多有肯定，當時也招來了不少批評。

李　書裡所想講的，與我所接觸的年輕大學生中的兩種不同意見有關。一種意見要求徹底打碎傳統，全盤輸入西方文化以改造民族；另一種希望在打碎中有所保存和繼承。前者認為後者在客觀上將阻礙現代化的進程；後者認為還應該看到後現代化，要注意高度現代化了的歐美社會所面臨的精神困擾。我沒有參與這一爭論。我仍然深信當前中國的社會前進首先還是需要基礎的變動，需要發展社會生產力、科學技術以及改變相應的各種經濟政治體制。在意識形態領域，首先要努力配合這一變化。同時也應該高瞻遠矚，為整個人類和世界的未來探索某些東西。

從前一方面說，中國民族的確是太老大了，肩背上到處都是沉重的歷史塵垢，以致步履艱難，進步和改革極為不易，「搬動一張桌子也要流血」（記

得是魯迅講的）。在思想觀念上，我們現在某些方面甚至比五四時代還落後，消除農民革命帶來的後遺症候的確還需要沖決網羅式的勇敢和自覺。所以本書反對那準宗教式的倫理主義，揭示儒、道、墨等思想中的農業小生產的東西，並以《中國近代思想史論》一書作為本書前導。從後一方面說，比較起埃及、巴比倫、印度、瑪雅等古文明來，中國文明畢竟又長久地生存延續下來，並形成了世罕其匹、如此巨大的時空實體。歷史傳統所積累成的文化形式又仍然含有值得珍貴的心理積澱和相對獨立的性質；並且百年來以及今日許多仁人志士的奮鬥精神與這文化傳統也並非毫無干係。所以本書又仍然較高估計了作為理性凝聚和積澱的倫理、審美遺產。這實際也涉及歷史主義與倫理主義的二律背反問題。歷史本就在這種悲劇性矛盾中行進。這是一個深刻的問題啊。本書目標之一，就是想把這類問題（不止這一個）從中國思想史角度提出來，供年輕同志們參考、注意和研究。

馬　趙士林教授講過一個情節，八十年代他在您那裡讀博士，一天有個年輕人跑到美學室來質問：「你是我們思想解放的旗幟，為什麼你那麼追捧孔子？」

李　哈哈，有這事，想起來蠻有趣的。反傳統是當時的主流。但我寫這些書的時候從沒有想過如何去迎合讀者，我只按照自己的看法寫。由於《古代》對傳統文化作了相當多的肯定，與新儒家有相近的地方，當時不少青年學子認為它背離了《近代》反傳統的批判精神，說我「轉向」了、倒退了，認為我自相矛盾：《近代》反封建、反傳統，《古代》卻大說傳統的好話。因此，此書被激烈攻擊，一些年輕人感到失望，我被視為保守、陳舊。

當時有四大名將：包遵信、金觀濤、劉小楓、劉曉波，各自從啟蒙主義、科學主義、基督教、尼采來批孔和反傳統。因此當時《古代》這書沒什麼影響，真正有影響是以後了。

馬　記得當時您還專門寫了一篇《關於儒家與「現代新儒家」》來澄清。

李　對。主要闡釋了《古代》與港台「新儒家」的區別。這本書並不與《近代》相悖離，恰好相反，它是以之為前提的進一步的探索。我以為，現在是中國第一次真正地走向世界，和西方文化進行交流。要更好地瞭解西方文化，就

必須對本民族的文化有一個清醒的自我認識。我希望在未來的世紀裡，中國文化傳統在東西方人文世界進行真正深入的對話中，能有自己的立場和貢獻。

馬 如此說來，《古代》似乎比《近》《現》二冊，具有更深一層的目標和含義。

李 對。這也正是中國現實的深刻「吊詭」和關鍵所在。如上所說，一方面，中國要進入現代化，當然要在一定程度和一定意義上反掉某些前現代的傳統；但今日中國又應該是在看到後現代的前景下來進入現代，從而才可能儘量避免或減輕現代化所帶來的種種災難、弊病和禍害，因此，注意保存傳統又成為非常重要的事情。我認為，也許這樣，才能嘗試去走出一條既現代又中國、既非過去的「社會主義」又優越於今日資本主義的創造性的道路來。

「救亡壓倒啟蒙」惹爭議

馬 「思想史三論」的最後一部是《中國現代思想史論》。

李 1987年出版的，收文八篇。按自己原來的計劃，最早在1990年寫成。但我當時感覺風向會變，我怕搞得太慢會出不了，這一點當時也和一些朋友說過，於是便在1986年就匆匆交稿。但沒想到兩年之後是那樣一場暴風雨，真令人感慨不已。書出版後，有人說：你看，李澤厚又回來了，回到《近代》的立場上了。也有人說，三本思想史論書正好是正—反—合。哈哈，我覺得挺好玩的。

馬 您在「後記」裡講，相比前兩本，《現代》比較「單薄和浮泛」。

李 這是個太艱難的課題！所以，這本書有意地更多採取了摘引整段原始資料的方式。一則為了給某些資料立案備查，留待以後填補發展；二則希望通過原始資料，由讀者自己去欣賞、判斷。但由於幾乎每天四小時五千字的進行速度，摘引之匆忙、敘述之草簡、結構之鬆散、分析之粗略、文辭之拙劣、思想之浮光掠影，看來比前兩本思想史論更為顯著。

馬 儘管如此，此書當時似乎仍廣受歡迎。

李 《現代》一書之被接受，甚至為某些青年所偏愛，可能主要是當時在「文化

熱」的高潮中，人們（特別是青年一代）對未來中國的走向有著巨大的關懷，特別當時要求政治民主思想情緒正日益強烈，反思過去使他們對《現代》一書提出的一些現實政治問題發生了極大興趣，於是此書不脛而走，「流毒」甚大，一度成為禁書。

馬　首篇《啟蒙與救亡的雙重變奏》提出了解釋中國近現代思想史上許多錯綜複雜現象的基本綫索和框架，在思想文化界引起巨大反響，毀譽參半，爭論持續至今。

李　這確乎有點意外。這篇文章是 1985 年 8 月在廬山開完中國哲學史會議回來後寫的，是應《北京社會科學》雜誌之約，為紀念「文革」結束十周年而作。寫得很快，兩三天就寫完了。寫的時候段落都沒有分，可說一氣呵成。先交給《北京社會科學》雜誌，但被壓了好久，終於不敢刊用，退給了我，後來才發表在民辦刊物《走向未來》創刊號上（1986 年 8 月）。給《走向未來》發表時只分了段，小標題是到出書的時候才加上去的。

還發現一個未曾料到的情況，即「壓倒」一詞所引起的情緒反應。本來，我使用「壓倒」此詞以及「救亡壓倒啟蒙」的表述，純係描述歷史事實的中性用法，並無褒貶含義。說的是，在近代中國特別是自三十年代以來，在由抗日所掀起的救亡圖存的浪潮中，又特別是在以長期軍事鬥爭為主要方式的中共統治或領導下的地區、方面、制度和組織（軍隊）中，以捍衛個人的權益、自由和理性為內容的近代啟蒙精神被擠壓到非常不重要的地位。我曾指出，這有其歷史的合理性和「必然性」。從思想史看，從十九世紀末起，包括嚴復、孫中山乃至胡適、陳獨秀等這些熟知並贊同西方近代自由、民主、理性、啟蒙的著名知識分子們，也同樣強調國家的富強、「國家的自由」高於個人的利益、個人的自由，便是這一中國近代歷史特徵之反映。但我這一看法，卻一再被認為是「一個帶有明顯褒貶意味的表述」（顧昕：《中國啟蒙的歷史圖景》，第 39 頁，香港牛津大學出版社，1992 年）。「旨在否定中國人民在中國共產黨的領導下反對帝國主義和封建主義，把半殖民地、半封建的舊中國變為社會主義新中國的歷史」（《當代思潮》，1991 年第 3 期），甚至引申

出我主張寧做亡國奴也要個人自由等荒謬批判。

為什麼？是不是這個有關「國家、社會和個人」的問題本身，在今天仍有太強的現實意義而具有敏感性呢？果真如此，則討論和研究它就更為重要了。在啟蒙與救亡的文章中，結語的確是指出，長期戰爭結束之後，沒有認真研究這一歷史特徵，從而不但沒有放棄或修改由這一特徵所帶來的一整套制度、觀念、習慣等等；反而變本加厲，在「革命傳統」「鬥私批修」「不斷革命」種種旗號下，將以個人為本位的近代啟蒙主義徹底否定了。強調的是國家、「人民」的利益高於個人的一切，甚至個人生命本身。其結果是「文革」中封建傳統的全面復活。如何處理、對待國家、社會和個人，無論在實踐行為中或思想理論上，仍是一片嚴重的混亂。從所謂「新權威主義」到極端個人主義，從八十年代到今天及今後，這種混亂曾經並將繼續出現。

還有，很奇怪，當年有人以救亡中有掃盲、識字運動來證明並未壓倒啟蒙，直到今天還有學者仍如此說，真有點匪夷所思。難道西方的啟蒙運動、中國「五四」、康德講的啟蒙，是識字運動嗎？

馬 這篇文章還引出另外一樁爭議、公案。王若水、杜維明等人認為，這個觀點是美國學者舒衡哲（Vera Schwarcz）最早提出的，您沿襲了舒的觀點。這種說法在學術界似乎亦很流行。而當事人舒衡哲教授，在其《回家的路 我與中國——美國歷史學家舒衡哲口述》（2018）一書中也是這樣陳述的，並且還提出「中國六代知識分子」也是你們一起討論出來而被您拿去使用的，如此等等。這些說法，我認為是完全不符合客觀事實的，為此，我寫了一篇《「救亡壓倒啟蒙」與「中國六代知識分子」之「發明權」考釋》的萬字文章（見本書附錄一）。

李 舒的這本口述，有朋友寄給了我。情況完全不是她講的那樣嘛。這種所謂「發明權」之爭，是很無聊的事，雙方的書都在那裡擺著，大家可以自己去看、去比較、去判斷嘛。

最看重的是另一篇

馬 啟蒙與救亡這篇影響最大，也挨批最多。但您講過，自己最看重的卻是另一篇《試談馬克思主義在中國》。

李 所以，我就很奇怪，啟蒙與救亡這篇為什麼影響會那麼大，根本沒料到，其實我很早就明確說了這個思想。談馬克思主義在中國這篇反而沒有多少反響，客觀效果跟主觀意圖可以很不一樣，可能還是現實的需要吧。當然啟蒙與救亡文我也看重，所以才是第一篇嘛。談馬克思主義在中國這篇1988年北京三聯書店還出過單行本。文章開頭我就講，沒有哪一種哲學或理論，能在現代世界史上留下如此深重的影響有如馬克思主義；它在俄國和中國佔據統治地位已數十年，從根本上影響、決定和支配了十幾億人和好幾代人的命運，並從而影響了整個人類的歷史進程。這一事實在中國是如何可能的？它顯然是一個具有頭等意義的現代思想史重大課題，它關係著中國今日和未來在經濟、政治、文化上的走向。而且，較之西方馬克思主義各派理論，馬克思主義在中國或者說中國的馬克思主義具有由實踐行動所提供的大量現實的經驗和教訓。因之，對馬克思主義在中國的歷史命運的研究，對瞭解整個馬克思主義或許也將有所裨益。

胡喬木認可我談毛，八十年代胡在訪美之前，曾索要《中國現代思想史論》一書，他當面跟我講：「你對毛澤東的評述，經緯度很準。」斯圖爾特‧R‧施拉姆，就是那位西方著名的毛澤東思想研究大專家，當時訪問中國社會科學院，胡喬木接見並讓我陪同。這引起許多人大為不滿，當時所長邢賁思就說：「李又不是研究毛的，為何邀請他參加！」（笑）

噢，還記起一件事來，八十年代李銳先生到我家……

馬 哦，哪個李銳？是那個山西著名作家李銳？還是寫《盧山會議實錄》的老幹部李銳？

李 作家李銳曾給我寫過幾封信，寄過他寫的小說。不是他。是革命家李銳，資格很老，當過中央委員、中顧委委員。當時李銳先生爬五樓到我家，那時他已經七十多了，我當時對他身體如此壯實，極感驚異，至今仍有印象。他主

要是希望與我合作研究毛，當然是看了我的《現代》書來談的。但那時我正要出國去新加坡，所以就沒有合作研究。除吃飯同席外，我也去過李銳家多次。他作序的《晚年毛澤東》（蕭延中主編，春秋出版社，1989 年）收了我的《試談馬克思主義在中國》第三節。

馬 您談馬克思主義在中國，《現代》一書有兩篇，除了這篇，還有《青年毛澤東》（1987）；2005 年又寫了《再談馬克思主義在中國》；2018 年再作《三談馬克思主義在中國》。這四篇互相銜接、層層遞進，對所觸及的諸多話題，均有深刻的闡述，讀後使人豁然開朗，對許多重大問題有了一個清醒的把握和認識。只可惜最後兩篇許多人讀不到。

李 《再談》文承續了前一篇的基本觀點，但更直接、更深入，2005 年曾編入我的一部專題文集《馬克思主義在中國》（明報出版社）。其中的二、三部份，後來又收入 2006 年天津社會科學院出版社的《李澤厚近年答問錄》一書，其實我就是為了這篇文章才出這本書的。《三談》文，不是很長，六千餘字吧，是香港版《馬克思主義在中國》英譯本的新序，看法又有許多不同了，但不能說了。

我大半輩子的生活和工作被籠罩在這個題目之下。我想此生不應該糊裡糊塗地被打發掉，在思想理論上清理一下，至少對我本人是必要的。前面講過，「文革」中我曾擬了幾個提綱，其中一個就是關於馬克思主義的，本想結合中國經驗寫本像柯拉柯夫斯基《馬克思主義的主流》那樣的書，也收集了一些資料，但畢竟自己基礎太差，主客觀條件限制太大，始終無法動筆。只陸續寫了這幾篇談馬克思主義在中國的文章，但都非常重要，我認為我講到位了，但人家不識貨，那沒辦法，總是要麼被人罵，要麼不吭聲。

馬 這些文章我都認真研讀過，不少論點非常精彩，令人印象深刻。譬如，您講的毛澤東思想形成的關鍵點，就精準有力。

李 我在《再談》中講過，毛澤東思想是由列（寧）斯（大林）體制等三個方面組成結構的。但這一結構的形成是如何可能的？這才是關鍵。雖然國內外也有論著直接間接論述到，但這結構的關鍵點依然沒有被足夠重視。

馬　這個「關鍵點」是什麼？

李　就是毛澤東思想是在長期革命軍事戰爭中發展形成的。這是不同於列寧主義、斯大林主義的重要地方。毛本人也首先是以其領導軍事鬥爭即革命戰爭的才能和地位而獲得擁護，並逐漸取得黨內的最高權力的。他始終不放手的是軍權。他的「思想」也首先正是通過戰爭經驗的總結，獲得了軍內黨內的信任和信服。從三十年代的三次反圍剿到 1949 年前的三大戰役，毛運籌帷幄，取勝千里。他的《中國革命戰爭的戰略問題》一書，我以為是他最成功的著作。他以後那些「以十當一」「傷其十指不如斷其一指」的「人海戰術」、《矛盾論》中「抓主要矛盾」「矛盾的主要方面及其轉化」，都首先是從戰爭經驗中提升出來的。他由軍事而政治，搞了一整套戰略策略，包括「統一戰綫中的獨立自主，又團結又鬥爭」「聯合中有鬥爭，鬥爭中有聯合」「先斬後奏，先奏後斬，斬而不奏，奏而不斬」「有理、有利、有節」，等等，所有這些與唯物史觀並無關係，都是在與國民黨的革命鬥爭中（首先是戰爭中）所總結的思想成果。其中特別重要的是，在組織上他抓得極緊的是「黨的建設」，具體辦法是「支部建在連隊上」，即緊緊從思想上政治上掌握廣大的基層。這就大不同於俄共紅軍只派政委而已。毛以「支部建在連隊上」來徹底實現黨對軍隊的絕對領導。以後又把軍隊中這一套行之有效的辦法，不斷擴展一直籠括整個社會，使人們的一切生活和思想都處於「黨組織」掌握之中。黨組織成了整個社會的骨脊血脈，上下貫通，堅固持久，效率極高。只要掌控了黨，也就掌控了整個社會。中共黨組織力量之強大，是任何其他政黨包括蘇共所不能比擬的，而這卻正是產生在長期戰爭的軍隊基礎之上的。有興趣的，可以翻一下我那本港版《馬克思主義在中國》。

馬　那篇《略論現代新儒家》您似乎也很重視？

李　這篇算是大陸學人第一次概括性評述現代新儒家，其中也批評了正紅火的牟宗三，當時我在新加坡，一位韓國老教授看後說，這是篇非常好的導論。但在大陸卻沒引起學界任何反響。

馬　我個人很喜歡《二十世紀中國（大陸）文藝一瞥》這篇，覺得從某種意義上，

它像是《美的歷程》的「續篇」。搞現代文學的黃子平教授曾説，李澤厚的《中國現代思想史論》，「我經常看，他裡面有一篇《二十世紀中國文藝一瞥》，三個人費勁地弄（按：指錢理群、陳平原、黃子平所著《「二十世紀中國文學」三人談》），他一瞥就完了，我們非常震撼。」

李　《近代》一書提出了「中國六代知識分子」的分期，這篇「一瞥」文就是從這個角度來談二十世紀中國文藝。

「西體中用」是第三派

馬　除了「救亡壓倒啟蒙」，在「文化熱」中，「西體中用」也遭到了極大的誤解、批評，它也出自《現代》。

李　大多數人對「西體中用」都搖頭。「西體中用」不是我發明的，黎澍先生曾提出過。最近查了一下，發現熊夢飛、黃仁宇也先後講過「西學為體，中學為用」，但他們講的與我講的還是不同。有興趣的可再查核。1986 年 1 月份，在上海的一次會議上，因為不贊成「中體西用」論，為造成一種語言上的對立感，我提出了「西體中用」。杜維明他們都反對。記得那次俄國漢學權威學者齊赫文斯基説「『西體中用』，應改為『馬體中用』」，現在想起來真好玩。（笑）

「中體西用」是鄭觀應等人早就提出過，而且當時有很大的進步作用，這我已在文章中説明過。但從改革開放的八十年代到今天，這種「中體西用」仍大有市場，只是表現形式有所不同罷了。他們認為，中國的一切已經很好了，只要引進點科學技術再加上經營管理制度就行了。這還是張之洞所説的「法」可變而「道」不可變嘛。近年來這種論調更大行其道，以復興儒教等方式出現，還似乎很有「理論水平」，其實腐朽之極。

馬　許多批評者説，為什麼您還要使用「體」「用」這種早已過時的語言、詞彙？這些語詞，太古老、太不科學了。

李　的確，「體」「用」是中國古典哲學的傳統術語，含義模糊，缺乏嚴格的定義或規範。那為什麼我還要使用這種語彙？簡單説來，這就因為它還有生命

力，有現實針對性。我的「西體中用」本是針對「中體西用」「全盤西化」（也就是「西體西用」）而提出的。如果沒有「中體西用」和「全盤西化」這兩種思想、語詞，我也就不會提出和使用「西體中用」。我認為，張之洞的「中體西用」是保守主義，譚嗣同的「流血遍地」是激進主義，那麼，處在兩者之間的康有為，恰好可算是「西體中用」的自由主義。張之洞強調的是維護專制、捍衛傳統三綱六紀的等級秩序，譚嗣同要求以激烈方式打破這種既定秩序，強調人人平等。那麼康有為則更多立足於個體自由，主張漸進地改變現存秩序。我是贊同第三派意見的。

馬　「西體」和「中用」具體指的是什麼？

李　我講的「西體」，實質就是現代化。我用的「體」一詞與別人不同，它首先指的是社會本體，因此主要是指物質生產和日常生活。這是從唯物史觀來看的真正的社會本體，是「人活著」的根據。現代化首先是這個「體」的變化，在這個變化中，科學技術扮演了非常重要的角色，科學技術是社會本體存在的基礎，因為由它導致的生產力的發展確實是使整個社會存在發生變化的最根本的動力和因素。至於説「西學為體」，在我看來，就是以產生在西方現代化社會存在本體上的本體意識來作「學」的主體。現代化的這個「體」（指社會存在、現代生產方式和生活方式、日常生活）和本體意識（指現代科技理論、政經理論、文化理論等等），用到中國來，就當然有一個中國化的問題。「中用」就必須考慮到國情和傳統。正是在這種形式的改變、轉換和內容的選擇、取捨與運用的關係中，包含著複雜的「體」「用」問題。一方面不能生吞活剝，食洋不化，畫虎不成反類犬；另方面又得注意橘渡江而成枳，西體、西學搬進中國完全變樣，被頑固強大的中國傳統封建力量給溶「化」掉了。

馬　您主張的「西體中用」與傳統的今天的「中體西用」是對立的，但您在一篇文章中又講過「『西體中用』竟可通過『中體西用』而實現自己」這樣的話，令人費解，能解釋一下嗎？

李　「體」既為科技工藝和生產力及方式，則「中體西用」論者因允許和推行「西

用」，其「中體」也必不能堅持而將逐漸改變，不論其是否自覺是否自願。而逐漸改變（改良而非革命）卻又正是「西體中用」論所主張。於是，「西體中用」竟可通過「中體西用」而實現自己，如此吊詭，豈非黑格爾所謂「歷史之狡計」和可悲可喜之時代迷藏麼？也就是說，「西體中用」通由「中體西用」的方式和理論以實現自己，整個「中體西用」成為「西體中用」之「中用」過程中的組成部份或階段，此非始料所及，卻成為歷史曲折前行的實然。但歷史不會止步於此，「中用」會繼續創造出適合於「西體」（即現代化的物質生活，它由百餘年向西方開放而輸入）的更佳新形式。

馬　也有人批「西體中用」，說是在提倡「全盤西化」。

李　恰恰相反！我是一直不贊同「全盤西化」的。中國要走一條自己的路，不能盲目地學習西方。中國如何吸收西方長處，目前這仍然是基本的、主要的方面，如何結合現實和傳統做出轉化性的借鑒，創造出擁有自己的新經驗的體制，這才是好的。「自由、平等、人權、民主」都是普世的，這毫無疑問，但在制度的建構上，不必也不能完全照搬，可以添加中國元素。比方說中國傳統比較講人情、講協調、講不傷和氣，夫妻鬧彆扭、朋友鬧糾紛不一定上法庭。現在西方佔主導的是「理」「公共理性」，這仍然是中國目前極為缺乏而非常需要的方面、基礎，必須具體落實到有操作性的法律層面上，但可以逐步加入中國「情」的元素。比如 2010 年公佈的《中華人民共和國調解法》就說，首先建立在允許人家上法庭的基礎上。願意調解的可以調解，不願意調解的仍然可以上法庭。以這為前提，這個前提非常重要，這也就是我說的「西體中用」。

「轉化性的創造」

馬　前面您說康有為算是「西體中用」的先驅？

李　是也。但他缺少了「轉化性的創造」這一重要概念。他沒認識到「中用」不是策略，不是用完就扔的手段，而應成為某種對世界具有重大貢獻的新事物的創造。即由「中用」所創造出的「西體」，不止於符合普遍性的國際現代

化準則或原理，而且將為此國際現代化（也就是今日的全球化吧）增添新的具有世界普遍性的東西，無論在經濟上、政治上或文化上。例如，並不像康有為《大同書》那樣，即家庭未必須廢，「公養」「公教」未必可行，而以家庭血緣情感紐帶為核心的儒家教義和由此而「充之四海」的仁愛情懷，如果去掉千年蒙上的塵垢污染和加以改造，未必不可以具有世界普遍性，未必不可以不亞於基督教而具有廣泛的倫理和美學的價值。康有為在「骨子裡」是西化普遍性論者，卻矛盾地處在救亡圖存而又十分保守落後的中國環境中，他只好以堅定的傳統護衛者的面目出現。康有為的「廢家」（大同思想）、「立教」（現實實踐），他的學生甚至認為「孝」「慈」可廢，說明他的「西體中用」未得「中用」三昧，沒重視中國傳統的情本體，沒認識「轉化性的創造」之特別重要。其實包括熊十力、傅斯年等人都認為「家乃萬惡之源」，可見康有為《大同書》如我曾說的「廢家界作天民」乃核心的判斷準確。與今天這些大講傳統的「孝」如何之好相比，今人對傳統的實際瞭解實在太差了。

馬　所以，您才提出「轉化性的創造」這個概念？

李　這詞語來自林毓生教授提出的「創造性的轉化」，我把它倒了過來。為什麼倒過來？我以為儘管林毓生的原意不一定如此，但「創造性的轉化」這詞語容易被理解為以某種西方既定的形式、模態、標準、準繩來作為中國現代化前進的方向和所要達到的目的，即中國應「創造性地」「轉化」到某種既定或已知的形式、模態中去。我講的「轉化性的創造」恰恰不是這樣，而是要根據中國自己的歷史情況和現實情況逐步創造出一些新的形式、模態來，走出自己的路來。它的前景是 open 的。

馬　如果說，人們普遍認同現代化，那麼「西體中用」，關鍵就在「用」。

李　對。關鍵在於如何使中國能真正比較順利地、健康地進入現代社會，如何使以勞動力自由買賣為根本，個體為單位，契約原則為法律，市場商品經濟為基礎的近現代社會生活在中國生根、發展，並走出一條自己的道路。一百多年來各種方法也都試過，包括辛亥革命的激烈政治變遷、五四運動的激

烈文化批判和 1949 年的激烈的社會革命，但是中國仍然落後於先進國家許多年。「西體中用」與「中體西用」的主要分歧在於前者要求政治改革而後者反對。所以，「西體中用」不是主張不進行政治改革，而是主張創造新形式，逐步進行改革。

「怎麼能用這個標題？」

馬 「思想史三論」中您最喜歡哪一本？

李 記得當時一位日本教授對我說，當他發現寫這些思想史著作和《美的歷程》竟是同一個作者時，非常驚訝，簡直不敢相信。因為領域差異如此之大，風格也迥然不同。《美的歷程》抒情地談論中國古典文藝，《近代》《現代》卻激憤地評點中國現代政治。

據朋友們說，除《美的歷程》外，三本思想史論是我的著作中流傳最遠、影響最廣的。他們說，《批判哲學的批判》一書的影響是深度，《美的歷程》和這三本思想史論的影響是廣度。在海外，無論是美國、歐洲或日本，人們常提到的也大都是這三本書，而少及其他，思想史可能比哲學特別是比美學，在國外要更受到注意和重視。有趣的是，我收到的反映，也包括我有意問過好些人：這三本書中，你最喜歡哪一本？或者你認為哪一本最好？使我奇怪的是，答覆完全不同，可說人言言殊，大不一樣。有偏愛現代的，有稱讚近代的，有選擇古代的。人們反問我，我只好說，滿意的還沒寫出來，雖然內心更重視古代。這三本書，從內容上看，除可能有試圖從「文化心理結構」角度去處理由孔夫子到毛澤東這樣一條似有似無、尚未定形的綫索外，其他無論是問題、風格、體例和處理方式等都各不相同。但總覽全書，畢竟可以看到從古到今的中國思想史一些最重要的問題和人物都或論述到，或接觸到了。

馬 1986 年三聯書店出的雜著集《走我自己的路》，影響也不小。

李 我稱之為「亂七八糟」集，大小論著、散文、雜文、演講記錄、記者訪談，應有盡有，很有點不倫不類、不知是什麼東西的感覺，但它存錄了我的一些

感觸、感慨、經歷和故事，也許能在極小的鏡面和限度中，反射出那十餘年中國大陸的時代歷程。

記得當時安徽有位素不相識的大學生曾特地複製了一份我幾本書的後記和一些小文，合訂在一起寄給我，替我設計了書的封面和取了書名，叫「李澤厚序跋隨筆集」。這真使我又慚愧又感動。但「走我自己的路」這個書名曾引起麻煩，它本是我一篇文章的標題，刊出後一位標榜人道主義的善良領導跑到我家對我的妻子說：「怎麼能用這個標題？這還了得！」我妻子以為大禍臨頭，我當時在國外，也不知道出了什麼亂子。這本書很多人願意甚至喜歡看，似頗有影響，記得香港一位女記者告訴我，她最喜歡《走我自己的路》和《美的歷程》。我也注意到還常有文章徵引這本書。九十年代批我的時候，這本書甚至書名也成了主要對象之一。

馬 80 年代您出版的上述「美學三書」「思想史三論」等，至今仍在不斷重印，銷路依然很好。您的全部論著，賣得最好的恐怕仍是這些老書？

李 這使我既始料未及又感到高興。記得五十年代哲學所同事周禮全對我說，一本人文社科書籍能維持 20 年的生命，便很可以了。我始終記得這句話，並以之為奮鬥目標。「美學三書」「思想史三論」和「康德書」等，似乎成了我的「代表作」，居然維持了三十多年，至今還不斷被人評述、提及，還不斷重印。盜版也不少，港台和大陸的我就見過好多種。這確乎使我有點慚愧也有點自豪，「自豪」的是，這些幾十年前的老書，居然還有人在買、在讀、在研究；「慚愧」的是，這些論著離自己主觀願望還相距甚遠，遠非「代表」，我不以為我的書有多好，恐怕是現實出了什麼問題。

七　八十年代拾遺

「兩代人中間的李澤厚」

馬 八十年代您很紅，用何兆武先生的話講，「幾乎是獨領風騷，風靡了神州大陸」。但您似乎一直仍處在各種爭議、批評、指責的境遇中。

李　哈哈，至今依然。

馬　説來聽聽。

李　從七十年代末到八十年代中期，是一個剛剛覺醒、但日益強烈地要求從幾十年政治重壓和舊有秩序中解脱出來的艱難時期。此時春寒猶重，時有冷風，社會思想還相當沉悶、保守。當年我穿一件帶不同顏色的夾克衫去參加一次專家學者雲集卻一律藍、灰毛服（甚至沒人穿西服）的會議時，被許多人側目甚至怒目而視，不由得使我頗感孤獨和惶恐的情景，至今記憶猶新。

當時青年們剛剛起步學飛，備感壓抑、苦惱，處境比我更為困難。於是我便為青年們鼓噪吶喊，反對各種權威和阻力，目標集中在舊勢力、舊標準、舊規範。記得我的《破「天下達尊」——賀〈青年論壇〉創刊週年》就得罪了學界不少人，還被鄧力群先生點名批評，後來鄧還説我是與他們爭奪青年一代。我聽後大高興，太誇張了，哈哈。

但自八十年代中期特別是 1986 年下半年以來，情況有了很大不同，學術氛圍和文化情緒開始急劇變易。不但青年一代嶄露頭角，顯示身手，各種書刊叢書層出不窮，主編或實際負責者都是青年學人（研究生或大學助教），其言論之大膽，表述之自由，議論之廣泛，都是空前絕後的。只要比較一下 1988 年與今日的文章論著，便可具體知曉。而且當時隨著所謂「文化熱」的討論高潮，激進青年們那股不滿現實的反叛情緒，便以否定傳統、否定中國，甚至否定一切的激烈形態，在學術文化領域中出現了。論證失去邏輯，學術不講規範，隨心所欲地泛説中外古今，主觀任意性極大，學風文風之膚淺燥熱，達到了極點。青年們一片歡呼，好些人風頭十足。對這些，我是頗不以為然而加以議彈的。於是，我被視為保守、陳舊。

馬　記得當時《人民日報》有篇報導您的文章：《中華民族需要建設性的理性》，副標題就叫「兩代人中間的李澤厚」，一些人覺得您走得太遠，一些人又覺得您太保守，兩面不討好。魯迅詩云：「寂寞新文苑，平安舊戰場。兩間餘一卒，荷戟獨彷徨。」這似乎就是您的寫照。（笑）

李　我接受了這一挑戰。從此，就變成了兩面應戰：一面是正統「左派」，一面

是激進青年，腹背受責，既獲罪於左派巨室，又得罪於青年朋友。前者批判我是「崇尚個體、貶低總體」，是存在主義；後者批判我是「崇尚總體、貶低個體」，是固守傳統。唯一相同的是兩者的批判同樣激烈兇猛。對前者，我一仍舊慣，韌性鬥爭；對後者，我也毫不客氣，給以回敬。我主張要「學點形式邏輯、平面幾何」，便是對這些激進青年學人們的半忠告半嘲諷的答覆。我強聒不捨地論說學術要重視微觀研究，要注意理性訓練等等。我說，今天的中國需要理性而不是非理性，如果沒有科學與理性，只剩下情緒性的原始吼叫，是很危險的。我主張應該去做具體的事，多做實證的、科學的、具體細緻的專題研究，尤其是抓住一些改革的具體問題進行深入研究。都是針對當時那股風尚而發，我擔憂那種反理性的情緒氾濫成災。

馬 1986 年「文壇黑馬」劉曉波發表了《選擇的批判——與李澤厚對話》，這是一個重要的文化事件，表明一些人正試圖突破、超越您。當時為什麼沒回應他？

李 劉曉波的文章我認真看過，當時有朋友勸我寫文章答覆，我沒寫。原因我說過，因為他所反映的是非理性的情緒，這種情緒有一定程度的合理性和正當性。所以儘管「粗暴」，我可以理解和容忍。但從學術性來講，他的文章沒有什麼道理，沒有什麼價值。有人告訴我，劉曉波公開對好些人說，他寫文章要打倒我就是為了出名，既然這樣，就沒有什麼話可說了。他大量歪曲我的觀點來批評我，這使我想起在「文革」中有一種「抹黑戰術」，想不到他把這戰術用到「學術討論」中來了，那我何必去上當呢？他抹一下容易，你洗起來卻難多了，而且越洗越解釋辯白，還可能越使人不相信，於是陷入被動。還有，他的文章不講邏輯，古今中外，無所不知，無所不談，但遺憾的是概念模糊，論證混亂，知識欠缺。例如他說：「中國人個個是庸才。」劉大概還會承認自己是中國人吧，那他本身也是庸才，既是庸才，那我又何必去和「庸才」辯論呢？劉曉波僅以情感辭藻的語言迷宮來打動和迷糊讀者（這一點與高爾泰相同），他所強調的掙脫一切理性的感性，說白一點，就是動物性，所以我在一篇文章中說，他的理論實質上不過是在王府井高

喊「大家都來性交吧」而已。他脫離開具體的歷史過程，極其抽象地談論個體、整體、人性，便沒法把問題講清楚。劉曉波自己說，他不考慮科學性，他也表示懷疑他的著作能否有一定的「學術價值」，其實不必懷疑。但人們仍不妨去欣賞一下。

馬　記得劉曉波在一篇文章的結語說：「孔子死了。李澤厚老了。中國傳統文化早該後繼無人。」（《中國》，1986 年第 10 期）

李　哈哈，其斬釘截鐵不容分說的風采確實驚人，但記得我當時看了，卻高興得跳起來：居然把我和孔子直接拉在一起了，真是何幸如之！我當時想到的只是，他的結論未免太匆忙、太狂妄了；來日方長，我雖然老了，中國傳統文化的承繼者必大有人在。

所以，對我來說，劉曉波只是情緒的發洩，算不上真正的理論挑戰，真正算得上「挑戰」的，是另一個「劉」──劉小楓。

劉小楓變化太厲害了

馬　劉小楓先生那時出了一本《拯救與逍遙》，影響極大，有學者說這是「與李澤厚的潛對話」。（夏中義《新潮學案》，上海社會科學院出版社，2017 年）

李　劉小楓那篇在《讀書》雜誌發表的關於《金薔薇》的書評（《我們這一代人的怕和愛》），文字漂亮，思想深刻，我非常欣賞。他的一些看法，例如認為理性並不是人的終極目標等等，我認為是對的。人不能只有理性，光理性就成了機器人，我在以前的文章裡十分強調偶然、感性和個體，其實我是在「文革」後最早提出這一點的。

劉小楓提出五四的一個主要問題是，不該提倡科學民主，而應該提倡宗教。他認為中國傳統缺少宗教精神，應當把基督都搬過來，這似乎也是五四運動的西化主張中沒有過的（當時也有人提出過，但影響甚小，也沒做多少理論論證）。他自己就說信基督教。他講為了「護教」而批判我。劉小楓認為中國現在要建立終極價值，提出要提倡基督教，要求人們去崇拜痛苦，去信仰神，認為在苦難中人的精神可以昇華，達到最高的境界，即得到神的拯救。

我認為他在理論上還比較能成立，至少比那個劉曉波強多了。但我相信中國人不會接受，他的理論太脫離中國實際，中國缺少對人格神的歸依和屈從。在這點上，他當然跟我衝突，我不認為基督教能救中國，終極價值也不只基督教才有。假如他只認為人的終極價值不是理性，這跟我在理論上便沒有什麼衝突。中國沒有宗教，但人們需要追求最高目標，確實需要一種比理性更高的東西。沒有基督教，但也可以達到同樣的準宗教境界，新儒家工作的意義就在於此，他們（如牟宗三）較深刻地挖掘了中國自孔孟到程朱陸王的這種心性論的準宗教境界，但仍然不是宗教，因為它們仍然重視感性，不主張靈肉分裂，不像希伯來和基督教，也不主張理性和感性分離，不像希臘。中國文化重視感性，它不強調靈肉分離，它肯定人可以去尋找感性的快樂。好些宗教是要求犧牲感性肉體的快樂，甚至通過摧殘肉體、感性以追求靈魂的超昇、心靈的拯救。這一套，說實話我也很欣賞。但中國傳統不講這些，中國講的是全身保生，長命百歲。

馬　您在《論實用理性與樂感文化》（2004）裡講過劉小楓的那個「手」，很有意思。

李　劉小楓在其《聖靈降臨的敘事》一書結尾說：「『我信基督之外無救恩』的認信確認的是：我能夠排除一切『這個世界』的政治、經濟、社會的約束，純粹地緊緊拽住耶穌基督的手，從這雙被現世鐵釘釘得傷痕累累的手上，接過生命的充實實質和上帝的愛的無量豐富，在這一認信基督的決斷中承擔起我自身全部人性的歉然情感。」

我就講，在劉小楓這或可煽起濃烈感情的華美文辭中，這個「上帝的愛」「基督救恩」「生命的充實實質」和「全部人性的歉然情感」其實是非常抽象和空洞的。它作為超絕塵凡的聖潔情懷也常常只能是未必持久的短暫激動，仍得落實到「這個世界」中繼續生存。從而劉所謂的這個「能夠排除一切『這個世界』的政治、經濟、社會的約束，純粹地緊緊拽住耶穌基督的手」的手，恐怕只能是「一隻黑猩猩的手」。因為人不可能「排除一切」，除非你不活。包括上述種種「上帝的愛」「全部人性的歉然情感」等等，也都仍然

是這個世界的政治、經濟、社會的歷史約束下的意識產物。很多人講，你這個太厲害了，我就只這一句話嘛。

馬　關於劉小楓先生還可再多講幾句。因為進入新世紀後，他又轉向了，提出了「國父論」等等，引起學界一片譁然，武漢大學鄧曉芒教授還與他有過爭論。

李　劉小楓的轉向，作為一種現象頗值得研究。他最有名的還是《拯救與逍遙》。那時候，很多人都著迷了，但後來一看，高度就沒有了。現在看，他最好的書，還是這本書。後來的再版，他說是修改，我把兩本書一對照，發現完全是重寫，但他的基本的東西沒法變。他原來從孔子、莊子、屈原直批到魯迅，全部被他否定掉了。後來他覺得不能這樣極端了，但基本觀點在那裡，都罵了，屈原、魯迅也不行。「反傳統」那時反得最厲害的，但現在卻又大講中國傳統。

他變化太厲害了，從一個基督徒，從一個主張離世的人，居然走向「國父論」。所以我講，如果有人寫本書專講劉小楓，寫成學術專著，就從他第一本書（《詩化哲學》）開始，把他前後講的引出來，對照一下，從他的文字裡面把他的變化過程梳理一條綫出來，那會有學術價值的。但就沒有人做這個事情，不知道研究劉小楓有價值。

馬　您可以寫呀。（笑）

李　我如果年輕三十歲，就會做這個事。因為書要寫得好，站得住腳，要花時間，浮皮潦草是不行的，要認真看他的東西。發現他的思想矛盾是怎樣轉彎的，一步一步怎樣變成這個樣子的。因為他的「國父論」不是突然出來的。

馬　劉小楓近些年一直大講卡爾・施密特。

李　施密特是最有名的納粹法學家，他反對議會制度，反對英美民主，而主張重要的是「善惡永遠的鬥爭」。他強調要鬥爭，認為分清敵我是首要問題。這已經不是一般的階級鬥爭。我並不反對適度的階級鬥爭，但目的是為了達到和諧。施密特宣揚基督教就是上帝與魔鬼的永恆鬥爭，強調行動、衝突，這套東西你搬到中國來講是什麼意思？從海德格爾到施密特，西方這個綫索很清楚，儘管海德格爾不信上帝，但其實他背後有上帝的因素。劉講過朝鮮戰

爭，又講過卡爾・施密特。講施密特時引過毛澤東，把兩人聯繫在一起，這是有條綫索可循的。這些都可以聯繫起來，寫一篇很好的文章。

馬 我看過一篇文章，作者楊光祖說：「有一次，我讀他（指劉小楓）的書，忽有感覺，遂發去一個短信：『近重讀大著，今日讀的是您寫徐梵澄一文，忽有頓悟，您的所有學問，一言以蔽之：侯王之學。不知對否？』他回短信說：『沒錯，光祖兄。』」（《夜晤劉小楓》，《華夏文明導報》，2016 年 1 月 14 日）

李 這正是要害所在。所以，我說如果寫劉小楓的這本書能出來，會是一本很有意思的書。對中國學術界是有貢獻的。但對世界學術界沒什麼影響，因為劉小楓這個人國外不知道。

馬 您講過「中國有些學人六神無主」。「六神無主」，這個詞畫面感太強了。（笑）

李 啟蒙儘管有重大缺失，它仍將在全世界凱歌行進，任何時髦的反啟蒙、反理性、反現代、反改革恐怕都很難阻擋得住。我寧要「過時」「淺薄」的洛克和康德，也不要「時髦」「高深」的兩施（卡爾・施密特、列奧・施特勞斯），寧要由神到人，自己做主，也不要再由人回到神，服從上帝。中國有些學人六神無主，唯洋是從。一會兒 I. 伯林，一會兒基督，一會兒施特勞斯，一會兒施密特，並把它們硬嫁接到中國傳統上。反覆無常，千變萬化，在一定時期內也都能吸引、惑動一批年輕學子。原教旨主義（包括革命原教旨和傳統原教旨）與後現代主義聯手共舞，反對普世價值和啟蒙理性，是當今中國學界奇觀，但我以為終究經不起推敲，在理論上是要失敗的。

當時我沒有感覺

馬 多年前我收集整理過一份資料《百名學人眼中的李澤厚》，摘錄了中外 147 位學者、教授的 176 則評語，四萬餘字，讚揚的、批評的兩方面都有，前者更多一些。記得還給您寄去一份。

李 講好聽的太多了。不必，也沒意義。倒應該多點批評、批判甚至謾罵的。我

不在乎這些。毀譽由人，自知在我。

馬　「思想領袖，青年導師」——這是對您在八十年代大陸思想文化界所處地位、所起作用的一個集中概括。劉再復先生有段評價，我很認同，他説：「百年來的中國思想界，如果沒有康有為、梁啟超、胡適、魯迅，20世紀下半葉如果沒有李澤厚，整個中國現代思想史就是另一種狀況。……我一直認為，李澤厚是中國大陸當代人文科學的第一小提琴手，是從艱難和充滿荊棘的環境中硬是站立起來的中國最清醒、最有才華的學者和思想家。像大石重壓下頑強生長的生命奇跡，他竟然在難以生長的縫隙中長成思想的大樹。在我從青年時代走向中年時代的二三十年中，我親眼看到他的理論啟蒙了許多正在尋找中的中國人，並看到他為中國這場社會轉型開闢了道路。」（《用理性的眼睛看中國——李澤厚和他對中國的思考》，《明報月刊》，1995年1月號）

李　太過譽了，實在不敢當。

馬　這當然不是個別人的看法，類似的評價還有很多很多，應該算是學界的一個普遍共識吧，比如：「對『文革』後最初幾屆大學生有籠罩性影響」（甘陽）；「全局性影響的就這一個」（錢理群）；「在相當長的時間內，他實際上成為中國人文科學領域中的一個思想綱領的制訂者，他的哲學、美學、思想史著作影響了整整一代人」（陳燕谷、靳大成）；「他成為『文革』之後馬克思主義意識形態重建的關鍵人物」（尤西林）；「李澤厚是照耀我們精神暗區的一個引領者。在思想和理論層面，他奠定了八十年代文化啟蒙的基礎」（孫郁）；「中國思想界一位承前啟後的樞紐性人物。……李澤厚無疑是一個巨人」（何新）；「一個時代的精神教父」（夏中義）；「是寥落中的一顆晨星」（章啟群）；「不少學説都打上了他的烙印」（易中天）；「作為1949年後中國大陸最知名的哲學家之一，他曾經極大地影響了中國知識分子和大學生」（〔日〕石井剛）；「他是中國八十年代思想的一面旗幟。借用福柯的説法，他是一個話語的發明人」（劉康）；「他是我們學科裡這五十年甚至這一百年來最重要的學者」（陳明）。還有人説：「鄧麗君是情歌的啟蒙老師，李澤厚是思想的啟蒙

老師」；還記得，當時有篇文章的題目乾脆就是《青年一代的美學領袖與哲學靈魂》；如此等等。那時您真是風光無限，可謂如日中天呀！

李　這些話説過頭了，誇張了。形容詞太多，不好，很不妥。説句老實話，這個情況其實我並不很清楚，是後來批判我的時候才逐漸知道的，當時我的確沒有感覺。我既沒權也沒勢，自己就是一個普通人嘛，根本沒有什麼精英心態。我對自己一直不自信，自我感覺從來不好。我是 A 型血，非常典型，挫折感、失敗感很強，小事都會有挫敗感，對缺點感受很強烈，總是對自己不滿意。一個朋友説：「你總是不快活。」八十年代，社科院還把批判攻擊我的文章作為院的特刊登出來，那是一些水平非常低的評我的文章，那是什麼意思？那個時候我沒感覺我很得意，只感覺人家在咒我。我開玩笑説過，如果早知道是那樣，當時我就應該到高校多走走。（笑）我印象很深也很欣賞的，倒是八十年代國內一個評論家説我是「靜悄悄地工作」，因為我始終不喜歡參加活動，不喜歡參加各種會，很少去做演講，不愛交往，喜歡獨處，只願意自己靜靜地工作。我的書例如《批判哲學的批判》是靜靜地推出，開始並沒人注意，後來注意的人才愈來愈多。

而且，我從來就懷疑一切，對很多事情是持懷疑的態度，也懷疑我當時影響有多大。我不大受環境影響，不管你對我説好話也好、壞話也好。我很小的時候就有很多人誇過我，好話聽得太多了，所以後來好話對我沒有什麼影響。我不會飄飄然。我從來不以為自己的東西有什麼了不得。你罵我呢，我也不在乎，罵我倒是小時候很少聽到，這幾十年倒是聽得不少。

但現在碰到好些像你這歲數上下的人，都對我如此説，而且的確對我很好，使我感動，從而也相信了。特別還有些人專門從外地跑來看我。現在回想起來，我也只在當時默默無聞的大學生、研究生和年輕教師中廣有影響，當然也使好些人吃驚，但側目甚至怒目而視、不以為然的人更多。説我「如日中天」，誇大了，不合事實。當時不只是我一個人吧？還有好幾位作家、理論家名氣也很大，備受人們重視，是可能影響更大的風雲人物。只是他們影響時間也許稍短一些，影響對象狹窄一些而已，可惜現在人們把他們忘記了。

這裡，可順便更正一事：有人給我看過徐友漁先生的一篇文章，其中寫道：「他（指我）在九十年代曾説，那一代大學生都是看他的書成長起來的。」雖然徐説過我的好話，但這句是瞎編的，我從來沒有講過這種話，這與我的性格根本不符。

馬　八十年代您也曾被譽為「當代梁啟超」。

李　能夠得到這麼高的評價我很高興，我不願意掩飾。願意被承認、不願意被漠視這個心理當然是人之常情，我也不會矯情到這個程度。但另一方面也感到實在不敢當。這個説法最早是香港有人在文章中提出，説我是當代梁啟超。

馬　有篇報導講：「在李澤厚去美國講演時，哥倫比亞大學教授夏志清稱讚他：『每一代人總要有幾個人，錢鍾書那一代有他，而你這一代有你。』」

李　有這事。當時我受寵若驚，連説三個「不敢當」。

馬　華東師大哲學系郁振華教授回憶他經歷的一事：「我想起 1985 年的時候，李先生到華東師大來，那時候我是華東師大哲學專業的本科生，關於那個秋天的下午，我的記憶是：一路狂奔。一開始的時候，會場安排在辦公樓小禮堂，大家都知道，那是很小的一個地方。一會兒會場就擠滿了人，很多人在外面進不來。所以，當時組織者馬上就安排轉移會場，轉到科學會堂，到了科學會堂，我們剛坐下來，又擠滿了，那麼多人在外面，走道裡都站滿了人，根本沒法進行。最後，組織者又決定轉到大禮堂。當時我們年輕，是大一的學生，就狂奔，奔過去要佔一個位置。」有人回憶，當然那是八十年代，一次您去北京大學哲學系座談，然後在學校食堂就餐，結果引得萬人空巷，食堂裡的長方桌旁圍得是裡三層外三層的大學生。

李　特殊時代啊。在那時，中國的公共生活還沒有娛樂明星，生活單調，剛剛解凍的人們對現實、未來充滿了探索的激情。每個大學生都是問題青年，都洋溢著一種青春的氣味和對思想的渴望。粗樸而貧乏的物質生活反而更容易催生一種精神的追求。

馬　不單在大陸，當時在台灣，您的影響也很大。我買過一本舊雜誌，台灣著名的《文星》，那一期是以您為封面人物，配的文字是：「大陸學界的思想導

左：台灣《文星》雜誌（1987年12月）

右：台灣《中國論壇》雜誌（1992年4月）

師——李澤厚」。台灣學者熊自健在《當代中國思潮評述》（台灣文津出版
社，1992年）中也說：「對台北的學術界來說，李澤厚是聲望最高的大陸學
者。不僅李澤厚的全部著作在台灣地區都有翻印版，而且報刊雜誌也常刊登
有關李澤厚的評論文章。」

李　傅偉勳後來告訴我，當年（八十年代）你若到台大去，「台大女生會把你撕
碎了」。我說那太好了，可惜我已經老了。（笑）1993年我到台大去，我沒
答應講演，只回答問題。滿教室連地上都坐了人，那當然男女同學都有了。

要回入黨申請書

馬　胡繩先生一直很器重您吧？劉再復在《師友紀事》中說，「文革」後期，鄧
小平主持工作，胡繩也解放了，學部要辦刊物，打算與「四人幫」把持的
《紅旗》雜誌叫陣。編輯部擬了一批組稿名單，其中有任繼愈、唐弢等大名
家，可胡繩看了還不滿意，認為一流作者太少。問他還要增加誰，他說：
「請錢鍾書、何其芳、李澤厚嘛！」

李　哈，那是太抬舉了，我怎麼能和那兩位比？胡繩在胡喬木之前當過院長，胡

喬木之後又當了院長。最早見到胡繩，是 1950 年還是 1951 年，他到沙灘北大的大操場做報告。那是建國初期，他說：「共產黨不是『共產共妻』（國民黨一直如此宣傳），是共同生產，大家都來勞動！」這個印象非常深。那時多年輕啊，他才 30 歲。1956 年，我到他辦公室去，他那時在中共中央政策研究室當主任了吧，談什麼全忘了，印象最深的是他那張桌子特別大，比一張床還大，把我羨慕得要死。後來去到他家裡也看過他幾次。他原住史家胡同，後來搬到安定門內，再搬到木樨地，他的房子都很大，書房就有幾間，書真是滿架滿室。記得掛著好幾幅外面看不到的毛澤東的書法真跡，我知道他和田家英熟，到反「兩個凡是」後，換下來了。他對我一直很好。九十年代在文章中批評我時還稱我為他的「老朋友」。

還記起一事。八十年代亞洲協會在美國芝加哥舉行盛大的年會，並邀請海峽兩岸學者參加專門討論關於辛亥革命的分組會。大陸方面派出了由胡繩任團長，李宗一、趙復三、章開沅等學者為成員的代表團。胡繩拉我為成員之一，並說把我作為儲備用的「重武器」等等，這話我印象很深。當時，我已在紐約，就向會議提供了《章太炎剖析》文。但好些活動，我未參加。台灣方面派出了曾任國民黨中央副秘書長的秦孝儀為團長的代表團。這是兩岸中國學者第一次正式會晤，因此引起國內外廣泛關注，《人民日報》有報導。

馬　哦，對了，想起一事：八十年代您還差點被提拔為社科院副院長，那應該是副部級的職位吧？（笑）

李　當時胡喬木、鄧力群他們確實想提拔我當哲學研究所所長和副院長，或明或暗說了多次，我因此遭到很強烈的反對。我對這件事興趣不大。這不是故作清高。當官有什麼好處？第一是有汽車，對我不是很重要；第二是有秘書，我不需要；第三是房子大一點，但我後來住的房子和副院長一般大，對門就是常務副院長。而且當官有個壞處，要開各種各樣無聊的會。用三個沒必要的好處換這個壞處划不來。我這個人一輩子最討厭開會，現在也是，包括學術會議，覺得無聊。

馬　交過入黨申請書嗎？

李　不是說要提拔我嘛，提拔的話首先要入黨。胡喬木、鄧力群都要我入黨，我不好說我不入。但我知道絕不會通過，因為哲學所對我有意見，我挨過整的，一些領導擔心我被提拔了他們的官位保不住。我寫了入黨申請書，又要了回來。他們再要我入黨我就不入了。

馬　所以，有人說您圓滑。

李　我這人恰恰不圓滑。我不願意跟人打交道就是因為我太不圓滑了。我和許多大人物，尤其是一些領導人，交往非常少。社科院的領導中，最重要的，大權在握的，應該是秘書長吳介民，我就不認識，一次面都沒見過。副院長劉國光，很有名的經濟學家，我也不認識。胡喬木、鄧力群、于光遠倒見過。胡喬木是院長，另兩位是副院長。二胡和鄧、于對我都不錯。雖然我長期在學術理論界，中宣部也從沒去過，也許朱厚澤傳達胡耀邦講話去過一次，記不清了。

「縱容你去敞開思想」

馬　1979 年您就被評為研究員，在同輩人中算是最早的。

李　是胡喬木、鄧力群當院長時把我從助理研究員提到研究員的，主要是胡喬木，那是越級提拔了。記起一事，胡喬木曾對我說：「你是我們很好的同路人。」列寧曾稱馬雅可夫斯基是同路人。我當時聽了吃了一驚，因為我並不同路。（笑）

我是 1955 年進的哲學所，到 1986 年才分給我宿舍（皂君廟）。宿舍也是胡喬木當院長時分給我的，不是所裡給我的，所裡對我一直是壓制的。1979 到 1989 年，《哲學研究》（哲學所的刊物）每年 12 期，加起來 120 期吧，一共只發表過我兩篇文章，有案可查。我既無權又沒勢，記得當時有人寫信給我，還以為我是哲學所的什麼重要人物，希望我在《哲學研究》上給他發篇文章，好像只要我說一句話就能做到；他不知道我自己的文章在《哲學研究》可能都發表不了。（笑）他們不向我約稿，我知道我交稿子他們也不會用，就不敢給他們，怕退回來，但別的刊物會用。

馬 1981 年，國務院學位委員會發佈了首批博士生指導教師名單，共計 1196 人。這是自 19 世紀末西方教育制度引進中國以來，中國大陸歷史上的第一批博士生導師。首批博導的遴選程序極其嚴格，列名者堪稱一時之選，一定程度上代表了當時中國學術界最高水平。社科院首批博士生導師共 29 名，您是其中最年輕的，其他人應該都是您的老師輩了。作為博導，您第一屆招了幾個學生？

李 第一次評博士生導師時，美學就我和朱光潛有資格帶，蔡儀沒有資格，他非常生氣。我跟朱光潛是在哲學組裡評定的，蔡儀是在文藝理論組，文藝理論這些人對蔡儀都不感興趣，所以他就沒評上。我最早有資格，但是我拒絕帶，第一屆博士我就沒招生。哲學所的領導到我家動員我，我才帶。

我只帶了兩屆碩士生、兩屆博士生，十二名學生。現在看來這是一大失誤，收學生收得太少了，我要帶五屆、八屆就好了。(笑) 國外有人說我的欠缺是沒帶多少學生，可以支持支援我的思想學說，的確現在好些學者、教授到處去帶學生，然後徒子徒孫一大堆，成了一個股勢力，一個派別，於是名聲大振。我就沒有什麼學生。我並不要我的學生，包括趙士林、滕守堯、趙汀陽、彭富春、楊煦生等在文章裡稱讚我。所以很多人都不知道他們是我的學生。

馬 趙士林教授講，當學生時，您基本上不管他們，「是自由開放的教學方式。像我做論文，他就說你做什麼我都不管，你坐著寫躺著寫跑著寫都無所謂，只要最後的觀點能達到我的標準就行。」「他認為老師和學生之間完全可以平等討論問題，各自保留不同的意見，我們這些學生和他爭論是常有的事。這種平等、民主體現在李澤厚與學生關係的各個細節上。……李澤厚也從不指示學生幫他幹活，『一條資料都沒讓我們幫他查過』。」在一篇訪談中，趙汀陽教授講：「在准備考李澤厚的研究生時，我也問過要看什麼書的問題，李澤厚回答說『所有書』。」記者問趙汀陽：你從你的老師李澤厚先生那裡得到的最大收益是什麼？趙回答：「自由。」趙說：「李澤厚老師從不做指導狀，只是老謀深算地縱容你去敞開思想。和李老師討論問題，都是直接

切入問題，他也並不在乎你是否同意他的觀點，一個回合結束了，原來討論的問題沒有解決，但收穫了更多問題。李老師似乎很滿意讓問題結束在新問題那裡。」

李　所以嘛，我說我第二個失誤是從沒有向學生宣傳自己的思想，要學生發揮自己的思想。兩大失誤。（笑）我從來也不講「你們要看我的書」，我這個也許太自由化了，所以也不好。我的學生也的確都沒怎麼看我的書。現在覺悟已經晚了。也沒有學生了。（笑）如果現在有學生的話，也許我要講「你去看我的書」。但我這個人很不習慣這個。所以我從來沒有說過我有大本領，因為我沒有那個心態。假如那時叫我的學生按照我的那些思想寫，可能他們會搞出更多一些東西來，很遺憾，我沒有這麼做。

馬　雖然對學生「自由」，但你指導研究生還是很認真、很負責的，滕守堯在《審美心理描述》後記就講：「本書的寫成，與李澤厚先生對我的熱切鼓勵和具體指導是分不開的。李澤厚先生對青年人一向寄予厚望。要求嚴格，又不求全責備；只要文章言之有物，有新的見解，就支持發表。正如許多青年人所說，李先生真是我們青年學人的好開路人。對於本書，李先生斷續讀過一、二、三、九、十章和附加篇的初稿，對其中出現的問題，均有所匡正。其中第三章的圖表，還是他親自設計的。」滕的這本書當時影響也是很大的。

李　滕守堯剛讀研究生時，我就給他講，不要一開始便陷入國內關於「美是什麼？」的無謂爭論中，要大量閱讀國內外哲學、文藝學和美學名著，在此基礎上選擇某家某派作深入研究，逐步由點到面。他遵守了，當時他翻譯了不少外國美學名著如《藝術與視知覺》《視覺思維》《藝術問題》等，他的《審美心理描述》，資料很豐富，算是比較扎實的一本，後來重印了。

馬　彭富春教授在回憶您給他們上課的情景時講：「李澤厚一年給我們開設了兩門課。一門課是美學史，大家自學，主要是閱讀『英國美學雜誌』和美國的『美學與藝術批評』雜誌，並要寫文章摘要，最後提交一篇論文。另一門課則是他主持的哲學與美學討論班，他從來沒有單獨講過課，而是邀請北京地區一些中青年學者來講授他們各自的研究領域，包括尼采、胡塞爾和海德格

爾等人的哲學思想。這在當時中國學術界還相對封閉的狀況下給我們描述了一些哲學景觀，或者說給我們繪出了西方現代哲學的導遊圖。每一次講課，李澤厚教授都會給他們提問題，來引起大家的討論。比起那種照本宣科而言，這種教學方式更具有創意。後來我才知道這是一種西方大學教育，尤其是研究生教育所普遍採用的討論班。這種方式改變了我們大家教育中普遍的老師講學生聽的填鴨式教學，讓教師和學生圍繞問題進行對答式的教學。在這樣的教學中可以達到教學相長，使人們沿著思想自身的道路不斷前行。」（彭富春：《漫遊者説》，團結出版社，2016 年 10 月）您這教學方法在八十年代是很新穎的。

李　我注重啟發，注重開拓學生的視野，一直不喜歡刻板的填鴨式教學。

馬　説到您招考學生，趙汀陽還講過一則趣事：到了考場，他發現整個教室 69 人全都是報考您的研究生，聽説別的教室還有，這只是一個考點，全國還有很多考點。拿到試卷，他吃了一驚，「他規定答每道題不許超過 500 字，超過者不判分。」為什麼會有這樣「苛刻」的要求呢？（笑）

李　500 字還説不清楚，證明這個人腦子之糊塗。

馬　趙汀陽還講，考上後與您商量説，其實自己想做的是哲學，而不是美學。您説，那就更好了。趙非常感慨地説，「他要我們獨立思考，而不是簡單地追隨他的思路，這種態度非常了不起。」

李　我跟他講過，重要的是要有創見，要是沒有，就不用來考了。

「您立了功！」

馬　《中國哲學如何登場？》有一幅您與錢學森先生的合影，這個可以説一説。

李　1982 年我在《文匯報》上寫過一篇沒點名但不同意他的文章《科學應該是真正的理論思維》。他支持氣功、特異功能，我不贊成在這上面花太多精力，尤其不贊成意念制動、耳朵聽字之類的東西，文章署了我的真名。但他好像並不計較。1984 年，錢學森先生看了我談形象思維文章（《形象思維再續談》）後，就來我家找我了，聊了一會兒，還一起合影，他的秘書照的。

後來他開一些思維方法的討論會，也一直請我去，我去過一兩次。但我從來沒有去看過他。其實按道理應該去看看，就是懶得去，個性使然。

我的《漫述莊禪》（《中國社會科學》，1985 年第 1 期）發表後，錢學森看到後給我寫了一封信，其中講：「看來西方國家繼承希臘一派傳統，只強調抽象思維，說什麼思維就只有抽象思維，語言是思維的基礎。而我國卻有另一派，『莊禪派』，強調又一個極端，只有形象思維，甚至排斥語言文字。為了批評前者，舉出後者，作為我國先哲對人類文明的貢獻是大為必要的。您立了功！」錢為人很嚴謹，講話也嚴謹，你看他的信，寫得一絲不苟。他說我「立了功」，這倒是沒人這麼說過的，我更不敢給人看了。他把我的這篇文章收到他主編的一本書裡去了。他當時還辦了一個《思維科學》的雜誌，每期送我，也希望我寫稿，我沒寫，因為寫不出什麼來。但我認為，真正的科學不能光靠直觀、頓悟或靈感，也不能眼見為憑，必須經過嚴密的邏輯的思維，通過經驗可重複驗證。當然，錢是同意我這些看法的。記得他要我一起參與他組織的關於靈感思維的討論。

錢學森到訪和平里九區一號院李澤厚寓所（1984 年），左右為李氏夫婦（攝影者為錢的隨行人員）

馬　您家裡改掛有一副馮友蘭先生的書法對聯。

李　馮先生給我寫一副大字對聯：「西學為體中學為用，剛日讀史柔日讀經」，都是把傳統說法反過來的，本是「中學為體西學為用」，剛日（單日）讀經柔日（雙日）讀史。上聯是張之洞的學說，下聯好像是曾國藩的。「經」是十三經，儒家經典，最為重要，所以要擺在月之始（初一）開讀。馮先生的《新事論》我讀過，他送我對聯，我想到他的書。他是贊成我的。

馬　馮先生的女婿蔡仲德教授在一篇文章裡說這是您向馮先生求的字。

李　否。這副對聯是馮先生主動（非應我要求）地送我的，1986 年，91 歲了，字還很有筆力。我一輩子從不求人寫字，也不求人畫。儘管我認識的畫家和書法家不少，我家裡卻沒有什麼收藏。事實是馮先生聽說我提出「西體中用」的說法，很高興，馮先生的女兒馮宗璞打電話給我，說她爸爸給我寫了字，問要不要，我說那好極了，當然要，就去取來了。當然，求字也不壞，而且我去求字也符合情理，是一件好事情，但這件事確實不是那樣。現在馮先生的這幅字還掛在我的客廳裡。在一篇文章裡，我講過馮友蘭先生主動送字給我，當時馮先生還在世。

已記不得幫助過誰了

馬　最近，我偶然看了一篇報導，在一次學術研討會上，上海大學金丹元教授「聲情並茂地追憶自己的學術經歷，金丹元自詡是哲學家李澤厚啟蒙了他的美學研究，金丹元記得自己還是一個籍籍無名的青年學者時，曾經寫信給李澤厚，並寄文章請他指教，雖然金丹元自覺文章不成熟，沒想到，李澤厚專門回信並把他引薦給了上海的徐中玉先生，這點讓金丹元十分感佩。因為李澤厚的引薦信，徐中玉對他刮目相看，從此金丹元的美學研究之途更有了信心。金丹元的講述中穿插著自己的學術主張，從青年時期開始的治學路徑開始，有許多與老一輩美學家與藝術理論家的交往。」（《新晚報》，2019 年 5 月 14 日）

李　金丹元？完全記不起此人了。

馬　您幫助、支持、提攜了不少青年學人，有的還未曾謀面。真是一大功績呀！非常難得。

李　談不上什麼功績，這一切都無所謂。我已根本記不得幫助、提攜過誰。

馬　劉笑敢教授回憶：「1983年筆者的文章《〈莊子〉內篇早於外雜篇之新證》在《文史》輯刊第十八輯發表，李澤厚看到了，就對中國社會科學出版社的編輯黃德志女士說：『有一個年輕人，我認為他是年輕人，寫了一篇關於莊子的文章，很好。你們應該找他寫一本書，十幾萬字，我寫序，你們出。』當黃德志知道我正在寫博士論文後，就建議我將博士論文交給他們出，由此又引出了後來的博士論文文庫。這裡特別令人感念的是，當時李澤厚先生全然不知道我是誰。」（《關於考據方法的問題——《莊子哲學及其演變》再版引論》，《湖北社會科學》，2010年第2期）

李　難得他還記得，我全忘了。

馬　讀過武漢大學陳望衡教授的一篇文章《訪李澤厚教授》，講在美國看望您的情形，還回顧了上世紀八十年代您對他從事學術研究的鼓勵和引導，寫得很動情：「『我今天也多少有些成績了，然而如果沒有您的指導和幫助，我不可能有今天。您是我的恩師！』說到這兒，我有些動情了，有些哽咽。李老師則笑了，說：『是嗎？』我肯定地說：『是的！』李老師似乎不很記得如何幫助過我了，我就挑了幾件事說了說。我的第一篇美學論文《試論馬克思實踐觀點的美學》是在朱光潛先生的指導下寫成的，時為1979年冬。1980年開春，周揚同志來湖南，我託人將此稿轉呈於他，想請他指導，不想周揚同志將此文帶到北京，給了李澤厚。大約是五月初的某口，我收到來自中國社會科學院哲學研究所的信，折開一看，是李澤厚老師的信。信中只有一句話：『望衡同志，您的大作周揚同志已經轉交給我了，決定在《美學》第三期刊用。李澤厚 × 月 × 日。』說這件事，李先生點點頭，似有些印象。」還講到您當時建議他還是研究中國美學史合適，「指明了我以後治學的方向」，等等。

李　前幾年他來美國時看過我。他是《李澤厚哲學美學文選》的責編，那時他在湖南一家出版社，這書是八十年代出的，似乎還產生了一些影響。

馬　還有何新先生，他在 2018 年一篇短文中寫道：「李澤厚在建國後第一代人文學者中實乃極為傑出佼佼者，文思如泉湧，創見甚多。平生為人不拘小節，樂於助人。早年我在社科院遭遇困頓時，對我提攜甚多，有知遇之恩。」（《關於致李澤厚的一封信》）

李　當年我是他職稱晉升的推薦人之一。

馬　蕭功秦教授回憶：「八十年代初，李澤厚在《中國社會科學》上發表了他的那篇《孔子再評價》。我讀了如獲至寶，非常興奮。……我就非常冒昧地給他寫了封信，談了他的結構主義方法對我的啟示，他來信說，歡迎我到北京來，我們可以見見面，他對年輕人這點感到非常可貴。說來也巧，正好 1981 年的時候，元史研究室有個機會，要我這個研究生到北京出差，我就找到李先生家裡去了。他就住在煤炭部的宿舍裡，院子裡很亂，只記得他家裡面還有一個大床，唯一記得那個大床是銅的，其他的都忘掉了。我就從他那裡學到了很多東西，尤其是方法論方面的東西。後來我在研究生階段就寫了〈大蒙古國的皇位繼承危機研究〉，採用的就是這樣的方法，多年來，我對思想中的結構的重視，就是深受李澤厚的結構系統論方法的影響。」（《超越左右激進主義：走出中國轉型的困境》，浙江大學出版社，2012 年）

李　不記得有此事。但他說的那個大銅床，倒是真的，現在還在北京家中使用。

馬　類似的事情還不少，您可能大都忘記了。我感慨的是，當下學界，大約不太會或極少會再有這種情況發生了。

李　這都是過去的事了，再提已無意義了。

愉快的回憶

馬　八十年代還留下了哪些印象深刻的回憶？

李　記得當時我到一些地方講演，一走上去，總聽到一陣「好年輕呀」的竊竊私語。因為當時我的歲數和我的形體、我的名氣完全不成比例。還有一次比較受感動的，就是我在一個地方講演，我就不講具體地點了。講完散場，人都快走空了，我也準備走下講台，發現有四個女生一排站在那裡不動，呆呆地

看著我。我以為她們有什麼問題要問，站在那不走。但等我在台上準備下台階走向她們的時候，她們卻一哄而散，就像突然醒來一樣，一下子就走了。這使我印象太深了，我永遠也不會知道她們是誰，她們也會完全忘記這件事，人生本是無，但美麗。

馬 這個就是您的魅力呀！(笑)

李 這種事發生過好幾次。七十年代末有一次講到我 1956 年寫的文章，我記得下面一陣竊竊私語，這私語竟成了很大的聲音，我在台上也能聽見，他們說：「他多大？多大？」(笑) 因為我講 1956 年寫批評文章，這在他們看來，講演時還相當年輕。這是非常愉快的回憶，比發表文章愉快得多，當然也更使今天的我悲哀，青春畢竟是留不住的。

還有一次也使我最難忘懷，不是八十年代，是九十年代初，那是我第一次去台灣，在最南邊頗為奇特的墾丁公園，遇到了一批南來度假的女大學生，她們笑語連連，任情打鬧，那要滿溢出來的青春、自由和歡樂，真使我萬分欽慕。如此風光，如此生命，這才是美的本身和哲學本體之所在。當同行友人熱心地把我介紹給她們時，除一兩位似略有所知外，其他大都茫然，也就是說並未讀過我的什麼著作了。那種茫然若失、稚氣可掬的姿態神情，實在是太漂亮了。這使我特別快樂，難以忘懷，卻說不清楚為什麼。也許，我不是作為學者、教授、前輩，而是作為一個普通的老人，與這批年輕姑娘們匆匆歡樂地相遇片刻，而又各自東西永不再見這件事本身，比一切更愉快、更美麗、更富有詩意？那麼，我的這些書的存在又還有什麼價值、什麼意義呢？我不知道。

第四篇

「人類視角，中國眼光」

（1992—2021，上）

一　在美國教書

「似春水、干卿何事」

馬　九十年代初期，您成了國內思想文化領域被重點關注的對象之一，那時被批得很厲害呀。(笑)

李　主要批我三個問題：一是「西體中用」，二是「主體性哲學」，三是「救亡壓倒啟蒙」。報刊上批判我的文章，超過批判其他人的總和，我記載的目錄有 60 多篇，有人說有兩百來篇。此外，當時還召開了兩次全國性的大型批判會議，發過兩個「紀要」。在單位裡，一些人見了我也遠遠躲開，怕惹麻煩。那幾年我很少參加會議，一是因為邀請少了；二是自己本身從來就懶於應酬，但使我既驚且感的是，幾次外出總受到各種熱烈歡迎。或自發鼓掌，或招待周全，真是令人「別有一番滋味在心頭」。

馬　「紀要」是一種會議級別很高的文件形式。

李　所以嘛，我講，我能成為「會議紀要」的主題，也真有「歷史意義」。(笑)我開始非常驚訝，繼而十分欣慰的是，為什麼左派先生們偏偏選擇我而不選擇那些比我遠為激進激烈的人物和論著作為主要批判對象呢？為什麼要花費那麼多的人力物力來批判我呢？是不是因為我這些被激進者斥為保守、卑之無甚高論的東西，比那些貌似激進、實則空洞的言辭論著，反而可能更有影響，從而被視為「極為有害」，必須「肅清流毒」呢？那我自然有理由為之感到欣慰甚至驕傲的了。當然，我也不會太快樂，至今我仍是腹背受責，既獲罪於左派巨室，又得罪於青年朋友，日子是不會好過的。不過，我也不想

顧及了。人活在世上並沒有多少年頭，何必如此瞻前顧後、戰戰兢兢？一生所望惟真理，雖不能至，心嚮往之，如此而已。

馬 如何看待針對您的這些批判？

李 我曾開玩笑地把我的批判者們分為「可憐」「可笑」「可恥」三類。這些人是可以對號入座的。我最感到困惑的是，為什麼這種人老是以馬克思主義者自居，他們無論從文章、學問或人格說，與馬克思都毫不相干。大批判是本世紀在中國產生的怪物，它完全排除了講理，基本特點之一是無限上綱，最終從政治上把你打倒或整死。我對批我的人，除了極少數幾個品質太壞的人外，從心理對他們無敵意或惡感，只是他們寫的東西實在太差勁了，不堪卒讀。

馬 聽說胡繩先生曾專程登門勸您作檢討？他那時已是社科院院長、全國政協副主席了。

李 有這事。胡繩到我家裡來過，沒有電梯，爬五層樓，敲門進來。他是來叫我檢討的，說不檢討也可以，只要表個態。我沒答應。他後來一抬頭，看到牆上馮友蘭那副對聯，他不同意，抗戰時他就寫過有分量的批馮的說理文章，就和我辯論起來。這一辯就辯了兩個多鐘頭，他沒有說服我，我也沒有說服他，叫我檢討的事他也沒再提，大概是忘記了。（笑）我送他下樓的時候，龐樸看到了，很驚訝：胡繩怎麼會上我家來？他當時是院長，我只是個普通研究員嘛，還比他年輕十多歲。

馬 這可傳為學界佳話。（笑）王蒙先生在一篇文章中講過一事，說胡喬木認為您和劉再復是搞學術而被卷到政治裡的，不要隨便點名云云。

李 胡喬木當時幾次要家人打電話給我，叫我不要緊張，他會為我說話的。據說引起一位領導人的不滿。我本與學潮無關，而且明確反對學生以絕食來抗議，也未參加過支持學生的遊行。我不沾染政治。

馬 但您在論著及文章、談話中，也經常就政治、歷史、社會問題發表一些見解，影響也很大，安樂哲（Roger T. Ames）和賈晉華就說您是「當代中國最知名的社會批評家之一」。

李　我不是什麼公共知識分子。我雖極其關心政治，也發表一些議論，但從不主動參入政治，不參加任何政治活動。本來 1949 年後，我就從不願與政治活動和政治組織有接觸，不管哪個方面的。《紅旗》雜誌上從沒發過文章，「文革」前當然不可能發，「文革」後《紅旗》組稿，我沒寫。在海外三十年，我只參加學術活動，而不介入任何政治。我是第七屆全國人大代表，且是文教委員會的委員，可列席人大常委會。1992 年出國後，又被「選」為第八屆全國政協委員。但無論大會小會我都很少參加，也不大發言。我真要搞政治也可以，並不是說沒有這個能力，我對有些事情的判斷還是相當準確的，但我的個性是不願意跟人來往，喜歡孤獨，那搞政治怎麼可以呢？當然儘量避免與人打交道，在某種程度上，這也是一種自我保護。2008 年我引過龔自珍的詞：「縱使文章驚海內，紙上蒼生而已。似春水、干卿何事？」

三大冒險

馬　後來，為什麼要選擇去美國？

李　我是 1992 年出去的，62 歲了。當時，在國內已不能發表文章，但國外有很多邀請，政府說只要沒刑事問題就可以出去。所以我並不是跑出去的，是拿著外交部護照光明正大出去的。我出訪的目的其實是進行學術交流，純粹學術性的。這件事情我確實要感謝美國很多學者，似乎將近一百個學者，有的簽了名，有的寫信。他們做了很多的努力。如林毓生先生，但大多數我都不認識或不熟悉。同時也要感謝一下德國的一些學者，如卜松山（Karl-Heinz Pohl）教授為這個事情也寫信給中國當時的最高領導人。還有就是德國大使為我的事情也向中國外交部作過很多交涉。我也曾兩次給當時的最高領導人寫信，均字數甚少，不滿一頁紙，言我與學潮無關和要求出國，提到公民權利，未承認任何錯誤（曾請李銳先生看過）。

馬　那是當時最好的選擇嗎？

李　現在也不後悔。否則早死掉了。我可以留在國內，也不會把我怎麼樣，也許還會被捧為大師。（笑）我不羨慕。商人好利，學人好名。我也承認我二十

多歲時也好名，不是說現在完全不好，但是已經不怎麼好了。演員主要靠表演，做學問主要靠經得起時間考驗。

馬　您去美國時，年紀畢竟不算小，對您來說應該是一次很大的挑戰吧？

李　對我來講，到美國有三大冒險：第一個是 62 歲的年齡要學開車，很多朋友包括美國年輕朋友都勸我不要學，但是我沒有辦法啊，在美國那種環境裡，不會開車我沒辦法走路。學車我用了比別人多三四倍的時間，算是學會了。第二個就是必須講課，我畢業之後就分到社科院，從來沒有上過課，到了大學裡我必須講課。第三點是最大的冒險，就是必須用英文講課，沒有辦法，我硬著頭皮去講了，你聽我講普通話有口音，我講英文也有口音。這三大冒險我總算都闖了過去。想起來不容易呀！（笑）

不圖名，只圖「利」

馬　在美國教書，走了哪些學校，教過什麼課程？

李　換了好幾個地方，先後到過德國圖賓根大學（漢學系）、科羅拉多學院（哲學系）、威斯康辛大學（歷史系）、密歇根大學（人文研究所）、斯瓦斯摩學院（比較語言和文學系）等。但主要在科羅拉多學院教書，待了有五六年，時間最長，那個學院在美國排名是相當靠前的。我最後教書的斯瓦斯摩學院，那是最有名的學校之一，在美國學院裡面排名一直沒有出過前三。
我在美國一年開三門課，中國思想史（分古代和現代），美學，也開過幾次《論語》。或者上學期開兩門，下學期開一門；或者相反；或者開兩門課再加一門研究生討論課。總之一個正教授每年上三門課，一般都是這樣。還教過兩次倫理學。講倫理學我很有興趣，而且他們認為我講得還比較成功。

馬　喜歡上教學了？

李　並不喜歡。那是沒有辦法，因為教學，錢能賺得多一些。中國一般所謂去外國「講學」大都是「訪問學者」（Visiting Scholar），不必講課，我當時與外國教授一樣必須正式授課，要開三門課，是「訪問教授」（Visiting Professor），前者錢少，後者錢多，相差可以很大。我所在的科羅拉多學院

和斯瓦斯摩學院是私立學校，學費很貴，學生富有，教師待遇也好。我說我學陳寅恪，他晚年給傅斯年信裡說「不求名，只圖利」，哪裡錢多就去哪裡。

馬 是在踐行自己提出的「吃飯哲學「？(笑)

李 哈哈……可以這麼認為。我去國即任教，收入不菲，以後陸續受聘，從未失業，生活一直優裕。當時我還寄三千美金給我妹妹。以前在中國生活的時候，我靠的是稿費。到了美國，就要靠自己奮鬥。我太太一生沒有為錢而煩惱過。人活著必須吃飯，但是吃飯不僅僅是為了活著。這就是吃飯哲學的真諦。(笑)

馬 只是上課犧牲了您很多寶貴的寫作時間，有些可惜了。

李 開始那幾年，精力都花在備課和講課上。其實，教課倒不佔用我很多時間，我的準備時間很少，但心裡還是緊張的，心理負擔很重。一心不能二用，我就沒法集中寫大塊文章。就只能零零碎碎搞《論語》，《論語今讀》就是那時的講稿，但上課講不了那麼深。課一不教了，我就寫了《己卯五說》《歷史本體論》。假設不教書，那段時間寫書，我會寫多一點。等我教完書之後，都快 70 歲了，精力已經不行了。

學生的掌聲

馬 美國學生最愛聽您講什麼？

李 講中國思想史時，學生最愛聽的，一是「陰陽五行」。二是《莊子》中的「魚的故事」和「蝴蝶的故事」，前者即莊子與惠施辯論「子非魚，安知魚之樂？」──邏輯推理與直觀移情，誰「可靠」？後者是莊周夢蝶還是蝶夢莊周──到底誰真實？提出的是人生意義何在？三是「見山還是山，見水還是水」，三重境界說。我與西方的理性思維作對比，他們聽下來，感到新鮮和有益。

世俗眼光是「見山是山，見水是水」；宗教是「見山不是山，見水不是水」，在第二層，認為俗世是不重要的，不美好的，在靈魂上把這一層去掉，才是美好的，天國在另一世界。禪宗和儒家的思維又回到第三層，「山還是山，

水還是水」，而又不是原來的山水，在有限中見無限，在世俗中得超越，這對他們似乎也是聞所未聞，覺得有意思。

「陰陽五行」也是這個道理，他們的思維是上帝跟魔鬼不兩立，但中國的思維不是上帝跟魔鬼，陰和陽不是哪個好哪個不好，而是可以相互滲透和補充，陰中有陽，陽中有陰，同一個人對你來說是陽，對他來說就是陰，非常靈活。不是一邊是絕對聖潔一邊是絕對邪惡。我把五行畫了相生相剋的圖，我說這就是你們常講的回饋系統，又形象又複雜，他們感到好玩極了。

莊子和惠施的辯論，按照邏輯，是惠施贏了。本來，魚怎麼叫快樂，這在分析哲學看來，是講不通的。它只是一種審美的移情、心境的表達。從我的教學中，他們看到中國的語言方式、思維方式和他們的不同，這使他們很感驚異和興趣。

另外，我把中國儒家的誠、孝、悌、學、義、仁、莊、敬等等，和《聖經》中的主、愛、信、罪、得救、忍受、盼望、全知全能，和古希臘哲學的實體、存在、理式、質、量等等，進行比對，這也受歡迎。因為這些範疇帶著不同文化的基本特色，可以較快看出中西的同異。這其實也是一個非常重要的大問題，當時我只能隨便講講，其實值得深究。

馬 面對一群外國學生，用英語講中國哲學，對您來說算是一種挑戰吧？

李 出國時，我英文也不好，最怕聽不懂學生的提問，因為教的都是美國本地學生，愛提問，你沒講完他們就問。有人說，你講課，不要太在意英文語法錯誤。你就這麼講，別人能懂。講是主動的，不行的話我可以換一種方式換一些詞彙講；聽是被動的，聽不懂就是聽不懂。但還好，只有一次兩次，沒聽懂，我一問，他再一講，懂了，居然最後被我應付下來了，我自己也感覺驚訝。還碰到過兩個學生到我辦公室跟我爭分數，說我打分打低了，我堅持，沒有改，也把他們說服了。

教授們誇我英文好，我的確講得很流利，語速和中文一樣，相當快，用的是許多專業詞彙，也講究點修辭。但這些教授們根本不知道，我一到商店或碰到中小學生，便話都講不出來了，因為那些日用品的名稱，各種玩具、用具

以及相關的動詞等等我一個也不會，真可笑之極。

馬　學生反應如何？

李　我講課，一是給學生們許多真正的東西，他們感到每次聽課傳授知識多，很有收穫，一是邏輯性非常強，一層到一層。這方面，我還是很有自信。我也講馬克思主義，講馬克思、恩格斯、列寧、托洛茨基、布哈林，一直講到毛澤東。他們覺得我講得很清楚，而且的確抓住了要害。記得在一個學校，我與同校另一位教授同時開中國近代思想史課，全校學生選。任何課最初三個課時學生可以自由選，然後再定。最後還是選我的多，儘管另一位是本國老師，儘管他的教案做得也不錯。記得有個菲律賓學生還說，我是她「最喜歡的老師」。美國大學有對教授的考核，老師不在場，由系裡向學生發問卷，提一些問題，問這個老師怎麼樣。我是很晚才知道的，不過很好，學生對我的評價很高。

馬　您還得了一個名譽博士學位，是因為講課講得好吧？（笑）

李　在美國教了七八年書，對美國學生瞭解中國起了些作用，因為我說的都是中國的事情。在科羅拉多學院，沒有中國學生，都是美國學生。我居然能夠教下來，而且教得還不錯，好幾次整個課程結束時，學生們一起鼓掌，一個個前來握手表示感謝，這在學校極少有。1998 年科羅拉多學院授予我一個名譽人文學博士學位，大概是認為我的教學對該院有些貢獻吧。（笑）在威斯康辛那一次，課程結束時全場鼓掌。都是對本科生的 Lecture（講課）。研究生是 seminar（討論）。我後來問林毓生，他說這在該校少見。我十分高興，高興的不是我英文好，而是我英文不好經奮鬥後能有效果，我為這個冒險的成功而高興。兩次在學期結束時還要作對全校師生開放的公共講演，也相當成功。1993 年 3 月，林毓生在 AAS（美國亞洲學會年會）還申請、組織了一個「與李澤厚對話」圓桌討論會，參加的有史華慈、狄百瑞、林毓生、余英時、張灝，還有汪暉等人，我講得很成功。我在國內從未用過英語講話，可惜一丟十多年，現在英文水平又回到出國之前了。

馬　對了，您那些年的英文講課稿留下來沒有？

李　我講課或講演從無稿子，只有幾句話的提綱。2001－2002 年我在香港城市
　　大學做過十次講座，也沒有稿子，當年曾想結集出版，書名都想好了，叫
　　《香港十講》。後來自己否定了。不過其中有些被人整理出來發表過，如《陰
　　陽五行：中國人的傳統宇宙觀》《由巫到禮》。

海外漢學一瞥

馬　您在海外生活了近三十年，接觸了不少海外學者，能在這裡給大家捎帶介紹
　　一下嗎？

李　我瞭解的情況非常有限，要談也只是一點印象，難免有不妥之處。

馬　那就簡單說說。

李　我與華人學者交往並不多。他們搞的領域，包括他們的成就，是不完全一樣
　　的。余英時、劉廣京、林毓生、杜維明、張灝、成中英、汪榮祖等，這麼一
　　批人吧。楊聯陞、蕭公權等上一輩大都已經去世了。總的來說，余英時先生
　　被公認中學功底非常好，遠遠超過其他人。他的文章大部份是用中文寫的、
　　出版的，英文的當然也有。我常說，君子和而不同，這話我對余英時還當面
　　說過，因為我和余也有好些不一致的地方，例如對康有為、對魯迅、對馬克
　　思的看法。余回答說，「我們和得很」，雍容大度，儒者氣象。我在美國，
　　余也幫過很多忙，我在一篇序文中曾正式表示過感謝。我批評較多的是杜維
　　明先生，他鼓吹儒學三期說，我是不贊成的。當然我對他個人毫無意見。杜
　　中文寫得少，英文寫得多一點，在洋人中比較有名。他經常參加各種會議。
　　Pope（教皇）搞的世界宗教對話，請了六七個人，他是被邀請的其中一個。
　　杜先生是很熱心的人，他負責的哈佛燕京學社經常邀請中國學者去那裡搞學
　　術交流。林毓生先生是我的老朋友，我 1992 年能去美國，他出了不少力，
　　我至今感謝。林主要是搞政治學自由主義，在台灣有影響力。他是哈耶克的
　　學生。哈耶克當然是了不起的。林的某些自由主義的基本觀點，我也非常贊
　　成，當然也有不同的地方。許倬雲先生也是幫過忙的。張灝先生現在香港，
　　大陸不太熟悉他，他是搞中國近代思想史的，學問相當不錯。總之，我跟他

們都是朋友，特別是林、余。其他的華人學者接觸極少，就談不上什麼了。我覺得，大陸的希望比海外大。不管怎麼說，大陸人多，人多總會有好東西出來的。

余英時致李澤厚函（1992年2月5日）

馬　由於歷史的關係，日本一直非常重視漢學研究，日本漢學界是個什麼狀況？

李　日本以整體力量分工協作從事漢學研究久已形成傳統，他們對一些具體課題的梳理研究，其精細程度非但歐美難望其項背，我想國內也遠遠不及。這是他們的優勢，值得認真對待和學習。但因此也導致他們在研究上過於拘謹，深度不夠，見解難有過人處，我想這可能是忽視宏觀研究的緣故，「只重樹木，不見森林」。當然也不能一概而論，日本也有很有見地的學者，如溝口（雄三）就是。我也注意到日本現在已有一批年輕學者開始發揮影響，他們重視宏觀，重視觀點、看法，突破了過分重視資料、考據的習慣。相信他們一定會為日本未來的漢學研究帶來更多的活力。

馬 您與溝口先生有交往嗎？

李 見過多次面，1992 年他還邀我和史華慈教授去開過會，對我似乎很客氣。但他的思想我不太贊成，如所謂的亞洲表述，中國近現代的歷史是內因推動的歷史，不是外因推動的歷史，我以為他基本上還是在轉述柯文（Paul A.Cohen）等人的後現代看法，強調態度、立場、方法，忽視了歷史發展的客觀事實。許多國外漢學家的中國近代史常以明代為起點（如史景遷），不無道理，這就是國內以前講的所謂「資本主義萌芽」，它甚至可追溯到北宋。但我仍以為，以鴉片戰爭為起點的各種紛至沓來的外部刺激改變了中國，才真正開啟了中國歷史的新篇章。這是一個非常重要的事實。費正清（John King Fairbank）則忽視內在因素，把外部刺激說得太絕對，有他的片面性，但柯文、溝口更片面。比較起來，我覺得費正清的表述更準確一些。我不願趕時髦。

馬 歐美漢學情況如何？

李 感覺上歐洲漢學研究有老化的趨向，人數很少。老的逐漸凋謝（如英國的葛拉漢過早去世，史華慈強調中西哲學之同，葛更重視其異。我更偏向於葛，我以為葛討論更深），後備力量不足。卜松山和過世的鮑吾剛（Wolfgang Bauer）都非常不錯，是德國漢學界的佼佼者。按說歐洲的漢學研究傳統很悠久，但現在年輕人已經不及他們的前輩，口語倒是遠遠超過前人（就一般而言）。

美國漢學界的力量要強於歐洲。總的印象是發展得比較全面，各方面都有人，微觀宏觀研究都有，一批年輕人在迅速崛起，而且其中不乏佼佼者。老一代漢學家，如史華慈、狄百瑞（William Theodore de Bary）去世前仍非常活躍，經常參加各種會議，而且屢有新著問世。

馬 您對史華慈的評價似乎很高。

李 美國漢學界不乏標新立異的人，有的因此而非常出名，但照我看來，像史華慈這樣高水平的漢學家並不多。史是美國數一數二的漢學家，我和他有過一些重要的交往，他曾多次要我去哈佛。史華慈的特點是沒有模式，多元，開

放。當然我也並不完全贊同他的許多觀點和看法。

馬　我感覺美國漢學明顯地、自覺地關注中國近代現代問題更多一些。

李　也許是比較好搞的緣故吧。（笑）當然，這也同美國各種基金會的態度有很大關係，特別是有政府背景的資助漢學研究的機構，出錢是要為其政策服務的，所以我就開玩笑説，美國有一批人是靠中國吃飯的。當然這只是就總體傾向而言，其實如史華慈、狄百瑞等就一直側重於中國傳統哲學的研究，他們的弟子們做古代題目也不少。新一代漢學家中就有人在專門研究諸如《文子》《抱朴子》等課題。另外，即便是專攻近現代的，如研究康有為、王國維、胡適等人，也離不開對中國傳統問題的探討。其實歐美很多漢學家的研究領域很廣，從孔夫子到毛澤東到鄧小平，並不限於一人一地一時的微觀研究，這一點上與日本很不一樣。

馬　「漢學」目前在整個西方學術界處在一個什麼樣的地位？

李　從某種程度上説，只是個小角落，整體水平也不見得很突出。中國在西方人心目中影響實際上不大。在這樣的情況下，不可能指望他們的漢學研究能在他們的整個人文研究領域內佔重要地位或很大比重、很大規模。美國的漢學系都很小，東方問題或漢學問題研究所規模也十分有限。這一點不如日本。中國學或者説漢學要想在西方真正得到重視，最終要依賴中國的發展與富強。

回國跟人聊天

馬　您是哪一年退休的？

李　1999 年我卸去美國瓦斯摩爾學院教職正式退休。我在國內沒開過課，開始在美國講課時，很興奮，熱情很高，很認真負責，學生也説我是一個 serious teacher（認真的教師）。但幾年下來後，興趣大減，因為講課許多內容是重複的，重複兩次就沒興趣了，不是越講越多，而是越講越少，以至不大願講。我非常佩服那些教了一輩子書的老師，真是誨人不倦，我沒那種精神。所以錢積得差不多，就乾脆不教了。

退休後，我就搬到美國科羅拉多州波德小鎮（Boulder，Colorado）。我太太和孩子都願意在科羅拉多。雖比較偏僻，但好處是對老人健康最好，陽光很多，說一年300天有陽光是誇張的，至少200多天有陽光，自然環境太好了。

馬 1993年您第一次回國，此後幾乎每年回國一次。

李 主要就是跟人聊天，調節一下。我回來也不吱聲，越到後期，找上門來的人越多，都傳開了，有相識的，有不認識的，古今中外，天南地北，無拘無束，經濟、政治，世俗、學術，什麼都談，能得到許多交流、瞭解和相互溝通的人際快樂，儘管意見可能不同。這是在異鄉他國難得的，這其實也就是具體的所謂「鄉情」「故土之思」吧。來聊天的五十至八十年代生人都有，又以年輕人居多，有一個是1986年的，他讀我的書，讀得津津有味，就來找我。不久前還有1997年出生的大學生和我通信。但由於年紀大了，今後我回國的機會可能越來越少，最近的一次是2017年。我太太完全反對我回來。不回來太寂寞，回來又覺得太熱鬧。（笑）

馬 您在美國待了那麼久，接觸了那麼多人和事，又處在那樣一種異樣的文化環境中，可以寫寫這方面的東西嘛，隨筆呀、散文呀、雜感呀之類，一定會好賣的。（笑）

李 有人寫文章，有人寫書，我從來不寫。我出書從沒有想過如何去迎合讀者，我從不會為了討人喜歡而出書，我只按照我的計劃、想法去寫。其實像《美的歷程》那樣的書，還可以寫一兩本，講講中國詩詞等等，也容易寫，但我不寫。

二 七十歲以後的著述更重要

「同心圓」的伸延

馬 1994年，安徽文藝出版社出了《李澤厚十年集》，算是您八十年代著述的一個彙集、一個總結。那篇總序很短，寫得真好呀！

李 這個集子分四卷六冊，共九種論著。那時出版者是冒著極大風險的（我正在被猛批）。編輯曾建議將書名改為「李澤厚文集」，我不同意，我說要出就出《十年集》，我這是學魯迅，魯迅有《三十年集》，魯迅自己編的。我那1979－1989年是很重要的時期。當時流行「文集」這種書名，我回信說如改掉「十年集」三個字，我就不出了。最後出版社讓了步。我是有意如此總結的。

馬 不久，十卷本《李澤厚論著集》也在台灣出版了，基本上保留了《十年集》的內容。

李 那是1996年三民書局出的。就多了一本1980年的《美學論集》（並增補了一個「論集續編」），《走我自己的路》也增補了出國後的一些文章、訪談之類。我的書在台灣一直有市場，但盜版、錯漏、改竄，相當嚴重，並且零零碎碎，各上其市。《論著集》共十冊，以哲學、思想史、美學、雜著四部份相區分。有朋友告知我，現在已印到了第三版。

在台灣出這套論著集，是我平生第一次簽出版合同，之前在大陸出書，從來沒有簽過，所以，那時我對版權問題很不熟悉，認識極差。

馬 出國後，您的思想仍然是圍繞著那個「同心圓」而展開的吧？

李 是也。五六十年代的「前奏」不計，我這個「同心圓」陸陸續續也畫了六十年。我的哲學、美學、中國思想史、康德、倫理學，都是圍繞著同一圓心，相互支援，相互補充，漸漸完善，圓越畫越大越圓而已。雖歷經風雨，遭到各方面各種兇狠批判，我卻圓心未動，半徑不減，還是按照原來的思路陸續伸延。例如，美學上仍然堅持「自然人化」的唯物論和實踐論；哲學上仍然是人類學歷史本體論和個體創造論（「以美啟真」「以美儲善」等）；中國思想史方面依舊是實用理性和樂感文化說，等等。

記得出國後在給劉綱紀信中我說：「我仍一切如常，極少受環境影響，出來後雖受外界吹捧，邀約者甚多，但我心寂寂，依然如故。仍謝絕大多數交往，只教書上課，想些問題而已。」但也有一個重大的變化就是關於不可知的「物自體」問題，以前否認，後來承認，當然與康德的「物自體」也仍不

相同，但畢竟大不同於《十年集》中的了。但我的基本哲學觀點未變。

馬 記得您在一篇訪談中說，您 70 歲以後的書也就是出國後寫的書，更為重要？

李 是也。不少人認為，我 80 年代的書最有價值，其實我 70 歲以後寫的書，雖然篇幅也不大，但分量比以前要重，如《倫理學綱要》《人類學歷史本體論》等。

為自己編個「紀念品」

馬 《倫理學綱要》(2010) 先出的單行本，後來收入《哲學綱要》一書中。對了，2010 年您怎麼會突然想起要編這麼一本《哲學綱要》？

李 那時我八十歲了，我想很快要死掉了。《哲學綱要》就是編個紀念品吧，「總序」裡我不是講了嘛：「三書均係舊貨，並無新作……告別人生、謝幕學術、留作紀念是實。」

這書 2011 年由北京大學出版社出版。「總序」裡提到的《人類學歷史本體論》，是我 2008 年在天津社會科學院出版社出的，收入了《哲學探尋錄》《歷史本體論》《論實用理性與樂感文化》以及一些哲學、倫理學答問錄等，《哲學綱要》就是在天津版的基礎上，為一更醒目之書名，重新組裝出版而已，只是我的一些視角、看法，仍然遠遠沒有展開。其實它可以寫好幾本書。

馬 除了這本「留作紀念」的《哲學綱要》，《南方人物週刊》(2010 年 6 月 14 日第 20 期) 還以您為封面。封面上的文字也很有意義：「八十李澤厚：寂寞的先知。不再是青年導師，早已告別革命，中國最有原創性的思想者，還有什麼預見。」

李 這些詞句是編輯部寫的，這也大出我意料。當時我寫過自壽聯：「惜彼春華，蒼惶避豺虎；撫今秋暮，白眼看雞蟲。」

馬 「豺虎」和「雞蟲」指什麼？

李 前者，指反右、「文革」也；後者，泛指自以為了不起的那些人，而且主要是指學界。

《南方人物週刊》封面（2010 年 6 月第 20 期）

刘爱兵案的背后 / 世界杯的太太们 / 如果没有青海湖 / 邬君梅 想演坏女人

南方 人物周刊

八十李泽厚
寂寞的先知

不再是青年导师，早已告别了革命，
中国最有原创性的思想者，还有什么预见

ISSN 1672-8335

定价 ￥8元　港币 20元　2010 年 6 月 14 日第 20 期 总第 213 期

馬　這本綱要後來得了華東師大第二屆「呂思勉原創獎」（2013），而且是第一
　　名。評審專家認為：本書是作者走其自己的路的思想結晶，集其在倫理學、
　　認識論和本體論方面一系列全新命題之大成，爭議中現原創，「綱要」中見
　　神髓，在國內和國外，學科內和學科外，產生了，產生著，並將繼續產生廣
　　泛和深遠的影響。

李　得不得獎無所謂，主要看書是否真正有價值。我覺得有點不倫不類，因為其

他獲獎書都是很專業的，都是歷史、文學等專門學科的。他們告訴我，推薦了你好幾本書，有人推薦這本，有人推薦《美學四講》，有人推薦《華夏美學》，還有人推薦《中國現代思想史論》。結果，最後確定是《哲學綱要》。他們還告訴我說，程序非常複雜，但都公開，你這本書是唯一沒有人反對，得到全票肯定的。我也很驚奇。

馬　《哲學綱要》2015 年由中華書局再版，2016 年又改名為《人類學歷史本體論》由青島出版社推出新版，2019 年再由人民文學出版社以「人類學歷史本體論」為總書名，分《倫理學綱要》《認識論綱要》《存在論綱要》三卷出版。十年間已出了五個版本。

李　青島版就是《哲學綱要》，只是恢復最初天津版用的本名，以作紀念而已，除了有所修訂、增刪外，體例相同，基本保持原貌。青島版印製精美，但書又大又厚，像塊磚頭，閱讀不方便。人民文學版在青島版基礎上，又有所增刪，並應出版社要求分三冊。

馬　您這本書主要講了什麼？

李　簡單說，這本書以「人類視角，中國眼光」，抓住中華文化之「神」，創造了「巫史傳統」「一個世界」「實用理性」「樂感文化」「情本體」「度的本體性」「價值與事實同源」等等概念，以孔子來消化康德、馬克思和海德格爾等，希冀通過「轉化性創造」，為人類未來有所獻益。全書強調製造——使用——更新工具的社會實踐基礎上的文化心理結構，亦即個體心靈的情理結構問題。

《倫理學綱要》是從我著作中有關論議倫理學的部份摘取彙編而成。從「人之所以為人」出發，將道德、倫理作內外二分，由倫理而道德，道德又外作傳統宗教性與現代社會性二分，內作能力（意志）、情感、觀念三分，並以此為基點，討論倫理學的一些根本問題，而不斷有所明確、補充和擴展。如確認道德心理和行為中，理性為動力，情感乃助力；人性能力在道德領域乃（自由）意志，等等。

《認識論綱要》為對應《倫理學綱要》而擬，只是對認識論某些問題的看法而已。由於是「生存的智慧」，我一直認為中國實用理性有忽視邏輯和思辨

的缺失而頗待自我改善。「度」作為第一範疇在認識論需重視「數」的補充，陰陽、中庸和回饋系統的思維方式需強調抽象思辨之優長以脫出經驗制限。在理論上，「默會知識」「秩序感」「形式感」與「以美啟真」和「自由直觀」等等，更需要作深入探究。

《存在論綱要》將拙作中有關「人活著」及某些宗教—美學論議摘取彙編，與前二《綱要》合成三位一體，為本無形上存在論傳統的中國「哲學」，開出一條普世性的「後哲學」之路。

若再更簡要地概括一下，即：此書採取積澱論的哲學心理學的獨特方向，融中國傳統、康德、馬克思於一爐，以「人活著」「度的本體性」等等的重構建設，反對後現代主義，凸顯出當今人類與個體的命運問題。

指向一個共同的方向

馬 您在 1981 年的一篇文章中曾說：「我對中外哲學史和美學的研究，其目的仍在為以後的哲學研究做準備工作。因此，已出的四本書，似乎題目很散，但也有有心的讀者看出它們指向了一個共同的方向。」（《走我自己的路》）這個「共同方向」，現在應該非常明確了，就是構建「人類學歷史本體論」。所以，是否可以說，這本書是您的集大成之作，是您一生研究的結晶、最滿意的代表作？

李 什麼叫「結晶」？我的「代表作」還沒有出來呢，也沒有最滿意的。我這既不是謙虛，也不是自誇，好像故弄玄虛地說有重要的著作要出來。不是這個意思。前面講過，我是 A 型血，從沒對自己滿意過。我總看到自己文章裡面的毛病，哪些句子不好，本應該表達好的，如此等等。所以不大願意再看。

馬 可否在這裡極為簡略地概述一下您的哲學大綱（人類學歷史本體論），給讀者一個大致的印象？

李 可以說的是，在我的研究中，不管是美學、哲學、思想史還是倫理學，裡面有一以貫之的東西。我提出和回答的是三大問題。一、人類如何可能？答

曰：使用──製造──更新工具的歷史經驗產生了理性。二、什麼是人性？答曰：情理結構，自然情慾與理性的各種矛盾融匯。三、人為何在中國傳統中位置較高？答曰：巫史傳統、一個世界之故。

我的哲學不是超然世外的思辨，也不是對某些專業題目的細緻探求，而是在特定時代和宏觀環境中與各種新舊觀念、勢力、問題相交錯激蕩的產物。我從「人活著」就要吃飯，就要使用──製造──更新工具、產生語言和認識範疇開始，通過「為什麼活」即人生意義和兩種道德的倫理探求，歸宿在「活得怎樣」的美學境界中，並提出「經驗變先驗，歷史建理性，心理成本體」。美學、哲學、歷史（思想史）在我的哲學即「人類學歷史本體論」發展中形成了另一個「三位一體」。德勒茲《哲學是什麼》一書認為哲學是製造概念以思考世界。我通過製造「內在自然的人化」「積澱」「文化心理結構」「人的自然化」「西體中用」「實用理性」「樂感文化」「儒道互補」「儒法互用」「兩種道德」「歷史與倫理的二律背反」「理性化的巫傳統」「情本體（情理結構）」「度作為第一範疇」等等概念，為思考世界和中國從哲學上提供視角，並希望歷史如此久遠、地域如此遼闊、人口如此眾多的中國，在「轉化性的創造」中找到自己的現代性。

馬　「人類學歷史本體論」與「積澱論」是什麼關係？

李　積澱論主要講了人類學歷史本體論的內在方面，即文化心理結構亦即人性問題。它分為「理性內構」（前用「理性內化」）、「理性凝聚」和「理性融化」（前用「狹義的積澱」），由之而有人的「自由直觀」「自由意志」和「自由感（享）受」。人類學歷史本體論還有其外在方面，如「兩種道德」論的倫理學，從而「和諧高於公正」「儒法互用」的政治哲學等等。它們都是歷史的而非先驗或超驗的，都正是人類學歷史本體論的重要內容，貫穿著「情本體」這根主綫。這主綫當然以更為複雜豐富的形態展現在審美和藝術中。

馬　與「主體性實踐哲學」的關係呢？

李　二者異名而同實。略有差異的是：第一，前者更著眼於包括物質實體在內的主體全面力量和結構，後者更側重於主體的知、情、意的心理結構方面。二者的共同點在於強調人類的超生物族類的存在、力量和結構；第二，主體性

更能突出個體、感性與偶然。儘管這些都必須以人類總體存在為條件、為前提，但它們將愈來愈重要愈突出。

「吃飯哲學」

馬 您還將自己的哲學稱之為「吃飯哲學」，儘管您多次講，這是針對那些鄙視物質生存、日常生活，侈談精神生命、靈魂拯救之類的各派理論學說而言，是為了在語言上造成刺激功能，但是仍招來學界不少爭議、嘲笑、批判。

李 這個說法，一些人或大為不解，或覺得這也太庸俗了，甚至有學人斥責這是在「惡搞」唯物史觀。我在《批判》書裡宣講關於「使用─製造工具的勞動實踐」或「生產力─科學技術是整個人類社會的基礎」這一根本觀點。馬克思說：「為了生活，首先就需要衣、食、住以及其他東西，因此第一個歷史活動就是生產滿足這些需要的資料，即生產物質生活本身。」這話是非常準確的。這也就是人們僅僅為了能夠生活，也必須每日每時都要進行的（現在也和幾千年前一樣）一種歷史活動，即一切歷史的一種基本條件。這也就是我強調「人活著」作為哲學第一命題，以及我的「吃飯哲學」的主要含義。偉大的真理常常非常簡單。1992 年我的一篇短文題目就是《「左」與吃飯》。這個吃飯哲學看來簡單，其實複雜；看來平常，其實深刻；看來非常一般，其實十分重要；看來人所共知，其實遠非如此。當然，我的「吃飯哲學」始終只是一種通俗說法，是故意採取這種「粗鄙」「庸俗」的用詞，其本名仍應是「人類學歷史本體論」。

馬 這個「吃飯哲學」與馬克思主義唯物史觀有何不同？

李 歸結起來，第一，「吃飯哲學」突出的是「人活著」這一基本事實和哲學主題，唯物史觀則將這一主題完全納入生產力─生產方式的哲學─社會學原理中，以至這個實在、具體的「人活著」看不見了。在人「如何活」必須使用─製造─更新工具，「人活」在一定生產力─生產方式中，這兩者是完全一致的。但「吃飯哲學」的「人活著」由於強調實實在在的每個人那不可替代的「活著」，從而更為重視感性現實的個體存在和個性的全面展開和實

現。唯物史觀雖不否認這一點，但一定程度上被上述社會學的表述所遮蔽了。第二，「吃飯哲學」強調「吃飯」是為了「活」，但「活」不是為了「吃飯」，亦即「如何活」並不能解決「為什麼活」（倫理學）和「活得怎樣」（幸福問題即美學、宗教問題）。唯物史觀把它們都放置在「如何活」中，認為它們是一定經濟基礎的上層建築和意識形態，「吃飯哲學」則強調它們獨立的價值和意義。「吃飯哲學」有唯物史觀所忽視和缺少的倫理學和心理學的哲學理論，從而不能等同於唯物史觀。總之，作為哲學，「人類學歷史本體論」並不等同於唯物史觀，而是將唯物史觀吸收融入，作為它的基礎。

人類學歷史本體論與唯物史觀的差異固然可以說是後現代與現代的時代差異，同時更有其傳統背景的重要差異。馬克思的背景是希伯來和希臘傳統特別是黑格爾哲學。恩格斯加上了一些現代科學的實證色彩。「人類學歷史本體論」以實用理性和樂感文化的中國傳統為基地和背景（這一點具有根本性），堅持在人本、歷史、積極入世的基礎上去反思過去、展望未來、把握現在。

馬 與西方自由主義又有哪些不同？

李 為簡明起見，可用一張表來做對比（見下表）：

序號	中國歷史主義	西方自由主義
I	由**大我**（The Great Ego）：遠古、古代、中世紀的 clan, tribe, nation, religion, etc.）到小我（small individual）	**自我個體**。上帝創造亞當、夏娃，特別自路德新教個體能與上帝直接溝通後。
II	**實用理性**。理性從經驗中的合理性而來，是歷史積澱的心理結構。自由、平等、人權、民主均是具體環境下的歷史產物。在近現代，以自由出賣勞動力的市場經濟、契約原則等等為原則，遠古、古代並無此。 人類歷史因使用製造工具即科技（從原始石器到今日高科技）為經濟發展的核心和動力，總體是向前發展的，但有時會出現倒退，所以不是經濟決定論。但「如何活」仍然比「活的意義」（「自殺」是哲學首要問題）要優先。	**先驗理性**。無由來，超人類，乃「至上」如天賦人權、人生而平等；以「無知之幕」為前提的設定等。 理性價值主宰、支配一切，忽視人性的陶冶和成長，人作為動物存在又不同動物的諸多方面，如理性與情感的交錯結構，因之常使知識（科學）與信仰（宗教）對峙、分裂、糾纏、困惱。哲學走向碎片化（科學式的專題細節探索）和抽象化（往返在非日常語言的思考論討中）。

續表

序號	中國歷史主義	西方自由主義
III	客觀社會性。從而重視偶然性，重視命運（人類、民族、國家）以及個體存在（從出生到整個人生到死亡），均具有一定的偶然性，如何抓住有利的偶然性避免不利的偶然性至為重要。認為探尋關係億萬人群的「人（我）活著」等根本疑難更應是哲學主題，其中包括歷史與倫理的二律背反、歷史積澱為心理的自由意志諸問題。	普遍必然性。從而重視決定性。認為歷史和現實將普遍遵循理性之路，綫性進展，輕視多元傳統、精神生活對物質生活的相對獨立性。 命運由上帝決定，與哲學可以無干。
IV	關係主義，兩德論：倫理（社會）與道德（個體）區分的必要，重視中國傳統倫理的社會角色關係（五倫）轉化為指引和范導現代社會性道德中的個體情感關係[情感中的角色，如平等的兄弟之愛也有兄友（more tolerant）弟恭（more respect）的差異等等]重要性質。朋友要「拜把」才成兄弟。	個體主義，一德論：一方面是將政治與道德脫鉤。以原子個人為主體的現代社會性道德，被視為只是政治哲學，可以與道德無關。另方面基督教愛的傳統本也以平等的個體為基礎。所以也可以混同兩德。J.Rawls《公正論》（*A Theory of Justice*）中談到情感的 sense of Justice 章，兄弟之間也只是平等的愛。
V	一個世界：有情宇宙觀。設定對那不可知的物質宇宙為何存在的「物自體」（亦即「天道」）的肯定性情感信仰。哲學追求在人道中呈現「天道」，歷史進入形而上學。個體追求與大自然融為一體，美學成為第一哲學。	兩個世界：基督教，伊斯蘭教……以至各種邪教。哲學追求永恆的 Being，成為形而上學。個體追求靈魂不朽、皈依上帝、進入天國，強調人對自然的征服，美學是與感覺相關的低級認識學科。
VI	結語：兩者有差異卻並不對立，相反，歷史主義反對尼采以來反啟蒙反理性的後現代主義思潮，高度肯定自由主義的偉大貢獻和至今具有的現實價值，並吸收、消化自由主義和啟蒙理性的世界成就和優長，去其弊病，而不斷發展自己。	

注：對西方自由主義的概括非常**粗漏浮淺，很不準確**，此表主要是簡略陳述我的「人類學歷史本體論」哲學，供參考。現在就總體來說，應與自由主義聯盟，以對抗總體絕對主義、各種新權威主義和政治宗教。至於自由主義內部保守與激進之分以及各種分歧、衝突和爭鬥，則不在此表範圍之內。

「跳出三界外，不在五行中」

馬 關於您的這個「人類學歷史本體論」，學術界一直存在著很大爭議，甚至是尖銳的兩極化。

李 這是一個很有趣的現象：海內批我是「反馬克思主義」「自由化」，海外（當然也包括一些「海內」）批我是「死守馬克思主義」「保守派」。於是，是「馬」非「馬」，真「馬」假「馬」，我也只有茫然了。前面不是談過「腹背受責」嘛，從七八十年代開始就一直是這樣。兩個方面都是武林名派，氣勢嚇人，閔予小子，夾在中間，背負雙層高帽，豈不可悲、可懼且孤立？只是我蠢笨如昔，對所有批判，幾乎已心如木石，無話想說，無動於衷，仍然是左擋右擋，「走我自己的路」。好在與弗雷德里克‧傑姆遜的對話中，我早強調「馬」已多元，無需統一。唯一感慨的是，至今為止幾十年仍然被一些學者們借勢（什麼勢便不必說了，大家心知肚明）來貶低、無視、批判、抹黑。這大概也沒有辦法，只好永遠各行其是了。

馬 八十年代，您在一篇小序《是馬非馬》中講：「『呼我牛也而謂之牛，呼我馬也而謂之馬』，又有何不可？」最近偶爾讀到美國漢學家安樂哲的一段話：李澤厚「對康德很瞭解，可是他不是康德主義，對馬克思也有瞭解，可是他不是馬克思主義。他對儒學也一樣，可是他是他自己，他是李澤厚，他是個哲學家，這就是他」（安樂哲：《文明互鑒視域中的夏威夷儒學：安樂哲教授訪談錄》，中國社會科學出版社，2020 年）。

李 所以，我說過嘛，我是「跳出三界外，不在五行中」。（笑）

馬 暫且撇開別人的各種說法，您認為自己還是馬克思主義者嗎？

李 Yes and No。

馬 哦？請具體解釋一下。

李 「No」有三條。一、我認為馬克思主義是一部份現代知識分子對社會現實的革命追求和對未來遠景的理論設想，它並不具有階級性質，從而它並不是某特定階級的世界觀。二、我不認同「階級鬥爭是推動歷史前進的動力」等學說，不贊成「階級鬥爭為綱」、無產階級專政為馬克思主義的必備綱領和核

心理論。三、我以康德先驗辯證篇為榜樣，認為《資本論》以「抽象勞動」「社會必要勞動時間」這些缺乏經驗依據的基本概念，抽象地、邏輯地推論出沒有資本、商品、市場經濟，成了康德所講的缺乏客觀現實可能的「先驗幻相」，它並無實現的可能性和必要性。如果以此三條衡量，我當然不是馬克思主義者。

「Yes」相當簡單，只有一條，但我認為很根本、很重要，這在前面已多次講過：即我仍然繼續同意並吸收消化了馬克思關於工具、科技、生產力是社會經濟的核心和經濟是人類生存的基礎等歷史觀點，並將之視為唯物史觀的硬核（hard core）。而這恰好與重視人的物質生命、此世生存、現實生活並且有一種社會理想的中國儒學非常一致。

馬 但「三」（「No」）比「一」（「Yes」），雖然這個「一」是硬核，但僅憑此一點，恐怕也不能就說自己是「馬克思主義者」吧？

李 所以，我在最近給拙著英譯者 Dear Bobby 先生的信裡，就非常明確地寫道：「我也趁此機會，公開宣佈我撤銷以前自封的『馬克思主義者』的頭銜、稱號。」我不夠資格。

馬 其實，「先驗幻相」「政治宗教」「理想社會」等等，您在過去的文章中早就講過，所以，依我看來，您這個「公開宣佈」一點也不新奇。（笑）

李 觀點雖早有了，但如此強烈徹底的「公開宣佈」，畢竟屬首次，也算是我晚近思想的一個最重要的變化吧。如有何反響，年已九旬，不作覆了。

馬 在「人類學歷史本體論」的思想系統裡，您製造了不少與西方完全不同的新命題、新概念，諸如「積澱論」「巫史傳統」「一個世界」「實用理性」「樂感文化」「情本體」「度的本體性」「價值與事實同源」「兩德論」「歷史進入形上」「美學是第一哲學」等等。您的這些頗具原創性的思想，在國際上已經產生了重要影響，在中國和西方的思想之間搭建了溝通橋樑。

美國當代著名的文學批評理論家文森特・里奇（Vincent B. Leitch）教授主編的《諾頓理論和批評選集》，甄選、介紹、評注從古典時期至現當代的世界各國批評理論、文學理論的權威性著作，所入選的篇章皆出自公認的、有

定評的、最有影響力的傑出哲學家、理論家和批評家。本書已成為當今西方世界一部最全面、最權威、最有參考價值的文藝理論選集。在 2010 年第二版，您是唯一入選的中國學人。第三版（2018）增刪更替十餘名，您仍被保留。「李澤厚」被列入三個條目之下：（一）「美學」，（二）「馬克思主義」，（三）「身體理論」。其中，「美學」類最引人注目。《美學四講》在與古人劉勰《文心雕龍》、陸機《文賦》和葉燮《原詩》比較中居然取得頭籌。此類僅收入十三位學者，皆是西方哲學史上具有赫赫聲名的大哲學家，如休謨、康德、萊辛、席勒、黑格爾等，您是其中唯一的非西方哲學家。《諾頓選集》講：「李澤厚是當代中國學術界的一個奇觀！在中國的新時期（1977－1989），即毛澤東去世之後的改革開放時期，李澤厚在哲學和美學方面的著作以及他對中國文化和社會的觀察吸引了整整一代知識分子。」顧明棟先生說，您的入選「足以使他當之無愧地躋身於世界最偉大的文藝理論家之列」。這些，是否標誌您已經「走進」了世界？

李 不能這樣講。我希望抓住一些根本性的問題，這樣才能真正走進世界和西方溝通。從王國維到馮友蘭、牟宗三，都是「走向」世界，我希望將來能「走進」世界。我的這些命題、概念，不僅中國可以用，將來西方也可以用。

馬 八十年代您還當選著名的巴黎國際哲學院院士。享有這一榮譽的都是當代國際上最傑出的哲學家，如伽達默爾、哈貝馬斯、利科、斯特勞森（P. F. Strawson）、奎因（W. V. O. Quine）、大衛森（D. Davidson）。您成為二十世紀下半葉唯一入選的中國學者（上半葉，馮友蘭曾當選）。這是對您哲學、美學成就的高度肯定。

李 那是很早的事，大概是 1988 年。當時他們來徵求我的意見，我無意見。但未去參加他們的任何活動。現在，那個機構已經相當濫收了。

馬 2009 年您還入選 Constantin V.Boundas 主編《哥倫比亞二十世紀哲學指南》（*Columbia Companion to Twentieth-Century Philosophy*）。此書是一部面向哲學研究者和研究生的權威性著作，是第一部全面覆蓋二十世紀哲學的指南，出版以來深受好評並產生重大影響，被稱為「為一個極其重要的世紀的

哲學史提供了珍貴無比的評述和全景視角」。所收中國哲學家分為兩類，第一類是「新儒家」7 人，有梁漱溟、熊十力、牟宗三、唐君毅、馮友蘭、錢穆、徐復觀。第二類中國哲學家是「馬克思主義的改革者」2 人：毛澤東和您。在這兩類 9 人中，介紹您所用的篇幅最長。

2015 年 10 月，由 The World Consortium for Research in Confucian Cultures 主辦，在夏威夷大學中西研究中心召開了題為「Li Zehou and Confucian Philosophy」（「李澤厚與儒學哲學」）的國際學術研討會，中、美、德、加、日、韓、波蘭、斯洛文尼亞等國學者參加。據說是第一次以健在的中國大陸人文學人為題的國際學術研討會。安樂哲和賈晉華在其主編的會議論文結集《李澤厚與儒學哲學》（上海人民出版社，2017）「導論」中說：「李澤厚是一位具有廣闊的全球興趣的、自成一格的哲學家……當今時代偉大哲學家之一……是一位在哲學最寬廣範圍內汲取自己哲學思辨資源的世界哲學家。」還有，澳大利亞梅約翰（John Makeham）教授 2003 年編的《新儒學》（*New Confucianism: A Critical Examination*）書，選了熊十力、梁漱溟、馮友蘭、牟宗三和您五個人。

李 梅約翰的書將我列為「新儒家」，有點意外，（笑）我怎麼算新儒家呢？但他開頭也解釋了為什麼要把我編進去。記得一次會上杜維明問我，到底怎麼稱呼你：馬克思主義者？「後馬」？康德主義者？新儒家？……我說，名號無所謂，我自己什麼都不稱呼，你們叫我什麼都可以。

三　倫理學新說

比美學更重要

馬 前面您說，出國後自己的思想、觀點沒有變。但畢竟是到了一個全新的環境裡，總該有些新思考、新想法、新變化吧？

李 我說的是基本觀點和思想一直沒變，但比起八十年代來，確又有了一些變化和有更明確和更發揮了的地方。

馬　哪些變化？

李　例如，前面已提過的「物自體」的哲學問題，又如，推崇改良過於革命；解釋歷史重積累、輕相對（時代性、階級性）；多談偶然，少講必然；提出宗教性私德與社會性公德的區分；以巫史傳統為根源來說明中國的「一個世界」觀，也包括對馬克思主義，如此等等。同時，認為今日許多流行理論的根本毛病，在於忽視吃飯哲學和心理建設。在形式上，則故意搗亂，主張承繼漢唐注疏和宋明語錄，以短記、對話和老百姓的語言來反抗「後現代」的「學術規範」：那玄奧繁複的教授話語的通貨膨脹。凡此種種，都是逆時髦風頭而動。我倒願意以此反動來迎接二十一世紀，其目標在於走出語言，建立心理，回歸古典，重新探求人的價值，幻想也許應當為中國以及人類尋求一條轉換性的創造道路，如是云云。但這些也都是我七八十年代提出的課題的展開，是「同心圓」的順延。

　　我知道，所有這些，對於今日中國年輕或並不年輕的前衛教授群來說，只是陳舊可笑、不值一提、「毫無學術價值」的癡人說夢而已。儘管如此，我仍不想做什麼改變。癡呆且任時人笑，後世相知或可能。可能嗎？也並不見得，真是「浩歌天際熱」，「篇終接渺茫」。

馬　我留意到，九十年代以來，您學術研究的一個非常重要的走向，就是集中思考倫理學問題。劉緒源先生說：「李先生對倫理學的重視，我在 2010－2011 年與他作哲學對談時就已發現。因看到我對『情本體』的熱衷和對倫理學的隔膜，他語帶微諷道：『文學家不喜倫理學，此當然事耳。』又因我對他的美學很熟悉，讀倫理學則時有困愕，他斷然說：『我的倫理學的重要性，肯定在美學之上。』」（劉緒源：《重建中國的道德哲學》，《中華讀書報》，2015 年 7 月 8 日）

李　我確實非常重視倫理學。我認為認識論到維特根斯坦已告終，包括我所重視的「默會知識」「秩序感」等非邏輯思維，也將歸於認知科學，即在腦科學基礎上的經驗心理學，神經美學即其一例。近年人工智能突飛猛進更顯示出這一趨向。當然，恐怕一二百年後才能取得全面、成熟的結果。目前的哲學

只是指示和範導這一唯物主義（或稱「自然主義」）的發展方向而已。從而，也就使哲學倫理學特別是政治哲學處於哲學的核心，這也正是我從康德研究、美學研究轉向中國傳統以及晚年以倫理學為主題的重要原因。

多年來我被戴上所謂「美學家」的稱號或「帽子」，雖然我提出「美學是第一哲學」迄今未變，但好些朋友卻以為拙作倫理學比美學更重要更有現實性，如安樂哲教授和國內好些學者對我提出的「兩德論」的重視或批評。我自己也如此認為。

區分「兩種道德」

馬 那就接著講一講您的這個倫理學吧。可先從「兩德論」開始。首先，何謂「兩德」？

李 所謂「兩德」，一是與政治哲學相關的現代社會性道德，它是建立在現代社會的個體單位和契約原則上的自由、平等、人權、民主，以保障個人權益，規範日常生活。另一是與宗教、信仰、文化傳統相關的傳統宗教性道德，它有關終極關懷、人生寄託，是個體尋求生存價值、生活意義的情感、信仰、意願的對象。兩種道德都是自己給行為立法，都是理性對自己的感性活動和感性存在的命令和規定，都表現為某種「良知良能」的心理主動形式：不容分說，不能逃避，或見義勇為，或見危授命。但現代社會性道德是公德，是公共理性，看似相對，卻要求該群體的每個成員堅決履行，應該普遍遵循，而無關個體狀況；傳統宗教性道德是私德，是個人意識，看似絕對，卻未必每一個人都能履行，它有關個人修養水平，可以各自選擇。你可以選擇基督教、伊斯蘭、印度教、佛教、儒學等等。對個體可以有「宗教性道德」的期待，卻不可強求；對個體必須有「社會性道德」的規約，而不能例外。一個最高綱領，一個最低要求；借用康德認識論的術語，一個是范導原理，一個是構造原理。

當然，兩種道德的區分，「善惡」與「對錯」的分家，也只是一種「理想型」的理論構建。在實際運行和現實生活中，兩者的相互影響、滲透和難以

分割，又是非常突出的。有時判然有別，並不溝通；有時相互重合，似為一體。經常可見的是，人（特定群體）的規範以神的旨意出之：「社會性道德」以「宗教性道德」的身份與名義出現。這在沒有宗教的中國式的「政教合一」的傳統中，特別突出。正因為這樣，強調這種區分和分家，也才有重要的意義。但更要看到，它是一樁艱難而漫長的工作。特別是歷史經驗說明，具有根深蒂固傳統的宗教性道德，可以以原教旨主義或強勢意識形態等形式，與一定社會、集團的實際力量相結合，常常蠱惑、控制或發動某種「群眾運動」，使很不容易爭取得來的個人自由一夜之間便「改變顏色」，蹤跡全無。這是我九十年代說的，對照現今，又不幸而言中。

馬　您主張哪個優先？

李　我主張由現代經濟生活決定的權利優先，也就是現代社會性道德優先，即我講的「權利優先於善」。中國今天最需要建立的是現代社會性道德。所以我現在不願大講「情本體」，哲學上提出這個觀念是必要的，但要落實到眼下現實，那真沒到時候呢。

馬　所以，您講過，念公民課比念《三字經》重要得多？

李　對。公民課是灌輸現代社會所必須遵循的行為規範、倫理秩序及其理由，培養孩子從小便講理性、守秩序、護公物、明權界、別公私，以及自由、平等、獨立、人權等等觀念。然後再加上《三字經》等傳統典籍宣講的孝親敬師、長幼有序、勤奮好學、尊老扶幼、閱讀歷史、重視經驗等等，使二者交融匯合，情理和諧。二者不免有差異或衝突，其中一部份可以作出新解釋，例如傳統大講君臣，在現代可以轉換地改變為上級發號施令，下級服從執行，但雙方的人格和人身卻是獨立、平等和自由的。上級可以「炒魷魚」，下級也可以「拂袖而去」。這是以現代社會性道德為基礎，卻也符合原典儒學「君臣以義合」「君使臣以禮，臣事君以忠」的「教義」，而不是後世專制政體下「君不君，臣不可以不臣」的絕對服從和無條件侍奉和依附。其中有些是不可調和的，那就應該明辨是非，以符合現代生活為準。

總之，我反對由各種宗教和傳統文化來構建現代政治和現代倫理道德，不以

現代生活為基礎和依據，不通過現代法治和現代社會性道德，而想以某種宗教性道德來整頓人心、安邦定國、懲治腐敗，認為這是中國模式，那就無論學雷鋒還是學孔子，無論提倡共產主義道德還是提倡儒家道德，我看都不能解決問題。新世紀以來，鼓吹儒學實際是倒退，兩德論就更重要了。有些遺憾的是，「兩德論」說了二十多年了，就是沒人注意。西方就不一樣，只要你有一點新東西，大家馬上就跟上關注。

範導和適當構建

馬　您明確區分兩種道德，強調「權利優先於善」，但又指出傳統宗教性道德可以作用於現代社會性道德，這如何理解？

李　我主張政教分離，但同時也清醒意識到，各種宗教和文化傳統仍將以各種方式作用於社會性道德，這不可避免而且可以予以適當認同。這就是我所說的宗教性道德對社會性道德的「範導和適當建構」。我沒有具體展開說什麼是「範導和適當構建」，如何能「適當」，各不同宗教、文化、傳統又有何差別。這些都異常複雜多樣，我以為它們都屬於各種政治哲學和規範倫理學的範圍，規範倫理學又有各種應用的、職業的倫理學，以及環境倫理學、描述倫理學等等。我的哲學倫理學只需提出兩德說這一點就可以了，更具體的分析和論證應由政治哲學、規範倫理學等來承擔。

能說的是，這個「範導和適當建構」，主要指傳統宗教性道德至今所具有的積極因素，如中國一個世界的情本體。其中關鍵是「適當構建」中的「適當」，這很難掌握，而必須根據各種具體「情境」，作出「度」的把握，其中特別是不能全面或過分構建，讓情感替代了公共理性。想以傳統宗教性的禮教教育來替代或全面構建現代社會性道德之路，如某些學人所設想，是行不通的。這種「適當構建」需要長期的經驗積累，因此現在只能做一種比較抽象的、原則性的提示。

在西方歐美，無論是功利主義、自由主義還是後現代時潮，都是個體主義和理性主義，有如麥金太爾所說，缺少對人作為動物一環的依賴性、脆弱性方

面的關注，從而也需要傳統宗教性道德即講情愛的基督教的範導，所以兩德論雖產生於中國現代，卻對世界有普遍性。

馬 中、西傳統宗教性道德的「範導和適當構建」有哪些不同？

李 我以為「孝—仁」與「博愛」、「大同理想」與「千年王國」，可能是中西宗教性道德對現代社會性道德「範導和適當構建」的主要差異。這也就是中國更講究「由近及遠」「己立立人」，一直到「仁民愛物」「民吾同胞，物吾與也」的「孝—仁」，不同於遠近如一、一視同仁的「博愛」；追求世間生活及其細節（如中國人很愛看、西方人不屑一顧的《紅樓夢》）中人際情理的和諧均衡，不同於在人人平等對個體的最後審判中使靈魂永生進入天堂。

和諧高於公正

馬 您還提出過「和諧高於公正」的命題。陳來教授給予很高評價：「『和諧高於正義』應該是李澤厚對照『權利高於善』提出的，這是李澤厚後期倫理學提出的最重要、最有價值的命題和口號，具有重大的意義。」（《論李澤厚的倫理思想》，《復旦大學報》（社會科學版），2019 年第 1 期）

李 「公正」作為西方政治哲學的最高範疇，是理性的是非判斷。理性、言語（語言）佔據西方哲學形而上學和本體論的中心，即使在情感上，基督教和希臘哲學的結合使「最後審判」和「道成肉身」的愛，也具有理性的 Logos 特徵。上帝、耶穌的愛是原動力，是第一位的。中國則由於以理性化的自然本性為基礎，強調「道出於情」，不以「理」而以「情理」（合情合理、情理和諧）為基本準則，形成以「天人合一」「樂與政通」為最高理想的方向和心理。孔夫子說：「聽訟，吾猶人也；必也，使無訟乎。」這就使「訟」即有關公正的判決居於次要地位。而「和諧」（人際關係的和諧、人與自然關係的和諧、人的身心和諧）則成為最高準則。我以為，這可以為中國現代社會性道德、為中國的現代性創造出某種既具民族資源也有人類普遍性的新東西。這是我所講的中國傳統的宗教性道德對現代社會性道德的某種範導和適當建構，這也就是「西體中用」和「轉化性的創造」。

馬　既講「權利優先於善」，又講「和諧高於公正」，豈不矛盾嗎？

李　前者是現代社會性道德，是全面構建，後者是傳統宗教性道德，只是範導和適當構建，兩者可能發生矛盾，但也可能相輔相成。如何協調和磨合，既需要優美的政治藝術（度），更需要艱難的歷史過程。我所贊成的自由主義（整體為個體存在、個人權利優先）只是我的歷史主義（歷史發展到一定時期或階段的要求或產物）的呈現。自由主義從屬於歷史主義，歷史並未終結於資本社會和自由主義。既要強調公正，又以「有情宇宙觀」的「和諧高於公正」作範導，以走向一個更為理想的未來，這就超越了自由主義。

而且，我講的「和諧高於公正」，是就人類未來遠景和中國對未來世界的貢獻來說的。作為它的哲學基礎的「情本體」是我上世紀就提出的。但從當時至今，我一直認為，目前首先要重視的，還是公共理性、公正、現代社會性道德在中國政治和社會生活中的嚴重缺位，所以仍然要強調「權利優先於善」（指優先於各宗教、文化、哲學所宣講的善惡觀念），尤其要警惕各種「性善論」「和諧論」來掩蓋、貶低和阻撓以「公正」為基本準則的現代社會性道德特別是其制度的真正建立。

情本體的「外推」

馬　這就涉及到政治哲學方面了？

李　是也。「情本體」內推為「美育代宗教」的宗教哲學；外推就是「樂與政通」「和諧高於正義」的政治哲學。「情本體」絕不只是內向體驗和個體心理問題。如果只有內向、內推，就不是儒學的「道始於情」「禮生於情」了。所以，我的「情本體」包括將來運用到「外王」、創造出一條不同於西方的中國自己的政治哲學之路。例如我將漢代以來的「原心論罪」「屈法伸情」「重視行權」「必也無訟」等作歷史經驗的參考，主張以「情本體（情理結構）」對「公共理性」的「外王」（其中包含現代社會性道德）作「範導和適當構建」，將重視人際和諧、群體關係、社會理想以及情理統一、教育感化、協商解決等特色，融入現代政法的民主體制建構中，使之更多注重同情、感

化、和睦、協調，防止理性強制的氾濫，注意避免因追求抽象形式、理性、本質所帶來的在原子個人主義基礎上的現代社會中人情淡薄、人際冷漠以及政治冷漠等等。

所以，我先後提出了「和諧高於公正」「新一輪儒法互用」「歷史與倫理二律背反中的度」等等。具體的也多次講過，如講關係主義，講和解、協商的居民委員會，講可以儘量避免家庭、鄰里的糾紛上法庭，「里仁為美」等等。當然，在傳統的熟人社會轉變為現代原子個人的陌生人社會的過程中，如何能維持「里仁為美」，還相當艱難，還需要多作嘗試和探求，我提出「情本體」「兩德論」也正是為此。

馬 這麼說來，您的人類學歷史本體論裡是否包含有政治哲學的子系統？

李 兩德論是政治哲學的基礎。兩德關係是今日中國的關鍵問題之一，無論在理論上還是實踐上，都如此。我沒專門研究過政治學，但我提出的「歷史與倫理的二律背反」（1980）、「歷史在悲劇中前行」（1999）、「兩德論」（1994）和「經濟發展─個人自由─社會公正─政治民主」四順序論（1995、1999）、「要社會理想，不要理想社會」（1994），以及「歐盟是走向世界大同之道」（1992、2002）等等，可以在我的人類學歷史本體論基礎上展開政治哲學系統。

這裡，可提一事，伊朗霍梅尼革命對我影響很大，正是我為何要將「社會公正」放在「政治民主」之前的「四順序」和提出「兩德說」的起因。

馬 霍梅尼革命發生在 1979－1980 年。

李 是呀，轉眼四十年過去了！它使社會停滯、倒退幾十年，許多革命也如此。霍梅尼革命也使我意識到伊斯蘭問題將是一個世界性問題。八十年代我就講過，二十一世紀的主要問題是伊斯蘭的問題。這個話，我都忘記了。汪暉提醒過我，他說：「你跟我講過這個，在八十年代。」

馬 能否在此細說一下您的這個「政治哲學」嗎？

李 沒能力做了。我的《再說「西體中用」》（1995）、《從兩德論談普世價值和中國模式》（2011）、《關於「中國式自由主義」》（2012）等文已講過一些，

有興趣可以找來看看。這裡可以簡單提一下我講過的「中國式自由主義」。它有三個特點:第一,是歷史性的自由主義。西方自由主義認為自由、平等、人權、民主是天賦的,中國的自由主義並不認為是「天賦人權」——不是「by nature」,也不是「given by God」,不是上帝給予的,也不是自然就有的,而是歷史進化出來的。康有為的「三世說」,由據亂世、昇平世到太平世,強調要經過「據亂」「昇平」。所以,中國的自由主義是歷史的、改良的、漸進的。康有為把每「世」又劃分為「小三世」,所以步驟很多很慢。他還認為「人權」「民主」是現代經濟的產物,把個人自由與現代大工業生產聯繫了起來,對人民群眾的生存,衣、食、住、行的不斷改善、不斷進步,康有為講得很多。我認為,這正是儒家講的「生生之謂易」在現代的發展。他把儒家與自由主義很好地結合了起來。

第二,是理想性的自由主義。西方的自由主義認為資本主義就是最好的社會,就是「歷史終結」;中國的自由主義不認同歷史的終結,認為還有更好的社會,會有超越資本主義的新社會。所以,它是有理想性的。康有為的《大同書》認為,西方資本主義世界並非完美無缺,不能停留在那兒。現代資本主義社會的自由、平等、人權、民主,都是在保護私有財產這個基礎之上的;而將來會是公有財產,人人平等自由,沒有官員、軍隊、等級、政府,只有大仁人、大智人,更沒有資本家。當然,是不是這樣,還可以討論。所謂「均貧富」,在相當漫長的時間裡,大概是一種空想。但是,至少是比現代社會要好得多的「大同」社會。康有為的《大同書》第一章就說,眾生皆痛苦,包括皇帝也有苦。人們覺得很荒唐,說皇帝哪有苦。就是說,康有為是有理想的。

第三,是情感性的自由主義。西方的是啟蒙理性,而中國傳統是強調情感的。康有為的哲學是「仁」,二十世紀五十年代我專門討論過。所以,我講「情本體」,講兩種道德,講情感信仰。

總之,在這三點基礎上,也許能慢慢創造新形式。我依然贊成鄧小平的「摸著石頭過河」,要積累和總結現實中的各種正負經驗和嘗試錯誤,來開拓道

路，而堅決不要那種種書齋裡的設計空想。這是一個艱難、曲折、需要時間和韌性奮鬥的過程。

馬　這個「艱難、曲折、需要時間和韌性奮鬥的過程」，也即「尋求中國現代性之路」。對了，您不是有這樣名字的一本書？

李　八十年代我不是當過中國文化書院的所謂「導師」嘛，前幾年他們來約稿，由東方出版社出了一本《李澤厚卷》（2019），收入「中國文化書院八秩導師文集」。後來出版社又出了個精裝本，改名《尋求中國現代性之路》。但這個書名我並不大贊同。

馬　為什麼？「尋求中國現代性之路」，我覺得很不錯。1998 年您在《卜松山文集·序》講過：「十餘年來，在我的思考和文章中，儘管不一定都直接說出，但實際佔據核心地位的，大概是所謂『轉化性的創造』的問題。這也就是有關中國如何能走出一條自己的現代化道路的問題，在經濟上、政治上，也在文化上。以中國如此龐大的國家和如此龐大的人口，如果真能走出一條既非過去的社會主義也非今日資本主義的發展新路，其價值和意義將無可估量，將是對人類的最大貢獻。而且，在當今世界，大概只有中國還有這種現實的可能性……因此，我覺得，中國人文領域內的某些知識分子應該有責任想想這個問題。」這段話與書名非常貼切呀！

李　書名題大論小，文不稱題，似有欺世盜名之嫌。但選編者認為好，堅持要用，我就妥協了。但這個「之路」，其實包含著兩重含義，一是我的尋求「之路」已近完結，所以才有此從孔夫子到《倫理學新說述要》等；當然，主要的含義還是中國尋求現代性「之路」，不過這條路還遠在艱難曲折之中。

與羅爾斯的不同

馬　陳來教授近年寫過一些研究您的文章，其《李澤厚「兩種道德論」述評》（《船山學刊》，2017 年第 4 期）一文「內容提要」說：「李澤厚的兩德論的主題思想是受到了羅爾斯《政治自由主義》一書的牽動而發展出的一個結果。」

李　否。實際情況是，我最初提出「兩德論」是在《哲學探尋錄》。這篇東西1989 年春天開始寫的，與第四個提綱幾乎同時，1991 年春寫定、1994 年春改畢並發表於香港《明報月刊》（1994 年第 7－10 期）。我一直認為，中國傳統自古迄今，始終有一個中國式的「政教合一」，即宗教、倫理、政治三合一的問題，經常表現為一種泛道德主義，影響甚大，嚴重阻礙現代民主和現代道德觀念的建立和傳佈，應予以解構，即把道德與政治分開來；解構之後再重建。而解構途徑就是區分兩德。羅爾斯（Rawls）那本書出版，當時我並不知道。

　　我提出兩種道德的理論後，不久高興地讀到羅爾斯的《政治自由主義》，感到他的「重疊共識」理論（即與傳統脫鈎）與我有近似處，要求「公德」從各種文化傳統、宗教、主義中脫離出來。這種看法似乎以前沒人提出過，受到了學界的重視，被稱之為「脫鈎論」。「重疊共識」成了常見的術語，我也非常贊同。因為脫鈎，才能把「兩德」分開。不脫鈎，不就變成「一德論」了？

馬　您的「兩德論」與羅爾斯的「重疊共識」完全一樣？

李　儘管贊同，但我的「兩德論」與之仍有很大的區別。我認為羅爾斯沒有交代這種「重疊共識」有何基礎、如何可能和有何來由，「兩德論」對此卻有所闡釋。我認為「重疊共識」的基礎和來由是因為現代大工業生產、商品經濟發展至今，日益全球一體化，從而以個體為單位、以契約為原則便成了各個地區各種社會結構和制度體系共同的走勢和「重疊」的「共識」。它與眾多群眾廣泛而迫切地要求改善「人活著」（衣食住行等物質生活和與之相應的精神生活）有直接的密切關係。正是這點使它的普適性無法阻擋，而或遲或早會衝破各種阻撓，曲折、反覆而艱難地成為現實。這是第一點區別。

　　第二點區別是，羅爾斯在脫鈎後，避而未談「傳統宗教性道德」與「現代社會性道德」的關係，似乎要將政治與道德完全割開，以至有人譏之為無道德的政治。其實，我認為羅爾斯講的那些公共理性等規範就正是今日的現代社會性道德，問題在於這種新道德與傳統道德二者之間有何或應有何種關係。

羅爾斯沒談，而我的「兩德論」則恰恰非常重視，認為二者可以「脫鈎」即區分，但不能完全脫離，並提出傳統道德對現代社會性道德的某些部份（主要是情感部份）可以起某種「範導」和「適當構建」的作用，使眾多文化、民族的道德觀念、行為和規範仍然同中有異，各具特色。

馬　梁啟超《新民說》云：「人人獨善其身者謂之私德，人人相善其群者謂之公德」，也提出區分兩德並以「公德」為主。

李　二十世紀初，敏感的梁啟超便提出要分辨私德（宗教性道德）和公德（現代社會性道德）。但不久，梁從美國回來後，卻來了個幾乎是 180 度的轉彎，即仍然合併兩德，並以「私德」為主。直到十幾年後，在陳獨秀發出「倫理的覺悟是最後的覺悟」和五四運動「提倡新道德、反對舊道德」的高昂吶喊中，追求「公德」即個人自由、獨立、平等、人權的思想、行動便風靡一時，而直接與傳統的禮教道德相衝突，揭起了現代啟蒙的狂潮。有意思的是，一百多年後的今天，又有好些學人如當年的梁啟超一樣，八十年代倡導「公德」，現如今卻又以「私德」為主。

在麗娃河畔講學

馬　2014 年您出版了《回應桑德爾及其他》。這本講倫理學的書是如何出來的，是早就計劃好的嗎？桑德爾（Michael J. Sandel）在世界包括在中國都非常紅，您這有點趕時髦呀。（笑）

李　這本書完全是偶發性的，根本沒有計劃想寫這些東西。我從來就不趕時髦。中國學術界才真是趕時髦呢。因為我覺得很奇怪，桑德爾在中國幾進幾出，到處演講，時髦得很。居然沒有學者寫本書好好回應回應他，不覺得這是悲哀嗎？他講的很沒道理嘛，問中國學生：天災時是漲價好還是不漲價好？這問題在方法論上就錯誤了，就沒有一個人站出來說你這個不對。大家都跟著他跑，都捧著他。我看他的《公正》，先是偶然在 ipad 發現的，把他的英文原著看了，覺得他講了那麼多，實際上沒有定論，總是模棱兩可，他的評論也是。他反對自由主義，我認為羅爾斯比他強。功利主義也不是完全不對，

到現在為止，功利主義仍然有用。因為功利主義本來是政府制定政策的一種原則。桑德爾就把它推到個人身上，那怎麼行呢？政府的政策制定與個人的行為準則是兩回事情，怎麼能混在一起呢？

這本書採用的還是我所喜愛的答問體。本來，寫這種書應該是中國年輕學者幹的事，卻讓我這個八十幾歲的來回應。這本書既是反對桑德爾，而也可說是借題發揮，主要倒是講自己的倫理學，就是想把「兩德論」等講得更清楚一點。桑德爾不重要，我儘量講中國的東西，從西方講，我還是認為康德比較重要。

馬 2015 年，您在華東師大出版社還出了一本《什麼是道德？》。

李 也是意料之外的產物。華東師大的書記童世駿先生是很好的學者，他來邀請。特別是楊國榮教授，幾次要我去講，我答應了，但一直沒去。2014 年 5 月，第一次講的時候，我說我是來還債的，因為我答應了人家四次，我就講四次。我已多年沒走進大學課堂了，那本書就是課堂實錄，將我的倫理學整體輪廓即「三要點」作了相對集中的論述。

馬 這次在麗娃河畔的講學，引起學術界和媒體的極大關注，成為 2014 年中國思想界、文化界的標誌性事件之一。報名參加者雲集，除了學生，還有專程從北京、湖南、杭州、廣州等地以及上海本市自發趕來的其他高校教師、記者和律師，其中不乏兩鬢斑白的老者。為讓更多的關注者參與其中，舉辦方在主會場之外，又全程開通三個視頻直播會場，《文匯報》《解放日報》《社會科學報》《瞭望東方週刊》《上海觀察》《長江日報》《羊城晚報》《第一財經報》以及搜狐網、鳳凰網等各種媒體也爭相報導研討班的情況。

李 原來我只想搞個小型的，十幾個人，大家一起交流一些看法，看能不能集中討論一兩個問題。我提出問題，讓同學回答，然後再發表意見。研討班結束後，華東師大他們將上課討論錄音整理出來，我說上課時間太短，討論沒有深入，沒有展開，沒必要出版。他們堅持，認為有意義，那就只好出版。我的習慣是，別人的話我是一句都不改，我只改我自己講的。這是我遵循的對話原則。

馬 上述兩書後來收進了《倫理學綱要續篇》。

李 2017 年我把《什麼是道德？》與《回應桑德爾及其他》合起來，又補充了《倫理學補注》（2016）、《舉孟旗行荀學》（2017）兩篇新文，共四篇作品，由三聯書店出了本《倫理學綱要續篇》，以較具體事例論說《倫理學綱要》所提的觀點（即倫理學三要點），以及不贊同社會生物學、自由主義、社群主義等等，繼續貫徹儒家情本體（情理結構）和歷史—教育是塑健人性關鍵的總論點。

由外而內的倫理道德二分

馬 2019 年出版的《倫理學新說述要》，不到七萬字，篇幅很小，但我讀後，認為非常重要，覺得它可以排到您眾多論著中的前幾位。

李 最早，我是想寫一本七八萬字的小書，將已提出的倫理學總結概括一下，但年紀大了，寫不動了。之前，我出過三本倫理學的書，重複甚至詞語雷同可能不少。這些重複雷同展現出自己的思路過程，例如，如何處理康德（理性主義）與休謨（情感主義）的某些動盪、取捨、搖擺，便涉及有關倫理學關鍵問題的探索、困惑與艱難，即使重疊嘮叨，亦不足惜。這本《述要》就是從前三本書中或摘抄或改寫而成，如「結語」所言：「拆散舊著，摘要組接，剪貼裁拼，再加補益，新意無多，新貌或顯，似略成統系，乃謬稱新說。」我很重視這本小書。它簡明扼要地闡述了我的倫理學「三要點」，即：由「導論」講康德絕對律令混淆倫理內容與道德形式開始，主張將二者作外（外在規範）內（內在心理）二分的必要，並提出「由外而內」講道德的源起，是為第一章。第二章講道德三要素（意志、觀念、情感），調和康德與休謨，認為理性為主，輔以情感。第三章講傳統宗教性道德與現代社會性道德的區分和相互關係，主張「情本體」的中國哲學來解決當代既人欲橫流又理性跋扈。但所有這些都只是概括性的哲學提出，具體探討仍留待有關學科。

馬 為什麼叫「新說」？

李 因為我所提出的倫理學三要點，既承續傳統又突破之，言前人之所未言，有

異於古今中外之諸多論著，而對現實及未來卻具有重要意義和價值。可惜知音者少，識貨者稀。

馬 在該書《導論：從康德「倫理律令」新釋說起》中，您對康德的「絕對律令」作了獨特分析。

李 這個「導論」是從《回應桑德爾及其他》一書中摘出來的。我對康德倫理學三條「絕對律令」（Categorical Imperative）一直有一個新的解釋，之前似乎未見有人這樣講過。我認為，康德的絕對律令中的「人是目的」是現代社會性道德，是具有現代現實內容的時代產物：每個人都是目的而非工具，不能把任何人作為工具對待、使用、相處等等。這是社會歷史發展到一定時期所產生的社會理想。正如「天賦人權」「人生而平等」一樣，「人是目的」並不是自古就有的先驗原理，也並不是能夠普遍立法的自由意志。而「普遍立法」和「意志自律」（或稱「自由意志」）這兩條實際可歸結為一條，即人有能普遍立法的自由意志：「你的行動，應該把行為準則通過你的意志變為普遍的自然規律。」（苗力田譯文）它實際揭示的是一種普遍性（古今中外都有）的人類獨有的文化心理結構、形式、定勢、框架，是任何道德（無論是傳統的宗教性道德還是現代社會性道德）都必須具有的心理形式。

康德提出這三條都極為重要，非常了不起，是對人性（內）和人文（外）兩方面的重要建設，但他把內（道德心理，即「普遍立法」「自由意志」）外（社會倫理，即「人是目的」）混在一起講，便使人弄不明白了。

馬 這種新闡釋，是要區分被康德混淆的倫理內容與道德形式。但「倫理」（Ethics）與「道德」（Morality）兩詞在中外古今一般都是混同使用，而且常常是約定俗成，不作區分或極少區分。

李 西方有區分，但沒有我這樣分的，我分得很嚴格。西方恐怕以後才能接受，現在很難接受。美國著名作家、哲學家喬治·桑塔亞那也作過區分，但與我的區分完全不同。其他學者也如此。

我所用的「倫理」一詞包含很廣，指的是人類群體或社會，從狹小的原始人群到今天的全人類的公共規範，先後包括了原始的圖騰、禁忌、巫術禮儀、

迷信律令、宗教教義一直到後代的法規法律、政治宗教，也包括了各種風俗習慣、常規慣例，都屬於我所使用的「倫理規範」這個詞的範圍。總之，倫理規範是群體對個體行為的要求、命令、約束、控制和管轄以及正面提倡，多種多樣，繁多複雜。我所用的「道德」一詞，則指個體的自覺行為和心理，從自覺意識一直到無意識的直覺。而且道德不能只是觀念，道德不能只是「善念」，而必須還是「善行」，即實踐、履行、落實這種善念（觀念）。當然，「道德」這詞含義也很廣（「泛化」），即要注意它在具體應用上有很不相同的內容和含義，不能在同一個「道德」的詞彙下，把許許多多完全不同的道德行為和心理不加區別地混為一談。

總之，簡單一句話，倫理是外在的規範和風（俗）習（慣），道德是個體的行為和心理。

馬 做這種區分有何意義？

李 有利於澄清好些說不明白的倫理學問題，如剛才談到的康德道德律令。再者，可明晰表達我的倫理學的一個基本看法，即由外而內，由倫理而道德，可稱之為歷史 — 教育路綫，這是我的歷史主義人性積澱說哲學的重要部份，而根本不同於「道德從哪裡來？」的動物本能說和先驗人性說（這是當今倫理學的特色和主流）。

這裡我願強調一點是，這個由外（倫理）到內（道德），有一個嚴厲強迫的過程和性質。我在《孔子再評價》就引過劉師培講的「禮出於俗」，在其他文章中也反覆講過，這裡就不談了。

道德心理三要素

馬 您的倫理學「新說」有三要點，前面已經講了兩個，下面談談「道德三要素說」。

李 這在我有關倫理學的文章、對話中已講得夠多了，不想再重複了。簡單說，「意志」就是理性凝聚的自由意志，即理性對感性的主宰、支配，它也是社會的。「觀念」也即善惡觀念，是一定社會、時代、環境和制度的理智產

物，它是社會的、理性的。即使觀念的具體內容可以非理性，例如認為必須聽從神的旨意殺人以祭祀才是善，它也仍然是社會的、理性的，動物便沒有。「情感」是對動物性自然情慾的理性化的發展和培育，雖有社會和理性各種不同程度不同層面的滲透和干預，卻不純是社會的，也不純是理性的。前面提過，道德三要素說是調和康德與休謨，認為理性為主（動力），輔以情感（助力）。任何一個具體的倫理實踐或道德行為，都是由意志、觀念、情感這三個要素組成，這是一個非常複雜和重要的結構。我以為以前的倫理學沒有像我講得這麼清楚，但以後還應仔細探究這結構的多樣性和複雜性，例如它們如何在不同具體情景中比例次序的差異等等。情感便是一個問題，西方倫理學講的人的「基本情感」也各有不同，而且是人獸不分，我至少分為人與動物共有的「情緒」和人所獨有的「情感」。道德心理學便應仔細研討這些問題，我的哲學倫理學只提出「三要素」誰主誰從就可以了。

馬　有兩個問題想請您解釋一下：之前您是將「意志」表述為「人性能力」；還有，將情感作為「衝力」「動力」改為「助力」。這是為何？

李　在《倫理學綱要》一書中我常用的是「人性能力、人性情感、善惡觀念」，在後來的論著中卻常用「意志、情感、觀念」，因為「人性能力」不止於倫理道德，在認識、審美方面也有「人性能力」，在倫理道德方面的「人性能力」主要就是「意志」，用「意志」替代了「人性能力」，這完全是詞語變動，與所指內容無關。

另一個重要的涉及內容的詞語改動，是最初我將「情感」也作為道德的「衝力」「動力」，後來一律改為「助力」，認為只有理性才是「動力」，情感是重要（但非必要）的「助力」，這把我承傳康德的關鍵處更突出了，它與「情本體」的關係也就遠為深刻複雜了。我說情感不是必要的「助力」，並非說道德行為和心理中沒有任何情感，那人就等於機器了，而是說道德行為和心理不是由情感主宰和決定的，特別在康德看來，由情感出發或主宰、決定而形成的道德行為不能稱道德，我同意這一觀念。以為講情本體就是以情感作為道德的動力，是非常淺薄幼稚的理解。理性絕不能成為情感的奴僕。理性是道德的動力，情感只是助力。

倫理學總覽表

馬 《回應桑德爾及其他》裡面有張「倫理學總覽表」（後來又略有修訂），勾勒了您的倫理學概貌，您還專門寫了篇《關於「倫理學總覽表」的說明》(2018)長文加以闡釋。

李 那個「倫理學總覽表」（見下圖），仍然只是描述整個倫理道德的形式結構，仍然只是哲學倫理學，而非某種具體的規範倫理學。從人類學歷史本體論看來，各種規範倫理學和政治哲學由於時空條件的不同，便會有各種對社會倫理準則和個體道德義務的不同規範，這也就是說，它們都屬於我所說的道德三要素中的「觀念」範圍之內，「情感」也因之可變易，唯有自由意志即堅持的自覺選擇而行動這個心理定勢可以不變，但自由意志總必須有觀念內容，如兩德論等等，所以倫理學總覽表是康德＋黑格爾，而非純形式主義。

馬 您寫了不少倫理學方面的文章，結集出版的已有《倫理學綱要》《回應桑德爾及其他》《什麼是道德》《倫理學新說述要》四本，加起來有五十多萬字。但它們與當前各種倫理學學說、學派似毫無干係。

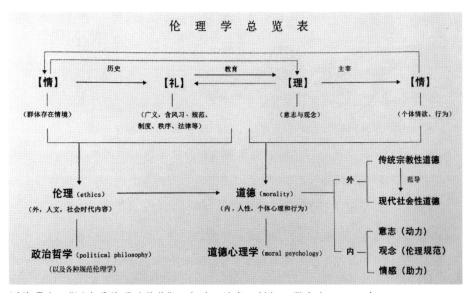

圖片選自：《回應桑德爾及其他》，生活・讀書・新知三聯書店，2014 年。

李 剛才說了，我主要是講整個倫理學的哲學構架形式，並未落實到倫理學所講的內容中去。我以為先確定整個形式結構是重要的，它們是研討倫理學各種具體事項、問題和理論學說亦即各種規範倫理學的前提。

馬 您如此重視倫理學，最後想請您再概括一下您的這個「新說」，給讀者一個較完整的印象。

李 可以。概括講來，其「新」有三：第一，主張在學術概念中，倫理與道德兩詞嚴格區分並強調由外而內說。第二，承續並發展了中國傳統的心理主義的哲學特色，重視各種心理因素的複雜關係，特別是塑造建設「人性」的重要，提出自由意志論。第三，提出情本體（情理結構）外推的政治哲學即兩德論。

但要說的是，倫理學和政治哲學均龐大無邊，論著千萬，自己才疏學淺，衰齡頹筆，更不及細說，只好如此獻醜學界了。

四 「要啟蒙，不要『蒙啟』」

「五四」仍然了不起

馬 在您的倫理學新說中，現代社會性道德與自由主義和啟蒙理性是密切相連的。

李 是也。我講傳統宗教性道德對現代社會性道德有「範導和適當建構」作用，但我同時也指出了現代社會性道德對傳統宗教性道德的禁慾、順從等負面因素的衝破和新的積澱的必要，也一直認為這一方面對當今中國更為迫切和重要，只有這個文化心理結構的更新和改變，才是實現中國現代性的充分條件，只有踢開為傳統宗教性道德所支撐的現代政治宗教，才可能使物質生活現代化的必要條件充分實現，這也就是我多年講的「西體中用」和新的「內聖外王之道」。這幾十年的努力使必要條件（無之必不然）相當具備，而充分條件（有之必然）卻嚴重不足甚至倒退，便是當前關鍵所在。所以，不能附和西方的後現代思潮，八十年代的啟蒙吶喊並不落後。

馬 八十年代您那篇講救亡與啟蒙的文章，記得在雜誌上發表時的副標題是「五四回想之一」。九十年代以來，您對「五四」的看法有改變嗎？

李 沒有改變。在詆毀「五四」、盛行尊孔並成為時尚的今天，我更頑固地堅持原有的看法：「五四」了不起！胡適、陳獨秀、魯迅之大功不可沒！談論中國近現代史，特別是近現代文化史，前不可能繞過康（有為）、梁（啟超）、嚴（復），後不可能繞過陳（獨秀）、魯（迅）、胡（適）。他們是重要的文化歷史存在。「五四」突出個人，張揚個性。可惜後來「個性」又被消滅了。「五四」了不起，在於它的主題鮮明，擊中要害，中國缺的正是個性和個體獨立的精神與品格。記得民國的時候，國民黨曾經想把青年節從 5 月 4 號改到 3 月 29 號，3 月 29 號是黃花崗七十二烈士殉難那一天，這是國民黨想維護他們的黨國統一，結果沒改成。我們這一代人還記得，你們恐怕就不太知道了。

馬 「五四」批孔，「文革」也批孔，有什麼不同？

李 前者是「啟蒙」，後者是「蒙啟」，兩者在精神上是背道而馳的。漢代「獨尊儒術」以來，唐、宋、元、明、清都尊孔。其中的確有維護傳統專制統治的方面。康有為的變法改制還必須打著孔子的旗號，可見走向現代化舉步維艱。直到「五四」才直接挑戰孔子，結束兩千年一貫的尊孔歷史。「文革」時的批孔則恰好是維護威權統治。第一幕是了不起的悲劇，第二幕是可笑的鬧劇。記得李大釗等當年也說過，他們批判的孔子，是宋明道學家塑造過的孔子。其實只有批判掉這個孔子，才能恢復原典儒家的孔子，只有批判「存天理滅人欲」、專重心性修養的孔子，才能恢復重視情感、重視物質生命、重視人民現實生活的孔子。

「五四」反對的是在孔子名義下的君臣秩序、父子秩序、夫妻秩序以及所延長的婦女「節烈」觀等等（連僻遠的山區如張家界也可以看到貞節牌坊）。這一套確實非常不符合現代社會的生存發展，是「五四」發出的第一聲強烈的抗議吶喊。啟蒙就是「啟」的這個「蒙」——蒙昧、愚蠢、平庸之惡（漢娜・阿倫特）。

馬　魯迅一直斥責、批判傳統，但死後卻被尊為「民族魂」，這似乎有點矛盾。

李　我覺得對中國文化，魯迅是得其「神」，不在乎其「形」。他身上恰恰體現了中國文化的主體精神，就是求生存、求溫飽、求發展，也就是「天行健」「天地之大德曰生」「生生之謂易」的總精神。凡是有益於這一目標的他都吸收，凡是不利於這一目標的一概批判，他說過，凡是阻礙中國人生存、溫飽、發展的，無論是古是今，是人是鬼，是三墳五典，百宋千元，天球河圖，金人玉佛，祖傳丸散，秘制膏丹，均一概打倒。看似激進反傳統，卻抓住了中國文化的根本，這比那些大喊國粹至上、國學至尊的古今名士要高明得多。是魯迅，而不是這些國粹派才真正是中國的「民族魂」。

馬　您八十年代講過，魯迅「提倡啟蒙，超越啟蒙」，他比胡適（包括陳獨秀）具有更深沉的力量、激情和智慧，胡適的思想和作品今天已基本過時不需要重讀了。但現在的情況卻是，胡適的作品在出版界仍然很熱。這是否折射出胡適的思想精髓仍然對當下中國有針對性和適用性？

李　胡適提倡自由主義精神並身體力行，平和寬容，平等待人，沒有精英思想，不居高臨下，這些正是中國今日缺乏的氣慨和作風，非常難得，很有價值和意義。胡適許多貢獻是建設性的，例如他提倡白話文，寫新詩《嘗試集》，寫《中國哲學史》等等。當然，胡適也很淺薄，他提出的「五鬼鬧中華」，說中國之所以落後是因為貧窮、愚昧等五種毛病，這算什麼？

厭惡所謂的「政治儒學」

馬　您贊同有人提出的「少兒讀經」嗎？

李　我不欣賞「少兒讀經」之類的籠統做法、提法，它很難與當年袁世凱的「尊孔」徹底分清。有學人公開譴責蔡元培先生當年取消讀經。在我看來，如果「五四」那批人是「啟蒙」，那麼現在一些人就是「蒙啟」——把啟開過的蒙再「蒙」起來。

我是主張培育宗教性道德的，但我不贊成不分青紅皂白地提倡「讀經」，那樣可能會從小就培育原來傳統政治體系所需要的奴性道德。儒家經典中的許

多道德是與當時的政治、法律體制和生產、生活方式聯繫在一起的，它產生在已有嚴格等級的氏族社會中，發展在專制政治體制的傳統社會裡。所以「天尊地卑，乾坤定矣；卑高以陳，貴賤位矣」，「天王聖明，臣罪當誅」等等便是這種道德的核心內容。「經」也有一大堆，「四書」、《詩經》以及《周易》《禮記》可以選讀一些，但《尚書》《春秋》也要人去讀去背嗎？《儀禮》《周官》《爾雅》呢？需要人人必讀嗎？我以為不需要。

馬　最近，我看了葛兆光先生的《異想天開——近年來大陸新儒學的政治訴求》（《思想》，第 33 期），文章概括和分析的是當前某些急於介入現實政治的大陸新儒家呈現的整體取向。

李　有人也給我轉來此文。讀後，覺得打中要害，非常支持，葛反對當下儒學等，我是贊同的，但與他沒有聯繫，也不贊成他那《宅茲中國》輕視儒家作用的總觀點。

馬　對蔣慶先生提出的「政治儒學」，如何看？

李　完全不同意甚至厭惡。很早以前我看過他的《公羊學概論》，裡面講「儒學是種信念」，我覺得既是「信念」，這就沒法跟他討論了。蔣慶根本否認現代社會性道德，似乎硬要回到「君、父、夫」具有絕對權威、絕對統治，「臣、子、妻」必須絕對服從的傳統道德。三綱六紀是傳統道德的核心，張之洞、陳寅恪等很多人都講過。「中國首重三綱而西人最明平等」是嚴復的名言。看來，梁啟超、嚴復，更不必論胡適、魯迅，統統是「跟著西方走」，都應該是蔣所猛烈討伐的對象。

馬　2004 年由許嘉璐、季羨林、任繼愈、楊振寧、王蒙等一大批著名人士發起《甲申文化宣言》，其中講，注重人格、注重倫理、注重利他、注重和諧的中國傳統文化是西方文化的解毒劑，對「物欲至上、惡性競爭、掠奪性開發」有一定的啟示，您是否認同中國傳統文化的這個功用？

李　很多名流都參加了。理論根底是文化相對主義。這是西方後現代的理論，是一種否定普遍性的國際時髦。它強調的是一種特殊性，是可以不顧普遍性的特殊性，好像什麼都中國可以自己搞一套。我是懷疑這個東西的。我不贊同

用「相對主義」來否認或忽視人類仍有共同的普遍性的價值和原則。我反對認為文明並無進步落後之分、原始文明與現代文明價值等同的文化相對主義。以最時髦的西方理論來捍衛最保守的傳統事物,這倒可與蔣慶相呼應。他們這種希望的實現,也許在二十二世紀,絕不在「當今」。而且,如何解讀「中華文化」頗值探究。難道其他文化就沒有那種品格(注重人格、注重倫理、注重利他、注重和諧)嗎?完全不對嘛!

馬　您是更注重普遍性?

李　各種民粹主義的東西我是非常警惕的,特別是在國家強大走向未來的時候,搞儒學應該怎麼個搞法,值得好好考慮一下。當然,大家知道我不是只講普遍不講特殊,我恰恰是講特殊講得多的。所以有人就嘲笑我,説錢鍾書講什麼中西,都是相同的,李講什麼中西,都是不同的。

馬　您對孔子、對儒學一直評價不低。那麼,從傳統文化中,可以開出尊重個人自由和權利、寬容多元的現代文明之花嗎?

李　不經改造,無此可能。我仍然堅持西體中用。其實今天爭論的關鍵並不在應否提倡傳統、提倡道德,而在於如何闡釋這些道德和應否以此來排斥、反對、貶低建立在現代生活基礎之上的社會性道德(自由、平等、獨立等等)。我的「兩德論」就是為探求這個問題而提出。我以為今天中國需要的,還是「德先生」「賽先生」,這些現代觀念是從現代生活中產生出來的。但是除了現代觀念,中國還需要其他的東西。對於傳統,我主張承繼中國傳統的「神」,而不求形似,更反對復古,主張「人類視野,中國眼光」。中國文化大有希望,孔子提供這個民族賴以生存的智慧,其中包括生命價值、人生態度、道德理想、境界情操以及勤勞、樂觀、堅持不息等等,它具有一種普遍性,但不能代替我們的現代創造。我一直強調這一點。

我與「國學派」的不同

馬　如何看待目前國內出現的「國學熱」?

李　什麼是「國學」?我的著作中從來不用這個詞,因為這個概念本身不清楚。

上世紀八十年代的「文化熱」，人們喜歡將自己「事事不如人」全歸結於「文化不行」，於是反傳統；現在的「國學熱」，又開始吹噓自己的傳統文化如何了不起。這兩次我都不贊同，所以說我擰，不合時宜嘛！

余英時曾說，當年「五四」反傳統的人物，都是飽讀舊籍、深知傳統的人，而今天某些提倡傳統或傳統道德的人，從他們的言談論著、行為活動中，看不出一點傳統的影子，看不出一點孔老夫子那種「溫良恭儉讓」「知之為知之，不知為不知」的道德、精神或風貌。剩下的便只是激情口號、妙論奇談，很可笑，也很危險。

現在一些人正在大搞復古主義，結合各種民間迷信，花大量錢財建廟宇，立巨像，搞祭拜，知識人也大倡立孔教、辦國學，主三綱、倡專制、穿漢服、貶五罵魯迅，反對過聖誕，要用七夕代替情人節，用孟母節代替母親節，用孔子紀年代替西元紀年，形形色色，熱鬧得很。我說乾脆星期六、星期天也不要過了，那也是基督教的嘛。我反對「儒學熱」「國學熱」，這些對建設公共理性都沒有幫助，甚至可以說，整個「國學熱」都是在宣傳和維護陳舊的僵死的東西，是在擁護倒退。一次我看國內的電視，宣傳一個地方「繡龍」（號稱「龍鄉」的某地，數十人同時在一大幅布面上繡出龍的形象），說開工那一天和完工那一天，都下了雨、雪，而那個地方那個季節是極少下雨下雪的，說得神經兮兮，大有天人感應、龍的神靈出現的味道，而這正是在宣揚「傳統」「國粹」旗號下進行的。我當時立即覺得還是魯迅棒，現在仍然需要魯迅。

馬　您研究中國傳統文化，與「國學派」不同之處在哪裡？

李　我自以為不像他們那樣從「禮」「仁」「德」「道」「理」「氣」等等古代文獻和範疇出發，不是從「子曰詩云」出發，而是從這個民族生存延續發展到現在這樣一個巨大「時空實體」何以可能和問題何在這個歷史與現實出發，從這樣的角度去探討「中國古典思想」，去看孔、孟、老、莊、荀、韓、程、朱、陸、王，主張回歸和發展原典儒學（巫史傳統之孔孟荀、竹簡、三禮），建立中國自己的現代性（包括制度）和中國生活方式。當然也不是憑

空立論，仍然有文獻和考古的依據。這大概就是我不同於「國學派」的地方。也就是我多次講過的，我重視的是儒學的「神」而非「形」。

馬　現在學術界有個現象，中國哲學研究人很多，也很熱，西方哲學研究有所衰微，這與二十世紀八十年代完全相反，現在盛行的似乎是民族本位主義。

李　那不奇怪，最近這一二十年來，中國富強起來了，學人們跟著轉向。八十年代，激烈反傳統的學人現在大都變成了激烈擁護傳統了。這其實是錯誤的方向，以為不需要向外學習了。孔子高於一切，這是完全錯誤的。

建「儒教」不符合儒家精神

馬　現在國內一些人提出要建「儒教」，我知道您一直不贊同，為什麼？

李　我非常討厭搞什麼儒教啊、祭拜啊什麼的。我認為，建儒教（孔教）恰恰貶低了儒學的普適價值。儒學來自巫術禮儀，對人有「終極關懷」和「孔顏樂處」的人生境界的追求，具有神聖的宗教性，但又並不是宗教。儒學沒有人格神，沒有「天國」「西方極樂世界」的願景，也沒有特定的宗教組織和儀式，與基督教、伊斯蘭教、佛教或印度教等等迥然不同。建儒教者是想建立一種與基督教、伊斯蘭教並駕齊驅的宗教和宗教組織，以宣揚儒學經典。但我以為儒學早已植根在中國人民生活的價值觀念、風習、心理、情感方式、人生態度中（參閱《初擬儒學的深層結構說》）。這是一種活生生還存在著的中國人的「情理結構」。各宗教講心靈拯救，儒學講「修身」，儒學的「修身」是在塑造「人之所以為人」的自然的人化，而不離開肉體。儒學對人類有一種相當準確的歷史學的描記，具體地以有巢→燧人→伏羲→神農→皇帝的文化演進秩序來呈述解說，並不認為上帝造人。並指出「既濟」之後有「未濟」，樂觀地奮力追求和探索人往何處去的命運。儒學對人從何處來和人往何處去的這種探索，遠比其他宗教的「選民論」「末世說」更具有全人類的普適性。儒學講求的是「道在倫常日用中」，它過去以億萬中國人勤勞、勇敢、自強、韌毅的長久生存延續撫平了各種內憂外患，現在和未來更將以自己十餘億人口的健康繁榮的生存態度、生活價值來影響世界。這種生

存延續、這些態度、價值，恰恰是儒學的基本精神。它遠遠高於組建一個教派與其他宗教相比擬相抗衡。

我在美國上課的時候，一個美國學生問我：「你們中國人沒有上帝，怎麼還能生存那麼久？」他很驚訝。這問題提得非常好，我始終記得。中國為什麼始終是多神的？我就講中國的禮教代替了這個東西。所以禮教不簡單，它是世俗生活的規範，但它也有神聖性。所以在中國你要搞一個「孔教」恰恰不符合儒家精神。儒家的精神就是你拜祖宗和天地，你信什麼教都可以。這是儒家很了不起的地方。

馬 有人說儒家倫理在日本和亞洲「四小龍」的崛起中，起了非常重要的作用。

李 我認為儒家倫理並沒起什麼根本作用。日本文化和中國文化，我以為是根本不同的文化。我有篇文章《中日文化心理比較試說略稿》就講這個問題。日本文化有它自己的精神——大和魂、武士道精神，它與儒家根本是兩回事。但是日本有個特點，很善於吸收、接受、同化外來文化。它先後吸收了儒家（唐代）、西方（近代）、美國（二次大戰後）不少東西。

至於「四小龍」，那倒的確是儒家文化。香港（地區）、新加坡、台灣地區都是中國人，韓國的國旗是八卦，但他們現代化的成功主要不是靠儒家。香港地區和新加坡，我以為主要是英國文官制度起了重要作用。台灣地區、韓國也各有其經濟制度、教育成果和時代環境上的重要原因。但這倒可證明儒家文化並不像全盤西化派所說的那樣，對現代化完全是負面的作用。

馬 但您不也說過中國文化可以調節文明的衝突嗎？

李 中國沒有像猶太、基督或伊斯蘭那樣的宗教，因此不會僵硬地執著於某一種非理性的特定信仰和僵硬教義。在緩和、解決全球化過程中的各種問題，在調解那些執著於一神教義的各種宗教、文化的對抗和衝突中，中國在非常強大之後很可能會起到某種積極的緩衝、調解作用。中國文化具有包容性、變通性和堅韌性，中國以前有過三教合一，沒有發生宗教戰爭。中國知識人多信奉儒學，卻可以「不以孔子的是非為是非」，這樣一種文化，不是最好的和事佬麼？

《禮記‧禮運》講：「大道之行也，天下為公。選賢與能，講信修睦。故人不獨親其親，不獨子其子，使老有所終，壯有所用，幼有所長，鰥寡孤獨廢疾者皆有所養。男有分，女有歸。貨惡其棄於地也，不必藏於己；力惡其不出於身也，不必為己。是故謀閉而不興，盜竊亂賊而不作，故外戶而不閉，是謂大同。」聯合國成立時，中國政府以這段話書贈，意義很大，比後來改送的「長城」好多了。這大概是儒家最高最大的理想，「丘未之逮也，而有志焉」。這也是「天下一家」「四海之內皆兄弟也」的中國大小傳統的共同精神，是中國人對整個世界的遠景眺望。

啟蒙理性並未過時

馬　如果說中國八十年代充滿了啟蒙精神，那麼九十年代以來則很不相同，大量搬來了西方後現代主義和各種反理性主義，從而反對啟蒙、反對理性似乎已成為一種時髦和潮流。正如徐賁《與時俱進的啟蒙》（上海三聯書店，2020年）一書所說：「從上個世紀 80 年代末至今，……中國啟蒙經歷了從熱到冷的變化。一度澎湃的啟蒙熱情已經不幸轉化為對啟蒙的懷疑、摒棄和唱衰，體現在一系列思想、政治、社會議題，及其討論方式和取向上。」您一直認可啟蒙理性和自由主義的一些基本觀念，反對所謂「後現代」，可否在此談一談？

李　問題太大了，不是這裡所能討論的，只簡單說一下。所謂「啟蒙」，是一個極為複雜的問題，歷史上不同國家的啟蒙也多種多樣，其中的差異、矛盾、衝突和各種不同面相，異常明顯。我仍分其為蘇格蘭的改良路綫如亞當‧斯密、休謨等與法國盧梭的激進路綫，贊前而貶後。當然，各種啟蒙也都帶有自身的許多弱點和缺陷，所有這些都給自尼采始的後現代主義反啟蒙者帶來了攻擊、誣衊和摧毀啟蒙的藉口。我以為，中國八十年代的特徵是「啟蒙」，九十年代是「反啟蒙」，二十一世紀是「蒙啟」。

馬　「自由主義」呢？

李　啟蒙與以個人為本位的自由主義的關係密切，所謂「自由主義」也是多種多

樣，花色極多，有關書籍汗牛充棟。啟蒙理性張揚個性，崇尚自我，反對盲從、迷信，是歷史產物，在當時以至今日都有非常積極的效用，它使科學、人本（以個體的人為本）、進步（包括物質生活和精神生活）大踏步地發展，造成空前的偉大功勳，不僅需要繼承，而且應予發揚。啟蒙理性和自由主義本身的缺陷、弱點以及留下來和種下的後世災難，屬於次要地位，但也應予重視和努力解決。我所持仍是一種歷史主義的立場、觀點和方法，而我之提出情本體（情理結構）和中國現代性（現代性≠現代化）也正是為此而發。

馬　史蒂芬·平克在《當下的啟蒙》一書中為啟蒙理性辯護，痛斥後現代反啟蒙，認為自啟蒙運動以來，人類歷史的主綫是進步的。

李　在這基本觀點上，我非常贊同並多次提過史蒂芬·平克，我與他的許多論點包括對尼采等人的責難貶斥，非常一致（但完全不同意他的語言本能的看法）。自由主義曾多次被宣告死亡，但至今並未被消滅，相反，想取締它們而以傳統宗教性道德，如當今所大鼓吹的傳統儒學來作為現代社會性道德和政治體制，卻無疑將被否定，多少年後，時間會作出證實。我一直認為，現代人文學院內反理性、反啟蒙、反自由主義的巨大思潮，其實正是現代自由主義的弒父情結的親生子，導致對非理性的崇拜和追隨，所謂「後現代」只不過是現代主義的直綫演繹的「極端現代」（見拙作《美學四講》，生活·讀書·新知三聯書店，1989 年）。

過猶不及

馬　我注意到在《倫理學新說述要》裡，您特意列出一節，談現代社會性道德的「過猶不及」問題，比如「阿拉伯之春」。

李　「阿拉伯之春」我認為是失敗的。把發達國家的現代社會性道德及其民主政治、法律觀念強加於傳統宗教性道德仍然佔據統治地位的國家肯定失敗。這也就是現代社會性道德之「過」。這個「過」，有「外」與「內」兩個方面。「外」的方面，就是向政教合一或兩德尚未有分離條件（這條件不僅指經濟基礎，而且也包括文化傳統堅韌性的強弱等等）的地區、國家輸出以所

謂「普世價值」名義特別是政治民主等現代社會性道德觀念，反而會引起動亂、戰爭。

馬 「內」的方面指什麼？

李 在社會現實狀態中，自由、平等、人權、獨立的現代社會性道德也催生出各種激進主義和無限制的相對主義等等。以美國為例，各種異常激進的女權主義者，激進的同性戀和激進的反同性戀者，各種種族、宗教的原教旨主義者，反擁槍和主擁槍者，「自由」地結成各種不同的「獨立」的群體組織，「平等」地互相對罵，加上各種政治黨派、經濟利益集團和各種不同媒體的介入和興風作浪，使現代社會性道德逐漸陷入崩毀離析，爭鬥不休，尖銳分裂，以致嚴重影響和破壞了社會穩定、人心安寧、秩序維護、人際和諧等等。

馬 中國呢，也存在「過」嗎？

李 當然不存在，相反是「不及」。我說過，當今許多中國學人崇尚時髦，東施效顰，邯鄲學步，所謂「反啟蒙」「反理性」「反現代的現代性」等等，無一不是從當代西方直接販來的現買現賣，表面上激烈反西方，實際上是對西方亦步亦趨，盲目迷信。在西方，這些「反」是有意義的；在中國卻迎合著倒退，非常現實地損害著中國現代化和現代性的進程。

所以，我曾提出「要警惕後現代與前現代合流」「中國到底要哪種現代性？」（1995年在中山大學的座談會）這些尖銳問題。是要那種「反現代的現代性」，實際是反對啟蒙理性、普世價值而與前現代勢力合流的現代性，實即「中體（三綱為體）西用」的現代性呢？還是我所主張的，接受、吸取啟蒙理性、普世價值並以之作基礎，加上中國傳統元素如「情本體」的現代性，也就是「西體中用」的現代性呢？現在學術界出現的以維護發揚傳統為旗號的全面復古思潮，就呼應著反啟蒙、反理性、反進步、反個體價值的西方後現代思潮，要以前現代的傳統倫理道德作為今日社會生活、政教體制的規範、準則和法則。原教旨主義（包括革命原教旨和傳統原教旨）與後現代主義聯手共舞，反對普世價值和啟蒙理性，以致反啟蒙成了學術主題，反理性

成了主調，後現代與前現代便合流一致，構成當今中國學界奇觀，實際上是前現代的沉渣泛起。

自由派與民粹派

馬 從上世紀八九十年代至今，大陸一直有「自由派」與「民粹派」（新左派）對壘，您如何評價？

李 自由派的主要謬誤，我以為有兩條。一是它的根本理論有問題，它那「自由意志」的個體存在及「社會契約」，以及「自由選擇」「自我決定」「原則個人」等等，都是非歷史的社會觀和歷史觀。也不同意他們主張當時就要搞一人一票的普選（現在又過去了幾十年，未必不可慢慢試行）。這我已講了不少，就不重複了。第二個毛病，在於不顧中國實際，忽視市場經濟和全球一體化進程中的種種禍患；對如此眾多人口和如此急驟地走入現代化的今日中國來說，這是需要特別小心應對的嚴重問題。自由派主張完全仿效西方的現代化之路，與我一直說中國應「走自己的路」是相當對立的。

但自由派的長處在於它積極肯定科技和現代經濟政治體制，肯定歷史向前發展的合理性和進步性，重視社會物質生活的根本價值，強調自由、人權、民主。特別是近幾年在認真介紹西方自由主義理論上，做出了成績，我非常贊成。而且，儘管這些根本理論有問題，但在今天中國仍有重要的現實意義。例如，「人（個人）是目的，不是手段」，在過去革命（特別是戰爭）時期從來既不可能，也不必要，甚至有害，但在今天卻是非常重要的啟蒙話語。個體的「自我決定」「自由選擇」「獨立自主」等等，亦同此。市場經濟、自由競爭和從身份制（中世紀）到契約制（現代）的轉換，在今天中國已成為不可阻擋的歷史潮流，一切傳統的觀念、倫理、習俗都在循此潮流不斷變化，自由派許多主張與這客觀的歷史走向合拍一致。

自由派的缺陷，卻是民粹派的優長。民粹派充分估計和揭示資本主義帶來的種種禍患，抨擊當前種種黑暗和不公，重視平等甚於效率，反映了多數群眾的心聲，抵制那「無可避免」的市場經濟及全球化的歷史趨勢，從而客觀上

在發揮重要的解毒和制衡的作用。中國要走一條自己的路，現代化不是美國化。

民粹派的根本問題在於，與自由派一樣沒有客觀地深入中國今天的實際，只是大量搬用當前西方流行的各種反資本主義的學院話語，生硬移植於中國，從而過分誇大了資本主義以及國際資本在中國現狀中的情況和比重，批判多於建設，除表達道德義憤的倫理主義精神外，不能提供任何積極可行的理論模式或正面主張，而且容易滑向重提階級鬥爭和無產階級全面專政的革命老路。

民粹派當年堅決反對中國加入WTO，而我堅決贊成。記得當年我與在西雅圖的汪暉電話中爭論了兩個小時。還有好些新左派學者，他們都認為中國經濟一定會因為加入WTO而垮掉，我說絕對不會垮。當時在美國不是還有學者出了本影響很大的書叫《中國在崩潰中》嘛。現在看，中國經濟非但沒有崩潰，反而成為了世界第二大經濟體，這不是中國在融入全球化的過程中發生的事實嗎？民粹派實際上是裝糊塗。他們後來走著走著就不對了。目前的情況是，民粹派搞文化相對主義，否定普世價值，向民族主義靠攏，跟老左派結合了。我所講的走中國道路，恰恰不是這種。

馬　有人講，當今市場經濟環境下，道德淪喪突出，亟需拯救。您怎麼看？

李　這很複雜，裡面有好幾個問題。第一，人類道德是否在整體倒退？我已多次說過，不然。「人心不古，道德淪喪」其實已經喊了幾千年，就中國說，從先秦韓非以來許多人都予以駁斥過。就總體說，人類的社會倫理和個體道德都在進步。例如自由主義宣導凸顯的個體自由、人格尊嚴、獨立自主，包括婦女的人權平等，便極大地推進了社會生活的改善和發展，使整體社會道德水平也遠超以往年代。第二，在社會前進的轉型時期，「道德淪喪」之所以突出，是因為現代新秩序新道德尚未真正建立，而舊秩序舊道德卻日益崩毀，人們的行為活動失去了可遵循的規範準則而花樣百出、美醜並行，特別是陳腐的舊觀念舊秩序卻通過新形式造成了各種日常行為、活動中的扭曲和醜陋，更使人難以接受、不可相信和無所適從，以致造成道德虛空。第三，

今天人們對權錢交易、貪污腐敗和官本位特別憤恨，就不是桑德爾講的等價交換的市場對道德一般侵害的問題，而是體制中的「封建」特權霸佔市場、壟斷交易進行「超經濟剝削」（馬克思）即前市場行為的問題，但它們可以通過市場交易的形式暢行無阻地出現。而這主要就是因為現代社會性道德尚未能落實在法律上，特權行為可以任意作為。無法可循、有法不依和執法不嚴，才是今天面臨的問題。由於中國是第二、第三混在一起，情況便更為複雜、嚴重。前現代與現代交錯，使道德標準混亂，敗壞分外凸顯。

歷史與倫理二律背反

馬　您還提出了「歷史與倫理二律背反」。

李　一批教授提倡自由主義，另一批教授則堅決反對，他們提倡後殖民主義、反「東方主義」等等，強調資本主義帶來了嚴重的貧富分化、社會不公、傳統喪失。我沒有參加這一爭論，但從哲學上做了評論。我 1981 年提出、1998 年說明了「歷史與倫理二律背反」概念，認為歷史前進與倫理道德對人類生存即「人活著」都具有重要價值，但二者經常（特別是在社會轉型期）處在尖銳的矛盾衝突中。文明進步帶來了生態環境、社會公正和精神生活中各種嚴重的損害和災難。但從莊子到盧梭以及以後的各種浪漫派所進行的批判和反抗，儘管具有深刻價值，提高了人的精神地位，卻絲毫阻擋不住殘酷的歷史發展。人總是活在這個無可逃避的痛苦悲劇中。

「歷史與倫理二律背反」是承接康德—黑格爾—馬克思傳統而來，但我結合中國傳統，增添了兩點補充：一是「度的藝術」，在二律背反的悲劇進程中強調主動掌握不同時期、不同國家、不同情況、不同層次、不同方面的合適的「度」，使這兩個方面取得一個比較合理的配置關係，即將社會整體結構中的諸多因素調整到一個比例適當的「度」。有一個前後的次序和比例的輕重，處理好這個次序和比例，並隨時間和情況而做出不斷的調整，便可能適當減輕痛苦，使無可避免的悲劇降到較低水平。另一是融合「太上立德」的中國傳統回歸康德，突出道德有獨立的絕對價值，而不同於黑格爾、馬克思

把道德歸屬於歷史的倫理相對主義。個體小我也將在這裡更加顯出自己的光輝。所有這些，正是我的實用理性和歷史本性論哲學的推演。

馬　在歐美，為反對自由主義弊端，八十年代出現了「社群主義」(Community)，您如何看？

李　社群主義強調有優先於個體的人群共同體的利益，反對自啟蒙時代以來的以理性為唯一尺規的現代個人主義。由於它出現在資本主義高度發展的歐美，沒有染上傳統農民國度要求避免資本主義所特有的「民粹」色彩。但它反對原子個人，強調社群和美德，對於有著強大的傳統倫理（人在「五倫」關係中）和革命倫理（「人是社會關係的總和」）的中國知識分子來説，無疑具有很大的吸引力。它在中國很可能有較廣泛的被接受性。但是，社群主義對啟蒙理性的徹底否定，在理論上是值得懷疑的。特別它是否會以新的形式，重複從盧梭的「公共意志」到毛澤東的群眾專政等以眾欺寡，即以大小社群單位來主宰、控制個人，以及引起各種不同社群之間的糾紛與衝突，甚至是否會與前現代的「中體西用」論合流，如此等等，我以為是值得人們警惕的。

馬　您提出的「關係主義」(Guanxism) 也是要替代和否定個人主義嗎？

李　否。提出「關係主義」並不否定立足於現代生活之上的個人主義，只是針對著重人的分離性的西方現代個人主義和自由主義而已。這個詞非我生造，梁漱溟就説過，「人生實存於各種關係之上，此種種關係，即是種種倫理」「倫理本位者，關係本位也」。我用「關係主義」這詞，則是與「情本體」相聯繫，並以之區別於「個體主義」和「集體主義」。人們常用「集體主義」或「整體主義」來講中國，我以為很不準確。個體的平等組合也是「集體」，中國重視的恰好是個體間以血緣為軸心紐帶非平等地所開出的由親及疏、由近及遠從而各有差異的多種不同的「關係」。這「關係」是理性秩序，更是情感認同，「關係」產生於情境。

許多社群主義者如麥金太爾和桑德爾都讚賞和宣導亞里士多德的美德倫理，中國傳統當然也是美德倫理，但二者便很不相同。關鍵也仍在這個「關係」與「個體」的不同。這可聯繫我提到的「情」和「欲」。「欲」與個體感官、

身體的苦樂感受有直接聯繫，梁漱溟說「肯定了欲就肯定了個人」，因之，在理論思辨上可以將之提升為絕對的、先驗的、與他人分離的「自我」「原子個人」等純理性原則，這就是現代個人主義。「情」雖然常以「欲」為基礎，卻更是與他人和物的相互關係的心理反應，在理性思辨上便可將之提升為「情理結構」的關係主義。「關係主義」可以作為中國傳統的宗教性道德對現代社會性道德中的個人主義的範導和適當構建。比起許多宗教和主義以上帝、神意或社群、歷史必然來範導和構建，它似乎更適宜於中國，而且具有擴而充之、及於四海的世界普遍性。

落到制度上才算數

馬 您還多次強調，啟蒙必須落到制度上才算數。

李 對。啟蒙不是要誰啟蒙誰，而是要大家運用理性去爭取自由、人權、民主等等。啟蒙要落實到制度上才算完成。上世紀八十年代末期，我跟王元化先生有很大分歧。他說再來一次啟蒙運動，還出了《新啟蒙》刊物。當時我就不贊同。我說，現在主要的不是喚起群眾，關鍵是怎樣逐步地進行制度性改革，要構建理性的形式，構建現代化國家所需要的制度形式、法律形式。這也就是我在《啟蒙的走向》等文章中多次強調的「建設的理性和理性的建設」。

西方早已經把自由、民主、人權、平等在一定程度上落實於制度、法律了，後來發現這些制度帶來了不少問題乃至嚴重的缺失，所以後現代掀起了「反啟蒙」「反理性」的潮流。中國當下已出現了「蒙啟」，根本談不上啟蒙過時了。中國不能跟著這潮流跑。

馬 所以，您才一再高度評價五四運動、高度評價魯迅，反對西方的後現代反理性主義思潮，反對國內的復古思潮，提倡兩德論。

李 是也。在現實日常生活中，隨著勞動力自由買賣、商品經濟、契約原則和市場化的擴展，中國社會並沒有在這些學者和「學說」面前低頭或讓步，而是仍然向前邁進，現代社會性道德在社會各階層中日益紮根，維權意識日益普

及，從城市到農村，從普通幹部到打工仔，特別是在青年一代中，儘管曲折艱難，有各種嚴重的干擾和打壓，卻阻擋不住這股改良、漸進、自我解放和覺醒的歷史洪流。現代社會性道德遲早將在中國全面貫徹和實現。當代學人似乎喜歡論證黑格爾所說「現實的都是合理的」，卻漠視恩格斯在批評這句話時所說，黑格爾還說過，「合理的」一定會成為現實的。

當然，在全世界許多地方，傳統宗教性道德至今仍以各種變化了的方式在頑強地反對、抗拒、阻撓現代社會性道德的實現。包括近年塔利班政權、基地組織、伊斯蘭國以歪曲《可蘭經》的方式在作殊死鬥爭，由於社會公正遠未解決，政教分離不能一蹴而就，「阿拉伯之春」的必然失敗，便迅速蔓延起一股反動浪潮，造成了世界歷史的可悲倒退。某些伊斯蘭地區不許兒童接受現代學校教育，唯讀《可蘭經》，與十多年前一些中國學人宣導不上學校唯讀經書、我當時稱之為「蒙啟」活動何其相似乃爾！歷史具有各種偶然性，有曲折，有倒退，倒退可以幾年、十幾年、幾十年甚至更長，但對人類總體來說卻不過一瞬，或遲或早，人們會回到「經濟發展 → 個人自由 → 社會公正 → 政治民主」的正軌上來。

總之，我承繼啟蒙，反對以假「儒教」「國學」「文化傳統」和各種反理性主義的理論學說之名來「蒙啟」。另一方面，又強調要超越啟蒙，主張以儒學為主體的中國文化傳統（如「情本體」），來糾正啟蒙在根本理論和現實實踐中的諸多重大缺失，以走出一條有普世意義的中國自己的路。因此，我總是兩面不討好。康德講真理常在中點，我很欣賞。

五　重釋《論語》

《孔子再評價》的繼續

馬　1999 年您出版了《論語今讀》，至今已有六個版本了，賣得相當不錯，算是常銷書了。有人將《論語今讀》與錢穆的《論語新解》、楊伯峻的《論語譯注》，列為當代關於《論語》的有代表性的三本研究著作。不過，我很好奇，

當初您為何會想起去搞這個《論語》解釋？

李　選擇做這項工作，實際是繼續做八十年代《孔子再評價》一文的工作，即更具體地來闡釋孔子。在最近的兩版中，我加了附錄，其中就收錄《孔子再評價》一文，以表明《今讀》由來有自，即在不斷反傳統高潮中力求再證傳統，而非趕今日「儒教」「國學」之時髦。

這本書著手於 1989 年秋冬，時斷時續，於 1994 年春完成。所以並非一時興起，偶然為之；也非客觀原因，借此躲避。實際恰好相反。儘管我遠非鍾愛此書，但它偏偏是有關中國文化的某種「心魂」所在。我一直奇怪港台新儒家如牟宗三等人花大功夫翻譯康德，卻不作他們信奉的孔子。我至今以為，儒學（當然首先是孔子和《論語》一書）在塑建、構造漢民族文化心理結構的歷史過程中，大概起了無可替代、首屈一指的嚴重作用。《論語》這本書所宣講、所傳佈、所論證的那些「道理」、「規則」、主張、思想，已代代相傳，長久地滲透在中國兩千年來的政教體制、社會習俗、心理習慣和人們的行動、思想、言語、活動中了。所以，它不僅是「精英文化」「大傳統」，同時也與「民俗文化」「小傳統」緊密相聯，並造成中國文化傳統的一個重要特點：精英文化與民俗文化、大傳統與小傳統，通過儒學教義，經常相互滲透、聯繫。儘管其間有差異、距離甚至對立，但並不是巨大鴻溝。它就是中國人的「文化心理結構」的重要內容，應該好好研討。

馬　您如何看待當代出現的「《論語》熱」？

李　我寫書的時候甚至出版時，此「熱」尚未興起，是于丹等人掀起的。說起來原因也簡單，在革命時代過去之後，人們想追求一種信仰以安身立命，處世為人。現在人們的物質生活改善了，我說過現在是「四星高照，聲色犬馬」，聲就是 music，色就是 sex，犬就是 dog，寵物，馬是什麼呢？汽車，car。這就是現代生活，無可厚非，但是在這樣的狀況下，大家又都很迷茫，怎麼樣安身立命？怎麼樣為人處世？中國沒有《聖經》，於是大家就都到《論語》中去找了。

二十多年前我對抗當時的反傳統熱，開始寫作此書，返回孔子。現在尊孔成

了時髦，我就不再談了。因為講孔子成了掩蓋、沖淡和轉移了我們現在所需要的最基本的東西的手段。我不贊成的是復古主義、民族主義的孔子。漢代有素王的孔子，宋儒有聖人的孔子，近代有康有為民主的孔子，孔子的形象不斷在塑造過程中。

馬　參考了哪些前人的論著？

李　古今有很多對《論語》的注疏、研究、解讀，但我發現「論語今讀」這個書名竟沒人用過，便很高興。《今讀》引用最多的是程樹德的本子《論語集釋》；朱熹的《集注》簡明精銳，極有深度；楊伯峻的《論語譯注》，文字好懂，但沒有觀念，只是語詞注釋。錢穆強調了「情」的特徵，但由於錢是歷史學家，他沒有從哲學方面加以引申發揮，也未很好地貫徹在他的《論語新解》中，相反，他的《論語新解》倒塞滿了好些似乎原封未動但早已陳舊迂腐的傳統道德教義。

馬　前幾版為什麼都標有「初稿」字樣？

李　我在 2015 年中華書局版的序文裡說明了原由，可抄在這裡：「1998 年初版於香港天地圖書公司，台北允晨、安徽文藝、天津社科、三聯書店、江蘇文藝相繼先後出版並多次印行。各版正文前均冠有『初稿』字樣，蓋表不甚滿意而擬作補改修訂之意。歲月遷延，迄今廿載，心多旁騖，精力日衰，雖各版有二三補改之處，均零星偶發，不足提及，而原擬參閱《孔子集語》、《孔子家語》、出土簡帛及近年出版之各種《論語》譯注、研究，對《今讀》全書特別是『譯』做一較大修訂之計劃，已難履行，實成泡影。從而『初稿』字樣此次新版便應撤除，雖又增一人生大憾，卻無可如何也矣。」

哲學讀法

馬　《今讀》分為「譯」「注」「記」三部份，其中的「記」，很有特色。

李　「記」，就是我的評論、箚記和解說。長短不一，品類不齊。或講本文，或談哲學；或發議論，或表牢騷；或就事論理，或借題發揮；並無定規，不一而足。所有這些箚記，仍然圍繞今日如何讀《論語》這個中心來展開。

馬 「之乎也者」也用了不少。

李 《論語》原文我儘量翻譯成現代白話，但我的劄記則常常變成了通俗文言。這不是有意為之，而是信筆造成，並不十分自覺。為什麼會這樣？我也想了一下。除了由於行文惰性，文言比白話畢竟可以少寫許多字之外，一個很大的可能是，自己在下意識地反抗時下某些青年理論家們那種彎彎曲曲、模模糊糊、拗口難懂、似通非通的流行文體。我稱之為堆新詞，如鳥語，構造語言迷宮以自迷迷人，可謂教授話語的通貨膨脹。我以為如其那樣，就不如乾脆「恢復固有文化」，即使「之乎也者」，也比那些彎曲文句明白痛快，更接近日常語言。但是，我也並不贊成當下學人以文言代白話的寫作趨勢。

馬 《今讀》對很多問題一帶而過、點到為止，沒有展開來講。

李 主要是發表我的一些哲學觀念，留下了很多空白。讀《論語》有各種讀法，有歷史讀法、哲學讀法，其實還可以有崇拜讀法、批判讀法、消閒讀法，等等。自由選擇，多元並存。至於說怎麼讀最好，我覺得我沒有能力回答，也不喜歡回答這個問題。但是要說讀《論語》，一定要弄清楚孔子是什麼人，他的原話原意是如何說的。我看這個可能性也不太大。因為《論語》與孔子的關係就並不很清楚，傳統的說法，《論語》是孔子弟子（曾參和有若）的弟子的記錄，再傳弟子傳太老師的話就未必準確，又是一派弟子傳的，更難全面，所以康有為說，假使子張的學生來記錄，孔子和《論語》的面目就大不一樣，因為曾參和有若強調修養（內聖），而子張是強調政治的。《今讀》也解說了這個問題，所以我雖極重考證，愛看考據文章，卻不迷信、崇拜考據。

三個要點

馬 剛才您講《今讀》主要是發表自己的一些哲學觀念，這在書中是如何呈現的？

李 《今讀》與我的哲學是聯繫在一起的。讀《論語》還是要從今天的現實出發，所以我提出重意義的普遍性，即古今中外都適用的原理原則。

第一，孔學特別重視人性情感的培育，重視動物性（欲）與社會性（理）的交融統一。我以為這實際是以「情」作為人性和人生的基礎、實體和本源。這就是我所謂的「文化心理結構」的核心即「情理結構」。人以這種「情理結構」區別於動物和機器。除「仁」之外，《論語》和儒學中許多重要概念、詞語、範疇，如誠、義、敬、莊、信、忠、恕等等，實際均具有程度不一的這種情感培育的功能或價值。今天如何從培育人性情感角度來探索、考慮、論證《論語》、孔學、儒家，便是值得研究的命題。

第二，孔學極重道德，它將政治、倫理、宗教三者交融混合在道德之中。從而在後世使意識形態、宗教激情、專制政體、家族威權、個人修養融合混同，形成中國式的政教合一。雖經近代西學衝擊洗刷，卻並未能真正解體，而成為走進現代社會的某種障礙。如何從孔學教義中注意這一問題，並進而區分開宗教性私德與社會性公德，使之雙水分流，各得其所，從而相反相成，範導建構，似為今日轉化性創造一大課題。

第三，孔學強調「知命」「立命」，即個性的自我建立，亦即個人主體性的探索追求。這樣才可能使自己在這個偶然存在、生存的人生道路和生活境遇中，去實現自己的超感性的實存；使自己這個感性生命不再是動物性的生存，同時也不是那玄奧而實枯槁的道德理性，而是真正融理欲於一爐的情感本體：即在日常生活中，在道德義務中，以及在大自然中，在藝術中，所可把握、體認到的人生境界，也就是人生的價值、意義和歸宿所在。哲學不是思辨的認識論或本體論，也不是語言治療的技藝，而是在這個人生──世界中的「以實事程實功」的自我建立。但這建立並不是康德的道德理性，而是包容量度更廣的情感本體。這也就是不同於西方基督教「罪感文化」、日本大和魂「恥感文化」的華夏「實用理性」和「樂感文化」的實現。

以上三要點是我所理解《論語》的一些基本精神。其詳，則見各章句的「記」。總之，培育人性情感、瞭解和區分宗教性私德與社會性公德、重視和把握個體命運的偶然，我以為乃《論語今讀》三重點。

馬　《今讀》前言指出，儒學、孔子和《論語》具有「半宗教半哲學」的特徵。

這如何理解？

李 儒家是哲學還是宗教？這是有爭論的問題。前面講過，儒學缺少一個人格神的上帝，缺乏特定的組織、儀式和信仰，而所有這些對宗教來說經常是不可或缺的。在儒家思想中不存在神聖與俗世、靈與肉、此岸世界與彼岸世界之間的緊張衝突，而類似的緊張衝突在諸多宗教中則是明顯可見的。中國從來沒有真正的宗教戰爭，便是世界文化史上一大奇跡。之所以能如此，我以為與儒學的包容性有很大關係。儒學不重奇跡、神秘，卻並不排斥宗教信仰；在「三教合一」中，它不動聲色地滲入其他宗教，化為它們的重要內容和實質成分。而儒學之所以能如此，其原因又在於它本身原來就遠不止是「處世格言」「普通常識」，而是具有「終極關懷」的宗教品格。它執著地追求人生意義，有對超道德、倫理的「天地境界」的體認、追求和啟悟。從而在現實生活中，儒學的這種品德和功能，可以成為人們（個體）安身立命、精神皈依的歸宿。它是沒有人格神、沒有魔法奇跡的「半宗教」。儒學和孔子的《論語》有點像西方的《聖經》，在傳統中國社會裡，尤其是在士大夫中間，儒學所發揮的作用是一種準宗教的作用。

同時，它又是「半哲學」。儒學不重思辨體系和邏輯構造，孔子很少抽象思辨和「純粹」論理。孔子講「仁」講「禮」，都非常具體。這裡很少有「什麼是」（what is）的問題，所問特別是所答（孔子的回答）總是「如何做」（how to）。但這些似乎非常實用的回答和講述，卻仍然是一種深沉的理性思索，是對理性和理性範疇的探求、論證和發現。例如，「汝安則為之」，是對倫理行為和傳統禮制的皈依論證；「逝者如斯夫，不捨晝夜」，是對人生意義的執著和追求；「吾非斯人之徒與而誰與」，是對人類主體性的深刻肯定。而所有這些都並非柏拉圖式的理式追求，也不是黑格爾式的邏輯建構，卻同樣充分具有哲學的理性品格，而且充滿了詩意的情感內容。它是中國實用理性的哲學。正因為是靠理性、哲學而不靠奇跡、信仰來指引人們，所以孔子畢竟不是耶穌，《論語》並非《聖經》。也正因為不是空中樓閣或紙上談兵，而要求並已經在廣大人們生活中直接起現實作用，所以孔子不是柏拉圖，

《論語》也不是《理想國》。

儒學、孔子和《論語》這種既非宗教又非哲學或者說是「半宗教半哲學」的特徵，我認為是真正的關鍵和研究的起點所在。但在今日中國學術界卻很少被注意和強調。

馬 您還提到，對這一「半宗教半哲學」的文化神髓，需要做既解構又重建的工作。那麼，如何解構，如何重建？

李 這是個很大的問題。我在書中談了一些看法，這裡就不講了。我想說的一點，《論語》不單是一個閱讀的文本，更重要的是落到實踐上。《今讀》曾引用程頤：「讀《論語》，未讀時是此等人，讀了之後又是此等人，便是不曾讀。」讀《論語》，更重要的是落實在自己身心上，這也是《論語》的特點，不同於亞里士多德、柏拉圖的「哲學」。但是孔子又不是神，他說的話並非句句是真理。

《周易》比《論語》還重要

馬 完成《論語今讀》後，您還說過最想搞一本《老子》的注釋，為何最後沒寫？

李 本來還想做的是關於《老子》《中庸》《周易》三書的今讀，也做了一些準備，結果都沒有做，年紀大了，搞不動了。其中《周易》最重要，比《論語》還重要。因為正是它首先突出了「歷史進入形上」。《易》最後兩卦是「既濟」和「未濟」，永遠指向開放性的未來，亦即「人活著」的命運未來，其中如「潛龍勿用」「見龍在田」「或躍在淵」「飛龍在天」「亢龍有悔」，指明由潛在的可能，實現為一番功勳事蹟，然後飛黃騰達，功業圓滿，最後「盈不能久」，稍一過「度」，便「有悔」無遺了。這不正是歷史經驗和教訓的「天道」準則麼？這不正是「歷史進入形上」和「天人合一」麼？這種客觀的人道＝天道，才是人生的基礎，個體心理的依據。

馬 《禮記》很重要，以前沒有想過為之做今注？

李 《禮記》當然太重要了，但篇幅太大，學問太大，我肯定做不了，以前也不敢想。我認為，《禮記》是後人寫不出來的，可能有些後來添加的東西，但

一定有很多是原始的。所以，許多「偽書」並不是偽書。這就要靠判斷。上
世紀五六十年代，我就講過這話。《禮記》我認為是和《荀子》比較接近的。

六　巫史傳統

瞭解中國思想和文化的鑰匙

馬　1999 年您還出版了《己卯五說》（香港版名為《波齋五說》）。劉緒源先生
非常讚賞此書的文字表達，認為比《美的歷程》還好：「那種極端的凝練，
沒有一句廢話，把自己要表達的思想用最簡要的方式說出來，在這點上，
真是爐火純青。……那本書裡你要表達的東西，確實非常多。而且思路清
晰，第一遍看，也能馬上抓住人。粗看好像很淺近，細看才知不簡單，越咀
嚼越有體會。但要是看得太快，立刻就不消化了，就咯住了。所以，貌似清
淺，其實誤人，一定要細讀慢讀才行。」（《該中國哲學登場了》，上海譯文
出版社，2011 年）

李　這本書的主題是人類學歷史本體論，是我在新世紀來臨之際的一個學術發
言，它涉及中國文化未來的發展方向等問題。這本書裡面，我把過去講的幾
個看起來沒有聯繫的方面，如美學、康德、中國思想史等，把它們明白聯繫
在一起了，最後那篇文章從倫理學一直談到美學。但遺憾的是仍是提綱。每
篇都可以寫成一本專著，我原來也是那樣計劃的，後來放棄了。

馬　您似乎非常重視其中的《說巫史傳統》，後來還寫了《「說巫史傳統」
補》。您將「巫史傳統」列為您中國古代思想史研究的三大重要創獲之一。

李　巫史傳統是我一個非常重要的看法。八十年代，我寫了三本中國思想史論，
從孔子講到毛澤東。出國後，我在中國思想史方面的研究，主要是研究孔子
以前和毛澤東以後。孔子是傳統的轉化性的創造者，在孔子之前，有一個悠
久的巫史傳統。我認為，「巫史傳統」是中國上古思想史的最大秘密，是瞭
解中國思想和文化的鑰匙所在。我以前曾提出「實用理性」「樂感文化」「情
感本體」「儒道互補」「儒法互用」「一個世界」等等概念來話說中國文化思

想，現在可以用「巫史傳統」一詞統攝之，因為上述我以之來描述中國文化特徵的概念，其根源在此處。

我在美國上課講中國古代思想史時強調說過，所謂漢族根本不是種族概念，不是血緣概念，所有漢族都是混血兒，他（她）們共同的是這個文化心理結構。所以中國並非所謂民族國家。「漢」是一種文化心理概念。中國北方人與廣東人的面貌差異遠大於中國和日本，但文化心理結構卻遠同於日本，這就是「周孔教化」的結果，如此等等。

馬　那就具體講講這個「巫史傳統」。

李　我從歷史積澱的哲學角度，提出「理性化的巫傳統」來解釋「實用理性」和「樂感文化」是如何形成的。為什麼中國哲學不講 Being，而重視生成、變易（becoming）？為什麼中國不重視超越而重內在？為什麼中國哲學不重視認識論和邏輯學，也不強調本體—現象的區別？對比基督教或伊斯蘭，為什麼中國文化中人的地位很高，人可以參與神的工作？天與人同處一個宇宙回饋系統中相互作用，天也只是這個系統的一個部份或要素，只有這個系統本身才是至高無上不會改變的上帝？……這些問題國內外學者都有所注意和描述，但沒人解釋這些特點是如何可能得來的，到底是怎樣形成的，根源在哪裡。

我的「理性化的巫傳統」或「巫的理性化傳統」對此做了回答。我以為，在長時期相當成熟的新石器農業文明基礎上，巫的儀式活動在中國被理性化，變成為一套神聖禮儀體制，是根本原因。中國上古由巫到禮是根本關鍵，這是一個極為複雜也極為重要的久遠歷史過程。從上古「聖王」（堯舜）開始，到周公「制禮作樂」最後完成，即「內聖外王」之道。孔子再將巫術禮儀的內在心理加以理性化，使之成為既有理智又與情感緊相聯繫的「仁」，作為人性根本。這樣，巫的內外方面都理性化了（巫未被理性化的部份則流為小傳統，成為道教主幹）。周公—孔子是中國思想史上的重大突破，他們奠定了中國哲學的基礎。它就是「實用理性」和「樂感文化」的來由。這也是為什麼中國是宗教、政治、倫理三合一，倫理秩序和政治體制具有宗教神

聖性的根本原因。但也由於巫傳統，巫通天（神）人，人的地位相對高昂，使中國文明對人的有限性、過失性缺少深刻認識，從文藝到哲學缺乏對極端畏懼、極端神聖和罪惡感的深度探索。中國文化出不了以無休止的靈魂拷問求精神純淨的陀思妥耶夫斯基。中國更滿足於肉體和心靈的愉悅、平靜、健康、和諧。但由於沒有對上帝的信仰，必須自求建立人生意義和生活價值，靠自力而不靠他力，那種「無」而必須「有」的艱難和悲苦，便不低於有上帝做依託的西方傳統。這正是「樂感文化」所探求和闡釋的。

馬　「巫史傳統」是您 90 年代的一個重要思想成果，但 70 年代的《孔子再評價》一文就已經有了初步表述。

李　《孔子再評價》提了「巫術禮儀」，《美的歷程》也提到「巫史文化」。《華夏美學》也涉及到，如：「遠古圖騰歌舞、巫術禮儀的進一步完備和分化，就是所謂的『禮』『樂』。它們系統化的完成大概在殷周鼎革之際。『周公制禮作樂』的傳統是有根據的。周公旦總結地繼承、完善從而系統地建立了一整套有關『禮』『樂』的固定制度。……這在中國歷史上確具有劃時代的意義。」（第 1 章）。「把本來是維繫氏族社會的圖騰歌舞、巫術禮儀（『禮樂』），轉化為自覺人性和心理本體的建設，這是儒家創始人孔子的哲學——美學最深刻和最重要的特點。」（第 2 章）

一種哲學視角

馬　《説巫史傳統》的寫法仍是哲學的路數。

李　對。儘管我根據的材料是歷史的，但是從哲學視角去看的。我不是搞歷史的，張光直、李學勤、李零可能更有能力寫這樣的文章。所以，我只好儘量利用他們的學術成果，作我自己的發揮。我注意到蘇秉琦、張忠培在新石器時代考古裡就發現神權與王權是合一的。

這篇文章主要講兩點，一是巫君合一，一是巫的理性化，後者極為重要，又與前者不可分。很多民族文化裡面都有巫，中國的特點就是理性化，巫發展為禮儀道術。李零的《中國方術考》講禮儀、占卜和方術都是從巫術中發展

出來的。我看了高興極了，正好可為我用。儘管他講巫的地位很低，遠在王下。這個沒有關係，因為我不是講「巫」這個詞語的問題。在《孔子再評價》文中，我已經把巫術與禮儀聯在一起。我現在講由巫到禮，便更清楚了。關鍵在於由巫術（magic ritual），變為禮（Ritual regulations），再變為德（magic moral），這就是理性化，儒家所謂「內聖外王之道」的來源。

我對周公評價極高。中國為什麼沒有出現基督教、猶太教、伊斯蘭教那樣的宗教？為什麼在中國，人的地位一直那麼高？劉小楓說，中國傳統文化中，人是地位太高了，人應該跪在上帝面前請罪。在中國，人可以參天地，贊化育，可以參與上帝的工作，人是天地人三才之一。人道與天道合一，這個根源從哪裡來，就是來源於巫。巫跟宗教的不同，韋伯、馬林諾夫斯基、弗雷澤都說過，巫術是強調人去支配自然，強調人的主動作用。我這篇文章就是強調分析巫的幾個特徵：除主動性之外，如動態性、過程性、情感性等等。巫術本就是跳舞，在跳舞中神明出現。神明在這裡不是對象化的存在，不是object，它是在這個動態過程中，在人活動的過程裡面出來的。巫術活動當然充滿狂熱情感，並非冷靜思考，情感性恰恰也就是中國哲學的特徵。為什麼中國的情、理是結合的？從哪裡來的呢？所有這些我覺得別人沒有講過，我把這一點講了。當然也只是一個假說。

這篇文章作為一個歷史著作是不行的，因為它材料太少、論據也不夠，但是我覺得從哲學視角來講就可以了，相信不會大錯。像李零講三代的王跟巫是兩回事，那很可能，但不影響我的論點。因為我並不扣住「巫」這個詞作文章，我講的是自新石器時代以來中國神權和王權的合一。為什麼理性化，它和政治有關係，因為王能掌握神權，要服務於世俗的王事，以致形成政治、倫理、宗教三合一。巫後來演化為微不足道的小角色，卻並不妨礙神權王權合一的悠久傳統。李零的文章也講，中國最早是崇拜天、地、祖，祖先也就是人。天地國（君）親師的崇拜一直到 1949 年。

馬　文章有何反響？

李　好像注意的人還不多，雖然在海外也有好幾位學者打電話來，重視這篇文

章。我把這本書（《己卯五說》）寄給余英時，他回寄給我一篇英文文章，當時還沒有發表，很長很長，有幾百頁吧。他也認為中國文化的特點是巫，根源是巫。他在電話裡和我說，我們是不約而同。我當然非常高興，都認為中國思想是從巫術出來的。當然他是歷史學家，有很多材料。不同的地方是什麼呢？他是遵照著雅斯貝斯的 breakthrough（突破）的說法。所以我講，你是一步走，我是兩步走。他認為自上古到孔子，來了一個大突破。我分兩步，周公是第一步，孔子是第二步，沒有完全遵循雅斯貝斯的說法。但重要的是相同的地方，就是我和余英時都認為這個巫是中國文化和中國哲學一個非常重要的問題。「巫史」這個說法很早就有了的，但是沒有人很好地講這個問題。不同在於，余著重個體內心直接與天道的交通；我著重巫變為外在制度的禮，然後才轉為內心，但仍不脫外在的制約，即由巫到禮，釋禮歸仁。

陳來教授覺得我跟他的那本《古代宗教與倫理》好像沒什麼區別。其實很不同。他認為巫術後來轉化為宗教了，我認為在中國，恰恰沒有；陳來講巫術只是個階段，我則認為中國的巫並沒有消失，中國始終沒有建立那種唯一人格神的宗教崇拜，所以我講在中國「天」不是「天主」（God）而是「天道」。我認為中國的巫術，形式方面成為道教的小傳統，精神則轉化成中國獨有的禮教傳統。巫術特徵保留在禮制—禮教中，沒有變為宗教。所以中國沒有產生、也較難接受基督教、伊斯蘭教等等，特別在上層社會。

汪暉教授的《現代中國思想的興起》，書太大，只看了與我有關的三節，即第一章的前三節。這可說是第一部接受我的巫史傳統說，並加以具體論證的先秦儒學、孔子和漢代的中文文獻。因此我很高興。至於他批評不應講「理性化」，那只是次要的語詞使用問題。汪用「理性化」一詞是從中世紀脫魅走向近代世俗這一西方含義，我講的理性化泛指用理知、理解、認識去客觀地規範、敘說原本與情緒完全混同而並無明確規則的一般含義。

周公、孔子和秦始皇

馬　2015 年，您在三聯書店又出了一本《由巫到禮 釋禮歸仁》。

李　「巫史傳統」提出後，學界寂然，這才又組編，出了個單行本，希望能引起注意和討論。書名表達了「巫史傳統」思想的基本觀點：第一步是「由巫到禮」，周公將傳統巫術活動轉化性地創造為人際世間一整套的宗教—政治—倫理體制，使禮制下的社會生活具有神聖性。第二步是「釋禮歸仁」，孔子為這套禮制轉化性地創造出內在人性根源，開創了「壹是皆以修身為本」的修齊治平的「內聖外王之道」。這個「內聖外王」恰恰正是遠古巫君以自己通神的魔法（magic）來統領部族特徵的全面理性化。周、孔使中國傳統從人文和人性兩個方面在相當早的時代獲得了一條實用理性之途。

馬　周公和孔子對中華文明的塑建，起了巨大作用。

李　我認為周公、孔子，還有秦始皇，是對中國歷史影響最大，也是最重要的三個人。

馬　秦始皇？您將秦始皇與周公、孔子相提並論，給予如此高的評價，為什麼？

李　我以前沒有講過，我不是研究歷史的，發言權不夠。秦始皇統一中國是了不起的事情。中國這麼大，統一很重要。我最看重的是他搞了「書同文」。前面講漢字在融化各不同種族、文化而形成大一統中國中的巨大功能。這裡可再講幾句。漢字在維持中華民族的延續、發展和統一方面起了極大的作用。我認為漢字並不是口頭語言的複寫，和西方語言完全不同。但我不是語言學家，這只是我的一個看法。但我覺得這個看法很重要。漢字怎麼來的？來自結繩記事。所以漢字具有神聖性、可崇拜性。我小時候，經常看到牆上貼著一張紙，上寫「敬惜字紙」。一張白紙，寫了字，就應該愛惜它，尊敬它。沒有漢字，中國很早就分成很多個民族國家了，就和歐洲分成那麼多民族一樣。而且，漢字控制著語言的發展，而不是語言控制文字的發展，直到現在都是這樣。我是湖南人，八十年代有一次到廣州去，聽不懂廣東話，只好寫字和人交流。但像香港報刊用廣東話寫下來的一些東西，我們就根本看不懂，那就是文字跟著語言走。有了統一的文字，就避免了語言變化的困擾，

這都是秦始皇的功勞。在西方恰恰相反，是語言控制文字的發展。要英國教授看懂十一世紀的英文，那是不可能的事情。但我們可以看懂孔子、孟子的東西。文字有這麼強的持續性，語言受它的控制。

除了書同文，秦始皇還有漢武帝把六國開始的郡縣制給統一化、制度化了，建立了文官制度等等，極其了不起。「車同軌」包括度量衡標準的統一，「行同倫」除制度外，對公私生活的影響和規範，這些都很了不起。以漢民族為主的中國各方面的基礎都是秦漢時打下的。我重視秦漢與周、孔的傳統延續的方面。

「一個世界」與「兩個世界」

馬 與上述巫史傳統相關，「一個世界」觀念也是您九十年代提出的一個重要看法。

李 是的。對中西哲學的不同或者中西文化傳統的不同，我有一個非常簡單的概括：中國是一個世界，西方是兩個世界。中國一個世界，就是說，中國的天地人，是一個世界裡面的，所以才可能有人去贊化育，人道跟天道是一個道，是連在一起的。西方，我的感覺，不管是希臘也好，希伯來精神也好，都是兩個世界，《聖經》是兩個世界，希臘柏拉圖也是兩個世界，總有著現象與本質的兩分，所以直到康德也是現象與本體的區分，總是要追求後面的那個東西。所以我覺得「存在」（Being）的問題跟這些關係。

馬 「Being」是一個非常大、非常重要的問題，您如何看？

李 老實說，我也沒有專門研究，因為這的確需要對西方和中國有非常深入的研究之後，才能下一個結論。我這個提法只是一個「意見」而已，所以不能說有很多的研究。中國為什麼沒有 Being？當然這也有語言方面的問題。我跟葉秀山講，從語言的特點來研究哲學，外國那是很多了，海德格爾大家都很熟悉了。中國沒有，這是一大缺陷，好像還從來沒人這麼幹過，很奇怪的。我只知道上海有一個申小龍，好像寫過點這方面的，我不認識這個人，他寫的語言學的東西我也沒看到。還是好多年前注意到他有一兩篇文章，好像想

往這方面講，但是後來他好像沒有搞哲學，我不太清楚。我覺得這還是大有可做的。我在五十年代讀到薩丕爾—沃爾夫的理論，沃爾夫研究河比語的，認為語言對於人的世界觀是直接有關係的。假如從中國這樣一些傳統來研究中國哲學的特徵，不是很值得搞的課題嘛。我只能這樣提出自己的一點看法或者感想，因為我對這個也沒有研究，那就真正需要懂甲骨金文或者小學的人來做一些基礎研究，然後把哲學聯繫上去，這個工作是值得一做的。我還只能講得比較空了，就是說，為什麼沒有 Being，或者 Being 的背後是什麼東西，可從語言這個角度之外來說。

馬　這與「一個世界，兩個世界」的不同傳統背景有關？

李　在西方傳統中，這個世界後面還有一個世界，比這個世界更重要，或者更高，所以總是分為經驗界與超越人類的另一個世界。從這一點出發，我覺得 Being 的問題，其重要性就在這裡。所以西方有形而上學。我跟葉秀山也談到這個，希臘的兩個世界是從哪兒來的？希臘哲學與希臘的科學有什麼關係？這個 Metaphysics（形而上學），我覺得中國基本上沒有。形而上學是後物理學、元物理學，那個「元」是怎麼來的？這個問題很值得研究。這就需要搞西方哲學、特別是搞希臘哲學的專家，我倒很想聽聽他們的解釋。我感覺，這就是 Being 和中國講的 Becoming（生成）、或者講「生生」、講「生存」的不同所在。中國沒有去追求那種不同於這個世界的另外一個世界，中國沒有那樣一種追求。

我在美國講課便直接從「文化心理結構」講中國思想史，說這是一個 living tradition（活著的傳統），有長處也有弱點，我不只是講古人、死人的學說而已。我還講西方犯人臨刑前由神父主持懺悔以便靈魂超升，中國則是必須飽餐一頓酒飯好上路。學生聽了便笑著領會了一個世界和兩個世界的區別。中國為什麼沒有產生這兩個世界？中西都是從原始社會裡面，都是從巫術、宗教裡出來的，但是中國為什麼沒有走這條路。這也是一個問題。所以我說自己只能提出問題。

馬　這也造成了中、西的差異？

李　對。可用表格來展示，這樣能一目了然（見下圖）：

西	中
太初有言 ↓	天何言哉（太初有為） ↓
Logos（語言、邏輯、數學、科學宇宙觀） ↓	生活（行動、審美、類比與反饋、 有情宇宙觀） ↓
原罪	性善
神魔鬥爭 ↓	陰陽互補
理性至上	情理結構 ↓
公正（justice） ↓	和諧（harmony） ↓
無限的追求（Faust 精神） ↓	有限即無限（「悠然見南山」） ↓
兩個世界	一個世界（人生）

馬　美國學者安樂哲教授譯著 *Sun-Tzu: The Art of Warfare*（《孫子兵法》）（Ballantine Books, Randon House 1993）「導論」，似乎也提過「一個世界，兩個世界」的觀點？

李　我於 1995 年正式提出此說，1996 年作了論述，當時並不知他的這本書。我逐漸展開了這命題，並認為它與巫史傳統相關，非常重要。因多年未見安教授繼續申論，我曾於 2014 年特地面問安是否放棄了此說，他說沒有。「一個世界」與「巫史傳統」「情理結構」「兩德論」等是聯繫在一起的，相通的。這些觀念是我九十年代以來重點闡述的東西，但也都是八十年代思路的延伸與擴展而已，圓心沒有變。

感覺不錯的三個翻譯

馬 剛才您講是 1995 年正式提出「一個世界，兩個世界」觀念，但讀您 1992 年夏在斯德哥爾摩與高建平的哲學對話錄，發現已經講過這個觀點，原話是：「我對康德的批判，歸結起來還是『一個世界（中國）或兩個世界（基督教和希臘哲學的西方）』的問題。」到底以哪個時間為準？

李 哈哈，那就已查到的為準吧。説來是一件滑稽有趣的事，我講我翻譯康德的「位我上者，燦爛星空；道德律令，在我心中」名言是在《論實用理性與樂感文化》（2004）一文，有朋友講，我的「康德書」裡就有了，我居然還否認，真是太可笑！

馬 這句翻譯在 1979 年版《批判》第 312 頁：「位我上者燦爛的星空；道德律令在我心中。」

李 感覺翻譯得不錯，這麼漂亮的中文，老實説！吹牛皮啦，我有三個翻譯特別得意：一個就是康德的這個墓誌銘；還有，我將杜威 *Art As Esperience* 書名譯為「藝術即經驗」，也自以為翻得很好，以前包括錢鍾書，都是譯成「藝術作為經驗」；第三個是「有意味的形式」（significant form）不是「有意義的形式」。這是話趕到這裡，順便一説。（笑）

七　儒學四期

為何不贊同「三期説」？

馬 《己卯五説》序説：「《巫史傳統》《自然人化》擬究天人，《儒法互用》《歷史悲劇》思通古今，《儒學四期》則統四説成一家言也。」在《説儒學四期》裡，您首先拿杜維明先生「開刀」，這樣做的意旨是什麼？

李 不是拿誰來「開刀」，是因為三期説在杜維明先生的極力鼓吹下，在國內學術界影響很大，學人們都跟著跑，這就涉及中國文化未來的發展方向等問題。所謂儒學三期，即孔孟儒學為第一期，宋明理學為第二期，以牟宗三為

核心代表的現代新儒學為第三期。我以為這一分期（當然關鍵不在「分期」，如杜維明講「分十期也可以的」，而在分期所包含的意義），沒有把「漢儒」如董仲舒包括進來。董是漢儒的著名代表，「始推陰陽為儒者宗」，這是《漢書》説的。

馬　不贊同「儒學三期説」的依據是什麼？

李　我認為它存在六個問題。這裡只簡單提一下。首先，在表層上有兩大偏誤：一，以心性──道德理論來概括儒學，失之片面。二，正因為此，抹殺了荀學，特別抹殺以董仲舒為代表的漢代儒學。其次，更為嚴重的是深層理論困難：一，「內聖開外王」。主要代表牟宗三強調遵循宋明理學「內聖開外王」的傳統，論證從心性論的道德形而上學（內聖）開出現代社會的自由和民主（外王），無論在理論上或實踐上，都是失敗的。二，「超越而內在」。這是更為重要且可説是致命傷的理論困難。因為按牟宗三體系核心的「內在超越説」，就必然產生既超驗（與感性無關，超越）又經驗（與感性有關，內在），既神聖（上帝）又世俗（人間）的巨大矛盾。再次，實踐方面也有兩大問題：一，由於「三期説」大都是純學院式的深玄妙理、高頭講章，至今未能跨出狹小學院門牆，與大眾社會幾毫無干係；二，與此相連，是宣導者們本人的道德──宗教修養問題。所以，「三期説」儘管被少數學者哄抬一時，卻無論在理論上還是實踐上都不會有很好的發展前景。

馬　您八十年代《略論現代新儒家》就講，儒學要真正發展，還需另外考慮，另起爐灶。

李　這篇文章算是國內較早談論現代新儒家的文章。三十多年過去了，我孤陋寡聞很多書也沒看，我就不知道這麼多年來新儒家還開出了什麼重要的成果超過牟宗三的。假使有人告訴我，我會很願意去拜讀。

馬　我知道，對現代新儒學只強調「內聖」綫索，您一直持不贊同的態度。

李　我仍願再一次（已經不知多少次了）強調，除孔、孟、程、朱、陸、王這條「修心養性」的「內聖」脈絡外，儒學還有孔、荀、董仲舒、王通、陳、葉、顧、黃等「通經致用」的「外王」之路。當然它們之間關係複雜。但現代新

儒家撇掉了「外王」的東西，只是一種「內聖」之學，我認為這遠不是儒學的全部。當然，「儒學三期」作為一個學派，可以向宗教性方面深入探求，但不要搞成一個「儒教」。

舉孟旗行荀學

馬 台灣政治大學劉又銘教授說：「李澤厚先生是我心目中屬於『當代新荀學』一路的前輩學者……在我心目中，『當代新荀學』的先驅有三個代表人物：胡適、張岱年、李澤厚。」（劉又銘：《政治大學 96 學年度 [96/8/1－97/7/31] 教授休假研究報告》）

李 劉在美國時，來看過我。確實，我在八十年代就很重視荀子下來這條綫索，儒學如果僅僅只有孟子這條綫，中國早沒了。沒有荀子就沒有漢儒，沒有漢儒就沒有中國文化。把漢代撇掉，我覺得既沒有從歷史上概括出儒學全部的面目，或者說更為重要的方面的面目，而且對現代也不利。

1984 年我在給金春峰《漢代思想史》寫的序文中就講：「中華民族之有今天，十億人口，廣大疆域，共同文化……難道不正是由漢代奠定其穩固基礎嗎？物質文明是這樣，精神文明方面，例如中國民族的文化——心理結構，不也正是基本形成在這個時期嗎？所以我不同意大多數哲學史著作對漢代思想主流低估輕視、一筆帶過或橫加抹殺的流行看法，便寫了篇《秦漢思想簡議》發表了。」在思想史，我以孔—荀—董—朱為正統。當然了，我的思想並不只是荀學，但若單就「基本路綫」來講，說我是「荀學」一路也是可以的。

馬 那您是「尊荀」而「貶孟」？

李 完全不對。我只是一直為荀子鳴不平，他自宋明理學以來，一直被壓低，遭貶責，章太炎等人曾一度尊荀，後又沒消息了。孟子和宋明儒學以天賜（先驗理性）的「四端」來講道德的淵源，以「不忍人之心」來推出「不忍人之政」，我以為是錯誤的。宋明理學和當代港台新儒家將之抬入雲霄，大講先驗或超驗的天命、天理、良心、良知等等，斥責和貶低荀子、董仲舒、王

充、葉適等人，我特別地不贊成，因之才充分肯定荀子以及後來的「外王」
路綫。而對孟子，我非但不「貶」，相反，一直是高度肯定的。

馬　2017 年您發表了一篇文章《舉孟旗行荀學》，好像還沒人這樣講過，這使一
　　些學人大惑不解。

李　其實朱熹就是這麼做的，當然朱並未意識到也不會承認這點。八十年代《孔
　　子再評價》「附論孟子」節我就講，孟子繼承和極大地發揚了孔子的「三軍
　　可奪帥也，匹夫不可奪志也」「歲寒，然後知松柏之後凋也」（《論語·子
　　罕》），亦即孔學「仁」的結構中的個體人格力量，對中國後世影響極大，
　　成了中國歷代士大夫和現代知識人的偉大傳統和心魂驕傲，一直有著極為巨
　　大的影響和現實意義。這是孟子的偉大貢獻。

　　我認為，孟子將個體自由意志提到與天地相通的神秘又神聖的高度，便抓
　　住了哲學倫理學的核心，荀子所樹立和突出的「類」（人類）可以說是本體
　　論，「大我」（類）確由「小我」（個體）組成，而且高於「小我」，但「小我」
　　這種「浩然之氣」正是使「大我」生存延續的重要條件。所以「太上立德」
　　在「立功」「立言」之上。「舉孟旗」，就是要張揚個體的自由意志。就個體
　　道德說，我高揚孟子的「自由意志」；但就倫理學總體來說，我主張由外而
　　內、由倫理而道德的荀子路綫。我講過「兼祧孟荀」。

馬　可否再講幾句「舉孟旗」？

李　可以。我是非常重視「孟旗」的價值、意義、功能的。這其實與我強調應以
　　休謨來補充康德、非常重視道德三因素的情感要素，乃同一問題。孟子把人
　　的動物性的方面提高到人性本善的先驗層次。我則把它歸納於「巫史傳統」
　　所具有的「有情世界觀」中（參見拙作《中國古代思想史論》）。「四心」並
　　提，當然其中有理性在，如是非之心、恭敬之心等等。有人所強調的主要是
　　「惻隱之心」亦即仁愛或「仁」。我卻認為孟子將此惻隱情感提升為「全德」
　　的「仁」的基點和始端，實際是使人在有限人生的悲歡離合的歷史行程中，
　　滿懷情感地去尋求、建立、體悟人生意義的「天道」。正因為此，歷史進入
　　形上而成為審美的形而上學。這也就是對沒有人格神的中國巫史傳統的「有

情世界觀」的巨大貢獻。今天的人類學歷史本體論也可以於焉封頂。這對孟子的評價非常之高了吧？

現代新儒學四大家

馬　1982 年台灣《中國論壇》舉辦的「當代新儒家與中國現代化」會議，提到的「當代新儒家」是熊十力、梁漱溟、張君勱、唐君毅、徐復觀、牟宗三、錢穆 7 人，而將馮友蘭排除在外。其主要理由是：馮的政治人格（主要指「文革」中積極批孔）不符合儒家品德；二是以熊十力、梁漱溟、牟宗三等人為代表的「現代新儒家」均以活潑的生命或生命力作為儒學精髓，馮之純邏輯的「理世界」的體系（《新理學》）有悖於此。您如何看？

李　不贊同。

馬　為什麼？

李　簡單說：第一，學術與人格之某種分離乃自培根以來的現代世界性常見現象（是否應該如此屬另一問題，我本人反對分離），海德格爾之例便很突出。儘管海氏之納粹立場與其哲學有深層聯繫（我作如是觀），但海氏哲學之價值仍然大。馮之哲學地位當然完全無法與海氏相比擬，但馮之客觀處境和心理狀況卻較海氏更為惡劣和複雜。一般而論，熊十力等其他新儒家的公德私誼也並非全無可議之處，有些情況較馮也只五十步百步之差。其中最為清醒卓越、律己甚嚴的梁漱溟，也曾主動歌頌大躍進，對毛澤東自始至終大有迷戀。畢竟人非聖賢，孰能無過。現代新儒家雖然所崇所奉者為聖為賢，但他們本身到底還是更為複雜的現代人物。當然，包括《三松堂自序》的有關部份，我覺得仍大有自我掩飾的成分，並未「立其誠」，但比海德格爾的「遺書」還是要好得多。

第二，如以主觀心性論來界定「現代新儒家」，馮與熊、梁、牟以及唐君毅等確有根本不同，自可不必列入。不過此種界定過於狹窄，似乎「現代新儒學」便只是熊十力學派，而熊本人也並非專談心性，從宇宙論到外王學，他也談了不少，心性論者仍志在外王。梁漱溟也如此。因此這一界定似難成

立。我所謂的「現代新儒學」含義不廣不狹，較為確定，指的是「現代宋明理學」亦即 Modern Neo-Confucianism（張君勱，張譯的是「宋明理學」，「現代」是我加上的）的準確意義。所以，正如即使奉陸、王或胡（五峰）、劉（蕺山）為正宗，仍不能將程、朱開除出宋明理學一樣，「現代新儒家」又何莫不然？熊、牟承續開拓了陸、王，馮則明確宣稱自己是「接著程朱講」的，事實也確乎如此。所以馮之屬於「現代新儒家」，乃理所當然。

馬 馮友蘭先生的主要學術貢獻有哪些？

李 馮友蘭是現代中國已少見的名實相符的哲學家。三十多年前我說過，馮的貢獻不在《新理學》，而在提出「自然—功利—道德—天地」四境界說的《新原人》（我認為這是馮的主要著作）。馮晚年也有同樣的説法。此外，抽象繼承法，我以為也是馮的一大貢獻。但由於他的哲學是「接著」程、朱講的柏拉圖式的「理世界」體系，他講的「天地境界」便受此體系基本觀點的籠罩制約。儘管他的「天地境界」不是基督教的天啟、神恩，而是宋明理學的「孔顏樂處」；儘管他也強調在日常生活中盡倫盡性就可以超越道德，達此境界，但由於缺乏「人活著」「情本體」「形式感」等現實支撐，一方面，如馮所自承，進入神秘主義，並把這種較持續穩定的生活心境和人生境界與「瞬刻永恆」的感性神秘混為一談；另方面，由於沒有上述物質性的本體論支撐，便很難使這「境界」具體落實到世間人際。馮不談宗教，卻不能以「美育代宗教」，不能張揚中國哲學特徵的審美主義，特別是未能闡揚其與歷史主義交融所形成的人的情感。中國審美主義的感情以深植歷史性為「本體」，而非追求絕對的超驗。同時，我以為這「四境」應任人選擇，不必定出高下，強人所難。我還是「兩種道德論」的觀點。宗教性道德主要依靠情感教育，所以也才有「以美育代宗教」。

馬 在八十年代《略論現代新儒家》一文中，您認定的現代新儒家是熊十力、梁漱溟、馮友蘭、牟宗三這四個人，與港台地區和海外並不完全相同。

李 如上所講，我用「現代宋明理學」（Modern Neo-Confucianism）來定義「現代新儒學」，便一目了然，相當明白和準確。這樣，既避免了這概念的無限

膨脹，把明確否認自己是「現代新儒家」的學者（如錢穆、余英時），把並非承續宋明理學的哲學家（如方東美），史學家（如徐復觀），甚至把僅僅研究儒學傳統的人也通通囊括進來，使得這個概念變得「毫無意義」（余英時語，見《錢穆與新儒家》）；同時也避免了這概念的過分狹隘，只專指熊十力學派或牟宗三學派（熊、牟仍大有不同），因為無論熊、牟學派均不足以承擔這麼大的名稱或帽子。

與台灣某些學者搞狹隘化相對應，大陸好些學者則拼力搞擴大化，「現代新儒家」一詞竟囊括了上述所有反對或並不屬於此派的學者。有的還甚至擴大到鄙人頭上。（笑）我要再次聲明：説我認同儒學可以，但決不認同「現代新儒學」或「現代新儒家」，即我不認同並反對「現代宋明理學」。

馬　可否概述一下您所謂現代新儒學四大家（熊、梁、馮、牟）的基本觀點？

李　熊十力完成了譚嗣同、章太炎未竟之業，將宋明理學的倫理學翻轉為宇宙觀和本體論。強調「體用不二」，即運動變化、生生不息的心物感性世界。梁漱溟從文化立論講哲學，認為中西文化之分在於對待人生的不同態度和不同道路。強調理性與理知之分，情感—直覺的理性高於理知。儒學是世界文化的希望。馮友蘭不同於熊、梁，構造了一個純粹邏輯的「理世界」的哲學系統，強調要經過「思議」「瞭解」後才能達到那「不可思議」「不可瞭解」的人生最高境界。牟宗三認為陸、王才是孔孟正宗，程、朱的「義理之性」乃「存有而不活動」，從而失去道德自律的基礎。牟強調「內聖之道」是直覺的體認、證悟，非思議、理知所能瞭解或達到。從而熊、梁—馮—牟，似乎是一個現代新儒家的正反合圓圈全程。

喜歡梁漱溟

馬　這四大家中，您最欣賞和喜歡誰呢？馮友蘭？

李　梁漱溟。

馬　哦，這我真沒有想到。（笑）您與梁漱溟有過交往嗎？

李　八十年代有過一些接觸。記得 1986 年一次與梁漱溟赴中國文化書院，往返

同車，梁在車上對我說，《光明日報》記者將他所說的「孔顏樂處」竟誤記為「苦言樂處」發表了，頗為不滿和惱怒，認為有損他的思想和聲譽。後來又聽說，他對《人民日報》報導中將他的名字置於馮友蘭之後也很不高興。馮比梁只小兩歲，卻是梁的學生，資歷、操守也不如梁。梁素律己甚嚴，當時我想，即使聖人也難免有脾氣啊。（笑）我一直尊敬梁先生，當時他可以上台講演，他那念念不忘的出書卻仍大不易，恐怕要八十年代中期才入佳境。1982 年夏威夷召開的國際朱子大會，邀請了他和馮友蘭，有關部門允許馮卻不許梁出國與會，其實梁是頗想去的。當時大家因怕犯政治錯誤，對他總有點敬而遠之的味道，記得一次北海聚餐我特意找他合影時，一些人都面露驚訝，但很快好幾個年輕人便也上來和他一一合影了，此情此景此意，今日讀者大概是很難理解了。

馬　為何喜歡梁漱溟？

李　雖然我看梁的書極少，看後也未留下多少印象，但今日看來，卻最接近他。梁比較誠實，我就希望學習他的誠實。梁講他一個特點：願意想問題。我也願意想問題。儘管我是批判梁的「民粹主義」，儘管他所留的資源並不是很充分，但是他那《東西文化及其哲學》《中國文化要義》兩書至今還可看。我認為，梁漱溟把握住了真正的東西，他講孔子的思想不是一種學說，而是一種生活，這就講到點子上了。他沒有受過西方那套東西的訓練，反而對中國把握得比較正確。梁主要是把儒學與人生、與生活聯繫在一起。梁恰恰注意日常生活，我恰恰注意人生在世的各種非常具體的狀況、具體的情感性存在方面。但可惜他在哲學上講得太淺了。

在台灣沒去見牟宗三

馬　九十年代初您去台灣時，牟宗三先生還健在，有沒有去見他？

李　那時台灣學者林安梧問我是不是要見見牟宗三，我說不見。所有到台灣的人，包括搞哲學的不搞哲學的都要去見他。沒有必要嘛，我講讀他的書就行了。你跟他講話也不過就是書上那些東西，所以我就沒有去，但是我對他還

是很尊敬的，雖然我一直批評他、反對他，也不喜歡牟那教主心態。我對拜訪名人沒有興趣，包括對梁漱溟，也沒去拜訪過。

馬　但您卻拜訪了台灣著名的證嚴法師？

李　那也不是我主動要去的，是一個叫高信疆的朋友（已故），帶我遊台灣一周，第一站是花蓮，證嚴法師在那裡，他們關係很好，就帶我去了。證嚴法師在台灣影響力非常大，是個真正了不起的人，值得去看。她說人死在家裡比死在醫院裡好，醫院裡是陌生人，家裡是親人。佛家講的是脫離塵世，為什麼想要死在家裡呢？因為是初次見面，我並沒有問，但這給了我一個啟發，連那麼一個高僧都有這種想法，儒家的東西無聲無息滲透到了佛教裡面。

馬　牟宗三先生在當代港台新儒家中的地位極高。台灣版的《牟宗三先生全集》有 33 冊之巨，真是龐大呀！

李　我曾講過，牟宗三寫了那麼多書，可以砍掉一半，不會損害他的分量，余英時同意我的看法。在港台「新儒家」裡，我只承認一個牟宗三。牟宗三理論貢獻很大，思辨精深，論理清楚，見解重要，頗有影響。我很尊重牟宗三所做的工作。但是，他的基本觀點，或他經常講的「既超越又內在」作為「儒學精髓」或哲學特徵，我是根本不贊成的。我同意安樂哲的評論。「超越」與「內在」不可並存。康德對此言之甚祥。簡單說來，「超越」即「超驗」（transcendent）即超越經驗，它不同於「先驗」（transcendental）之可以和必須結合經驗。這裡的關鍵在於，康德承繼西方「兩個世界」的傳統，強調區分本體與現象界。所以，在康德那裡，上帝才有「智的直觀」，人類沒有。牟把它搬放在倫理學內，硬說人類也有。這並不符合康德原意（康德主要在認識論內提出這一問題，參看拙作《批判哲學的批判》），更嚴重的是，把西方「兩個世界」的思路或模式硬加在「一個人生（世界）」的中國傳統之上，就恰恰背離了儒家的基本精神。

當然，這也由來已久。宋明理學受佛教影響，早有此走向。王陽明提出「無善無惡心之體」，與「天行健」「人性善」的儒學原典便大有偏離。牟沿此

路數，想在現代中國建立一套「道德的形而上學」並以之解釋儒學傳統，這比陽明已更跨越了一步，實際企圖重建某種知識／權力結構，來統攝人們，因之才有那個非常矯揉造作的所謂經良知「坎陷」由「內聖開外王」說。如果真能運作在現實層面，這將是一條走向反理性主義的危險之路。

馬 近來好像許多學人又在大講牟宗三的「內在超越」？

李 2005 年我有一篇題為《「超越」與「超驗」》的對話（與楊國榮教授），指出牟講的「超越」是西方的 transcendent 即「超驗」，而不是一般的「超過」「超脫」等含義。章太炎早就講過，中國「國民常性……語絕於無驗」，我也再三講過，「沒有兩個世界，沒有上帝天國，你超越到哪裡去呢？」康德強調「內在」與「超驗」是矛盾的，在西方基督教看來這是邪教，牟的「內在超越」其實是將心性修養歸屬某種神秘經驗，並以之來統攝「父母本生我時的面貌」「喜怒哀樂之未發」「無善無惡心之體」等等。現在大批學人又把這些拉出來熱炒一番，實在沒什麼意義。

馬 您在《美學四講》裡面談審美的三個層次：「悅耳悅目」到「悅心悅意」，再到「悅志悅神」——「悅神」不就是「超越」嗎？

李 那也不算是。這裡的「神」不是真正有個 God，我的「神」指的就是愛因斯坦意義上的「宇宙」——其實康德也這麼講，中國的傳統哲學裡面也有這麼個意思——宇宙為什麼存在？為什麼這麼有規律地存在？這是不可以理解的，是人的理解之極限，即所不能逾越的、所不能達到的，可以稱其為「理性的神秘」，即我所謂的「神」。我在前幾年的文章裡詳細講過了，不過沒有引起太多注意。我說「美育代宗教」也是如此，以求達到一種新的境界——沒有上帝的悅神的境界。

馬 您的意思是說沒有神的「超越境界」？

李 否。是沒有神的「天地境界」，借用馮友蘭的術語，我在《華夏美學》裡就使用過了。

「五十年代便提了出來」

馬 您講牟宗三「內在超越說」時，曾屢次提到宋明理學追求超驗（或先驗）理性的失敗。

李 這是一個重大問題。在此不可能細說，只能簡單說一下。我早講過，宋明理學的矛盾就在於此，但是大家都不注意。宋明理學努力論證倫理道德之所以不能和不應抗拒，是因為它有超乎人（個體和總體）和超乎經驗的依據和理由，這就是「天理」或「良知」。在康德，這作為先驗的絕對律令與經驗世界毫無干係，本體和現象界可以截然兩分。而在程、朱，由於中國久長的巫史傳統，很難產生經驗與先驗、本體與現象截然二分的觀念。這使得他們這個不同於「氣」的「理」、不同於「情」的「性」，不僅沒有擺脫而且還深深滲透了經驗世界的許多特色和功能，所以，我以為宋明理學對超驗或先驗的理性本體即所謂「天理」「道心」雖然做了極力追求，但在根本上是失敗的。他們所極力追求的超驗、絕對、普遍必然的「理」「心」「性」，仍然離不開經驗的、相對的、具體的「情」「氣」「欲」。

像「仁」這個理學根本範疇，既被認作是「性」「理」「道心」，同時又被認為具有自然生長發展等感性因素或內容。包括「天」「心」等範疇也都如此：既是理性的，又是感性的；既是超自然的，又是自然的；既是先驗理性的，又是現實經驗的⋯⋯本體具有了二重性。這樣一種內在矛盾，便蘊藏著對整個理學破壞爆裂的潛在可能。它邏輯地導致「心不離身」「即情即性」「情性皆體」的王門後學，而指向了自然人性論，宣告了古典宋明理學的終結。我在上世紀五十年代便把這個綫索提了出來。

馬 五十年代就提出了？

李 對。原文是：「王陽明哲學中，『心』被區劃為『道心』（天理）、『人心』（人欲）。『道心』反對『人心』而又須依賴『人心』才能存在，這當中即已蘊藏著破裂其整個體系的必然矛盾。因為『道心』須通過『人心』的知、意、覺來體現，良知即是順應自然。這樣，知、意、覺則已帶有人類肉體心理性質而已不是純粹的邏輯的理了。從這裡，必然發展出『天理即在人欲中』『理

在氣中』的唯物主義。」（《康有為譚嗣同思想研究》，第 89 頁，上海人民出版社，1958 年）

馬 沒打算展開來研究？

李 當時本想將此綫索寫一本專著，可惜沒時間做，就弄美學了。只是多年申說這一論斷而已，從而也一直為學人完全忽視。我至今認為，儘管體現了古典士大夫追求現世秩序的超越根源及其宗教情懷，但宋明理學追求超驗（超越感性經驗的天理、良知）作為本體是失敗了。中國沒有那種超驗的「本體」。這仍然是中國思想史上最值得深入探究的重大課題之一。它涉及如何瞭解中國文化和哲學，也就是我後來講的巫史傳統。

馬 之後您的論著中還再申說過這條綫索嗎？

李 有呀，如《儒學四期》，又如《論實用理性與樂感文化》還專門列了「宋明理學超驗的失敗」一節，很重要，但沒人留意，幾十年來就是沒人做。我認為牟宗三的理論就蘊含著既超驗又經驗，既神聖又世俗的巨大矛盾。沒有解決。所以我不贊同「儒學三期」。我的講法是「四期」。

我的四期說

馬 哪「四期」？

李 孔孟荀是第一期；第二期是以董仲舒為首的漢儒；接下來宋明理學為第三期；如從康有為算起，現代是第四期。牟宗三、杜維明講的第三期可以作為儒學四期中的一個派別，即「三期說」派，但僅僅是一個流派。四期中可以有許多不同的派別，百家爭鳴嘛。

馬 您在九十年代的一篇序文中講：「『現代新儒家』無論在理論框架上、思辨深度上、創造水平上，都沒有越出宋明理學多少，也沒有真正突破的新解釋，更根本談不上社會影響。所以就整體說，它只是宋明理學在現代的某種迴光返照，並不會有太好的前景。」（鄭家棟《牟宗三與當代新儒家》序）這一論評，特別是「迴光返照」四個字，比較刻薄呀，會很得罪人的！(笑)

李 哈哈，這句話確實已得罪不少人了，但我仍堅持。

馬　上述「四期」各自的主題是什麼？

李　主題需要大家去解說。我的看法是，原典儒學（孔、孟、荀）的主題是「禮樂論」，基本範疇是禮、仁、忠、恕、敬、義、誠等。當時個人尚未從原始群體中真正分化出來，但它奠定了「生為貴」「天生百物人為貴」的中國人本主義的根基。第二期儒學（漢）的主題是「天人論」，基本範疇是陰陽、五行、感應、相類等，極大開拓了人的外在視野和生存途徑。但個人屈從、困促在這人造系統的封閉圖式中。第三期儒學（宋明理學）主題是「心性論」，基本範疇是理、氣、心、性、天理人欲、道心人心等，極大地高揚了人的倫理本體，但個人臣伏在內心律令的束縛統制下，忽視了人的自然。如果說前三期的主題分別是「禮樂論」「天人論」和「心性論」，那麼，對我來說，第四期的主題便是「情慾論」，它是「人類學歷史本體論」的全面展開，仔細探究現代人生各種不同層次和種類的情感和慾望及其複雜的結構關係，它以情為「本體」，其基本範疇將是「自然人化」「人自然化」「積澱」「文化心理結構」「兩種道德」「歷史與倫理的粘附與二律背反」等，個人將第一次成為多元發展、充分實現自己的自由人。

馬　除了「情慾論」，第四期就再沒有別的主題了？

李　它是開放的，應開拓成不同學派自由並存、切磋琢磨、眾聲喧嘩的局面。

馬　請再具體概述一下您這個「第四期」要點。

李　它將以工具本體（科技—社會發展的「外王」）和心理本體（文化—心理結構的「內聖」）為根本基礎，重視個體生存的獨特性、闡釋自由直觀（「以美啟真」）、自由意志（「以美儲善」）和自由享受（實現個體自然潛能），重新建構「內聖外王之道」，以充滿情感的「天地國親師」的宗教性道德，範導（而不規定）自由主義理性原則的社會性道德，提出中國「實用理性」「樂感文化」「一個世界」「度的藝術」「情理結構」「歷史進入形上」「美學是第一哲學」等。可見，第四期與前三期的關係，在於儒學基本精神和特徵的延續，而不在概念話語的沿襲和闡釋，就是說繼承的是中國傳統的「神」，而不是「形」。

「上帝死了」之後，中國哲學登場。有如陳寅恪所說，「一面吸收輸入外來之學說，一面不忘本來民族之地位」（《馮友蘭中國哲學史審查報告二》），乃中國傳統的真正精種。盲目自大，故步自封，並非出路。

只有吸收、消化才能發展

馬 其實，縱觀儒學的發展過程，就是一個不斷輸入、吸取、同化外來思想、不斷創新發展的過程。

李 略為具體來說，文字（漢字）起了無可估量的重大作用。我曾再三強調漢字不是語言的複寫、copy，漢字從而漢語重語義而不重語音，正是它使漢民族能不斷同化（漢化）不同血緣不同種族而一統中國。因為自漢代整套郡縣制文官體制，使在朝在野的士大夫群體和階層的交往聯絡，都必須講話「文縐縐」，語音難懂，語義可通，實際是在用文字交談，上行下效，加上儒學的風俗習慣、意識形態（書同文與行同倫），便不斷地、長久地在同化（即漢化）不同血緣、不同語言、不同文字、不同風習（由「求同存異」而不斷同化）的外來的和入侵的種族、人群，漢字在其中起了獨特的重要作用，使這個「漢族」不斷壯大，「中國」從來不是什麼民族國家（Nation State），這是一個以儒家傳統為核心的文化（包括上述文官體制等等）心理結構的巨大時空實體。漢字十分奇特，例如迴文詩，就恐怕任何其他文字所沒有和不可能有的。近現代以西方語言學理論套在中國語言文字上，我始終認為不大對頭，但我不是文字學家，也不是語言學家，不敢多說，卻認為漢字是一個重大的艱難的學術大問題，應該值得特別重視和研究，我贊成簡體字，但一直反對用拼音文字代替漢字，認為這不可能，50 年代以來我就這樣看，1982 年在紐約我與人還辯論過這點。

這裡插一趣事。當年我一直反對所謂世界語，一直是懷疑的。我認為語言是歷史沉積的，不能人為地製造出一種日常語言。王浩跟我說，相信世界語的人是智商有問題，哈哈……我不敢說這個話。這是私下聊天時講的。要便於世界各國各民族的人學習、交流，世界語確實好學，所以二十世紀三十年

代有一大批人在推行這個。全世界有大批進步人士在搞，但沒成功。

儒學之所以成為中國傳統思想主幹的一個重要原因，如同中國民族不斷吸收融化不同民族而成長發展一樣，在於原典儒學本身的多因素、多層次結構所具有的包容性質，這使它能不斷地吸取融化各家，在現實秩序和心靈生活中構成穩定系統。由於有這種穩定的回饋系統以適應環境，中國思想傳統一般表現為重「求同」。所謂「通而同之」，所謂「求大同存小異」，它通過「求同」來保持和壯大自己，具體方式則經常是以自己原有的一套來解釋、貫通、會合外來的異己的東西，就在這種會通解釋中吸取了對方、模糊了對方的本來面目而將之「同化」。儒學二、三期均如此。漢代儒學，恰恰是董仲舒這些人，在根本上吸收消化了道家、法家、墨家特別是陰陽家，但把它們拉進來甚至成了建構新儒學即漢代天人論儒學的骨架。而引莊入佛終於產生禪宗，更是中國思想一大傑作。宋明理學，也是受到佛教的影響。在民間的「三教合流」、「三教並行不悖」、孔老釋合坐在一座殿堂裡……都表現出這一點。中國沒有出現類似宗教戰爭之類的巨大鬥爭，相反，存別異求共同，由求同而合流。於是，儒學吸取了墨、法、陰陽來擴展填補了它的外在方面，融化了莊、禪來充實豐富了它的內在方面，而使它原有的仁學結構在工藝——社會和文化——心理兩個方面雖歷經時代的推移變異，卻頑強地保持、延續和擴展開來。而這也正是中國智慧中值得注意的一個特色。也許，這正是文化有機體通過同化而生長的典型吧。中國文明素來如此。

馬　未來，儒學將如何創新和發展？

李　今天要承繼和發展儒學傳統，就不能老在程朱陸王的舊框子裡打轉，需要從現代化社會的基本理論思想（如馬克思主義、自由主義、存在主義、後現代等）以及社會實踐所必需的一些東西中吸收營養和資源，理解而同化之，進而轉化性地創造，既跟世界普遍性接軌，又能保存着中國傳統文化的精華，這樣才有可能開拓一個儒學新紀元。比如，中國實用理性的傳統給中華民族的科學、文化、觀念形態、行為模式帶來了許多優點和缺點。今天，在保存自己文化優點的同時，如何認真研究和注意吸取像德國抽象思辨那種驚人的

深刻力量、英美經驗論傳統中的知性清晰和不惑精神、俄羅斯民族憂鬱深沉的超越要求……使中國的實用理性極大地跨越一步，在更高的層次上重新構建，便是一件巨大而艱難的工作。它也將是一個漫長的歷史過程。

八 「世俗可神聖，親愛在人間」

還用不用「哲學」「本體」這些詞？

馬 《己卯五說》之後，2002 年您又出版了它的「補篇」《歷史本體論》。

李 此書原是上海三聯稿約，但稿子寄到上海後，他們卻不敢出。因為書中有幾段引述高行健的話，頗犯忌諱。最後由董秀玉在北京三聯很快出了，一字未刪。北京三聯那批老人都是好人。尤其是董秀玉，忠誠待人，辦事周到，自己不出任何風頭，很了不起。董秀玉有膽有識，十分難得。無論是從事政治和經濟，還是從事學術和出版，都需要膽和識。可惜多數人或有膽無識，或有識無膽，所以做不成什麼事。秀玉二者兼備，便做出事業來了。

馬 這本書篇幅仍很小，但似乎比較完整勾勒了您的哲學系統？

李 全書七萬字。原來的標題叫《己卯五說補》。因為《己卯五說》一書原擬作為自己的封筆之作，即最後一本書，不料寫完之後，覺得還有好些話沒說或沒說完，又隨手寫了些箚記、提綱，整理了一下，便成了這個小冊子，以作為《己卯五說》的補充。之所以改題為「歷史本體論」（原稱「人類學歷史本體論」或「人類學本體論」），則是因為這個詞彙（指原稱）在我多年論著中雖不斷提及，卻從未專門說明過。特別是作為這個「論」的要點那三句話——「經驗變先驗，歷史建理性，心理成本體」，既然被人嘲笑，就似乎更有必要向讀者交代一下，因之便改成了現在的書名和各章節；又因「人類學」三字易生誤解，且為通俗起見，就由原稱改為現在的簡稱，但意義未變。當然，這本書並非我這個「論」的全部或整體，相反，它實際上只是畫個非常簡略和相當片斷的大體輪廓，還有好些話沒說和沒有寫完。寫得也粗糙之至，我以為重要的地方，如全書首尾兩節，偏偏著墨太少，而好些部份

又過分累贅，但都沒有寫好、寫清楚。真個是倉促成書，因陋就簡。

馬　寫法上，還是您的老路子。

李　對。沒有多少論證和引證，直接說出自己的觀點，甚至是跳躍性的表達和書寫。所以，如果本書被人認為根本沒有「學術」水平，不符學術規範，應該批判或剷除，那我也心甘情願，覺得沒有什麼關係。表達上，走的仍是簡白通俗之路，採取了與當今哲學晦澀艱深大相徑庭的「大眾哲學」的通俗路途。我以為，「歷史本體論」本是平易道理，毫不高深，因之也就直白道來，而不必說得那麼彎彎曲曲，玄奧難懂。這可能又會被人嘲諷為「落伍」「過時」。可惜我素來不大理會這些，我曾想請朋友刻一「上世紀中國人」的閒章，加印在書的封面上，以驗明正身：這確是落後國家過時人物的作品，決非跨世紀英豪們「與國際接軌」的高玄妙著。

馬　這本書第三章《心理本體與樂感文化》就具體講到「情本體」。前面您談「儒學四期」時說第四期的主題是「情慾論」，它以情為「本體」。現在，可以聊聊這個「情本體」了。這是您晚年思考的中心問題，有時您也將自己的「人類學歷史本體論」直接就簡稱為「情本體哲學」。首先，這裡講的「本體」是什麼意思？

李　這裡有一個問題，「哲學」「本體」「精神」「物質」這些來自西方的概念，到底還能不能用呢？馬一浮先生曾遊學英國，能用英文，而且翻譯了一些東西，但他自己講哲學不用現成的英文詞彙，而是堅持用中國的詞彙。但終於也行不通。所以，是不是要回到馬一浮不用西方詞彙，而用道呀、理呀、氣呀這類說法？恐怕不行。中國沒有本體、存在之類的概念，那又該怎麼辦呢？我覺得還是得用西方的詞，還是要講本體、現象、本體論，但在用的時候，要特別小心，譬如講中國的 philosophy，就要把中國文化的特徵結合進去。我覺得這個辦法可能比較行得通。那就是一方面講這個東西，另一方面又知道它不是西方的那個東西。如我講的「情本體」之「本體」一詞，便不是康德所講的與現象界相區別的本體界，1988 年我在《華夏美學》結語部份就講過：「什麼是本體？本體是最後的實在、一切的根源。」

講「情」還算哲學嗎？

馬　問題是，在中外哲學史上，似乎很少有人如此講？

李　是也。因而，一個問題是：講「情本體」還算不算「哲學」？從西方哲學史看，自蘇格拉底、柏拉圖、亞里士多德到康德、黑格爾為頂峰，理性特別是知性思辨作為獲取真理的途徑，一直成為哲學主要課題。亞里士多德界定人是理性的動物，中世紀通由邏輯論證上帝的存在。到近代，理性更成為啟蒙的話語，事物的準繩。情感一般視為屬於文學藝術和宗教，雖然某些哲學家如休謨也強調論說過情感，但始終未成為哲學的主題。到克爾凱郭爾等存在主義興起後有所改變，但仍然是情感被化為理性抽象來做本體論説。

　　在中國，先秦孔孟和郭店竹簡原典儒學則對「情」有理論話語和哲學關切。「逝者如斯乎」、「汝安乎」（孔子）、「道始於情」（郭店）、「惻隱之心」（孟子），都將「情」作為某種根本或出發點。此「情」是情感，也是情境。它們作為人間關係和人生活動的具體狀態，被儒家認為是人道甚至天道之所生發。但是，秦漢之後，儒學變遷，情性分裂，性善情惡成為專制帝國統治子民的正統論斷。宋明以降，「存天理滅人欲」更以「道德律令」的絕對形態貶斥情慾。直到明中葉以及清末康（有為）譚（嗣同）和五四運動，才有自然人性論對情慾的高度肯定和昂揚，卻仍然缺乏哲學論證。其後，它又很快被革命中的修養理論和現代新儒家的道德形而上學從實踐上和理論上再次壓倒。可見，自原典儒學之後，「情」在中國哲學也無地位。

馬　與您以「情」為本不同，現代新儒學大講以「心」「性」為本。

李　二十世紀五十年代著名的張（君勱）、牟（宗三）、唐（君毅）、徐（復觀）四人文化宣言便明確聲稱：「心性之學乃中國文化的神髓所在。」牟宗三更多次申言：「中國人生命的學問的中心就是心和性，因此可稱為心性之學。」（《中國哲學的特質》，上海古籍出版社，2008 年）牟的代表著作《心體與性體》，如同馮友蘭的《新理學》一樣，都是運用西方哲學的理性框架和邏輯範疇，以理性或道德為人生根本，構建哲學體系，基本上沒有「情」的位置。但「心性之學」真是中國文化或中國哲學的「神髓」嗎？哲學必須以理

性或道德作為人的最高實在或本體特性嗎？我表示懷疑。

馬　錢穆、梁漱溟似也不贊同「心」「性」為本，提過中國文化傳統中「情」的
　　問題。

李　他們沒有系統受過西方哲學訓練，但對中國傳統深有領會。梁漱溟說，「周
　　孔教化自亦不出於理知，而以情感為其根本」，「孔子學派以敦勉孝悌和一
　　切仁厚肫摯之情為其最大特色」（《中國文化要義》）。錢穆說：「宋儒說心
　　統性情，毋寧可以說，在全部人生中，中國儒學思想，則更著重此心之情感
　　部份，尤勝於其著重理知的部份。我們只能說，由理知來完成性情，不能說
　　由性情來完成理知。情失於正，則流而為欲。中國儒家，極看重情慾之分
　　異。人生應以情為主，但不能以欲為主。儒家論人生，主張節欲寡慾以至
　　於無欲。但絕不許人寡情、絕情乃至於無情。」（《孔子與論語》，九州出版
　　社，2011 年）「知情意三者之間，實以情為主」（《論語要略》，九州出版社，
　　2010 年）。我覺得這比現代新儒家們講得遠為準確和通俗。但是，無論梁或
　　錢，對此均未有更多說明，語焉不詳，沒有從哲學上展開，大都一帶而過。

馬　現在又有一些學者大講「仁」「仁體」「仁本體」等。

李　文章和書很不少。但至今學者們講仁仍然是混沌一團，孔子講仁明明顯示了
　　仁的不同面向，今天學者們講仁卻似乎只是仁愛（「仁者愛之理」，朱熹的
　　老說法，但好些人並不同意），或加上一點很不清楚的什麼東西，有的甚至
　　講得不知所云，仁這個概念的內涵外延始終不明不白。「仁」不清楚，「仁
　　體」「仁本體」就更如此了。因而我始終弄不清楚，不知道他們到底要說什
　　麼。「克己復禮」為「仁」，「克己復禮」就是「愛」嗎？1980 年我在《孔
　　子再評價》中是將「仁」確定為由緊相聯接交叉錯綜的四個方面組成的「文
　　化心理結構」。就個體說也就是「情理結構」。這「情理結構」也遠不止於
　　個體心理，它的內聖開外王便表現在政治上，這是我多次提及的新內聖外王
　　之道，因尚待現實實踐成果，時日尚早，所以我說只能以後再講。朱熹還強
　　調「仁」是「全德」，與我的仁的結構在形式上倒有接近之處。

馬　您曾屢次提及郭店竹簡，1988 年寫過一篇《初讀〈郭店楚墓竹簡〉印象紀

要》，為何如此重視它？

李 好多年前，哲學所的同事和朋友葉秀山聽我講「情本體」，就說：「你講情感，那還算什麼哲學？」西方哲學的確不講情感。然而到了中國哲學或中國思想（不叫哲學可以，叫思想也行，所以我三本思想史論都不叫哲學史），其特點就是要講情感。特別是郭店竹簡出土後，正好證實了老祖宗是支持我的觀點的，我特別高興，也很得意，我講情感是在郭店竹簡出土之前。竹簡裡有很多這方面的內容，像「道始於情」「禮生於情」「禮因人之情而為之」等等，龐樸對我說，那簡直是「情感主義」。所以，我講情本體，這才是真正繼承中國的傳統。

「雙本體」之間不存在矛盾

馬 有學人很困惑，覺得您既強調「體」是生活，是社會—工具本體，但又說「心理成本體」，強調「情理結構」，提出情感本體，這樣不就有兩個「本體」了？它們之間不是存在矛盾嗎？

李 美國的林同奇研究我的東西，他就問我，你這兩個本體怎麼過渡。我那篇《哲學探尋錄》就想回答他的問題，一個是生、生存，一個是生的意義。這是兩個不同層次，所以有這兩個不同的本體。

我講得很清楚，歸根到底，是歷史本體，同時向兩個方向發展，一個向外，就是自然的人化，是工具—社會本體；另一個是向內，即內在自然的人化，那就是心理—情感的本體了。我是講兩個「本體」，但兩個本體有先後之分。歷史本體論以人類逾百萬年製造—使用—更新工具來獲取食物、贏得生存的實踐活動，以及這種實踐活動經驗所構成語言中的語義（理性）、智力和感受（包括秩序感、形式感等等）來論證人類如何可能，強調工藝—社會和個體心理作為生存本體即人文和人性的雙向進展。其中重要關鍵是文化向心理的歷史積澱所形成的文化心理結構。感性源於個體實踐的感覺經驗，知性源於人類實踐的心理形式，對個體和後代來說的先驗認識形式，是由人類前輩經驗所歷史地積澱而形成的。這心理積澱不只是認識（理性內

構），而且還有道德（理性凝聚）和審美（理性融化），它們是理性與情感錯綜交織所構成的「情理結構」，此複雜的「情理結構」即人性。為對立於以心、性為本體而突出此結構中的情感（它在根源上與生理慾望相聯繫，但有不同層次，高層超脫此聯繫），亦稱之為「情本體」。情本體也只是心理本體的一個部份。心理本體還有認知等，而情本體是將情凸顯出來。

所以，「雙本體」在我這裡沒有什麼矛盾，恰恰是構成了一個整體。《哲學綱要》「雙本體說」中明確說過：「雙本體（兩個所謂最終實在）又仍有先後，即吃飯在先、精神在後，自然在先、人類在後也。之所以說『雙』，為突出後者之相對獨立性也。」具有相對獨立性的內在心理的情理結構，可以說明而不是決定外在社會的人文—工具結構。

馬　不是還講過「度的本體性」嗎？

李　我講「度」具有人賴以生存生活的本體性，說的是「本體性」，而不是「本體」。歷史本體論以「度」，而不是如黑格爾那樣以「質」或「量」，作為哲學第一邏輯範疇。「度」首先是人在物質生產的操作活動中所把握的尺度，它也即是技藝。正是生產操作中的技藝即對「恰到好處」的「度」的掌握，使人類得以維持生存和發展。「度」當然也是人在社會生活關係中所把握的尺度，以協調各種人際交往和關係，使人類生存獲得秩序和穩定。總之，正是「度」才使「人活著」得以實現。它表現為科技（從原始石器工具到今日的電子世界等等）的發明、發現和發展，也表現為生活（從人類原始群體到今日國際社會）的進步、豐富和演變。它是成功地處理雜多中的統一（結構中諸多因素的比例適當）的「人活著」的實踐的主動性和主動性的實踐。它沒有先驗的配方，而只是「人活著」所不斷創造、發現和積累的經驗合理性，也即是實用理性。

馬　您抓住「情」，單單把「情」作為根本的東西，取代其他心理要素，是不是會有所偏頗？

李　我這裡講的「情」，並不是一種簡單的情緒，更不是動物的情慾。如上所說，情本體也只是心理本體的一個部份。人類的各種心理認知、情感是在製

造和使用工具的實踐中產生和發展。我特別關注的是理性和情感的結構關係。它們的關係非常多樣、複雜，例如，認識中感情與理智的關係不同於道德，也不同於審美。所以我講認識是理性的內構，道德是理性的凝聚，只有在審美的時候，我認為理性與情感才相互交融。從這個意義上講的「情本體」，是人之為人的最高、最重要的一種成果，也是很具體的。此外，我講的審美是在使用工具的活動中不斷地得到的感受，達到對形式美的一種掌握，以後通過藝術獨立發展起來，最後也歸結到「情本體」。「情本體」並不是與理性、意志相分離的，而恰恰是它們的一個綜合體。它不只是情緒，不只是情慾，但又可以包容它們。而且在審美中生物性、動物性的因素即情緒、情慾所佔比重很大，它們不同於動物性僅有理性或多或少的滲入和交融，如我多次講到的性愛。

馬　您是從「工具本體」講起，以「情感本體」告終？

李　以前，也許強調實踐，強調外在工具本體多了一些，但那是一個基礎，不然一切都是空中樓閣。而且是與五六十年代的語境相聯繫的。但我的目標不是工具，而是情感。從八十年代至今，講內在的自然人化，講情感本體、心理本體就多了些。以後隨著社會的發展，心理的問題包括情的問題會越來越突出，越來越重要。這實際上就是我所講的「走出唯物史觀，而指向心理」，即通過唯物史觀解決生存問題之後所要面臨的心理科目。就全人類說，這還非常遙遠，還有一個漫長的歷史行程。馬克思並未涉及或討論。但我很願意講，人類遠景未來最終寄託在人性心理學和教育學的研究基礎上，來做詩意棲居和個性發展的大同之夢。

情本體的線索

馬　您這個「情本體」思想是從何時開始思考的？前面講過，在 1956 年提出的美感二重性中，似就已有「情本體」的萌芽了。

李　那只可算是依端。1976－1978 年寫的《孔子再評價》一文初步提出了。之後，八九十年代的《華夏美學》、《美學四講》、主體性系列提綱、《哲學探

尋錄》、《論語今讀》等均不同程度地涉及到「情本體」。在 1988 年的一次訪談中，我曾説：「我很想寫一本書叫《情感本體論》。我總覺得，情感本身高於一切。」

馬　1989 年第四個提綱中就說：「歷史積澱的人性結構（文化心理結構、心理情感本體）對於個體，不應該是種強加和干預，何況『活著』的偶然性（從生下來的被扔入到人生旅途的遭遇和選擇）和對它的感受，將使本體的承受、反抗、參與，大不同於建構工具本體，而具有神秘性、不確定性、多樣性和挑戰性。生命意義、人生意識和生活動力既來自積澱的人性，也來自對它的衝擊和折騰，這就是常而永恆的苦痛和歡樂本身。」有一節的標題就是「於是提出了建構心理本體特別是情感本體」。

李　不能只注意「情本體」這三個字，而不留意這思想。1985 年第三個提綱裡，已經説過這樣的話：「於是，只有注意那有相對獨立性能的心理本體自身。時刻關注這個偶然性的生的每個片刻，使它變成是真正自己的。在自由直觀的認識創造、自由意志的選擇決定和自由享受的審美愉悦中，來參與構建這個本體。這一由無數個體偶然性所奮力追求的，構成了歷史性和必然性。」這裡突出了個體的感性追求的本體價值，已有「情本體」了。

馬　1994 年發表的《哲學探尋錄》也談到情本體。

李　這篇文章簡略地勾勒了我的哲學。其中我將過去提到的「情感本體」稍微展開了一下，説它一方面是中國傳統的延伸，另方面似乎又可以與「後現代」接頭。因為「情感本體」恰恰是沒有本體，取消這個本體，就「在倫常日用之中」，沒有過多的玄秘之處。它已不再是傳統意義上的本體。這個形而上學即沒有形而上學，它的「形而上」即在「形而下」之中。情感是多元的，你怎麼能夠構造一種情感作為本體來統治一切呢？這是不可能的。這同所謂「心體」「性體」不一樣。宋明理學講「心統性情」，其實還是以「性」為體。性即理，構成了一種權力／知識結構的形而上學統治著人們。中國儒家的精髓就是「情」，而不是「性」。

馬　2005 年您出版了《實用理性與樂感文化》，其中首篇是寫於 2004 年的《論

實用理性與樂感文化》篇，非常重要，對「情本體」作了較之前其他論著更系統更具體的展開和論證，是《哲學探尋錄》《歷史本體論》的推進和深化。

李 2004 年這篇文章收入書前並未發表過。這個 7 萬字的提綱性文章分為上下篇。「實用理性」是我在 1985 年的《中國古代思想史論》中提出來的，有人認為大逆不道，既然是我提出來的，我有責任把它解釋清楚。我反對一些人的哲學只講虛玄的大字眼大口號，「實用理性」目的之一也是刺激他們。中國文化是一種「樂感文化」，情本體是樂感文化的核心。我的哲學把審美放到很高的地方，中國文化極端重視以生理為基礎的精神心理與自然生命，重視知與行、靈與肉融合的審美境界，表現出一種不同於西方的樂感文化。在中國哲學中，這是「天人合一」的成果和表現。從源頭上說，「天人合一」緣於巫的理性化。由於中國傳統文化中不存在至高無上的上帝，因此「審美」在樂感文化中有著很崇高的地位。中國人的憂患意識在於：正因為沒有上帝，自己需要掌握自己的命運，所以中國人更感到人生的悲劇性。

填補海德格爾

馬 《哲學探尋錄》結尾有一段話：「慢慢走，欣賞啊。活著不易，品味人生吧。『當時只道是尋常』，其實一點也不尋常。即使『向西風回首，百事堪哀』，它融化在情感中，也充實了此在。也許，只有這樣，才能戰勝死亡，克服『憂』『煩』『畏』。只有這樣，『道在倫常日用之中』才不是道德的律令、超越的上帝、疏離的精神、不動的理式，而是人際的溫暖、歡樂的春天。它才可能既是精神又為物質，是存在又是意識，是真正的生活、生命和人生。品味、珍惜、回首這些偶然，悽愴地歡度生的荒謬，珍重自己的情感生存，人就可以『知命』；人就不是機器，不是動物；『無』在這裡便生成為『有』。」這可說是一段關於「情本體」的抒情詩，最後那句講「無」和「有」，是針對海德格爾的吧？

李 對。海德格爾也講情，但情在海德格爾那裡是一種盲目的衝動，他的情是空的，他把本真和非本真分開，那是一個錯誤。而中國哲學，本真就在非本真

中，無限就在有限中。他定要兩分，那就有問題。他只強調自我選擇、決定、決斷、走向明天，但怎麼走呢？所以，他的哲學很容易為納粹所用。所以我說海德格爾之後，該是中國哲學登場出手的時候了。現在似乎是時候了？也許還太早了一點？也許需要的是編造一套西方哲學的抽象話語，否則就不算「哲學」？我要說的是，且不必管這些，讓哲學主題回到世間人際的情感中來，讓哲學形式回到日常生活中來。雖知萬相皆非相，道是無情卻有情。以眷戀、珍惜、感傷、了悟來替代那空洞而不可解決的「畏」和「煩」，來替代由它而激發出的後現代的「碎片」「當下」。不是一切已成碎片只有當下真實，不是不可言說的存在神秘，不是絕對律令的上帝，而是人類自身實存與宇宙協同共在，才是根本所在。海德格爾的 Dasein，其實也可以翻譯作「去在（是）」，或譯「達在」也好（這好像是趙汀陽的翻譯），按中國解釋學，就是「去活」，也就是我講的「人活著」。

在《第四提綱》（1989）我就借用朱熹批判佛家的話──只有極少的人注意到了這個引用──它恰恰可以應用到海德格爾的理論上。怎麼讓「空」「無」變成實的東西呢？佛知空而執空，道知空而戲空，儒知空卻執有，一無所靠而奮力自強。深知人生的荒涼、虛幻、謬誤卻珍惜此生，投入世界，讓情感本體使虛無消失。所以，回到這個世界，回到人情當中，就在日常生活中達到哲學—宗教境界：「朱熹評說佛家：『只見個大渾淪的道理，至於精細節目，則未必知。』這對今日的海德格爾等人也適用。這個『精細節目』，就是對心理本體特別是情感結構的具體探討。」我就是要以情本體來填補海德格爾。

馬　如何填補？

李　就是要想一想，你選擇什麼，決斷什麼。不要怕被批評為「非本真」，也別怕被說成「淺薄」。因為：第一，人是被扔入的，不是自己選擇被生下來的，而生下來就有一種繼續活的欲求，這是動物都有的本能，無法逃免。第二，人活在一個「與他人共存」的世界裡，而與他人共同活在世界上，這就是「日常生活」。它是「非本真」，也即是「本真」，就看你如何對待。情本

體也就是日常生活的生物欲求中滲透融合理性。人的本能是極其強大的。但將它們人化，便使這強大變得豐富複雜，成為多樣的「情」。即使包括「理性凝聚」的道德能力，也常常需要有人性情感的特定助力才能實現。所以，不僅「以美啟真」，而且「以美儲善」都在揭出有非語言、非理性所能控制和囊括的重要人生奧秘。「不汲汲於富貴，不戚戚於貧賤」，「水流心不競，雲在意俱遲」，這不只是理性命令（凝聚），而且是情感性的人生態度、生活境界。所謂情本體也就在這日常生活中，在當下的心境中、情愛中、「生命力」中，也即在愛情、故園情、人際溫暖、漂泊和歸宿的追求中。人應該是豐富而多元的，包括愛情單一，也將失去色彩。只有多樣化的生活、實踐，才能使人把握偶然性，消除異化，超越死亡，實現人本身，並參與建立人類心理本體。我想，這也就是填補海德格爾的空了。其實，也就是重視生命本身，重視日常生活，把日常生活本身提到哲學的本體高度，心甘情願地回歸我們普通的日常的人生，在其中而不在他處去努力尋覓奮力的生存和棲居的詩意。

馬　您曾提出人生的「審美境界」。

李　對。它可以表現為對日常生活、人際經驗的肯定性的感受、體驗、領悟、珍惜、回味和省視；也可以表現為一己身心與自然、宇宙相溝通、交流、融解、認同、合一的神秘經驗。這種神秘經驗具有宗教性，直到幻想認同於某種人格神。但就中國傳統說，它並不是那種得神恩天寵的狂喜，也不是在宗教戒律中的苦苦追求，而仍然是某種「理」（宇宙規律）、「欲」（一己身心）交融的情感快樂。也許，這就是莊子所謂的「天樂」。因為這種快樂並不是某種特定的感性快樂，即無所謂快樂與不快樂，而只是一種持續的情感、心境、mood，平寧淡遠，無適無莫，這也就是某種生活境界和人生歸宿了。

馬　要是非常簡單、非常粗略地概括一下，那麼，所謂情本體哲學，就是當人告別了上帝，告別了神，告別了深奧繁複的理念世界，也告別了莫須有的外星人，當人一無依傍的時候，只有回到自身，回到自己的凡俗世界，回到我們的日常生活，腳踏實地，老老實實生活，認認真真生活。

李 所以，「情本體」沒有什麼神秘的，「本體」即在真實的情感和情感的真實之中，就是對世間人際生活的「珍惜、眷戀、感傷、了悟」。

「情本體」的基本範疇是「珍惜」。「一片花飛減卻春，風飄萬點正愁人。」今日，聲色快樂的情慾和精神上無所歸依，使在「在時間中」的有限生存的個體偶然和獨特分外突出，它已成為現代人生的主題常態。在商業化使一切同質化，人在各式各樣的同質化快樂和各式各樣的同質化迷茫、孤獨、隔絕、寂寞和焦慮之中，如何去把握住自己獨有的非同質的時間性，便不可能只是衝向未來，也不可能只是享樂當下，而該是「珍惜」那「在時間中」的人物、境遷、事件、偶在，使之成為「時間性」的此在。如何通過這個有限人生亦即自己感性生存的偶然、渺小中去抓住無限和真實，「珍惜」便成為必要和充分條件。「情本體」之所以不去追求同質化的心、性、理、氣，只確認此生偶在中的林林總總，也就是「珍惜」之故：珍惜此短暫偶在的生命、事件和與此相關的一切，這才有詩意地棲居或棲居的詩意。任何個體都只是「在時間中」的旅途過客而已，只有在「珍惜」的情本體中才可尋覓到那「時間性」的永恆或不朽。從而，世俗可神聖，親愛在人間。

情本體的「內推」

馬 關於「情本體」，您還講過「內推」與「外推」。

李 「外推」前面講兩德論已說過，此處不贅。內推則為「美育代宗教」的宗教哲學，即現代人深切感受的個體自身的存在意義問題。在現代社會，要戰勝基於生理本能具有強大衝擊力的自然感性和具有同樣力量的非理性情緒的觀念，戰勝死亡的恐懼、情慾的動盪、生活的苦惱、人生的煩悶、存在的空虛……是非常不容易的，這些苦惱煩悶空虛是鑽入人的骨髓的。

馬 「美育代宗教」是蔡元培先生最早提出的。

李 《華夏美學》有一節專講蔡元培的「美育代宗教」。我的「情本體」哲學承接此意。「美育代宗教」，或者是以中國傳統為基礎的「情本體」取代宗教，那是很遠很遠的事，這只是在哲學上提示一下可能的遠景罷了。大家看看威

廉‧詹姆士的《宗教經驗之種種》，描述了各種宗教神秘經驗，我相信有這種神秘的經驗（我認為它們將來都可由腦科學作出實驗回答），但人們以這些神秘經驗證明上帝的存在，我卻不信。我提出「理性的神秘」，就是為了與這些神秘經驗相區別。

馬　「理性的神秘」？什麼意思？它與「美育代宗教」有何關聯？

李　宇宙存在和在根本上會如此這般的存在（即這存在為何在根本上具有規律性，即我說的「協同共在」）是不可以用理知去認識、解說的（至於可經驗的宇宙—自然存在的具體規律性，則是人的發明，即可認識解說的）。這也正是我在《論實用理性與樂感文化》中所講的「物自體」就是宇宙本身，正是它可以引發更深刻的敬畏感情和信仰體驗，也可以與「感性的神秘」即神秘經驗相溝通會合。因之，所謂「理性的神秘」，是說不能通由知性認識，但理知可以設想和思考其存在，它指的只是可由理性推導，但不是理性所能認識和解答的這個物質性巨大實體作為敬畏對象的感情存在，而仍然不是理性認識。「感性的神秘」或神秘經驗可以由未來的腦科學做出解說、闡明，即認識，甚至複製，它的「神明」也就很難存在，變得並不神秘。「理性的神秘」卻不是腦科學和心理學的對象，也不能由它們來解答。「世界如此存在」不是神秘經驗，即不是「感性的神秘」，而是由於超出因果等邏輯範疇從而理性無由處理和解答的「神秘」，這大概是永遠不可解答的最大的神秘，也是將永遠吸引著人們去驚異、感歎、思索的神秘。人不能設想「無」，只能設想「有」。

我提出「理性的神秘」，那是因為「情本體」哲學把這種「人類與宇宙協同共在」設定為一種形而上學的「物自體」。沒有這個形而上學的設定，感性經驗就沒有來源，形式力量和形式感也無從發生。「物自體」是康德的概念，是一個不可知的概念。宇宙究竟如何？不可知。宇宙為什麼存在？不可知。宇宙自然的秩序井然的各種具體規律性，實際上與人類實踐有關；但它的存在性（本體性）是否與人相關聯呢？這是沒法回答的。所以我說：規律性可討論，存在性是個謎。我是無神論，要說什麼是神，這就是神。這是我

唯一信奉的神。神當然是神秘的，不可知的。

這一「理性的神秘」同樣可以引出敬畏和崇拜的「宗教」信仰和感情，實乃審美中的「悅志悅神」的境界和情懷。「悅志悅神」作為審美狀態，遠不僅指欣賞和創作藝術，而且更指生活和人生，並以此達到和創造現實生活中的人生最高境界，即所謂「悅神」的天地境界。這境界仍然不脫離人生感性世界和人間生活。神聖性的「有情宇宙觀」，使美學可以成為人生皈依和生活最高境界，而替代宗教，這亦即是將自己融入「參天地，贊化育」使後人永恆記憶的歷史洪流中，它與回歸上帝懷抱相比，並不遜色。「先天而天弗違」多麼好，人與宇宙協同共在便不需要任何一位發號施令主宰人們的上帝了。「敬畏」的只是這個「天」也弗敢違的宇宙合規律性運轉的神妙。如你晚上面對星空，就可能產生某種準宗教性的感受或感情。這種「理性的神秘」才是我們真正「不知道或沒法知道的問題」（而那些神秘經驗恰恰倒是我們所「可能知道的」），它所引發的情感才可能是充滿崇仰、敬畏的宗教或準宗教情感，我曾舉過日本人看日出的例子（見拙文《中日文化心理比較試說略稿》）。要說取代宗教，我指的就是這種「理性的神秘」引起的情懷、心境，有可能在將來取代隨著科學進步而地盤越縮越小的經驗性的神秘。那時蔡元培說的「美育代宗教」便有可能了。

馬 您講的那個「人與宇宙的物質性的協同共在」的「理性神秘」作為不可知的物自體，被人批評為只是「物理學的共在」，不可能具有令人敬畏、崇拜的精神性，從而也就與情感、心靈、信仰無關。

李 不然。的確是沒有此物質性的存在便沒有歷史的人，但將這個物質性作為不可知的物自體來對待，這本身便是人的一種飽含情感信仰、心靈追索的理性、理念、信念。我不是常談起夜望星空的感受嗎，它並非一種認識行為，也不是物理學的探詢，而完全可以是人的一種精神寄託、情感訴求和心靈皈依。宇宙整體是超出人的經驗範圍的，任何人不可能經驗到整個宇宙的存在。但這個宇宙並不發號施令，並不言講宣說，「天何言哉，四時行焉，百物生焉，天何言哉」（《論語‧陽貨》），這不奇怪之極而足以信仰、敬畏

嗎？「神秘的不是世界怎樣存在，而是世界竟然存在」（維特根斯坦），這不可以也產生一種深層的情感信仰嗎？

馬　剛才您講「可經驗的宇宙——自然存在的具體規律性，則是人的發明」。「具體規律」是人的「發明」？這不成了主觀唯心主義？

李　我在《哲學綱要》談認識論的答問中有《發現與發明》這一節，很重要，是《「美育代宗教」答問》的續篇。過去我沒有公開說過，出書以前也沒發表，不想太引人注意。前面講過，宇宙為什麼存在，這個問題超出理性範圍，解決不了。宇宙存在本身只是設定它有規律性，各種具體規律都是人「找出來」的發明。所有的發現其實都是發明，你說地球繞著太陽轉，可以；說太陽繞著地球轉，也可以。這是不同的視角，是不同的模型。當代大數學家邁克爾・阿蒂亞說過：數學都是「發明」。既然如此，現在搞科技不能不用數學，誰還能說自己是「發現」？所以霍金講「宇宙是靠我的模型存在的」。但宇宙有各種模型，這都是發明。我不同意霍金的是：宇宙並不是靠某種模型存在的，所以叫它「物自體」，它是本來就存在的，是不可知的。說到底，人的各種解釋都是發明，不斷地發明，看哪個「發明」能說得更周全一點，涵蓋力更廣大一些。

「歷史進入形上」

馬　還有，您講的「歷史進入形上」問題，也與「美育代宗教」有關吧？

李　我一再說「歷史進入形上」，沒人注意，但我以為十分重要。儘管這命題似乎荒謬，但與我反對超驗卻主張超越密切相關，超越一己的有限：一己的生存、生命、生活、苦樂、悲歡、功業、名利、關係……面對青山綠水，進入美育代宗教，所以我說過「中國的山水畫有如西方的十字架，幾乎無處不在」這句很要害的話。正是歷史進入形上，才能以豐足富饒、人所獨有的情理結構，使人與宇宙物質性的協同共在具有多樣而深沉的心靈內容而成為本體。也就是說，歷史決不只是一堆僵化的文本記錄，不只是所謂事蹟、人物、數字、賬號，它實際容載著的是無數世代人們生存生活的悲歡離合、偶

在實然。中國詩文中那麼多的詠史感時、傷春悲秋、吟山歎水……便是以歷史時間所產生的時間性的心靈審美進入超越的天地境界，它不是心、性道德的固定管束，而是並無實體卻與宇宙節律（春秋代序、山川風物等等）協同共在的超道德的情本體。此之謂「美學是第一哲學」。

馬　但人的歷史加入進來後，創造了許許多多的悲喜劇目，成敗得失、離合哀樂、存廢斷續，而這些都與超歷史的宗教性情感毫無關係。

李　物是人非的歷史性的感傷，使這些劇目恰恰確認了人的有限性，從而去追求無限。歷史在消逝，客觀時間在消逝，人都會死，事業都會泯滅，「有」都走向「無」。而在中國傳統文藝中所表露、傳達、寄寓的物是人非之感，卻恰恰讓這個歷史的客觀時間主觀化為情感的時間性，從而使「無」又變成「有」。人對歷史的存在與消亡的這種情感領會、心靈感悟，使人對「去在」（Dasein）的人生更加珍惜，使生命價值、人生意義和歸宿問題變得更為凸顯了。

我的歷史本體論，就是歷史進入形上。也就是形上形下不割裂不隔絕，道不離器，理不離氣，天道不離人道，先驗出自經驗，理性建自歷史。但它並不與對那不可知曉的宇宙物自體存在的敬畏相矛盾，反而正是它的延伸。歷史是億萬人眾千百萬種悲歡離合的活生生的生命、生存、生活，它不是某種固定僵死的心、性、理、氣、道，所以才說情本體乃無本體，它以活生生而變易深沉的個體情感為本體實在，所以才眷戀、感傷、了悟、珍惜自己這脆弱渺小的生命，而賦予它以偉大的命運歸宿。歷史是悲歡離合的人的具體生活，這才是具體的歷史，這不就是情本體麼？以「悅神」的審美情感作天地境界，不就是「與物質性的宇宙協同共在」的心理感受嗎？

馬　那就不要宗教了？

李　真正要以美育代宗教，為時尚早，而且大概只能在少數人群中做到。活著，活下去並儘量活得開心、充實，實實在在、心安理得，我認為這是中國的一大傳統。所以我歸結為這八個字：「衣食住行、性健壽娛」。但對那些神秘的東西，我持開放的態度，不反對一部份人沉溺、陶醉於其中，追求那種神

秘。相信某種人格神的宗教信仰看來也許很長時期也難以改變，也不必改變。所以我一點也不反對許多人去信上帝或信佛菩薩，這對社會和個人都有好處。

馬　《南方人物週刊》（2020 年第 20 期，7 月 30 日）封面人物「九十李澤厚：情與理」網上發佈後，反響很大，短短 24 小時閱讀量就達到「10 萬＋」，在眾多留言中，有一則說：「我是把李老師的書當《聖經》來讀的，受益之深可以說得上是『得救』。」

李　哈哈，太誇張了。

馬　這種特殊的閱讀感受和體驗，大概是學者、教授們很少讀出的吧？（笑）雖略嫌誇張，但我是比較認同的，因為我也有這種感受。讀您的書，除了可獲得觀察歷史、社會和政治等方面的獨特視角和深刻啟迪之外，似乎還能得到某種類似「宗教」的靈魂安撫和心靈慰藉，從而影響自己對人生價值和人生意義的看法。我一直把您的「情本體」哲學視為探尋人生之謎和終極關懷的瑰麗詩章，是在為中國人乃至人類探尋安放靈魂的「家園」。

李　也有人曾當面講過類似的話。

馬　您能背誦《約翰福音》第一章。在您的一生中，有沒有那麼一刻，產生過有神的想法？

李　從未有過。命運是自己決定的。我從來不信神。人們說上帝已經死在奧斯維辛，上帝如果全知全能，怎麼能允許希特勒殺那麼多人，那麼殘酷呢？所以我以為到底是一個世界還是兩個世界，這是一個很重要的哲學問題。

該中國哲學登場了？

馬　您的這個情本體哲學構想，與國內思潮有關嗎？

李　和國內的思潮好像沒有太大的關係，但和世界的思潮有關係。後現代哲學表現了目前人類生活中的一種困境：一切都撕破了，一切規則都打破了，尼采說上帝死了，福柯說人也死了，沒有什麼整個的人類，也沒有什麼整個的個體，連自我都沒有了。那麼，到底如何活下去，也就是說如何對待自己的命

運，不僅個體，還包括人類、民族？人的孤單、無聊，人生的荒誕、異化，都達到空前的程度，在這樣的時候，面對種種後現代思潮，我提出情本體，也可以說是世界性問題使然吧。沒有海德格爾，沒有現在這種世界性的難題，也不會有情本體。這正是「情本體」提出的前提環境，它既是現實生活的，又是哲學自身的。

馬　存在主義也認為人生是偶然的、孤單的、荒誕的，只能自己做出選擇。

李　但做什麼選擇不知道，所以是空的，那只是形式。中國式的情本體不是這樣，它是有內容的。那就是對普通的日常生活的珍惜、眷戀、感傷和了悟。近日偶讀羅爾斯生前未發表的 *On My Religion* 短文，深有感觸，在失去信仰上帝之後，如何寄託此生？自由主義的政治哲學能替代或作為情感性的宗教信仰嗎？哈貝馬斯 2015 年在美國接受 John W. Kluge Prize（克魯格獎）獎答謝詞中也仍然顯示出知識（啟蒙）與信仰（宗教）在西方現代的糾纏難解，人「如何活」和「活的意義」的命運問題仍然是哲學難題，令人彷徨困惑，無所適從。這也似乎更使人感到有「情本體」（情理結構）特色的中國哲學可以登場了。

馬　情本體與英國經驗派哲學的情感主義、心理主義以及法國愛爾維修如何區別？

李　簡言之，這就是一從個體保存（自身）、感覺（快樂）、「良知」（第六感官）出發，一從人類總體歷史性的積澱出發；一重心理經驗內容，一重心理「先驗」形式（情理結構）；一繁細描述和分類種種情感，一簡要提出「三句教」（經驗變先驗，歷史建理性，心理成本體）。

馬　您的情本體哲學顛覆了過去的哲學，中外哲學史上似沒有人這樣講過。我覺得，「情本體」雖根植於中國，卻具有普世意義。

李　巫史傳統以「一個世界」即充分肯定這個世界的生命、生存、生活而具有的積極樂觀的正面情感，顯出大不同於「萬物俱空俱幻影」「生而有罪待拯救」「這個世界不值得活」等諸多宗教、哲理的中國特色。這個特色具有普世意義，會在未來隨著中國的崛起強大而被普遍接受。情理交融所追求的人際和

諧、身心和諧、人與自然的和諧，會越過由於劃分兩個世界從而追求超越和理性至上而取得優勢。由於有理性的滲透、參與，情更實在、多樣、充實、複雜而細密。它是人類歷史和個體教育的成果，即內在自然的人化，仍然是人，而非先驗或超驗的理、神，也不是自然生理動物本能。使人在這個世界的生命、生存、生活不斷通由各種艱難困頓去卻仍堅韌續延，具有了神聖性質，不把聖性歸於彼岸天國，而是落實在此際人生。「情本體」以中國傳統為基礎，卻是一種世界性視角。我希望在未來，中國哲學能走進世界，登場世界。

馬 樂黛雲先生幾年前講過：「李澤厚是當代很重要的學者……李澤厚提出『情本體』，引起西方學者很大共鳴。西方自文藝復興後主要講理性，可中國一再講的是情理，有情有理，用情理代替純理性。……我們首先需要一種新理論的崛起，李澤厚的『情本位』理論就是一個開始。」（《關於中國文化面向世界的幾點思考》）但真要能被西方人接受，恐怕也不是一件容易的事。

李 西方人對中國的瞭解太少了，正如他們看京劇，還停留在《大鬧天宮》的水平，1992年我在《美的歷程》德文版序中講過這個問題。「情本體」的背後，其實有個中國傳統，就是我前面說的「天地國親師」，要西方人信仰這樣的東西那是很難的事。我猜想，可能要兩百年以後吧。那也沒什麼，在人類歷史上，兩百年很短啊。當然啦，我還講過，就是在中國，要讓人接受我的這套東西，也要有很長的時間。中國逐漸開始強大了，國外迫切需要瞭解中國的思想，因為強大起來總有些原因吧。所以我在笑嘛，將來我的書留下來，恐怕首先是在西方，而不在中國，完全可能還是西方先接受。中國學人老跟著西方嘛。也很可能，別的地方接受了我的理論，哲學界要到最後才接受。我跟劉再復，好像也跟其他一些人講過，我在文章裡也表達過這個意思。

與劉緒源的對話

馬 我相信您的「情本體」哲學一定會登場世界的。（笑）對了，2011年、2012年您不是出過以「中國哲學登場」為主題的兩本書對話集嗎，一本是《該中

國哲學登場了？》，另一本是《中國哲學如何登場？》，反響也很不錯。

李　這是我和劉緒源先生搞的兩次對話。那第一本的書名，其含義有二，一是這個命題能否成立？二是如何成立，如何可能？劉比我小二十餘歲。當時他正開始研究兒童審美心理的產生和發展，並從嬰兒出生到四歲的精確仔細觀察記錄中，形成關於人性情感源於動物性情緒滲入想像—認識等初步結論，出版了專著《美育幼童——從嬰幼兒看審美發生》，與我提倡的實踐美學極為契合。我曾說，期待二十年之後出現一個在兒童情感心理學領域的中國的皮亞傑（Jean Piaget，他主要是在兒童認識心理學領域），他卻不幸於 2017 年突發癌症三個月去世，至今想起，仍不勝傷感。

馬　對這兩本書，陳來教授有段評價：「李澤厚是中國近 30 年來最有影響、最受關注的哲學家。……在這兩部訪談中，他總結性地、集中地談了他自己的哲學要點，對中國哲學對當代世界哲學的可能參與，也提出了不少建設性的意見。我很讚賞這些對話，既欣賞這種談哲學的形式，也欣賞李澤厚談哲學的態度，欣賞他的哲學觀，雖然我並不都贊成他主張的情本體哲學。他晚年的哲學訪談，擺脫了世俗哲學寫作的繁瑣無謂的論證和舞文弄墨的鋪陳，以簡白直接的方式，陳述了其哲學的要義，對中國哲學的當代建構提出了重要的意見和主張。總的來說，這些意見主張是富有啟發性的。」

李　謝謝他的評論。這兩本訪談，乃我陳年舊說，旨意均在「走出語言」，指向歷史構建之心理即情本體（情理結構）。

馬　還有，周汝昌先生「聽讀」（周已目盲，靠家人讀）您與劉緒源關於《紅樓夢》的對話，專門撰文《紅樓美學真理真師》（《今晚報》，2011 年 8 月 11 日），他講：「我就沒有想到，李先生會對考證有很大的興趣，他十分懂得考證是怎麼回事。……李先生鄭重指出：《紅樓夢》中的感情是東方人的感情特色，西方讀者就不容易體會得出來。這種東方感情的背後隱藏著一種深深的悲感。這些重要而複雜的問題，出自李先生之口，顯得那麼自然、通俗、明白、順勢，給人以心胸暢然稱快之感。……同時還有一種語言表達的享受，就是『懇切』二字。語言的懇切情感是大學者、是仁人君子的美德。什

麼是『懇切』?『懇』就是真誠,『切』就是滲透。⋯⋯這回我才找到了真師和真理。」

李　周先生還託人轉贈我一首詩。周的《紅樓夢新證》,五十年代我就讀過,一直很喜歡。我認為,周是百年來紅學研究最有成就者。我對《紅樓夢》也極有興趣。對《紅樓夢》也有很多想法,我覺得真假寶玉,可能是兩代人,把兩代人和事混淆在一起寫,似假還真,似真又假。當然其中關鍵就是發生在乾隆朝的那件大案與曹家的關係,還沒找出材料來。所以可以澄清,說我對《紅樓夢》不感興趣,不對,我非常有興趣。我感興趣的主要還不是它的藝術方面,而是考證、探佚方面,儘管有些考證和探佚因未把握好「度」而失真,但還是有味道。但要是真進去了,一入侯門深似海,那就迷在裡邊出不來了,別的事都不能做了。所以我只是看人家考證,自己不進去。這都是些閒話了。(笑)

第五篇

「原意難尋，六經注我」

（1992－2021，下）

一 「思想家淡出，學問家凸顯」

正確的廢話

馬 九十年代，您提出的「思想家淡出，學問家凸顯」，曾引起了不小的爭議。

李 那是 1993 年我給香港的《二十一世紀》雜誌「三邊互動」欄目寫的三百字左右信中的一句話，不是什麼正式文章。後來很多人引用，但並不知道是我提的。用了一段時間以後才找到源頭，原來在我這裡。

我提出這個看法本是對當時現象的一種描述，並沒作價值判斷，沒有說這是好是壞。當時的情況是，九十年代初，流行鑽故紙堆，避開政治思想，風靡一時的是「回到乾（乾隆）嘉（嘉慶）」「乾嘉才是學問正統，學術就是考證，其他一律均狗屁」「只有學問家，沒有什麼思想家」等等；同時，陳寅恪、王國維、錢鍾書被抬得極高，一些人對胡適、魯迅、陳獨秀這批人的評價和研究也就沒多大興趣了。對此，我是不大贊同的。當然，這種現象有其客觀原因，大家心知肚明。現在好多人可能淡忘或不知道這些事了。

馬 王元化先生對您這說法很有意見。

李 哈哈，我的那說法被誤讀了，以為我反對搞學問。王元化先生當時正在創辦《學術集林》叢刊，同時也出叢書，是嚴格意義上的文史學術類集刊。他以為我是向他發難，於是在上海就提出「要做有思想的學問家和有學問的思想家」。其實與他根本無關，我也不知道他在搞《學術集林》之類，當時我在美國。王元化的講法，我覺得意義不大，有哪個真正的思想家沒有學問作根底，又有哪個真正的學問家沒有一定的思想呢？難道陳寅恪、王國維他們沒有思想？難道魯迅、胡適他們一點學問也沒有？王元化的說法恰恰把當時

那重要的現象給掩蓋了。但王這句話後來卻被認為是定論，認為這才是全面的、公允的、正確的提法。

一位朋友說，實際上，王元化這句是「正確的廢話」。（笑）正如以前我的一些朋友也是著名的學者如周策縱、傅偉勳提出「中西互為體用」「中學為體，西學也為體」等等，來反對我的「西體中用」，看來很正確、公允、全面，其實沒有意義，等於什麼話也沒有說。

即使拋開上世紀九十年代初的具體情況來一般說，王國維、陳寅恪、錢鍾書仍然很不同於胡適、魯迅、陳獨秀。儘管陳獨秀的小學做得很好，胡適也搞過考證（順便說一句，現在把胡適捧成國學大師，我覺得非常好笑，其實他的學問當時根本被人看不上），魯迅的《中國小說史略》也證明了他有學問，但他們畢竟不是以這些學問而是以他們思想的廣泛和巨大影響而聞名的。現代中國如果沒有胡適、陳獨秀、魯迅，與如果沒有王國維、陳寅恪、錢鍾書相比，情況恐怕也會大不一樣吧？可見，這兩批人之間有差別或很大的差別，「思想」與「學問」也有顯著的不同。但王元化的「要做有思想的學問家和有學問的思想家」說法，一下把這種差別、不同拉平了。這就沒有意義了。

馬　我讀過《王元化晚年談話錄》，裡面談到過您。想順便問一下，有人說王元化先生給中國指出了一條更好的道路，對此您是怎麼看的？

李　有人將談話錄的一些內容發給我，因目力不行，匆匆過目。可惜提及我的有關事情，均離真實很遠，包括他以前發表在《九十年代日記》中的數則，也不知是有意還是無意記錯。

王的書我是看的，人是一個好人，對我也不錯，我去上海也看過他，但他到底講了什麼，我並不清楚。他在上海被捧得很高，卻並不一定為各地所認同。反正著作都在，人們可去細讀而作出判斷。

各有所長、各有其用

馬　在您看來，「思想家」與「學問家」到底有哪些不同和特點？

李　簡單講就是：第一，學問家固然需要基礎扎實，厚積薄發，在知識結構上，思想家讀書也許不如學問家精專，但在廣博上則常有過之。思想家必須具有廣闊視野和強有力的綜合把握能力，才能從大千世界中抓住某些關鍵或重點，提出問題，或尖銳或深刻，反射出時代心音，從而才能震撼人心而成為思想家。可見所要求於思想家的這種種能力便是不可多得，而光有能力，沒有足夠的學識也還是不行。這也就是為什麼那麼多的宏觀論著，那麼多想當思想家的人中，卻只有極少數論著和人物能成為真正的思想論著和思想家的原因。古往今來的學問家何止千數，而大思想家又有多少？即使「小」卻能真正長久廣泛影響人們的思想家恐怕也為數不多吧？

第二，思想家不僅需要廣闊的智力資源，在情感、意志、品格方面也有更多要求。人格中對歷史和現實的承擔意識和悲憫情懷，便常常是其創造性工作的原動力。學問家的工作一定程度上可以被電腦之類的機器所代替，思想家的工作則不可能。

第三，真正的大學問家又多少具備某些思想家的品格。這就是說他們的著作不僅有其專業學術領域內的價值，而且有時超出其專業，具有某種更廣泛的「思想」意義。王國維的歷史研究所採取的近代方法與他對西方哲學的興趣有關，並滲透了他對人生的思索，具有思想史的某種意義。陳寅恪之所以能夠「較乾嘉諸老，更上一層樓」，也在於他有充滿時代特色的自己的文化感受、思索和判斷，陳著以「思想」（觀點、方法）而非以「材料」勝。但他們仍然是學問家而非思想家。

第四，就社會作用或歷史意義說，思想家與學問家也是大不一樣的。設想一下現代中國如果沒有魯迅、胡適、陳獨秀，情況會有怎樣的不同？如果沒有王國維、陳寅恪、錢鍾書呢，情況又是怎樣？今日看來，陳、胡算不上什麼真正的「思想家」，但他們在思想史上的地位，卻比王、陳、錢要重要，儘管在學術史上也許相反。當然，如同學問家有大小一樣，思想家也有大小之分，兩者都有各種層次的差異和等級。此外，也還有兩者各種不同程度和形態的混合或突顯，如所謂刺猬與狐狸，等等。

馬　中國現在是需要思想家還是學問家？

李　各有所長、各有其用，互不可替代，不必一定要比個高低上下。不同時代需要不同的人，同一時代也需要不同的人，這樣才有意義。我們當然需要有一些（也許數量不必過大）年輕人去勇敢地創造大小「思想」。那種認為只有考據、微觀、實證才是真功夫，「思想」則既不能稱為學問，對社會也並無用途；而且似乎談思想、搞宏觀是非常容易的事，既不需要下扎實功夫，反可以名利雙收，因此頗為鄙薄，這卻是不對的。但是，我更強調的是，中國需要有大批（人數多多益善）從事各種專業研究的大小專家。我向來反對連基本的知識也沒有，就去建構空中樓閣的思想體系和所謂的「思想家」。我早在八十年代就說過，中國在現代化的進程中需要大量的專家，自然科學、社會科學是這樣，人文學科也是這樣，各種各樣專家的大量湧現，是時代的需要。

馬　但專家也有不同層次之分。

李　學術大師如王國維、陳寅恪就是大專家。他們從事於某個具體領域，做極精深的研究，進而為其所在的領域樹立規範，其中也有人觸類旁通，突破原有領域，從而才成為規範一代學術的大師。學術大師是從專家中產生的。如陳寅恪、馮友蘭、金岳霖、湯用彤、錢穆等，就是典型的由專家而成為學術大師者，他們分別在各自的領域中制定了學術規範。成就學術大師，和每個人的素質、條件與機遇有關，和時代條件和學術積累也有很大關係，而路還是要從專家之路走起，但這並不是說要終守一藝、自設樊籬、自我限制。現今學術發展上最為需要的正是大量從事微觀研究的專家，學術大師也只能從他們中間成長起來。這是我們這個時代的特點，也是我所以要特別呼籲中國要抓緊培養自己的大量學術專家的一個原因。

馬　哲學史、思想史、學術史三者的主要不同在哪裡？

李　簡單說，「哲學史」記載可獨立於特定時空環境卻具有啟發思維、影響人生的長久（甚至永恆）價值的思想家的視角和命題。如柏拉圖的共相、亞里士多德的個體、康德的知情意三分、黑格爾的邏輯、孔子的仁、老子的道、朱

熹的理、陽明的心等等。「思想史」則須聯結具體時空環境來闡解思想的當時意義和後世影響。「學術史」是某專業知識、創獲、成就的歷史。如經學史、史學史等等，其性質與哲學史、思想史也不相同。當然，三者容有交叉相織處，如立於某一專業學術卻獲有某種普遍意義的成果，如此等等，但仍不應混而同之。且三者均有多種寫法，亦應多元發展，不能讓某一者一統江山。

馬 思想史與政治史呢？

李 如果說，政治史更多是在大量的事件、人物活動和各種機遇中展現出歷史的必然和偶然，應該更多在史實的詳盡活潑栩栩如生的剪裁記述中，來看出歷史前進或倒退；那麼，思想史則將以更直接更赤裸也更枯燥的邏輯形式來表現出人類生存的境況和趨向。非必然性的許多東西，從人物的生平活動，直到某些不相干的思想、學術，以及與思想本身無關宏旨的某些細節的探討考證，等等，都可以擯除在描寫論述之外。黑格爾曾認為，哲學史和政治史相反，在後者中，個人的品格、天賦、氣質的特性是行動和事件的主體；在哲學史中，則完全不是這樣，無個人特性可言的思維本身才是歷史的創造性的主體。黑格爾這一觀點雖然有其片面，即其「絕對精神」在作怪，思想仍有其偶然，但還是深刻的。微不足道的細節或人物可以在政治事件中有時起決定性作用，思想史則不發生這種情況。政治史中充滿了繁複多變的偶然和機遇，思想史卻不然，它只指示著某種實然的行程。

不應追求成為「哲學王」

馬 您曾提出，哲學家不能去做什麼「哲學王」，也不應追求成為「帝王師」。

李 政治與學術，政治家與學者的關係，這本身就是一個值得研討的重要課題。好多年前我就講過，理論家應該和實踐家分開，哲學家、思想家應該和革命家、政治家分開，這兩者不能混為一談。革命家、政治家是社會變化的直接實踐者、指導者，他們所需要的支配、影響群眾的熱情，和理論家的熱情，不是一回事。而且，兩者在思維方式和方法上也不會一樣，若是同一批人，

就會相互滲透和影響，就很可能使兩個方面都發生誤導。所以，理論家、思想家、哲學家與革命家、政治家、各種集團的領袖們，應該作出明確分工，無需集於一身。理論可以多種多樣、百家爭鳴，而革命家、政治家、領袖們則要求意志集中、行動統一。後者要根據當下的現實形勢、利害關係、策略考慮來作出決定，採取行動，這就會對理論進行選擇或折中，但經常只容許一種。理論家們卻可以不計當前利害，從較長遠的宏觀視角來把握、思索和爭辯。當然理論家和政治家也還有各種不同的層次和種類，也有互相交叉滲透的各種情況，這裡講的是一種韋伯所謂的「理想型」的劃分。

馬 但「學優則仕」是中國傳統社會知識分子的人生道路，「士」和「大夫」（有官職）總連在一起，所以從古到今，總有好些學人想著「應帝王」，想做「帝王師」。

李 其實在近現代做一個獨立學人非常好嘛。「河汾房杜有人疑，名位千秋處士卑。」（龔自珍詩）休謨靠版稅，康德靠他艱辛的授課為生，他們在後世的「名位」卻已遠遠超過當年的公卿宰相了。何必再「學成文武藝，貨與帝王家」呢？「帝王」願意採用你的理論學說固然好，不用也自有其價值。即使用，也可以由別人去做。做學問與做官僚，需要不同的本領，這我在五十年代時便想清楚了。當然有人很願意也很能夠「雙肩挑」，但不必成為現代學人的榜樣和方向。也有人說過西方一些哲學家也想做「帝王師」，柏拉圖、黑格爾、海德格爾便如此。只康德例外。還是多元選擇，自己決斷吧。八十年代劉再復代周揚擬稿，我向他說這是「代聖賢立言」，當時改革開放，「代聖賢立言」當然是極好的事，這也只是一句笑話，但我做不來。

想起賀麟先生一事。賀曾對我說，一個偉大政治領袖一定同時有一偉大哲學家陪同，我至今記得賀麟和我聊及蔣介石接見他，拍他肩膀時的興奮神態，說蔣對他遠比對馮友蘭器重。我認為賀雖然主要弄西方哲學，但還是遵循中國「學優則仕」的傳統。包括馮友蘭也如此。他們都是非常優秀的一流學者，卻總有這種做大官心態，當時我感覺非常奇怪，現在看來仍是孔老夫子的傳統，不甘淡泊書齋過一生。現今中國好些學人何嘗不是如此？

馬　您與賀麟先生有交往嗎？

李　我與賀交往很多，是老輩哲學家中最熟知的。他對我講了許多至今未被披露的重要話題。

馬　可細說一下。

李　不講了，要講那就很多了，包括與金岳霖等人的交往。賀先生多次到我家來聊天，其他老輩學人沒有來過。賀誠懇老實，注重自我修養，是個好人。他譯的黑格爾的《小邏輯》前面講過，對我影響很大，超過了其他的書。我先讀的就是賀譯本，看得早，也下了功夫。賀崇信馬列，晚年八十多歲還入了黨。賀並沒有提出什麼東西，當然他說過：馮友蘭是朱熹，他是王陽明。他是想，但沒有找出什麼東西。

馬　能否請您對中國目前的文化（思想）領域的整體現狀下一個簡短的判語——如那句著名的「思想家淡出，學問家凸顯」一樣？

李　我從不敢下所謂的「判語」，那句話也只是現象描述。多年前我講過，目前中國文化似乎是「四星高照，何處人文」？「四星」者：影星、球星、歌星，還有節目主持（人）星也。不是說「人文」沒有了，而是到哪裡去找人文？這是我願意提出的一個問題。但我以為不必擔憂。我說過，中國人多，現在碩士、博士也多，100 個人文碩士、博士裡有三五個願意做點思想學術，也足夠了。況且人文也不只是思想學術。

二　什麼是哲學？

科學＋詩

馬　有的人為名為利活，有的人為兒女活，有的人為國家民族活，您為什麼而活？

李　我的意願是為人類活，所以我的書叫《人類學歷史本體論》。我是一位國際主義者，不是民族主義者，我欣賞馬克思的話，為人類而工作。我現在提出的情本體，或者說人類學歷史本體論，是一種世界的視角，人類的視角，不

是一種民族的視角，不只是中國視角，但又是以中國的傳統為基礎來看世界。所以我說是：「人類視角，中國眼光」。

馬　您曾講過，哲學是「科學加詩」。

李　我不認為哲學只是分析語言的學科，也不認為哲學只是科學方法論，不管這種方法論的範圍如何廣大，哲學始終是科學加詩。這個「加」當然不是兩種事物的拼湊，而是指具有這兩個方面的內容、因素或成分。它有科學的方面和內容，即有對客觀現實（自然、社會）的根本傾向作概括領悟的方面，但並非某種科學的經驗論證；同時它也有特定時代、社會的人們的主觀意向、欲求、情致表現的方面，其中總包含有某種朦朧的、暫時還不能為科學所把握所規定的東西，這些東西又總與人的存在或本質、人生的價值和意義、人的命運和詩情糾纏在一起。每個不同的時代和社會，賦予這些永恆課題以具體的新內容，所以，真、善、美這些古老課題及其哲學探討，不斷變化又萬古常新，每一個時代、每一種學派都將對這些涉及人類價值的基本課題和語詞作出自己的重要回答和應用。正因為這些回答和應用涉及的經常是整個人生或世界，它就影響、支配和決定對其他許多問題的探討和回答。

馬　在現今社會，哲學還有什麼功能？

李　哲學的功能不在感染（詩），不在教導（科學），只在啟悟。所以，哲學是智慧，這智慧不是知性認識，也不是情感陶冶，而是訴於情理結構整體的某種追求、探詢和了悟，主要是提供某種對世界和人生的意見、看法、視角、眼界、思路，從而可能給人提供某種生活和心靈的境界。「實用理性」是我創出的詞，「樂感文化」也是，以前沒有的。這就叫「製造概念，提供視角」。開始有人痛斥，現在好像好些人也在用了。

馬　海德格爾提出「哲學的終結」，您怎麼看？

李　海德格爾講的是以希臘哲學為標本的、我稱之為「狹義的」形而上學的終結，是從古希臘以來的哲學的本體論，或者叫存在論，那是用思辨的方式探索 Bing（存在）的純理性追求的某種「終結」。他認為從柏拉圖到尼采，統統都是形而上學，都應該拋掉。所以他說哲學終結，思想開始。他說自己不

是哲學家，而應該是思想者。他認為舊的形而上學沒有了。像胡塞爾、海德格爾都認為希臘哲學才算哲學，這都指向超驗的純粹思辨。

馬　2001年西方解構主義大師德里達訪問中國時，講過「中國沒有哲學」，這令許多中國學人大為不滿。

李　其實，他是在推崇中國。德里達指的是「狹義的形而上學」，所以認為「中國沒有哲學」，中國傳統確實沒有本質主義，沒有二元分割，沒有本體論（存在論），沒有為後現代所反對的種種「狹義形而上學」的特徵。但中國一直是有「廣義的形而上學」，西方經常把它放在那種純粹思辨的語言中處理。但語言、詞語的普遍性意義究竟何在？翻譯的可能性何來？也成了哲學問題。中國缺少遵循嚴格邏輯的抽象思辨，希臘柏拉圖學院高掛「不懂幾何學者不得入內」，中國便無此傳統。這當然是很大的缺點。但也有優點。現在西方的所謂「後哲學」，我認為就是想從思辨的狹義的形而上學轉變到那種以生活為基礎的哲學。中國有沒有哲學呢？有啊，就是那種「後哲學」。生活大於語言，也大於幾何學，語言的普遍性意義和翻譯的可能性來自人類衣食住行的普遍性。所以我說中國哲學和後現代哲學在這裡恰恰就是可以接頭的。

思索命運

馬　那麼，在您眼裡，哲學應是什麼？

李　哲學思索命運。

馬　「命運」？似乎沒人這樣講過。

李　哲學到底研究什麼呢？簡單一句話說，我以為就是研究「命運」：人類的命運、中國的和個人的命運。這就是我所關心的。人性、情感、偶然，是我所企望的哲學的命運主題。記得是1978年，「四人幫」剛粉碎不久，于光遠召集一個小型會議，會上談到什麼是哲學，哲學研究什麼，問了許多人，各人有各人的說法，大同小異。問到我的時候，我說：「哲學研究命運。」他頓了一下，我也沒有繼續講，別人大概也聽愣了。（笑）

馬　最重要的哲學問題是什麼？

李　人類命運問題。我具有世界主義傾向，不僅關注中國人的命運，也關注人類的命運。當然，中國人口佔世界六分之一，解決中國問題，對人類有重大意義。

馬　最重要的哲學概念是什麼？

李　還是命運。但它能成為今天的哲學「概念」嗎？恐怕不可能。但我仍然認為，命運，也就是人（人類和個體）的「立命」問題，應是哲學的核心。

例如，今天人類面臨著可以毀滅自己整個族類的時代。這就關切到人類的命運。過去，無論冷兵器時代、熱兵器時代，都沒有過，這是現代高科技迅猛發展的結果。為什麼西方反科技的聲音那麼強，包括海德格爾要那麼大聲疾呼反對科技？就因為現代科技的確威脅著人類本身的生存。對核戰爭的擔心就是一個例子。這個問題，哲學應該考慮。這也是一種「究天人之際」。

馬　您講「命運」的主題是「人性、情感、偶然」，它們確實很重要，特別是在現代。

李　非常重要。比如，到底什麼是人性，或人性是什麼，是古今中外談論了幾千年而至今並無定論的大問題。我的哲學主題是以「人類如何可能」來回答「人性」（包括心靈）是什麼，這也就是「雙本體」（工具本體和心理本體）的塑建問題。幾十年講來講去無非是這一主題的展開，這倒似乎是前人在哲學上沒有做過的。而且還有現實意義，因為隨「告別革命」之後的便是「建設中國」。如此巨大的時空實體，如何建設？對世界對人類將有何影響？茲事體大，談何容易。前景茫茫，命運難卜；路途漫長，任重道遠。

再如，偶然問題。後現代哲學把它講得很充分了，我就不展開了，只簡單說幾句。《批判哲學的批判》和幾個主體性提綱，就是強調偶然以對抗當時盛讚的必然性、決定性。在自然領域有人胡說量子也有「自由意志」，其實說的就是這個「偶然」，量子力學不是機械力學和傳統決定論所能解釋的。但偶然又不是毫無因果、毫無秩序可尋。量子力學也有概率性的規則在。審美和藝術是自由性、偶然性最大的領域，我曾以 DNA 來比擬其多樣、複雜和

變異，但也仍然有秩序可尋。我在有關《認識論答問（2008、2010）》中又強調了秩序和秩序感的重要。我說「天地有生之德」的「生生不已」正是靠秩序而維持，「日月行焉」，「萬物生焉」，「天地有大美而不言，四時有明法而不議」，這「行」、這「生」、這「法」、這「美」便是秩序，卻又充滿千變萬化的偶然，所以也才有「以美儲善」「以美啟真」。「情本體」哲學指向的，是這個神秘的宇宙存在及其秩序和偶然性。所以認識論不只是邏輯學，也不只是心理學。

歷史更充滿偶然。從人類看，所謂「必然」也只是從千百年的歷史長河看的某種趨勢和走向，如工具的改進、經濟的成長、生活的改善。但對一個人、一代人甚或幾代人來說，卻沒有這種必然。相反，無不充滿著偶然。隨著並促使異化的逐漸減輕或消退，高揚個體主體性便意味著由偶然去組建必然，人類的命運由人自己去決定，去選擇，去造成。每個人都在參與創造總體的歷史，影響總體的歷史。從個體看更如此，個體的命運愈益由自己而不是由外在的權威、環境、條件、力量、意識……所決定，從而偶然性愈益突出。在時間上，人將愈益佔有更多的純粹由自己支配的自由時間，不再終日停留和消耗在某種服務社會的機器裡，這便可以愈益自由地選擇、把握、支配和決定自己的行動和生活。在空間上，作為世界人，活動的空間急劇擴大，人際接觸和交流愈益頻繁多樣，生活狀態愈益多元和豐富，不可控制不可預計的成分也愈益加多，這也使偶然性急劇增大和變得非常重要。從而，人對自己的現實和未來的焦慮、關心、無把握也愈益增大，這就是說命運感加重。求籤卜卦的人會更多，人也會愈益深刻地感到自己被偶然地扔擲在這個世界中，孤獨，荒謬，無可依靠，無所歸宿，於是只有自己去尋找、去確定、去構建自己的命運。人生即在此偶然性的旅途中，自己去製造戲劇高潮。

我在《歷史、倫理與形而上學》（《探索與爭鳴》，2020 年第 1 期）一文講歷史有三個性質：第一是具體性。歷史一定是發生在一定的時間、地點和各種條件之下的事情。這是歷史最重要的性質；第二是歷史有積累性。從人類

歷史來講，是進步的，我對整個人類歷史不是悲觀的。人類是靠工具吃飯。工具就是科技。科技是會發展，這是阻擋不住的。歷史有積累性，內在的積累便是心理的日益複雜、豐富和多樣，即「積澱」，不必悲觀；第三就是歷史的偶然性。比如説，恐怖分子使用原子彈或製造病毒，那人類便可以死光，很有可能的。以前冷熱武器時代都不可能，現在卻可能，所以説哲學要研究人類命運問題。

可以是提綱，不必是巨著

馬 從早年的《論美感、美和藝術》到後來的《批判》，可以看出您是傾向於建立一個體系，但至今卻沒有撰寫一部涵蓋您思想各個方面的體系性的論著。

李 這要看你所謂「體系」是什麼意思。早年受黑格爾和其他一些哲學的影響，對建立體系有興趣。但後來我反對故意構造體系。我不以為要去構建一個無所不包的形而上學新理論，那個時代早已過去。體系總是試圖給人一套規範式的東西，這套東西經常管制著人家，成為所謂知識—權力結構。

從內容講，用過於清晰的推論語言和知性思辨的體系著作便無法真正把握哲學的精神，正如用理性來論證上帝的存在（已為康德所駁難）、用理論來解説詩一樣，既不可能，也沒意義。它們只成為解構的對象。從形式説，我不大喜歡德國那種沉重做法，寫了三大卷，還只是「導論」。我更欣賞《老子》五千言和那些禪宗公案。《論語》篇幅也遠小於《聖經》，但它們的意味、價值、作用並不低，反而可以玩味無窮。你能説它們沒有「體系」？沒有巨著，就不是哲學嗎？所以，從這兩方面，我都認為哲學可以是提綱，不必是巨著。

馬 但您的《人類學歷史本體論》儘管由不同論著重新組裝而成，卻融會貫通，自成一體，難道不是一部系統性的哲學著作嗎？劉再復先生還將您的哲學分為「純粹哲學」「歷史哲學」「倫理哲學」「政治哲學」「文化哲學」「美學哲學」這樣六大塊。

李 這本提綱性的書只是我的視角。當然，你硬要説它是所謂「體系」，也無

不可。

馬　一個有趣的現象是，您晚年的哲學論述大多採用的是通俗答問體？

李　是也。這可能讓許多學人頗不以為然。哲學本是從對話、答問開始的，老祖宗孔、孟，西方的柏拉圖不都如此麼？《朱子語類》不就比《朱文公文集》更重要，影響也大得多嗎？「通俗化」不是膚淺化，它要求把哲學歸還給生活，歸還給常人。通俗答問體有好處，彼此交流思想，生動活潑，鮮明直接，並無妨深刻尖銳，不會成為高頭講章，不為繁文縟節所掩蓋，使人昏昏欲睡。我多次講過，哲學只是「製造概念，提出視角以省察一切」，屬於不同於知識（有客觀確定性）和信仰（有主觀確定性）的意見（這是康德的說法，我贊成的），而非知識、認識、科學。所以，真正重要的東西，常常幾句話就可以講清楚，不必那麼繁瑣。這是跟學術界現在的學術規範可能很不符合，我就不管它了。

費正清在晚年著作《偉大的中國革命（1800－1985）》中說，他不是寫博士論文，羅列參考書目，說這不適宜於專家，也無益於一般讀者，說越寬廣的著作越少精確性等等。我經常引費正清的這句話，我現在也不是做博士論文了，所以我就不要引用那麼多的文獻、書籍作注了，守那麼多的學術規範了。這句話給了我很好的藉口。（當然，年輕人還是要嚴格一點）文章主要是你要真正有自己的東西，要麼你有新材料，要麼你有新見解，學術規範是第二位的。我不是寫《批判哲學的批判》的時候了，我已年老力衰，繁證博引、寫嚴格的學術文章是做不動了，只能做這種聊天式的對話。

馬　您追求的哲學風貌是什麼？

李　我寧願自己更「過時」、更「古典」一點，希望能學當年英美哲學的清晰明暢而無其繁細碎瑣，能學德國哲學的深度力量而無其晦澀艱難，我以為這才是中國風格、中國氣派的承揚，很難做到，心嚮往之。

馬　美學家、哲學家、思想家，您最看重哪個「家」？

李　「思想者」（thinker）。我同意海德格爾的觀點。海氏說哲學已經專業化，他願意做思想者。美學家是不成立的，我最討厭別人叫我美學家。

「粗」但不「空」

馬 您的文章和書，篇幅都不大，基本都是「粗綫條」的提綱，您自己也曾戲稱之為「野狐禪」。

李 確實如你所說，我的文章和書都是提綱式的，很多就是提綱稍加充實拿出來發表。雖「粗」，但並不「空」。我喜歡先畫出一個粗綫條的輪廓，先有個大致的框架，也就是所謂「綱」，以後有時間和機會再去「工筆重彩」，細緻描畫。「先立乎其大者，則其小者不能奪也。」如《中國古代思想史論》就是極為粗略的宏觀框架，既無考證，又非專題；既無孤本秘笈，僻書僻典，又非旁徵博引，材料豐多。我想，這很可能要使某種專家不搖頭便歎氣的。不過這一點，我倒是自甘如此，有意為之。「文革」中擬的那九個提綱，本來想變成書，結果提綱變成的還是提綱，變不成書。

我不求我的著作成為「絕對真理」，永垂不朽，在微觀研究尚不甚發達的情況下，去追求準確的宏觀勾畫是幾乎不可能的事，而稍一偏離，便可相去甚遠。我後來採取宏觀的方向和方法，主要是因為對當時好些大的理論框架，很不滿意。一般說來，宏觀勾畫能突破或推翻舊有框架，啟發人們去進行新的探索，給予人們以新的勇氣和力量去構建新東西，只要做得好，仍然是很有意義的。而這，不也正是具體的哲學興趣嗎？

我以為，一方面確乎應該提倡狹而深的專題研究和狹而深的專家學者，但另一方面也不應排斥可以有更高更大的目標，特別是對搞理論來說，更加如此。總之，研究題目、途徑、方法可以百花齊放，不拘一格。

馬 您晚年的東西，如《己卯五說》《歷史本體論》《論實用理性與樂感文化》《人類學歷史本體論》《倫理學新說述要》等，似乎更顯得「粗」一些？

李 一是時間不夠，在海外資料不好找；二是我比較懶，不想寫，而且我認為，搞哲學的人的著作，提綱也不一定比專著差，主要看所提出的思想和觀念。幾十年作文下來，我發現自己寫提綱時最愉快，因為是自己的「新意」，但鋪衍成文章，核資料，作論證，特別是要寫一大堆話，就覺得很不愉快了。我愛看書不愛寫書。所以常常是「因陋就簡」，都是提綱，書中也多次如此

交代。我對好些人每天必寫（如馮友蘭）很羨慕，但自己做不到。

馬　但您一直就很反對一上來就搞那些大而空的題目。

李　就我接觸到的說，青年人的通病就是開頭就想搞很大的題目，八十年代我帶
　　過一個學生，他的畢業論文是《論藝術》，我看了大為生氣，對他說，你還
　　不如寫個《論宇宙》好了。（笑）他聽我說這一句話就知道，我把他整個論
　　文都否定掉了。讀書要博、廣、多，寫文章我卻主張先要專、細、深。從前
　　者說是「以大觀小」，從後者說是「以小見大」「由小而大」。著手研究，先
　　搞大而空的題目，你無法駕馭材料，往往事倍功半，開始搞的題目可以具體
　　一點，小一點，取得經驗再逐步擴大。總之，如果讀書多、廣，又善於用這
　　些較廣泛淵博的知識，處理一個小問題，那當然成功率就高了。所以可以有
　　一個大計劃，但先搞一個點或者從一個點開始比較好。在八十年代，對自己
　　的學生，我一貫提倡微觀研究。

更愛看扎實的文章

馬　您提倡「專、細、深」的學術之路，但是自己卻沒有這樣做，難道不喜歡微
　　觀研究？

李　完全不是！對微觀研究我是很有興趣的，至今與宏觀論著相比，我仍然更喜
　　歡看那些材料翔實、考證精當、題目不大而論證充分的文章，對某些巧妙的
　　考據也常拍案叫絕，驚喜不已，我曾戲稱之曰發現了「絕對真理」。
　　前面不是講過嘛，從事學術研究，我一開始就是從研究譚嗣同《仁學》、康
　　有為《大同書》這些小題目開始的，對譚嗣同哲學就搞得相當細，所以有人
　　勸我去做當時非常吃香的分析哲學。我一直強調要重視資料、重視積累。這
　　都是硬功夫、苦功夫。有人看我現在寫文章很快，以為這是「天分」，其實
　　我是下過笨功夫的。真正的思想家，是要有學問積累的。

馬　但您沒能在小題目上堅持下去。

李　我有過先搞「小」的經驗，愈鑽愈細，不能自拔，繼續下去，很可能我這一
　　輩子就只能研究一個人、一本書、一個小問題了，這與我的興趣、個性頗不

合適，所以非常苦惱。治學之法有多途，各人宜擇性之所近，要發現自己的能力，發展自己的特長。我羨慕別人當專門家，但命運似乎註定我當不了，而且也並不太想當。這觀念經過「文革」便變得更為明確。從而我的近代思想史、古代思想史、現代思想史、美學、康德、倫理學……便都採取了宏觀的方向和方法。

王、陳、錢三大家

馬 我看過一篇文章，有人問沈從文先生：「李澤厚的《美的歷程》在青年學生中影響極大，您看過沒有？」沈答：「看過，涉及文物方面，他看到的東西太少。如果他有興趣，我倒可以帶他去看許多實物。」

李 這涉及到如何在文章中運用材料的問題。我講有兩種辦法：一種是「孤本秘笈法」，這個好理解；還有一種是「點石成金法」，就是普通材料、大路貨，大家熟見的，也不多，但能講出另外的東西來。有人說《歷程》引的材料都是大路貨，我當時是自覺這樣去做的，我就是要引用大家非常熟悉的詩詞、圖片、材料，不去引那些大家不熟悉的，就是要在常見的熟識的材料中，講出一個新道道，這就會覺得更親切，有種「點石成金」的效果。

馬 能夠做到「點石成金」，在大家習焉不察的地方，發現並講出新東西，那才證明眼光勝人一籌。陳寅恪先生就是這樣。

李 陳寅恪治史，所用材料也是不多的。他材料看得極多極熟，但用的時候，只把關鍵的幾條一擺，就定案。他主要是有 insight，洞見，有見識、史識。他的書常常並不厚，如《唐代政治史述論稿》《隋唐制度淵源略論稿》。你看一看那裡的材料和觀點，就清楚了。眼光非常銳利，洞察力極強，抓住史實，寥寥數語，就把問題說清楚了。此外，他似乎隨意講的幾句話，也並未論證，也極有見識，極有分量，抵得上一篇文章或一本書。例如他說到秦代的那一套是從孔夫子那裡來的，我經常引他這句話，其實他這句話只是提到一下而已，也並未論證，但極有分量，與傳統說法根本不同。又如陳講儒家長處在倫常制度，而不在學說思想方面等等，也沒去論證，但這片言隻語的

洞見我以為抵得上好些書。比起郭沫若、侯外廬硬套公式，更接近唯物史觀。這我說過多次了。陳的《柳如是別傳》被捧得極高，但說實話，價值不大。《柳如是別傳》有反抗現政權的思想，但那本書並不成功。陳的史識極高，有如王國維。王國維一篇《殷卜辭中所見先公先王考》，抵得上多少本書啊，太了不起了，有洞見！七十年代末我寫過一篇談梁啟超與王國維的文章，我就講，王國維在中國歷史的某些問題上取得了創造性的重要成果，大不同於乾嘉考據，也不同於章太炎，他有一種新眼光和新看法。章太炎不相信甲骨文，太遲鈍了，當時王國維是被排斥的。

王國維、陳寅恪、錢鍾書，是今天人們羨稱的三大家，我以為，論讀書多，資料多，恐王不如陳，陳不如錢；但論學術業績，恐恰好相反。

馬　說到這「三大家」，對王、陳二位您評價都很高，特別是王國維，但對錢鍾書先生卻似乎評價不是那麼高。不過我發現也有不少學人持與您大體相同的看法，如有學者說，錢鍾書的學問是「一地散錢——都有價值，但面值都不大」等等。

李　錢鍾書先生是大學問家，甚至可以說「前無古人，後無來者」。但也無需來者了。對他，我一直是很敬重的。他的那些所謂「散錢」，許多還是價值很大，不可低估，有許多潛藏潛能的思想大可發掘，可惜他引書無數，強異為同，尋章覓句，多為附會，反而淹沒主題，徒增炫學之感。他在可開掘思想的關鍵之處，卻未能深「錐」下去。這可舉的例子很多，就拿《管錐編增訂》（中華書局，1982 年）的第一篇來說，你讀讀這下半段：

《詩·文王》以「無聲無臭」形容「上天之載」之旨，亦《老子》反覆所言「玄德」（第一〇、五一、六五章；參觀一五章：「古之善為道者，微妙玄通，深不可識」），王弼注謂「不知其主，出乎幽冥」者也（參觀第一八章注：「行術用明……趣睹形見，物知避之」；三六章注：「器不可睹，而物各得其所，則國之利器也」；四九章注：「害之大也，莫大於用其明矣。……無所察焉，百姓何避？」）。尊嚴上帝，屏息潛蹤，靜如鼠子，動若偷兒，

用意蓋同申、韓、鬼谷輩侈陳「聖人之道陰，在隱與匿」、「聖人貴夜行」耳（參觀256－258頁）。《韓非子·八經》曰：「故明主之行制也天，其用人也鬼」，舊注謂如天之「不可測」，如鬼之「陰密」。《老子》第四一章稱「道」曰：「建德若偷」（參觀嚴遵《道德指歸論·上士聞道篇》：「建德若偷，無所不成」），王弼注：「偷、匹也」，義不可通，校改紛如，都未厭心，竊以為「匹」乃「匿」之訛。「偷」如《莊子·漁父》「偷拔其所欲謂之險」之「偷」，宜穎注：「潛引人心中之欲。」《出曜經》卷一五《利養品》下稱「息心」得「智慧解脫」曰：「如鼠藏穴，潛隱習教。」夫證道得解，而曰「若偷」「如鼠」，殆類「孤寡不穀，而王公以為稱」（第四二章，又三九章）歟。

多精彩！這段話把中國的「聖王」秘訣，他們最重要的手段和技巧是什麼，全揭開了，講到了關鍵。如果繼續開掘下去，以錢鍾書的學識本領，極易將帝王術各個方面的統治方略全盤托出而發人深省，可惜卻戛然而止，轉述其他。

馬 錢鍾書先生被譽為「文化昆侖」，還出現了以他為研究對象的「錢學」。

李 特別是後來，人們把錢鍾書抬到九天之上，句句皆真理，學術神明，這我就頗不以為然了。我只是對那種狂捧看不慣，錢本人也並不喜歡。嚴復說過，中學以博雅為主，西學以創新為高。大家對錢鍾書的喜歡，出發點可能就是博雅，而不是他提出了多少重大的創見。當然他還是有好些看法的，但似乎並不非常突出。他讀了那麼多的書，卻沒有擦出一些燦爛的明珠來，永照千古，只得了許多零碎成果，豈不可歎又可惜。所以我說他「買櫝還珠」。我問過一個捧他如神明的人，錢鍾書在文學史上，或者在中國歷史學上，或者在中國哲學上，到底做了什麼貢獻？提出來一些什麼重要的觀點？發現了或解決了一些什麼重要問題？像陳寅恪對中國中古史的研究、王國維殷周制度論等那樣的，他沒有回答我。《談藝錄》錢鍾書曾簽贈我一冊，我早就讀過和一直保存的是解放前的版本。《談藝錄》其實比《管錐編》好，這是我的看法。

錢鍾書致函李澤厚（1985年10月31日）

馬 剛才您對錢鍾書的那個「買櫝還珠」評價，想必會遭到「錢迷」們一致討伐的。（笑）我記得看過一篇文章，其中講錢鍾書在給別人的信中説過，李澤厚是當代很好的學者。您與錢鍾書先生有接觸嗎？

李 見過。一次是在任繼愈家裡，他出門，我進門，還有一次是在大會上。就見過那兩次。錢鍾書給我寫過信，我沒有回信。不是我高傲到什麼程度，是我惶恐得很，我不知道怎麼回好。結果就拖拖拖，後來就忘記這個事情了。當時我和劉綱紀把《中國美學史》寄給他，在書中我們對他那個謝赫六法斷句的説法是大不同意的。

一個小故事，劉再復講過，但語焉不詳。劉出國後，錢曾説「寧為累臣，不作逋客」。劉電話告我，我立即回答説「寧為雞口，不作牛後」，這兩句話都出自《後漢書》，我當時很得意，可惜錢大概沒看到。（笑）

馬 美國哥倫比亞大學夏志清教授所著的《中國現代小説史》，對錢鍾書和張愛玲推崇有加。

李 我不喜歡夏的這本文學史。我認為錢鍾書的小說《圍城》沒什麼了不起的，我真是硬著頭皮看完的。覺得電視劇比小說強多了。（笑）他賣弄英國人的小趣味，不僅不喜歡，還很不舒服，這大概又是我的偏見。因為我對文藝有偏見。

錢鍾書是「國學熱」捧出來的符號。包括張岱年先生，也是「國學熱」捧出來的。

馬 張岱年先生也是一個符號？

李 張還算不上符號，只是「國學熱」的一個代表、一個現象。這種現象在八十年代是不可能出現。張曾公開地、明確地講李澤厚説中國傳統是「實用理性」是胡説八道。他也不講出道理，你倒是論證我「實用理性」怎麼不對啊，一句胡説八道就完了。但他又當我的面説我「自成一家之言」，別人也曾轉告我説「張先生説你是一家之言」。搞這種兩面東西幹什麼呢？我就感到很奇怪了。他以前是反對人家把馮友蘭算作新儒家，説馮接受了馬克思主義，不能歸於新儒家一類。但是過幾年以後，文章完全變調了，對新儒家也大有肯定。這是幹什麼呢？所有這些不是糊塗問題，有所圖。他後來就被捧得暈乎了，記得有家報紙稱他為「國寶級哲學家」嘛，他認為他真是當今馮友蘭。張岱年的追悼會規格超過了馮友蘭、金岳霖。問題是這沒什麼意義。顧准、陳寅恪死的時候什麼也沒有。看穿就行了，那是毫無意義的事情。

講對古典文獻的熟悉上，張岱年並不輸於馮友蘭，甚至勝過馮，但他沒有思想。1985 年廬山中國哲學史會議上，他還在大講日丹諾夫，大講唯物論唯心論。後來，他提出「綜合創新」，但講了半天，什麼也沒講出來，空口號嘛。好像是八十年代末、九十年代初，張岱年主編叢書裡面有一本《張岱年的哲學》，那作者送了一本給我。我就問張岱年到底有什麼哲學，他答不上來。老實説，張岱年寫得不錯的是那本《中國哲學大綱》，上世紀三十年代寫的，他此後的書沒有這本好。他的學問到底多大，我是很清楚的。

由張岱年又想起九十年代一些細節。如那時張積極參加批我的會議，會上大講了一通，而季羨林就拒不參加。我與季卻素無來往。如當年陶大鏞以民盟中央副主席身份説是做思想工作，經常請季、張、金克木和我共 7 人吃飯，

當時我不能發文章，金、季均勸我以筆名寫，我隨口說「行不更名，坐不改姓」。金拍桌而起說：「好！」張默然，他那本「大綱」便是反右後改名出版的。後同車回家，我沒理張，他也自知無趣。（笑）

哲學需要論證嗎？

馬 許多書，是給讀者傳授一套知識，而您的書不是這樣，「論證」似乎也不多，許多情況下就是一個一個直接講出觀點來。劉再復先生說您用的是中國功夫裡的「點穴法」。

李 這倒的確是我想做到的。一是直擊要害，二是點到為止。我一直喜歡「要言不煩」這四個字。我的書，就性質說，它屬於康德所謂主觀「意見」，而並非客觀的「認識」，即不是追求被人普遍承認的科學真理，不是原原本本地講一套知識，而只是陳述某種個人的看法。我希望能找到一些時代所需要的東西，能夠抓住一些有價值的東西提供給青年人。只要有一句話能夠給人以啟迪，能夠引發人們去思考，我也就感到欣慰和滿足了。我在《說巫史傳統》開頭就講：「所說多為假說式的斷定；史料的編排，邏輯的論證，均多疏闊。但如果能揭示某種關鍵，使人獲得某種啟示，便將是這種話語的理想效果。」這可能就是我的追求了。哲學本就屬於這個範圍。當然，也如我所說，難免簡陋粗略，有論無證，不合「學術規範」。但有利總有弊，也許，利還是大於弊吧。

馬 依您的意思，哲學可以不需要論證？

李 哲學到底要不要論證？什麼叫哲學「論證」？這都是問題。休謨最有影響的不是《人性論》。這本大書出版後沒多少反響，可能與他講得太繁細有關。他後來寫的《人類理解研究》，很薄的小冊子，就很有影響，那本書相當好看，而且的確最重要，他要講的主要內容都在裡面，夠了。他講道德、政治等等的也很薄，是「短論」。《純粹理性批判》很厚，可是厚得有道理，這是康德最重要的書，其中包含了後來發揮開來的許多思想。他的《判斷力批判》也很薄。有關歷史、政治的幾篇論文，都不太長，但分量多重呀！黑格

爾完全是從那裡出來的。笛卡爾的《哲學原理》等幾本書，都是很薄的，只有幾萬字，非常清晰，一目了然。霍布斯一本《利維坦》，貝克萊三本小冊子，盧梭也是幾本小薄書，就夠了。杜威寫那麼多書，我看中的也就是《確定性的尋求》，如再加一本，是《藝術即經驗》，其他的我都看不上。有些人有些書就寫得太厚、太多。海德格爾的全集據說有一百卷，這實在太多了。除了極少數專家，恐怕沒人也不需要有許多人去讀。許多全集均如此。湯用彤《魏晉玄學論稿》才七萬字，我以為超過了別人七十萬字的書，他也是不作繁瑣論證、材料堆集，幾句話就把問題講清楚了，儘管你可以不同意他的觀點。湯用彤一生好像只出了三本書。

當然，寫成專著，十幾萬、幾十萬字，旁徵博引，仔細論證，學術性會強許多，說服力會更大，也許這更符合所謂的學術規範。但我覺得不太必要，想讓讀者自己去思考，留下更多的發現和發展的空間，值得別人和我自己以後去填補，這不也好嗎？我覺得做到這一點就足夠了。

馬　如此説來，真正嚴格講，維特根斯坦、尼采的著作也不符合「學術規範」，他們似也不論證，中國的《老子》、禪宗等更如此了。

李　維特根斯坦不談論哲學史。他跟海德格爾不一樣，對哲學史沒花功夫，基本不讀。而且，他也不愛作「論證」。他有時是一兩句話，説一個觀點，就完了。維特根斯坦説：「對於不可説的，只能保持沉默。」就一句話，沒有論證。維特根斯坦的作品非常少，生前只出版了一本《邏輯哲學論》，極薄的書，卻影響巨大，成了分析哲學祖師爺。尼采也如此，也不論證。所以伽達默爾曾説，尼采不算哲學，康德、黑格爾才算哲學。那《老子》呢？《老子》篇幅那麼短，觀點一個接一個，玄之又玄，更找不到論證了。黑格爾認為：老子是哲學，孔子不是哲學。老子和禪宗，都不作「論證」。在此，我重複問一遍：什麼叫「論證」？哲學到底需不需要「論證」？你總不能説《老子》不是哲學、禪宗不是哲學吧？哲學主要是製造概念、提出視角，如果它們是獨特的，站得住腳的，那就可以了。哲學也並不一定要用西方那種「嚴密」的語言（如德語）和語言模式。而且「西語」也可以加以改變而「中用」。海德格爾説，只有德語才配講哲學，我就不同意。

三　治學方法

提倡多元化

馬　您寫了那麼多書，很想知道您寫作的動力是什麼？

李　我講過，我從來不為稿費寫文章，也不為名聲和「好玩」而工作。金岳霖說過他做學問是做符號體操的遊戲，好玩。相比之下，我更贊成馮友蘭，馮有責任感，他說過「為往聖繼絕學」嘛。人的一生很短促，怎樣使生命變得更有意義？這也許是促使我寫作的真正動力。其實我完全可以幹別的，或許也能幹得好。為什麼選擇現在這項工作？這問題一兩句話談不清楚。我常勸青年人去讀讀歌德的《浮士德》，這是一部很有意義的著作。在浮士德的幾個生命里程中，愛情也好，功名富貴也好，都沒能滿足他。那麼最後是什麼使他滿足了呢？這就是一個有關人生意義的問題。海德格爾說，哲學中的一個根本問題是死亡問題。如果你知道你很快會死去，你同時也就意識到你現在還活著。那麼，活著又意味著什麼？為了什麼？如何活著？這確實是人們難以繞開的問題。

我記得每次走進圖書館的書庫時，幾乎總有一種異樣的感覺：望洋興歎，惘然若失。再博覽，書總是讀不盡的；既然已經有了這麼多的書，我何必再來添一本？活著就是為了皓首窮經來寫書麼？我應該寫什麼樣的書呢？……這種非常幼稚的感受和問題，對我卻似乎是種嚴重的挑戰。有些同仁搞學問則是因為覺得「好玩」，是出於某種高雅趣味，但我很少有這種興致。

八十年代在答記者問時，我曾說過：不寫五十年以前可寫的東西，也不寫五十年以後可寫的東西，我只為我的時代而寫。當時我心想的是錢鍾書，他的一些書前後五十年寫出和出版都可以呀，也許可以永垂不朽，但我沒這種打算。

馬　在學術研究上，您一直堅持和提倡多元化。

李　我贊成多樣化。學術作為整體，需要多層次、多角度、多途徑、多方法去接近它、處理它、研究它。或宏觀或微觀，或邏輯或直觀，或新材料或新解

釋……它們並不互相排斥，而毋寧是相互補充、相互協同、相互滲透的。真理是在整體，而不只在某一個層面、某一種方法、途徑或角度上。中國古人早就強調「和而不同」「聲一無聽，物一無文」，不要把學術領域搞得太單一化、乾巴巴的，而應該構成一個多層面多途徑多角度多方法的豐富充實的整體。這才接近客觀真理。

多元化也包括允許知識分子選擇的多元化。我一直主張：年輕人與其做半吊子的學者，不如去做生意，當企業家，或者幹別的什麼。人生的道路寬廣得很，人生的價值也不那麼的單一。擠在做官、讀書這兩條路上只是封建傳統的價值觀念。倘若被「學問」所控制、所奴役，不懂得生命的意義，連生活本身是什麼樣子也不知道，整個人就像一本書一樣，那也可以，雖然有點可怕了。多元化的社會應該允許多元知識分子存在。有些人一心不聞窗外事，一門心思搞專業；有些人就是要做公共的代言人，都可以。有些人一方面搞學問專業化，一方面也發表普遍的意見，做公共知識分子，也可以。

馬　有人說您治學太「雜」，鋪得太開，拉得太長，又是哲學、又是思想史、又是康德、又是美學、又是倫理學……

李　我欣然接受。因為我從來不想做一生治一經的「專家」。據史載，這種專家就四個字可以寫上數萬言，這當然很可以自炫，但我確無此本領。我倒是覺得，今天固然不可能再出現一個如亞里士多德那樣的百科全書式的學者，科學分工愈來愈細。但另方面也要看到，今天我們正處在邊緣科學方興未艾、各科知識日益溝通融合的新歷史時期，自然科學如此，人文社會科學亦然。中國文史哲素來不分，這其實是個好傳統。如今（至少是目前）好些中青年同志在知識方面的主要問題，恐怕也不在於雜、多、亂，倒在狹、少、貧。而古今中外，第一流的哲學社會科學名家幾乎無一不是知識極為廣博，能多方面著書立說的。取法乎上，僅得乎中，雖不能至，心嚮往之。

馬　您是「佈道者」嗎？

李　從來沒想過。我沒有這個能力，也沒有這個興趣。如果我的書一下子銷100萬冊，那我就徹底失敗了。我想王國維，他也會不情願自己的書一下子就能

賣 100 萬冊吧。每個人的才能、性情、境遇都不一樣，人應該按自己的主客觀條件來做自己能做和願做的事。不同的人做不同的事嘛。社會本來就是分工合作來維持生存的，不需要也不必要所有的人都擠在一條通道上，即使這條通道如何寬廣美麗。

關注現代腦科學

馬 您好像一直都很關注現代科技的發展。

李 我自恨現代自然科學知識太少，沒有發言權，否則我想自己的研究工作將另是一番天地。我家裡常年訂一份《科學美國人》，還有一份《Mind》，不是那著名的哲學雜誌，而是一本腦科學雜誌。《科學美國人》內容廣泛，當然不是什麼文章都看，像物理學、宇宙學等等，我看不懂，也沒興趣。但講生理，講醫學，講考古，我都看，可惜現在是越來越看不動了。這兩本都是高級通俗讀物，寫的人都是科學界人物，有的還是一流科學家。與海德格爾等人對現代科技多持擯斥和悲觀的態度不同，我一直樂觀地關注當代科技，並企望不斷有新的突破。我常自嘲寧願保持啟蒙的那份天真幼稚或淺薄。我也常想起魯迅的話，清澈的淺溪比污黑的深淵更可愛。

馬 又特別重視腦科學？

李 對。研究腦科學很重要。腦指揮一切，但目前還有太多問題沒有搞清楚。相較於理論物理這樣的學科，醫學還是非常幼稚的科學，因為醫學更難啊，人的生命，加上社會因素，很難，不是那麼容易搞清楚的。假設理論物理是大學，醫學就是幼稚園，差得很遠。我為什麼說要 300 年或 500 年，至少得這麼長的時間，才能夠有一個初步瞭解。希望未來的腦科學和醫學的迅猛發展能支援我的情理結構說。二十一世紀至二十二世紀人的大腦恐怕應該成為核心研究對象，這不但對人們的生理健康，而且由於對人的思想、情感、行為、意識，也包括宗教情懷和神秘經驗做出實證的科學瞭解，將非常有益於人類和個體去掌握自己的命運。

我讀吉羅德·埃德爾曼的書，極感興趣。這位當代神經科學大家繼承了威

廉·詹姆斯和皮亞傑的路向，從腦科學即神經科學出發，強調意識絕非實體，而是大腦神經元溝通、交流的化學動態過程（process），也就是我以前所說動力學的「通道」「結構」。這個「過程」也就是「通道」「結構」的建立。這個「過程」一停止運作，意識、心靈、靈魂就不再存在。如中國古人所講「油盡燈枯」「形謝神滅」。一些宗教教派也承認這一點，即並沒有獨立的、不朽的靈魂。這裡重要的是，這個化學動態「過程」即此「通道」「結構」，並不是邏輯（logic）的語言設定，而是多元、偶發的選擇性的模式建立。即使孿生嬰兒，各種先天因素和 DNA 異常接近，但他們神經元的動態過程、通道、結構卻仍然獨一無二，彼此不同，即具有個體的選擇性、偶然性，此即歷史性。這正是我所強調的「個性」所在。大腦所產生的意識並無前定程序，不是邏輯機器，而是偶發、多樣的時空歷史的結構產物。偶然性和積累性是人的歷史性存在的特徵，不管外在或內在，群體或個體，社會或頭腦，宏觀或微觀。動物的偶然性和積累性在基因變異和種族遺傳中，人類的偶然性和積累性在以語言為主要載體的文化和教育中。人類學歷史本體論在科學上贊同吉羅德·埃德爾曼等人腦科學所承續的達爾文路綫。

邊緣政策

馬　許子東教授在鳳凰台「鏘鏘三人行」一期節目講過一事：「年輕時候我非常佩服朱光潛，後來就讀李澤厚的書，我讀了他很多很多的書，我覺得他是非常系統化、理論化，他的集體文化積澱，這個理論影響很大，他大概是現在活著的中國的理論家中，對中國文化貢獻最大的，可是直到我有一年到西班牙去旅行，他說跟我一起同車，他正好是一起去，我們能夠一起旅行了好幾天，我才看到了另外一個李澤厚，就是說他在他那個很學院的框架後面，其實李澤厚也是一個以悟性為出身的人，他講得非常清楚，他說人書讀得再多都沒有用，最重要是你有自己的觀點……所以我那次見了他以後，我後來就想，哎呀，我以前不知道李澤厚，我以前沒讀懂他的東西。」這段話也隱含了一層意思，就是您有許多東西其實並沒有用文字表達出來。您採取的似

乎是「邊緣政策」。

李　在《十年集》序裡，我寫過了一句話：「魯迅當年曾感歎向秀《思舊賦》『剛開頭就煞了尾』」。我只講這麼多，只能講這麼多，再跨進一步就出版不了了。

馬　還喜歡引證自己？

李　那是為了偷懶。一些問題一些看法，以前說過了，這次就乾脆直接抄襲前文。因為我也發現好些中西論著，有的還是名作，翻來覆去老是在說那一點意思，不過變一下詞句或文章組織而已，如其那樣，不如我這樣省事。所以我的《華夏美學》一書中就直接抄襲了《美的歷程》《中國古代思想史論》好幾處，不必另行造句說那相同的意思了。

馬　喜歡哪些格言？

李　「有得於內，無待乎外」；「靜如處子，動如脫兔」；「先立乎其大者，則其小者弗能奪也」。

馬　崇拜什麼？

李　我從不盲目崇拜什麼，迷信什麼，對許多東西保持某種懷疑的清醒態度，即使是在那狂熱的「蘇化」時期。堅持自由的獨立的思考對自己很有好處。困難當然很多，許多時候是只能自己想，不能講，更不能寫。「對人民負責，對歷史負責」，而不是對別的什麼人什麼對象負責，就是我的信念，不管風吹雨打。

馬　感覺您的性格很急。

李　確實很急。這是終生難改的大毛病。特別是年紀越大，性子似乎越急，也似乎越不想顧及許多。辦事、讀書、寫文章等等，我都習慣於快。但「快」也是不好的習慣。例如，寫文章時總有點心不在焉。有時由於想著「下一個節目」而不能集中全力。編《中國近代思想史論》的集子時，心裡想的是《美的歷程》；寫《歷程》時，心裡想的是《中國古代思想史論》；寫《古代》時又想著別的……於是每本書便都是急於脫手，匆匆寫完、編就、交出、了事。書出版後，自己又總是頗不滿意：論證不充分，材料有錯漏，文字未修

飾，甚至有文法不通的句子。但又無可如何，不想再弄，就這樣使自己陷在寫書──不滿意──再寫──再不滿意的可笑境地中。

從零開始

馬 您的文字備受學界推崇，深刻而新穎的思想，常常是包裹在清新流麗的筆墨之中，此點與梁啟超也頗為相似。您在文字上是如何考慮的？有什麼要求或習慣？

李 我其實沒有文風上的特別追求，辭達而已矣。我喜歡文章能夠讀，能夠朗朗上口，這也是中國傳統。由於自己小時候寫過駢文，我比較注意對稱、簡練和節奏，其中注意平仄就是入門功。但並未刻意追求，只是順其自然。我畢竟不是作家、藝術家。有人說我筆鋒常帶感情，像梁啟超，但我並未注意到，也沒去學梁。我說過文學不一定要有形象性，有情感性就可以了。中國文章講究對仗，對仗有一種形式美，而且對仗不能死對，要講究靈活。每個時期的文章，和環境、心境、寫作條件、文章內容、準備時間的長短，可能都有關係。包括寫散文，我也沒有特別追求什麼文風。但是在修辭上，特別是題目上，我一般還是要做一些推敲的。怎麼樣把我的意思表達出來，使人容易瞭解，這是最重要的。

還有，就是我筆頭懶，一輩子極少寫長信，長信均不得已。我作文是能減省一個字就儘量減省。所以我的一位堂妹說我的信有如中藥方，字大而少，一頁即止。的確如此，我一生很少寫一頁紙以上的信。當然情書例外。（笑）我寫作時間都不是很長。我有耐心的話可以寫很厚，但我沒耐心。文章幾天寫不成或不順利就扔掉。

馬 在您的一篇訪談中看到過一句話，印象很深，就是：「我經常以從零開始的態度來對待寫作。」

李 學術文章有三個因素，前人早已說過。一是「義理」，用我們的話說，就是新觀點、新見解；二是「考據」，也就是材料，或者是新鮮的材料，或者是豐富的材料，或者舊材料有了新的使用和新的解釋；三是「詞章」，就是文

章的邏輯性強，有文采。你每寫一篇文章，應該估計一下可以在哪個方面做得比較突出，有自己的特色。

我反對故作高深，文章寧肯拙點，拙點沒有關係，但要有重量。文章要寫一篇是一篇，既不怕罵，也不自滿。文章千古事，得失寸心知嘛，既知得也知失，所以每次都抱著從零開始的態度。現在有的人寫一兩本書就不得了了，以為資本很雄厚了，這對他自己沒有好處。有些學者本來還蠻好的，但後來就停滯不前，甚至倒退了，這與自我感覺過分良好、自我評價過高恐怕是有關係的，很可惜。近幾十年我看到這種現象太多了。所以，中國傳統裡一些經驗談，還是很好的，像「滿招損，謙受益」。自滿了就很難再有進步了。

馬　您批評過一些流行的文風。

李；現在的文風很不好，學後現代，搞得晦澀難懂，可以清清楚楚講的，非得故意「彎彎繞」「團團轉」。「彎彎繞」是講了半天，其實一句話就能講清楚。「團團轉」就是轉得你頭暈腦脹、天昏地暗，兜來兜去，最後仍然不知道在講什麼，讀起來太費勁了。這不是什麼「論證」，而是在做遊戲，雖很符合所謂後現代的學術模式。所以，我說他們寫中文像是英文，寫英文像是中文。大反傳統的「五四」也不是這樣，胡適講究明白如話，魯迅的文章也不像現在寫文章似的，彎彎曲曲，似通非通。包括林語堂，林的英文很好，但他寫中文就是中文，寫英文就是英文。

馬　還講過五種文體？

李；一種是說理的，但喜迅速作判決。第二種是教條主義的，搬出一些現成經典，凡不符合的就有問題。第三種是「大字報體」，上綱上綫，不講道理，大扣政治帽子。第四種我稱為「晦澀體」，就是我剛才講的從外國傳進來的後現代風格。我最近又發現了一種文體，網路上多，紙面也有，隨便調侃幾句，講幾句調皮話，以顯示自己的高明，就把你打發掉了。杜甫詩：「王楊盧駱當時體，輕薄為文哂未休。」原來不懂什麼是「輕薄為文」，現在算是領教了，我把它叫「輕薄體」。可歎的是，杜詩後面還有：「爾曹身與名俱滅，不廢江河萬古流。」

馬 您一輩子都在與書打交道，在您心目中，好書的標準是什麼？

李 我之所謂好書，除了那些能直接影響人的情感、理想、意志者外，大抵還可分為兩類：一類是資料豐富而不繁瑣，讀後使人眼界開闊，知識增多；一類是時有新見，益人神智，即具有啟發性。當然有的好書兼此二美，不過較為少見。我寧願看那種言而有據的短小箚記，而不喜歡那些連篇累牘既少新意又缺材料的空論分析或高頭講章。

馬 記不得具體在哪裡看過，是講您對黃仁宇先生的《萬曆十五年》評價一般。黃的這本書在國內影響很大，您卻認為它並沒有特別之處，但又沒具體說明原因。揣度緣由，是否為：第一，《萬曆》受歡迎的「寫法」，在當時的國內顯得很「別樣」，而在國外並不稀罕，比較常見？第二，《萬曆》書中反映出的「思想」「觀念」並無新意。是這樣嗎？

李 從一開始，至今仍然，我覺得那是一本很一般的書。我不理解為何《萬曆十五年》在國內那麼受歡迎，影響那麼大。我看不出有什麼特別之處。

馬 2005 年李敖曾來大陸搞了個 12 天的「神州文化之旅」，影響不小。李敖的書您看過嗎？

李 我不讀李敖，沒什麼好看的。我覺得李敖是作秀，台灣作完了，就到大陸來。他很成功，但他那樣作秀，我感覺很累。當年我說過幾句批評他的話，報紙沒敢發出來。

從來不談方法論

馬 很多人搞研究，喜歡先給研究對象定性。

李 我們中國人總是喜歡先搞一個價值判斷，先要講我們的文化是好是壞，就像小孩子看電影先問好人壞人一樣。這是一個很不好的習慣。外國人對我們老是搞歷史人物評價感到很奇怪。你老評價他幹嘛？你首先搞清楚他幹了些什麼再說嘛。對一個人這樣，對一個文化系統就更得這樣。這種思維習慣太成問題了，我們應該努力糾正過來。對理論研究，首先是瞭解、描述，是實證的具體的研究。在這基礎之上，再談價值也不晚。

馬　治學方法之類，您似乎很少談？

李　學習要講究方法，我非常重視方法，但從來不談「方法論」。方法論總歸結為公共語言的某種規範和原則，我重視的是個體融知性於感性之中的「以美啟真」。其實這現象很普通也很普遍，各領域都有，許多技藝便不是師傅口授（語言），而必須在自己親身實踐中領會體驗才能掌握。

　　沒有適用於任何人、任何事的萬能鑰匙。方法因人而異，因問題而異。當然我並不否認有一些具有一定普遍適用性的方法，如老子、孫子也包括毛澤東的「初戰必勝」「戰略上藐視，戰術上重視」「傷其十指不如斷其一指」「抓主要矛盾」「有理有利有節」「集中優勢兵力，以十當一」等等，這雖然出自戰爭，卻有一定普適性，是實用理性的方法。但這裡並沒有什麼方法論。

　　過去常講的「三論」（系統論、資訊理論和控制論）其實是一論，就是系統論。它當然可以應用於社會科學，當年好些學人例如楊春時，認為這就是最好的現代方法論，其實局限性和結構主義一樣，它是平面的、共時態的研究，研究歷史過程就有困難。我過去說過，在這方面它不如現代解釋學。既然是研究，那就不能照搬或套用，否則也太容易了。方法論變成程序設定，機器就可以做。所以要根據不同的領域，不同的課題，不同的對象，有選擇地運用方法，在運用過程中變化和創新。同一種方法，在不同人的不同的運用中，也就在不斷發展和變易。沒有一成不變的方法。不能把一種好方法定型下來，變成方法論，然後大家去用。這樣做很危險。當年辯證唯物論和所謂自然辯證法，就有這問題。拿著現成的方法套在一個範圍或一個領域，形成一門學科，這很容易變成「偽科學」。幾乎任何事情，包括學術研究，都要「具體問題具體分析」，這是一句老話了。過去以為掌握了辯證法就能解決一切問題，行嗎？記得當年有文章用所謂辯證法批判愛因斯坦。我看了題目便覺得好笑。作者根本不懂愛因斯坦嘛。

馬　搞學術研究如何能少走彎路？

李　人們的性格、氣質、背景、基礎、興趣、潛力、才能因人而異，每個人都可以具體地考慮、斟酌如何最大程度地發揮自己的潛能。文史哲研究的方法、

成果，有時可以顯示出研究者的個性、才能和特點。例如有人適合於搞精確考證，有人更長於提出理論問題；有的長於分析，有的喜歡概括；有的更偏於冷靜的客觀描述，有的則不免主觀情感傾向的注入……因為個性、才能、潛力、背景、基礎等等不同，照搬別人的方法不一定對自己合適。要善於揚長補短，要發現自己的能力，發展自己的特長。善於發現自己的特點，也不容易，但如果有意識地自覺地注意這個問題，注意尋找最適合自己運用的研究方法，也許可以少走些彎路。

馬　在學術研究中，您很強調要善斷。

李　學術研究要講究多謀善斷，一個小問題可能越鑽越小，以至於鑽進牛角尖，出不來了。一個小問題也可能越想越大，大到無邊，這樣一來，也無法搞了。所以要善斷。研究問題要一步步地來，否則「剪不斷，理還亂」，永無窮盡。要求把一切都搞懂了以得到絕對真理似的研究結果，這是不可能的。學術研究要善於比較，在比較中發現特點。比較可以見出現象上的規律，但是不等於見出本質規律。

「六經注我」

馬　與喜歡寫提綱相聯繫，在治學方法上，您採用的是「六經注我」而不是「我注六經」。「六經注我」是一種更高的學術境界嗎？

李　它們都是規範化的學術研究方式，在治學層次上沒有高低之分，只是側重點不同罷了。這兩種方法從古至今都有，各有所長，可以相互補充，互相滲透。我一直認為「我注六經」是基礎，但純粹的「我注六經」是很難做到的，在根本上可説「不可能有」，注者總有其「前見」在內。伽德默爾説過，人都有偏見，人都有成見在那裡嘛。「我注六經」只能接近歷史，永遠有一定的限度。我所採用的「六經注我」，是用經典材料來支持我的思想觀點，同樣是一種嚴肅的研究方式，與學術規範化毫無衝突。

馬　有人批評您的這種「六經注我」，導致了學術文化界、知識界的浮躁，您是不是有很大壓力？

李 沒有什麼壓力，也不怕壓力。第一，我相信我沒有那麼大的力量；第二，我八十年代的書在當代重版也賣得很不錯，這頗令人欣慰。海外批評我的也大有人在，但從未聽說我的文章「浮躁」或引起學術界的「浮躁」。第三，我並沒覺得現在的學界比八十年代更嚴肅，更能坐得下來。人們批判八十年代浮躁，我看現代的學術界更浮躁。今天，學者、藝術家、作家們更加重視傳媒、炒作、稿費、出場費了，八十年代為學術、為藝術獻身的崇高理想如今被嘲笑或唾棄。學術界還出現了不少專事「叢書」「大全」「學術經典」「學人文叢」工作的人。可以理解，大家都為了生活的舒坦、物質的享受而奔波操勞，不少人（包括一些在八十年代胸懷理想情結的人）耐不住寂寞和清貧。這種由於生活刺激引發的「浮躁」恐怕更容易使思想和學術雙雙失落。其中一些人借各種商業炒作、商業包裝不擇手段地成「名」成「家」或顯赫一時，使現在的文化學術界彌漫著某種極不健康的氛圍。

馬 您一直強調中國需要「語言洗禮」。

李 對。我指的是分析哲學，主要指日常語言學派所強調的分析和澄清觀念、概念的工作。我經常感到哲學社會科學中許多基本概念極不清楚，極不準確，很多概念在使用中常常是多義而含混模糊，如前面講到的「仁」，只有先給予澄清，才能更好地進行思維。這是很重要的。但我們許多學人根本不注意、不重視這一點，不注意概念、命題的精確性。因此我說中國還沒有走進語言，還不能確切地、科學地使用語言，中國非常需要這種語言的洗禮。

1987 年我寫過一篇很短的小文《寫文章的人要學點平面幾何》，就是講理論文章要概念清楚，論證嚴密。我五十年代寫的關於譚嗣同的文章就搞得很細，分析了幾層，當時沒有分析得那麼細的。我到現在都非常注意概念的清楚，我常常喜歡問你這個概念、這個詞語到底什麼意思，有些人就是答不上來。要發洩情緒的話，可以去寫詩，寫小說嘛，在文學藝術裡你發洩什麼樣的情緒、情感都沒關係，語言含混、模糊、多義、不清楚都可以。

前面講過，中國實用理性有忽視邏輯和思辨的弱點。特別崇信孟子的牟宗三也承認，孟子不講邏輯。中國學人也多偏於豐富多樣的情感抒求，少於冷靜

嚴格的邏輯思索。我講，在中學設立獨立的形式邏輯課程很重要，我們將邏輯課和政治課放在一起，這不對呀，它們恰恰是兩個相反的東西。政治是不講道理的。古代就講，「欲加之罪，何患無辭」。當然了，在法治社會，情況不同一些。法律是講邏輯的，辯論是要講理的。我主張人文學人學點自然科學和西方哲學，也是為了儘量避免這種語言概念的模糊病。特別是現在儒學高漲，學人到處使用的「仁」「性」「理」「心」「道」等等語詞，都非常含混多義，不知所云，幾乎又回到當時嚴復批評「氣」的多義使用，真令人悲哀。

「超越李澤厚」

馬　我讀過錢理群教授的一段話：「我們不是超越李澤厚，我們要達到他的水平，我覺得這可能是當下中國知識界、思想界很迫切的問題。」但自上世紀八十年代起，便一直有「超越李澤厚」一說。

李　如果能真正超越，那也是好事。但你要拿出真正有價值的東西。我真是很希望年輕一代的學者能拿出東西來證明這一點。任何人任何著作都需要經得住時間的考驗、經得住讀者的考驗。真理不是掌握在一個人的手裡。我在一些文章中說過，我的書只是為大家掃掃地、開開路而已。

馬　與一些學人不同，您似乎很有定力，基本思想、基本觀點、基本看法幾十年始終不變。

李　為什麼要變？我有一以貫之的東西。我沒有轉什麼向，我的特點是從來不轉向。我的核心思想除了後來對「物自體」的觀點有重要改變從而可影響全局外，沒有什麼實質性的變化。當然，在中國傳統的研究中，我先後製造了「實用理性」「樂感文化」「儒道互補」「一個世界」「巫史傳統」「度的藝術」等等新概念和新看法，但也仍是圍繞著積澱說的圓心而擴展。我比較頑固，認定正確的東西，就會堅持下去。我不會趕時髦，不隨風倒，而很多人是人云亦云，追風趕時髦。所以我就不奇怪有人攻擊。包括康德、愛因斯坦，當年他們的著作出來也有很多人攻擊，很多著名的學者都是這樣。被人接受不

是那麼容易的，時間是最好的檢驗者。

馬 您認為學術需要爭鳴嗎？

李 不要搞人身攻擊，人身攻擊不叫爭鳴，那叫攻擊，在學術上站不住，沒什麼意義的。但是有時也不免，古人也不免。王船山對朱熹，也有人身攻擊，但那是次要的，主要是學理的。恰恰要在爭鳴對立之間能出東西。西方也一樣，你看凱恩斯和哈耶克，等等。康德不就是反對獨斷論麼，這不是批判嗎？反對懷疑論，這不是爭鳴嗎？都是有對象的。黑格爾不是批判康德嗎？也批判謝林嗎？羅爾斯就反對功利主義，都是一樣的。但並不是一定要這樣，你也可以不批評。這是自由的，主要是看情況、看各種情境來選擇。

馬 在您的漫長學思之路上，各種爭議、批評一直相隨，如何面對？

李 我向來對贊成我或反對我，熱烈支持我或猛烈抨擊我，只要是出於學術討論的要求和立場，講出理由，基本均一視同仁。而且我會注意人家罵我、批評我中有沒有說對了的東西，只要說對的，我都吸收。這一點至今如此。這是我的個性。至於出於其他目的的攻訐或吹捧，除了在筆頭但經常是在口頭略加嘲諷外，更不放在心上。我幾十年都是這樣子，眾生平等。我的學生都知道，在我這裡是民主的，你完全可以不同意老師的意見。學術研究的精神應該是你也許對，我也許錯，讓我們共同努力來接近真理。

在學術上不要怕得罪人，這個問題我從不考慮，而且我認為學術上的異同不應影響私人關係。我和孫長江、金沖及都有過爭辯，但仍然是好朋友。

馬 您講過學術上的「紅衛兵遺風」。

李 當代一些學人的心態有問題，覺得只有自己掌握真理，「我就是對，你就是錯」，認為「老子天下第一」，互相攻擊。有人是老師不出面，指使學生去發表文章，這就太可笑了。這種心態的形成，是教育的結果。嚴重一點說，就是紅衛兵遺風。現在學術界的很多爭端，都讓我想起「文革」時的紅衛兵口號：「把你們都打倒在地，再踏上千萬隻腳。」這種教育影響深遠。當然自古文人相輕，但經歷過「文革」的這一代，問題尤其突出。現在不管是哪一派，甚至包括一些自由派知識分子，都有紅衛兵遺風。

「支援意識」

馬 您一直強調在學術上要有創新，要有原創，要有突破，問題在於什麼叫「原創」？什麼叫「突破」？

李 自然科學的範式（Paradigm）轉換需要經歷常態科學發展的漫長過程，在這過程中並不是就沒有「原創」和「突破」，只是層次、程度、範圍、大小不同而已。社會科學、人文學科也如此。愛因斯坦「突破」牛頓前，仍有許多大科學家；隻身千古的莎士比亞外，仍有許多大文學家。他們都有不同性質、不同成就的「原創」和「突破」。不是任何人在任何時刻都可以做出「範式的轉換」或「偉大的突破」的，而任何增磚添瓦、補充改進、舊瓶新酒，都可以是「原創」和「突破」，只是規模、意義、作用可能小一些。但比那些蔑視一切、抹殺過去、空談創造，要有價值得多。自己老擺出一副創造臉卻並無創造，如魯迅當年嘲笑過的「創造社」一樣。現在有些人還只是半個專家，還在路途上，就目空一切、罵倒一切，古人叫輕狂。所以我更讚賞的是那些踏踏實實在自己的專業領域做出了貢獻而並不張牙舞爪輕視別人的人。

馬 要「創造」是否就要擺脫「依附」？

李 非也。我倒願意為許多年輕或不年輕的學人所蔑視的「依附」說點話。我認為，任何真正的「創造」都不是變魔術似的無中生有，而恰恰必須「依附」在前人的成果、成績、經驗、教訓的基礎之上。包括最偉大的「創造」如愛因斯坦，也如此。為求「原創」「突破」「創造」，而不重視繼承、依附、延續，天馬行空，結果可能不是前進，而是倒退。這在經濟、政治、文化、學術上，都有歷史的先例。

馬 因此，您很早就強調和重視「支援意識」。

李 在八十代與崔之元的一次對話中，我講我承認方法是重要的。但思想的深刻在於其實際內容。我同意林毓生的話，方法好比籃球規則，背得再熟還是不會打。原創力一方面靠你先天的領悟能力，一方面後天有一些範例可以學習。波蘭尼（Michael Polanyi）在 *Personal Knowlcdgc* 一書中認為，

在思想時總要有所依憑，不是憑空亂想，這依憑就是支援意識（Subsidiary awareness）。個人只有在支援意識中潛移默化，才能逐步體會和領悟深刻的道路。比如社會中奇理斯瑪（Charisma，意為「魅力、感召力」）權威的存在，就可以為個人提供一種支援意識，使人的思想有所依憑。庫恩的範式概念很受波蘭尼的影響。一個人必須在範式中受到思維鍛煉，才能提出正確的、有意義的新問題，推動科學的進一步發展。所以我向來主張多翻譯國外的重要學術著作，與其輕率地寫作，不如嚴肅地翻譯。只有一個社會的文化中支持意識深厚豐富起來之後，個人通過學習大師也就是奇理斯瑪（Charismatic）權威的著作，才有可能在潛移默化中逐步使思想變得深刻。

當然，創造需要知識，但知識卻不等於創造。培根說「知識就是力量」，我覺得從知識到力量，其中還需要某種轉換。就是說，要使知識（對象）變成力量（主體），還需要有某種科學的選擇、組織、建構、融化的功夫，這樣才能使知識納入你的智力結構，成為你的能力，符合你的需要而為你所自由駕馭，而不只是像機器那樣被動地貯存，憑外在的指令來輸入輸出而已。要善於讀書，善於吸收融化知識，善於主動地選擇、建構、運用知識，使合規律性的知識趨向於、接近於你的合目的性的意願和創造。我們不是玩賞知識，也不是為知識而知識，而是為創新而學知識。

根本性的創造太少

馬　一個人的閱歷深淺與學術成就大小之間有何關係？

李　閱歷是一種財富，但有時也是一種干擾。學術研究有它獨立性的特點，社會閱歷與學術成就並沒有必然的聯繫，不是一定要經歷左丘盲目、史遷受辱的大磨難方可成就大學問家。康德幾乎可說足不出哥尼斯堡，卻可以是最偉大的哲學家。對於純學術研究來說，安寧平和的心態與環境也許更重要。西方許多學術大師都是經院教授出身，中國古往今來的大學者也大半只在書齋中討生活。王國維、陳寅恪其實過的都是很單純的學者生活，他們沒有任何「長」「主任」之類的官銜。

馬　您批評過當代學人有「兩大問題」和「三原病」，指的什麼？

李　「兩大問題」指：一是，情緒左右思想，缺乏理性思維，不能客觀分析；二是，喜歡抽象議論，缺乏具體思維。醫治這種思維幼稚病，讀讀黑格爾的《小邏輯》很有益處，它教學人要作「具體的思維」。許多學人一輩子也沒懂得，現在好些論著大都有這毛病。

某些年輕學人有「三原病」，即民族、民粹、神秘，穿上洋衣裳更難改易，局面不佳。他們現在總是想和國際接軌，國際流行什麼，趕快去接，接的一些東西適不適合中國現實呢？我寄希望於這一代年輕學者把問題想透一些想清楚一些。我發現很多人沒有把問題想清楚，抓住西方一個什麼東西就開始說。

馬　還講過某些學人中存在的一個「通病」？

李　是指同行之間，對別人的東西，誰都不關注，都不讀。看重的是——古人、死人、洋人；看不上的是——今人、活人、中國人。「兩耳不聞窗外事，一心專讀聖賢（古人、死人、洋人）書。」人活著和我一樣沒啥稀奇，死了幽明永隔，就成聖賢需要崇拜了。國外有的大學教授，對聽課的助教的論文、觀點，只要認為有價值，同樣重視和引用。不是人微言輕，而是人微言重。中國不是這樣。好多年前我有副對聯「貴耳賤目，眼高手低」，橫批是「通病」，也是就此而言。此外，現代化使各門學科都走向專業化、技術化、細密化，人都守住自己那一畝三分地，其他與我無關，又何必去問聞。其實這使得自己目光狹隘，興會闕如。

我什麼文章都看，許多人不看的文章，我看，甚至再爛的文章我也看。為什麼呢？因為裡面也許有好東西。我尊重別人的大腦。以前我跟劉綱紀合作時提過一些人寫的美學史文章，他都不看。他說不必要看，他們講什麼我都知道。我說我還是要看看，也可以比較比較嘛。但我從不浪費時間，很多東西我翻翻就行了。

馬　對當年的「下一代」即「紅衛兵一代」，您曾給予很大希望，現在還這樣認為嗎？

李 1976 年，「四人幫」剛剛粉碎，有人說，這一代知青不行了，沒知識，是空白，垮了。我跟國外學者也爭論過，還在文章裡寫過一段。我當時說，「紅衛兵一代」在自然科學方面要做出很大成果，是比較難了，因為時間確實耽誤了，沒有希望了。但是在文學藝術上，在社會、人文領域裡面，以及在將來的領導工作崗位上，應該是他們的天下。我希望在人文學界、政治方面出一些有作為的人，希望這些年輕人能出一些非常好的作品，包括文藝界，希望出一些大家。在 1985 年的《中國古代思想史論》的「後記」中，我也說過「希望在新一代」這樣的話。但三十多年過去了，我對此相當失望。最大問題是原創性不夠，突破不夠，都是轉述、模仿，根本性的創造太少。

能留下兩三本就很不錯了

馬 您似乎極少談自己的學術計劃、出版計劃？

李 我從來不大願意談自己未來的計劃。我一般都是做完了再說。記得小時候聽父親說過四種有關國民性的態度，第一種是中國人的「說了不做」，第二種是英美的「說了就做」，第三種是日本人的「做了再說」，最後一種是德國人的「做了不說」。這說法大概沒有什麼根據。但這四種不同態度確實存在。我想自己做不到最後一種，也應向第三種態度看齊吧。我的好幾本書出版之前，很多人都不知道。倒不是故意要隱瞞，這只是種習慣罷了。但也有一些具體原因，如總有一些人要搗亂，你的書、文章即使寫出來了，也總有人要搗鬼，使你發表不了，出版不成。我有過這種經驗，所以更不願意說了。

馬 您從不亂出書，但也還是出了不少，三聯書店出過您的全集。

李 那不是全集，是《李澤厚集》，十卷十二種，2009 年出的。《美學論集》《浮生論學》《回應桑德爾及其他》《什麼是道德？》《由巫到禮　釋禮歸仁》《倫理學新說述要》等書和其他很多文章、對談，就沒有收入進去。之前結集出版的《李澤厚十年集》《李澤厚論著集》也都不是全集。

馬 不打算出「全集」？

李 一些出版社和朋友,曾多次建議我出「全集」或「全書」之類,但我無此打算。「歸日急翻行戍稿,把空名料理傳身後」,那種立言不朽的念頭,似乎相當淡漠。聲名再大,一萬年後也仍如灰燼。世上的書夠多了,越來越多,越來越讀不過來;那麼多的「全集」,讓誰讀呢?我多次講過,一個人能留下一兩本或兩三本「精華」,就已非常不錯了。如果是為了研究者、崇拜者的需要,大可讓他們自己去搜全配齊,何必非「全集」不可?因此,我慎重聲明:永遠也不要有我的所謂「全集」出現。

馬 到現在為止,您的著作總共印了多少冊?

李 不知道。我所有書都有盜版,這些書好像還是學生買得多,因為盜版書都集中在學校區域。可惜錯字太多。還有些書,如九十年代初台灣出的編入「風雲思潮叢書」的兩本文選《當代思潮與中國智慧》《美學·哲學·人》,均未經我同意,我至今也未看過。

我還想說,近四十年來,雖歷經風雨,遭到來自各方面各種兇狠批判,卻始終有不少讀者予以熱情關注和支持。特別是這些年來,中國的經濟、社會、文化、學術變遷都甚為巨大,圖書出版爭奇鬥豔,市場價值幾乎淹沒一切,卻居然始終有讀者不厭重複、不怪簡略,尤其是不嫌陳舊來買來讀我的書,我的書沒有炒作,不許宣揚,這實在出我意料,有點苦甜交集,受寵若驚,怎能不高興且驕傲?借此機會,向讀者道聲:「謝謝!」算是告別吧。

馬 還發現一個現象:您出了那麼多書,沒有一本有別人(當然是名人)寫的序、跋之類。還有,您的書,如《批判》和「思想史三論」等,書前都有「內容提要」,這個也比較獨特,很少見。

李 哦,你注意到了這個「內容提要」,謝謝。我從來不找人作序或寫書評。我的《批判》出版後,當時《哲學研究》發表了一篇黃楠森的書評,說該書「是我國西方哲學史研究中的一個可喜的成果」,但我與黃素無來往,其來由我就不清楚了。到了九十年代,黃又狠批了我一通。

馬 由於編輯問題,您的書,有的錯漏不少,記得有一本第一句居然就搞錯了。

李 這我要講幾句。至今我仍懷念七八十年代出版《批判》《近代》《美的歷程》

《美學論集》等書的那些編輯們，非常專業，非常敬業，在當時落後的技術條件下，編出來的書，品質卻非常之高。現在的印刷技術發達了，出來的書，錯漏卻不少，有些錯得離譜，但我也無可奈何。有的編輯不夠專業，也不那麼敬業，那是沒有辦法的事。而且有一點應該說明：九十年代以來發表的對談、訪談以及文章，被編輯刪去了不少，屬於所謂「敏感」原由，原稿我又未保留，所以後來收入集子中仍只是刊出稿。

四 「羨憎交織」

一個非常危險的概念

馬　近年來，民族主義在世界範圍內重新崛起，並引發了諸多問題，您如何看？

李　我覺得民族主義是一個非常危險的概念，因為這概念看來似清楚，其實很含糊：到底什麼是民族主義？它跟愛國主義、國家主義、族群主義到底同異何在？例如納粹，中文翻譯成國家社會主義，其實是民族社會主義，講的就是種族血緣的純粹。「民族」這個概念也不是十分清楚，是以種族為主來界定，還是以文化、宗教、地域、語言、風貌、生活方式來界定？定義很多，西方的社會學者不必說了，孫中山有個民族定義，斯大林也有一個。包括「民族如何形成」也是個麻煩問題，例如說「中國人」，這是種族概念還是文化概念？「中華民族」是什麼意思？五十年代初大陸討論漢族是什麼時候形成的（中國當然是漢民族為主），意見不一，有的認為漢民族到 1840 年後才形成。那不對啊，漢民族至少漢代就有了。按照斯大林的公式，民族只能近代才能形成，但中國很早就講「夷夏之大防」……我在前面便講過，「漢族」並非種族─血緣概念，而是一個文化和心理概念，中國也不是什麼「民族國家」。「民族」如此，「民族主義」更如此了，提倡一個並不清楚的東西，我看是相當危險的。

馬　所以，您講對「民族主義」這種大字眼，要抱著謹慎和畏懼的態度，要放在歷史的語境裡面去看，不能隨便亂用。

李　1992 年香港的一次學術會議上，我強調民族主義是個多義的、複雜的概念，應先作語詞分析，以「民族主義 A」「民族主義 B」……來分注不同含義，否則很容易掉入陷阱。所以我反對民族主義一詞的濫用，例如，我就搞不清楚什麼叫民族文化主義或者文化民族主義，還有什麼理性的民族主義等等。

我認為民族主義是一個嚴格的政治學和政治思想史的概念。要放在歷史具體語境裡去看民族主義的來龍去脈，近現代以前怎麼樣，近現代及以後又是怎麼樣，對這個概念才可能比較清楚一點。如在 19 世紀的西方，它的含義就是以單一民族為主形成國家，與當時民族國家（nation state）興起直接相關。在亞非拉，民族主義在 19 世紀和 20 世紀上半葉抵抗帝國主義和建立民族國家等方面，起了推動歷史前進的作用。在中國，它與近代對抗外國侵略有關，所以中國到現在還叫愛國主義，實際上就是民族主義。抗戰中，蔣介石不是高喊「國家至上，民族至上，意志集中，力量集中」嗎？這可以理解，那就是為了動員全國人民抵抗日本帝國主義，在當時起了很大的作用，喚起大家來救亡。但是到了現在，在一個國家強大起來的時候，大肆宣揚民族主義，對內對外都容易造成危險。

馬　哪些危險？

李　對外，容易變成大國沙文主義；對內，則容易引起不同民族之間的紛爭。冷戰結束，兩大陣營對立不存在以後，民族主義問題突顯了，九十年代的南斯拉夫搞得很慘，打得一塌糊塗，而至今尚未解決的世界局部戰亂也是例證。同時，也容易以民族、國家的名義來壓制個人的自由、獨立、人權。現在知識界狂熱於民族主義的還不少。民族主義、國家主義最容易成為煽動情緒的旗幟，容易造成可怕的盲從，希特勒殺猶太人，即便很多人知情，當時德國民眾普遍還是支持希特勒。

馬　所以，在 2007 年《批判哲學的批判》第六版，您專門加了一段話講這個問題。

李　我說要注意德國的教訓：「一個值得探討的問題是，與康德、歌德不同，自

費希特、謝林、黑格爾，到尼采、韋伯，到海德格爾、施米特，也包括顯赫一時的各種浪漫派，儘管德國思想碩果累累，但如本書第一章所敘說，德國從分散、落後、軟弱變而為統一、強大、富足的過程，由於對英、法所代表的資本體制和平庸世俗的不滿和憤懣，它以民族文化的特殊性來對抗和『超越』現實生活的普遍性，卻終於最後走上一條反理性的發瘋之路。希特勒的出現和獲得『全民擁戴』（包括海德格爾、海森堡、施米特等大量知識精英）並非偶然。我以為這是不容忽視的德國思想史的嚴重教訓。」

馬 我們應吸取歷史的經驗教訓，一方面要注意保護國家、民族的利益，另方面又不要煽動那種情緒，不要提倡民族主義。

李 對。甚至在某種意義上，我可以說是反對民族主義。當然，問題很複雜。21世紀的特點是經濟走上全球一體化（當然這才開始，路還很遠），在這個世界大趨勢的前景之下，民族主義到底有多大意義？另一方面，迄今為止民族國家還是主體，包括美國這樣大的自由貿易國家，還在搞「美國優先」，當然就是為了它的國家利益。中國雖已是世界第二大經濟體，但還不夠強大，維護本民族、本國家利益還是非常重要的事情。對本民族的認同，是幾乎人皆有之的很自然的情感，但不能作為一種主義或「理想」去提倡，因為這極易煽起民族情緒，造成很大禍害。

世界一體化視角

馬 您講過，應從世界一體化的角度來看待民族主義。

李 是也。就是要注意從世界發展的總趨勢來考察和評價民族主義。十九世紀末（一直延伸到二十世紀上半葉）和二十世紀末的世界已很不相同：十九世紀末帝國主義到處侵略，殖民主義遠未結束，而傳統王朝非常黑暗，對外屈從壓迫，這個時候強調民族獨立、建立民族國家當然是進步的；但二十世紀的後半葉特別是現在，世界總趨勢是經濟在科技的帶動下高速發展，原先不發達的國家大都取得了政治獨立，並且步發達國家的後塵快速走向現代化。這種發展的潮流，正在打破各種地域、國家、宗教、種族、文化、意識形態的

隔閡與限制，使世界逐漸走向一體化。

我多年一直認為，歐盟（EU）才是真正走向世界大同之道。德國、法國是世仇，普法戰爭和兩次世界大戰是在那兒打的，它們都是民族國家，到現在也不能說沒矛盾。西歐有那麼多的不同的語言、文字、文化、歷史、宗教，但為了經濟發展的利益和需要，克服種種困難和障礙走到一起來了，開始組織一個和平的、超民族的社會。我以為這在世界歷史上是件非常重大的事情，這是對全世界的一個重要啟示，就是只有經濟充分發展、逐漸走向一體化，才能緩解民族的矛盾、衝突。最好把分歧放下來，先共同發展經濟，使廣大老百姓能過好一點的日子，不打仗，慢慢地那種民族或宗教情緒就能改變。不然的話，很難辦，哪方對，哪方錯，那是糾纏不清的。經濟的力量能夠緩解很多問題。我想如果全球經濟能夠好好發展，過三百年以後，民族主義會成為笑話。就好像現在在西歐再提倡民族主義，再提倡打一仗，就會成為大家喊打的納粹。

馬　依您的看法，世界一體化的實現，還是要依靠經濟發展、互利合作才能最終達到，而不是靠其他什麼「主義」之類？

李　世界一體化首先是經濟一體化。只有經濟的發展，才是世界一體化的自然走向，其他辦法如政治壓力、戰爭、意識形態等，都不會成功。從羅馬帝國、奧斯曼帝國到希特勒的第三帝國、蘇聯的社會帝國主義統統失敗了。人們盼望世界和平與世界大同為時已久，但這「和平」「太平」都不是軍事、政治、文化、意識形態所能辦到的，不是什麼「國際聯盟」「聯合國」「無產階級國際主義」等所能辦到的。當然，經濟的作用，只是從人類長期歷史來看的觀點，決不是某種具體規律或「必然」。經濟只是前提，並非決定，它不能直接決定其他一切，但可以也必然遲早會影響其他。

馬　您這個經濟前提論，多年來一直是受到批評的。

李　我認為馬克思主義說的「人民群眾是歷史的創造者」並不錯，經濟生活、物質生產才是億萬人民群眾日常活動的主要部份。每個人都要吃飯，都有衣食住行等方面的要求和切身利益，這都與經濟發展直接相聯。正是億萬普通人

的利益，使得政治、軍事、文化、種族、宗教不同甚至敵對的國家有了走向聯合和統一、走向共同市場的可能，或者說是「共同富裕」吧，這其實就是一體化的根源，這也就是所謂的「吃飯哲學」。政治和意識形態上的衝突，也只有在這一基礎上才可能逐漸消解——這當然是一個比較長的過程，一切都不能性急。但好些民族主義者不注意這一點，不顧及自己人民的死活，只關心民族「地位」（好些實際上是少數人的政治利益），或只注重民族霸權。結果或以大欺小，妄圖用意識形態或武力吞併別人；或以小傲大，要求絕對自由或獨立，認為這才不受欺侮壓迫。結果便是各種爭鬥和戰爭，把本來就不行的經濟弄得更糟。

馬　但世界一體化不也帶來了諸多問題嗎？

李　是的，如發達國家對不發達國家的剝削壓迫，各個國家內貧富差距拉大，各種移民、難民問題以及發達國家之間嚴重的經濟衝突等等，但這些都不能訴諸民族主義來解決。儘管歐盟面臨諸多問題，困難重重，一波三折，但這條路子的大方向是對的。所以，英國擬「脫歐」來解決矛盾，我以為是倒退，歷史將來會證明的。

真是入木三分

馬　現在中國的民族主義又盛行起來了，一些年輕人表現得更為激動。

李　這些做法不僅頗為情緒化，而且擺出一副要打架的恐嚇架式，實在相當低級。很多青年人熱血沸騰，總想打仗、革命，不知道任何戰爭都是非常殘酷、痛苦和血腥的。現在的中國正在發展經濟，首要任務是改善佔人類 1/6 人口的生活狀況。我們當然不能受欺侮，例如釣魚島事件，應該有堅定甚至強硬的態度，這是政府的責任所在，但不應當煽動「抵制某國貨」之類的群體民族情緒。

我們應當理性地與世界溝通，理性地吸取世界各國的經驗和教訓。中國可以向美國說「不」，毛澤東早已說過了，他在中國非常落後時，就對當時不可一世的美國說「不」；不久他又對社會主義大家長蘇聯說「不」，堅定地維

護了中國的主權。但今天仍然高聲喊叫説「不」，甚至擺出一副「不惜一戰」的姿態，就沒有意義了。鄧小平主張不和美國搞對抗，正是從經濟利益的原則出發，而不受意識形態的束縛。今天簡單地説「不」，容易流為某種危險的民族主義的道德原則、意識形態原則，煽動群體情緒，不是好事情。中國的統一、獨立、富強，不在於提倡民族主義，而仍在於經濟共同發展，在於對內阻止地方分裂和民族分裂，對外平等交往，不受欺侮也不欺侮別人。中國是多民族的國家，民族主義極易煽動仇外情緒，它是非常有害的雙面刃，既可以引起周圍國家對中國的緊張、恐懼，也可以煽起國內少數民族的仇漢情緒，從而在根本上損害中華民族的利益。

2010 年在與易中天的對話中，我講過，均貧富、倡平等、一人一票直選總統的民粹主義和儒學最優、傳統萬歲、「中國龍主宰世界」的民族主義一相結合，其中包括新老左派、後現代與前現代的合流，假如變成主導的意識形態，便非常危險。

馬　您研究過孫中山，孫就反對盲目仇外的情緒和行為。

李　過去我在談孫中山的時候，也論及他所提倡的民族主義內涵的轉變。辛亥革命前，孫的民族主義主要集中在「反滿」革命上，所謂「驅除韃虜，恢復中華」。其後，他的民族主義的重心轉向「反帝」，也因此與共產黨的綱領相接近，只是共產黨是用階級鬥爭觀念，而孫中山是用「王道」「霸道」來解釋。現在我們講「反霸權」，倒有點接近孫中山，但孫中山是反對義和團那種盲目仇外的情緒和行為的。更值得我們注意的是，孫中山在中華民國建立後，就把民族主義的中心轉到建設上來，提出詳細的「實業計劃」，希望能成功地建設一個強大的祖國。民族主義可以裝進各種內容，孫中山能及時把民族主義重心移到經濟建設上來，是聰明而負責任的。

馬　有人提出「越是民族的越能走向世界」的口號。

李　不贊成。這個口號實際上是抵制接受西方的東西，想原地踏步、原封不動，這是沒有出路的。這個口號也不符合中華民族的精神。儒家講「日日新」，「日日新」才能生存。我強調「轉化性地創造」，這個創造不脫離民族基礎，

但要以現代生活為根本，所以我才有「西體中用」說。

馬　民族主義不僅是一個政治、意識形態問題，也與文化心理相關。猶太裔美國政治學家莉亞·格林菲德曾以「羨憎交織」來描述民族主義。

李　這一描述真是入木三分：羨慕和憎恨互相交織，確實是落後國家很典型的文化心理現象。羨慕心態佔上風時盲目崇洋；憎恨心態佔上風時盲目排外。這甚至也表現在現當代中國大陸的學術界：一方面是拾洋人之唾餘，亦步亦趨，徹底打倒傳統，公然說讓中國做三百年殖民地也無妨；另一方面是國粹第一，大反西方，大講要用中國文明拯救世界。如此種種，真是令人哭笑不得。

歷史經常曲折前行

馬　亨廷頓（Samuel P. Huntington）在美國《外交事務》1993 年夏季號發表《文明的衝突？》，引起國際學術界的普遍關注和爭論，如何評價？

李　那篇文章並無學術價值，但幾乎引起了全世界包括中國人的注意。為什麼？值得研究。我以為這恰好說明搞「中體西用」，強調本土文化傳統（語言、宗教、文化）是根本、是本體，不可改變，從而提倡民族主義包括文化民族主義、宗教民族主義等等，那是非常危險的，很容易被引入歧途，造成戰爭。亨廷頓的文章對於提醒這一點，很有用處。

記起一事。1999 年 2 月，在由亨廷頓做主題講演、有理查·羅蒂等參加的一次學術會議上，我宣讀的英文文章說，「許多可怕事件在民族主義、宗教極端主義或原教旨主義的旗號下發生了，它們經常是盲目情感—信仰和理知專制的混合物。專制的理知用上帝、耶穌或真主的名義號召人們殘酷地戰鬥。」（此文收入美國科羅拉多學院編的文集內）但我對基督教和伊斯蘭教素無研究，也不熟悉，只是這麼直覺地提了一下。可萬萬沒想到，所謂「文明衝突」的悲劇竟這麼快地從天而降。兩座鋼鐵巨樓，轟然倒下；數千無辜性命，灰飛煙滅。舉世驚駭，我也目瞪口呆。而國內某些網民那種幸災樂禍的可恥態度，令人嚴重關切。

馬 對世界前景您如何看？

李 從目前世界情形看，並不樂觀，看來還會有一個世界性的各種民族主義（包括打著「天下」旗號的）甚至種族主義的洶湧浪潮，即我所謂的倒退時期。這並不奇怪，歷史經常曲折行走，有時候倒退幾百年都有。但遲早還是會被經濟即人民大眾的生活發展推回到一體化的正道。漢朝人口已經達到六千萬了，戰爭讓人口大大削弱。歷史上的戰爭和瘟疫，死的人太多了，「白骨露於野，千里無雞鳴」（曹操詩）。現在比起歷史上那些倒退，要輕得多了。

我對中國和人類的未來仍比較樂觀。這可能與我的歷史本體論哲學仍然保留著某種被認為「過時了」的從康德到馬克思的啟蒙精神以及保留著中國傳統的樂觀精神有關係。儘管今天這可能在中國很不時髦，但我並不感到任何羞愧。我一直認為，世界一體化是不可避免的歷史總趨勢。當然，世界大同還早得很，但正如「人是目的」一樣，應該作為一種人類理想來探索和追求。

五 「歷史終結日，教育開始時」

未來社會的中心學科

馬 咱們換個話題吧，聊一聊教育？

李 如此之重要、如此之大的一個話題，豈是這裡所能講的。

馬 那就簡單說幾句吧。您一直都非常重視教育問題，在 1981 年《康德哲學與建立主體性的哲學論綱》中就講過，教育學是未來社會的中心學科。

李 是的，我的原話是：「這可能是唯物史觀的未來發展方向之一：不僅是外部的生產結構，而且是人類內在的心理結構問題，可能日漸成為未來時代的焦點。語言學是二十世紀哲學的中心，教育學——研究人的全面生長和發展、形成和塑造的科學，可能成為未來社會的最主要的中心科學。……這也許恰好是馬克思當年期望的自然主義＝人本主義，自然科學和人文科學成為同一科學的偉大觀點。」那時中國經濟處於崩潰邊緣，生產力遭到嚴重破壞，因此，我的思考重心不能不放在「工具本體」作為「基礎」的問題上，

但是我亦預感到未來時代的焦點並非工具本體問題。

馬　「情本體」哲學就包含有教育問題吧？

李　所謂「情本體」也就是反對以心、性、天、理的同質化、標準化、抽象化的道德或理念或神為本體，而強調以現實的、人生的、多元的人的情感為根本、為依歸、為最後。這裡當然就有全面瞭解人性和實現個體潛能的心理學和教育學問題，因為「情本體」離不開人的個體現實存在的狀況和心境。我所謂「以美啟真」「以美儲善」即是認為個體潛能和人性不僅有身體的生理──生物方面，而且因為社會、教育、傳統、文化因素的滲透積澱，這潛能和人性變得異常複雜、豐富，千變萬化，千頭萬緒。性變為愛，使性變得豐富複雜，也更為個性化。食不只為了充飢，使食變得豐富複雜和更有個人選擇。更不用說馬克思所說「聽音樂的耳朵」「看造型藝術的眼睛」等等了。由於生理結構上的細微差異，人的動物性方面便有個體差異；而在不同的後天環境、教育、文化的歷史積澱中，這個「人心不同，各如其面」的個體差異便愈益極大地發展了。人的性格、氣質、慾望、能力、興趣、愛好、願望等等的各種差異也愈使每一個人都成為獨特的自己的本真存在，是每個個體的人性能力的展現。這就是我所期望的回歸中國古典的第二次文藝復興，以內在心理突出個體人性的生成和成長。這也正是承續著儒家的根本精神。

馬　傳統儒家非常強調「學」。

李　我講過，基督教的系統是「信」，「因信稱義」。中國儒學系統是「學」，「下學而上達」。中國傳統（特別是儒學、孔子）是以「教育」──「學」為人生要義和人性根本。那麼，什麼是「學」。我在《論語今讀》「學而」第一章曾作這樣的解釋：「本章開宗明義，概而言之：『學』者，學為人也。學為人而悅者，因人類即本體所在，認同本體，悅也。友朋來而樂，可見此本體乃群居而非個體獨存也。」在《論語》以及儒學中，「學」有廣狹兩義。狹義是指「行有餘力則以學文」的「學」，即指學習文獻知識，相當於今天所說的讀書研究；但就整個來說，孔門更強調的是廣義的「學」，即德行優於知識，行為先於語言。我所說的「教育學的世紀」，就是教育應當返回到「學

為人」「德行優於知識」的以塑造人性為根本之古典之道。

馬 您這個重視教育並重提人性問題，是否會再蹈愛爾維修、盧梭、羅伯斯庇爾等人強調由國家來主持公共教育以塑造人性的覆轍，重蹈托洛茨基、盧那察爾斯基和毛強調「教育與生產勞動相結合」「思想改造」「鬥私批修」、塑造「新人」的覆轍？

李 完全不同。我只為未來社會（而不是當下）提出這個教育學—心理學的哲學問題，而不設計任何具體方案或藍圖，更根本不是道德主義的「思想改造」和塑造「新人」的運動。因為腦科學剛剛起步，經驗心理學還處在嬰兒時期，「什麼是人性」還不清楚，說什麼「塑造」和「新人」？無論是杜威的「學校即社會」、陶行知的「社會即學校」那種種放任自由的所謂「民主」教育，或從法國大革命到俄國和中國革命的教育理論和實踐，都是謬誤和失敗的。

以培育人性為根本

馬 您講過，人文教育已淪為「雙重殖民地」。

李 以功利主義為主要基礎的現代高科技的飛速發展，對人文教育的衝擊是負面大於正面。我對未來相當悲觀。人文教育、人文學科無論在基本觀念、「指導思想」、格局安排、教材採用、教學各方面都日漸淪為科技的殖民地。在高科技時代的影子下，人文教育可能更無棲身之所。人也越來越嚴重地成為一半機器一半動物式的存在。另一方面，以往的人文教育亦受到意識形態等的衝擊，內容主要是政治意識形態，意識形態的教育也是以功利主義為基礎。如此一來，人文教育就變成了「雙重殖民地」。

但人文教育恰恰不能是功利主義的，它要著眼於民族與人類的長遠前途。如果談功利，那麼文學藝術是最沒有用的。但這種「無用之用」，恰恰是百年大計。要興國，首先得興人，用魯迅的話說就是先「立人」而後「立國」。「立人」的關鍵是人文教育。

馬 所以，您提出了「歷史終結日，教育開始時」。

李　馬克思主義所強調的經濟乃社會存在、發展的動力這一基本原理仍然正確，但隨著自由時間的增大，物質生產之受制約於精神生產也愈趨明確。從而「社會存在決定社會意識」的理論便太簡單了。而應當承認社會心理、精神意識從來就有其相對獨立性質，在今日特別是在未來世界，它們將躍居人類本體之首位。這即是說，工藝（科技）—社會結構的工具本體雖然從人類歷史長河上產生和決定了人們的文化—心理結構，但以此為歷史背景的後者，卻將日益取代前者，而成為人類發展和關注的中心。這就是我所認為的：「歷史終結日，教育開始時。」

教育不再成為其他事務（如培育資本社會所需的各種專家，培育傳統社會所需的士大夫），而將以自身亦即以塑造人性本身、以充分實現個體潛能和身心健康本身為目標、為鵠的，並由之而規範、而制約、而主宰工藝（科技）—社會結構和工具本體。

社會的確需要各種各樣的專業人才，但就人類總體的未來說，這就是教育的最終目的嗎？我以為未來世紀的教育，最重要的是要把教育本身視為目的，而不是手段，教育就是要實現每個人的全面發展，也包括各自特長的片面發展在內，只要身心健康，片面發展正是一種全面。這種發展才是人生最大的愉快——教育要以此為目的。

當然，這還是很遠的事情。現在我們還有五個工作日，身處農業和不發達地區的人們更承受著過量的工作。如果有一天全球都實施了三天工作制，情況就會大不一樣。到那個時候，人類會做什麼呢？這是一個關係到我們的未來的嚴肅問題，教育課題會極為突出。也就是說，到那個時候，「格心」的問題、「第三進向」的問題、「人的自然化」問題就顯得格外突出。所以，我提出教育應以培育人性為根本。歷史終結了，教育倒可以開闢新天地。當然，歷史根本並未終結，目前更處在倒退期，中國的教育便更如此了。

教育心理學是核心課程

馬　很贊同「教育應以培育人性為根本」的觀點，但如您所說，這還有漫長的路

要走，恐怕還需要基因研究的發展、心理學的發展、教育學的發展、社會需要的發展等等。

李　現在人們對許多東西研究很深，但對人本身、人腦的生理機制、人的個體潛在能力的研究都很不夠。這些方面還大有可為。包括氣功、特異功能，現在的科學沒法研究，但是到 50 年、100 年以後，可能其中很多就可以研究了。這是從科學層面說的。

從哲學層面說，是研究怎樣去真正樹立人性，即研究人怎樣才能既不只是機器又不只是動物。也許只有教育才能解決現代社會所面臨的人既是機器的附屬品又是純動物性的存在的狀況。這種分裂的人格，包括其中好些問題，如吸毒、暴力等，不完全是社會原因造成的（當然大有社會原因），而是人性中有許多問題。只有研究教育，研究人性，也許才能較好地消解這些日益突出問題，它關係到人類的未來。現代社會的發展，顯示出「英雄時代」過去了，精英時代也將逐漸過去，社會向均一化發展。當然，在某些地區，特別是不發達地區，一定時期內仍可能湧現各種奇理斯瑪式的人物和現象，但從總的世界歷史說，社會會慢慢地走向民主，教育問題會慢慢地提出來，技術官僚的時代也要過去。人性教育就是要解決這方面的問題。當然，光靠教育是不夠的，社會本身在發展，工具理性要消解、解構或解毒。這還需要一段時間。馬克思講得好，人的自由時間增多，就好辦了。

馬　您講過，教育心理學未來會很重要。

李　教育需要建立在生理學、生物學、心理學高度發展的基礎之上。那個時候的教育學以及教育心理學，一定是很重要的。比如說，把人的基因搞清楚了，知道你身體哪方面有特點、有優點或有些問題，這個就是研究教育心理學的基礎。教育心理學將來是一個核心課程，因為一切目的不就是為了人類的生存發展嗎？

生態環境跟人必須有個和諧關係，不能破壞，「人」本身也有一個內在自然的和諧關係，也不能破壞。人本身就是動物，也是一個自然生態，這個「內在」，包括人的情感、人的意願、人的能力、人的慾望等等。教育心理學就

是研究人的內在自然的一個學科，研究它的自然性和它的「人化」，亦即如何培育人。隨著這些研究的深入，教育心理學必定超過經濟學、物理學。當然這是未來的事情，不是現在。

馬　我還注意到，您曾強調要培養「形式感」和「敬畏感」。

李　現在好像不大注意這兩點，其實這正是美育所要培養的。所謂形式感是很具體的均衡、對稱、比例、節奏所形成的秩序感、韻律感、和諧感、單純感等等。它們從勞動感受到自然靜觀到創造發明，是具有多層次多種類、既廣大又深刻的情感體驗和感受，它們遠遠不止在藝術中，要對它們有感受力，並進而培養對宇宙存在的敬畏感，用這種敬畏感代替宗教對神的敬畏，這都屬於「情本體」的範圍。愛因斯坦就是出於敬畏和好奇，他信仰的神實際就是整個宇宙，就是宇宙這種合規律的運轉，所以他才會著迷地探尋那最大最高的「形式感」。美育要培養對一般形式感的領會、把握，同時要培養對天地、宇宙、自然這個大「形式」的信仰。這兩方面的關係又是如何，需要好好研究。如果美育搞得好，達到一個高層次，也就不需要再去依靠什麼上帝或者神了。

我感覺比較意外也非常高興的事，是一些從事教育工作的人，包括教師和研究教育的學人，居然重視我的好些著作，我很重視這一現象，要謝謝他們！

六　情愛多元

「食色，性也」

馬　您關於「情愛多元」的觀點，也有不少異議。

李　所謂「情愛多元」，就是主張應該充分尊重人們所選擇的不同情愛觀念和方式。這一看法，即使遭到異樣的眼光、受到批判也沒有關係。

馬　在現代，「愛」這種羅曼蒂克被一些人認為早已過時了，只堪嘲笑，因之強調的完全是「性」的快樂。

李　性的快樂當然重要，它在中國長期遭到傳統禁欲主義的過分壓抑，值得努力

提倡一下。而且性的快樂（做愛）也有人的創造，並非全是動物本能，如中國房中術、印度《愛經》所描述的種種姿態、花樣。記得我年輕時看高爾基的《克里薩木金的一生》第一卷末尾，那個女孩在第一次性經驗時想，這就是茱麗葉所希望而沒有得到的麼？細節完全記不清楚了。但這一點似乎沒忘記。當時我感覺她提出了一個很有意思的問題，即性與愛的關係、二者的共同和差別問題。

從整個文化歷史看，人類在社會生活中總是陶冶性情——使「性」變成「愛」，這才是真正的「新感性」，這裡邊充滿了豐富的、社會的、歷史的內容。性愛可以達到一種悲劇感的昇華，便是如此。同時它也並不失去有生理基礎作為依據的個體感性的獨特性。每個人的感性是有差異的。動物當然也有個性差異，但動物的差異仍然只服從本能以適應自然。人類個性的豐富性由於社會、文化和歷史而遠為突出，所謂「性相近，習相遠」，「差之毫釐，謬以千里」，從而「新感性」的建構便成為極為豐富複雜的社會性與個體性的交融、矛盾和統一。像安娜・卡列尼娜、林黛玉的愛情，那是屬於人類的。

可見，人們的感情雖然是感性的、個體的、有生物根源和生理基礎的，但其中積澱了理性的東西，從而具有超生物的性質。弗洛伊德講藝術是慾望在想像中的滿足，也正是看到了人與動物的這種不同。

馬　雖然感性中積澱有理性，但「性」的自然性仍是很強的。

李　所以嘛，舊傳統的寡婦主義，節烈觀念，要求婦女從一而終，嫁於一，從於一，死於一，丈夫一死，婦女便守節，當死人的殉葬品，當活著的僵屍，便是違背人性的，很殘酷。五四新文化運動反對「三從四德」，提倡戀愛自由，反對守節「貞操」，完全正確，包括「破壞」傳統一元的情愛觀念、夫妻觀念的功績。一個活生生的生命，在丈夫死後，沒有選擇新配偶的權利，這還有什麼對生命的尊重？一個婦女，結婚後情況發生了巨大變化，包括根本無法與丈夫相容相處，也包括上述丈夫死亡這種變化而希望嫁給另一個男人，展開情愛的另一頁，這就不是一元，而是二元。倘若還變化，又離婚再

嫁，也可理解，多元並不神秘。「從一而終」「終身大事」都是在傳統社會人際接觸相對固定和觀念極端狹窄的時代中形成的，在開放的現代社會中，生活接觸面極大地擴展，男女產生戀愛的機遇和可能極大地增加，上述規則的失敗理所當然。

馬 古人就講過「食色，性也」。

李 關於食，研究得較多，財產制度、階級鬥爭等等，都可說在「食」的範圍內，但「色」的問題卻研究極為不夠。弗洛伊德開了個頭，但太局限而且片面。在中國更是如此，以前連弗洛伊德也不讓談。我講「情本體」，就是說人的情愛，既不等於動物界的「欲」，也不等同於上帝的「理」，所以就變得非常複雜。

馬 人的「七情六欲」，包括「色」「性」，這是維持人的生存的一個基本方面，是一種重要問題。

李 人類的愛，特別是男女的情愛，總是包含著性、性的吸引和性的快樂。男女相愛、愛撫、做愛，都是美麗的事。男女間甚至應該在婚前發生性關係，才能知道彼此能否協調。社會不應用有色眼光看待男女的愛慕行為。男性在做愛時應考慮女性的需要，儘量使女性快樂和滿足。過去，中國傳統女性在性愛方面太壓抑自己，她們忽略了性愛就像吃飯一樣，是生理上的需求，是很自然，很愉快，又很平常的事。男女做愛基本上是互相愛護和互相關懷的具體表現。當然，縱欲主義和禁欲主義這兩種極端都是不正確的。

馬 有沒有擺脫「色」「性」的「柏拉圖式」的男女之愛？

李 既可以有精神度很高的愛，也可以有精神度不高甚至很低的愛，可以並行不悖。純粹的柏拉圖式的精神戀愛，固然有，但究竟有多大意思，究竟有多少人願意如此，我懷疑。沒有性的吸引，很難說是男女情愛。但一般來說，人的性愛，又總包含著精神上、情感上的追求。人與動物的性愛之所以不同，就因為人的性愛不是純粹的生理本能，而是人化了的自然，也就是人化了的性。這就是所謂「情」。「情」也就是「理」（理性）與「欲」（本能）的融合，它具有多種形態，具有多種比例。有時性大於愛，有時愛大於性，有的愛擴大到幾乎看不到性，有時性擴大到幾乎看不到愛。總之，靈與肉在這裡

有多種多樣的不同組合，性愛從而才豐富、多樣而有光彩。還是那句話，情愛多元。

馬　很多藝術家在情愛方面豐富多彩，很多經典的文學作品在表現情愛方面也非常成功，如《紅樓夢》。

李　情愛與文學藝術有各種不同的關係和情況。對於有些作家藝術家來說，性愛是創作的動力。例如畢加索，就在數不清的女人身上得到靈感。但也不一定都這樣，達·芬奇一生獨身，魯迅的生活也相當簡單。這裡有巨大的個性差異，陳獨秀嫖妓出名，胡適則並不如此。有人婚後才華發光，托爾斯泰的《戰爭與和平》等巨著是在婚後安寧幸福中寫成的。有人則相反，婚後貧病交加卻創作出很好的作品。總的來說，作家在性愛上有更多的觀察、思考和體驗，其作品將會更加豐富。當然，情愛多元絕非藝術家專屬，而適用於所有人，藝術家不過更突出一些罷了。

文學以情為本，離開婦女，文學就失去「本」的一大半。《紅樓夢》裡有許多性愛描寫。《紅樓夢》中的性愛有許多種，性與愛的比重各不相同，差距很大，所以很精彩。林黛玉、薛寶釵，包括王熙鳳、晴雯、襲人等都是心理大於生理，賈瑞、賈璉等則相反。賈寶玉的性愛至少包括三個方面，一是未婚的少女；二是已婚的少婦，包括對秦可卿、平兒、王熙鳳，都包含著性愛，只是分量的輕重不同罷了；三是對男性少年。寶玉的愛更多表現在他與少女的關係，而與已婚少婦的關係，性的份量似乎更重一些。可惜我們的中國文學，除了《紅樓夢》之外，太不善於描寫性心理了。

文學的性愛主題和性愛描寫已經多元，但一提到現實上，大家還是感到很突然。其實今天的中國，實際生活包括性生活，特別是青年一代，恐怕已相當開放、多元，但就是不准公開說，不許研究討論，這很不好。

顧城不可饒恕

馬　「多元化」應該也適合女性。

李　那當然！否則還叫什麼多元化？性愛中常常一方面是要求獨佔對方，同時自

己又傾向多戀。男女均如此。這既有社會原因，又有生理原因。有人說男人多戀，女人單戀，這已為性心理學所否定。而不管男女，個性差異在這方面更是特別顯著、特別重要。人的生理、心理、氣質、愛好等等不同特點會充分表現在性愛上，自然（生理）和社會（如觀念）不同結構的個性複雜性，都會在這裡展現、表達，所以不能強求一律。所有這些，都說明要慎重對待這一問題，並深入研究。

馬 那您一定對顧城殺妻持否定態度？

李 特別反感！海內外一片惋歎聲，他死後居然有那麼多人懷念他、謳歌他，實在是奇怪。我覺得所有的男人都應當尊重婦女，誰也沒有什麼特權。顧是殺人兇犯，死有餘辜，應予嚴厲譴責。用稟性奇詭、精神失常、詩人氣質等等解釋，無異為之開脫，極不應該。人可以自殺但無權利殺人。「天才」詩人，也無特權。不以普通人自居的矯情造作和自私自利，實在令人厭惡。他倒聰明，自知不免一死而自殺，其實應由法庭判決他死刑才更好。顧詩亦小家子氣，偶有佳句而已，何足道哉。「原則問題」我是絕不讓步的。

馬 所以，您才極力提倡情愛可以多元化。

李 情愛多元就是要堵塞這種暴虐。中國的帝王貴族，自己可以有三宮六院，妻妾成群，但不許妻妾有情人，一有跡象，則處以極刑。顧城不就是這種變形的暴君嗎？他以為他能寫點詩就可以如此肆無忌憚、胡作非為，真是豈有此理！值得惋歎的是顧妻，倒有情愛多元的襟懷，真情一片，犧牲一切，容得下英兒，卻落得如此痛苦的死。沒有對性愛的寬容，就不可避免如此。在這種觀念下，自然是「寡婦門前是非多」，自然是「男女之大防」，自然是對隱私生活進行無休止的侵犯。過去和今天的一些倫理觀念、道德準則，其實質與顧城這種簡單的「一元化斧頭」解決問題，相差不遠。

馬 就是說，在「性愛」的問題上，不能搞簡單化、一元化？

李 對。性愛中有好些矛盾和悖論，如「獨佔」與「多戀」以及雙方感情支付的不均衡等等，都不能用政治的或某種既定的先驗模式、倫理道德來簡單處理。顧城殺妻就是這種簡單處理的一個極端例子。1993 年美國暢銷小說《廊

橋遺夢》描寫一位始終忠實於家庭的妻子與一位路過的單身漢的愛情故事，那麼狂熱（包括性行為描寫）和執著。那位女主人公對丈夫、子女、家庭的情愛與對男人的「真正的」情愛極為痛苦地並存，在現代的生活背景下頗為蒼涼，作者似乎力圖把它昇華到一個近乎宗教感情的高度，使我感到有點回到十九世紀的味道，這種浪漫和溫柔，在實際生活中，特別是在美國，恐怕少有了，但它是暢銷書，大家仍願意讀它。

女性更追求心理感受

馬　在情愛的理性與感性的融合中，女性似乎更為感性一些？

李　女性是感性世界的當然主人。例如，我所知道的女性，當然也有一些例外，無不喜逛商場者。儘管不買東西，也無特定目的，或泛泛瀏覽，或挑揀細觀，對她們來說似乎總是一大賞心樂事。如果買到某種稱心的東西，一件衣裳，一個小對象……都可以使她們高興好半天。開始我很難理解，只好勉強奉陪，但在她們那嚴肅認真、專心致志的快樂中，我突然省悟到由這些滿目琳琅的感性對象所獲取的快樂，是一種人在真正生活著的快樂，是一種對感性世界的歡欣和肯定。女人絕不像煞有介事的男士們那麼單調、乾癟和抽象。

馬　但您也多次提到過生活中的「馬列主義老太太」。

李　年輕時讀《紅樓夢》，不懂那麼喜歡青年女性的賈寶玉卻極端痛恨大觀園裡的老婆子們，總以為是後者不具備生理吸引力之故。後來才明白，事情並不如此簡單。正因為女人是感性世界的主人，喜愛和沉溺在感性世界中，於是女性在人生路途中便經常容易由於各種有關現實利害的主宰、支配、扭曲而使她們的整個感性世界（興趣、習慣、行為、情感、愛好……）變得庸俗、猥瑣、無聊、兇惡和極端醜陋。我曾親眼看見五十年代初好些天真無邪、熱情革命的女學生如何一個個變成兩面三刀、口是心非、阿諛逢迎、打小報告的李國香（電影《芙蓉鎮》中最成功的形象），也看到過好幾位革命幾十年本該是光明磊落實際卻奸巧陰險的「馬列主義老太太」。所以，我所痛恨的

人物中也有女性。這是不是也算女性脆弱的一面，比男人更易受外在環境影響而讓自己主宰的感性世界多所污染呢？從而，女人們如何能長久保護其本來是那麼玉潔冰清、如此豐足的感性世界呢？

馬 在一般的觀念中，情愛的快樂，男性一直是主角，處於支配地位，女性是配角，處於被動地位，女性一定比男性弱。

李 最大的生活快樂之一，當然是性愛的快樂。我大概還是從小時候讀小說開始，由於只見敘說男人強姦女人，不見女人如何強姦男士，便誤以為性愛的快樂特別是生理快樂專屬男人。這一直到很晚很晚，才知道女性之需要性愛以及那生理方面的強度、「力度」、興奮度，也常常是男人所望塵莫及的。但人們還是會普遍認為女性「弱」。這有種種原因，看來主要是社會原因，在千百年來以男性為中心的社會傳統下，女人們的這種強烈的性愛要求和生理快樂的需求，被深深地壓抑了、傷害了，甚至被埋葬了。它們犧牲在種種錯誤的觀念、思想、禮俗、規範中，使很多很多女性（特別在以禮教著稱的敝中華）一生也沒有機會甚至不知道去實現或要求實現自己這種天賦的本性，女人似乎只是為了做妻子做母親而生活著。從而，女性喚醒自己的性愛快樂，努力去取得與男性完全平等的性愛快樂的權利，似乎也可以作為女權運動的內容之一。特別是這方面在這幾十年來大陸中文文獻裡，在中國今天的現實生活中，很少被人們所提到和強調。

馬 但在性愛上，男女的生理──心理需求畢竟存在著差異。

李 那當然。比如，男人對所愛的女人常常有性行為的要求，對不愛的女人也可以有性行為或性要求。女人似乎不同，女人對所愛的男人不一定有性的要求，對不愛的男人則絕對不願意有性行為。這當然就一般來說，我不是專家，無法多說，但這些問題都值得研究討論。這種差異也會形成性愛的多元和複雜。美國多年前曾爆出的妻子割切丈夫生殖器的著名新聞，大概也表達了女人厭煩、憎恨男人過多的生理需求，所以許多女士同仇敵愾支持這位割器的女英雄。

馬 就是說男性生理需求較重，女性更追求心理感受？

李 這是女性對性愛的另一傾向。男性逛妓院，專為滿足生理需要，女性（至少一部份）似乎便不如此。記得一位朋友對我說，她所不愛的男人連碰她一下，她也不願意，儘管可以是好朋友，即使是頗具性感的翩翩少年或魁梧壯士，儘管也動心，但並不像男人那樣立刻產生生理上的（被）侵犯欲。她所愛的人，則儘管不漂亮，也願老抱在一起。所說可能有所誇張，但那重視性愛的心理快樂方面卻是無可置疑的。

這似乎意味著，在女性性愛中不僅僅是感性而已，而且是感性中融進了某種理性的東西。但這理性又並不是那些可以認知的觀念、思想、語言、標準等等，而是已經與感性水乳交融的直接存在，它與感性已是一個東西，所以才會是那說不清道不明的感受和快樂。難怪，在這裡，在與女性的親切交往中，在戀愛中，在做愛中，人們能夠獲得最溫暖的和最堪回味的人生。而人生本義也由此而深沉地澱積著。這，不也就是美嗎？不也就是某種「天人合一」的神秘體驗嗎？

馬 還有一個問題，您認為女性生兒育女與從事自己喜愛的事業，哪個更重要？

李 我認為，女性都該生孩子和撫育孩子，因為這是女人最大的情感快樂，做媽媽的快樂和幸福遠遠超過其他，包括事業、成就、與丈夫或他人情感關係的快樂或幸福，放棄這個最大的快樂和幸福，我以為是非常可惜的事情。

女人可以沒有婚姻，但是女人需要孩子。本來，生兒育女是女人的重要生物本能，社會性滲入後，對孩子的愛更成為長久甚至永恆的愛。母愛最無私最偉大，不是被公認嗎？女性常常比男人有更堅韌更強大的獻身精神，不是說「街壘戰鬥中，戰鬥到最後一刻的一定是一位女人」嗎？我常想這很可能與無私的母愛有關。所以女性應該認可、接受、歡慶大自然賜予自己生孩子這個生物本能。

我看到一些美國女教授、女科學家，有事業，有很大成就，但沒有孩子，我總為之惋惜，我以為這是巨大的損失和遺憾。當然，我也看到許多女人有了孩子之後，就再沒有其他，也沒有自我。這的確是缺失，女性也應該去尋找除孩子之外的自己的生活價值，但我仍然認為生養兒女是女性最大的偉業，

一點也不低於男性任何偉大的事業。在這裡，我願與某些女性後現代主義者唱反調。

家庭感情不可替代

馬 您雖然提倡情愛多元，但又認為情愛是一個非常嚴肅的問題。

李 是也。我反對婚姻與性愛上的隨意性、不負責任和利己主義。但主張對性愛要寬容，不要太多地干預和指責別人的私生活。作家藝術家在這方面並無特權，儘管作家藝術家因為更加放任情感，風流韻事似乎更多一些。魯迅一生極其嚴肅，他以最大的力量承受舊式婚姻的痛苦之後，作婚姻方式之外的情愛追求，並不破壞倒恰恰完整了他的整個生活態度和人生觀念。

馬 您曾對青年男女提過三條建議。哪三條？

李 一、不要得愛滋病；二、不要懷孕或使人懷孕；三、不要過早結婚。當然還有一個前提，這就是必須兩廂情願，不能勉強對方。這看來似乎太簡單，做到並不容易。下一代青年男女們的性行為、戀愛經驗會豐富得多。如果「度」掌握得好，這絕非壞事；相反，它使人生更充實、更豐富、更有意義。當然，不要過早結婚包括不要早有小孩。美國的未成年媽媽成為一大問題，按中國話說，簡直是「造孽」。

馬 家庭感情在情愛中應佔什麼地位？

李 家庭關係和夫婦、親子、兄弟姊妹的親愛感情，是人類自己創造的極可珍貴的「人性」財富。這人性是由動物自然性經過理性化的提升而成旳情感。孔子和儒學的根本價值也在於提出和強調維護這種情感和人性。儒家以此具有自然血緣紐帶的家庭情感和關係為核心，輻射為各種人際關係和情感，一直到鳥獸蟲魚林木花卉。「民吾同胞，物吾與也」，這也就是康有為《大同書》裡的「去類界，愛眾生」。

馬 但康有為不是也提出「去家界，為天民」，主張不要家庭嗎？

李 康的主張，有其伸張個性和個人自由、反抗禍害頗為嚴重的傳統家庭秩序的重大時代意義。就當今說，去家不去家，倒確實成了具有世界普遍性的現實

問題。今日在歐美發達國家，家庭破碎、無家可歸、單親家庭已成常態，但我仍然以為，孔子和儒家的不去家再補充以現代個人的性愛和各種婚姻形態，可能是更幸福、更快樂的生活方式。康有為的「去家界，為天民」和兒童從出生後便公共撫養的「公養」「公教」等等，包括柏拉圖、恩格斯、毛澤東等人的去家思想，我不認為是值得讚賞的人類未來前景。我以為中國傳統講親情、講人情等等可能反而是對世界文明的重要貢獻。家庭是人類情感的一個基礎方面，這也是我所謂情本體的具體呈現。

馬　在現實生活中，夫妻關係也不單單是「性愛」，還包含有更為多樣複雜的東西在裡面。

李澤厚與夫人在北京家中（2010年）。李的北京寓所隱於繁華的王府井大街之後，從家裡視窗可看到景山、天安門、美術館

李　　那當然。在家庭生活中，夫妻之間就遠不僅是性愛關係，而是長期朝夕生活所建立起來的相互支持、幫助、關懷、體貼、容忍、遷就等關係，和這種關係所產生的情感，它們體現在許許多多數不清說不盡的日常生活細節之中。看來似乎並不重要，但這就是真實的、具體的「生活」。日常生活也就是這些穿衣吃飯中的許許多多瑣碎事情，夫婦之間在這些事情中的緊密關係和由此而產生或形成的情愛關係，是別人和別種情愛如情人的愛所不能替代的，這是雙方在長期生活旅途中彼此給予對方的一種「恩惠」，所以我常說「夫婦恩」。這種「恩」就是一種很特殊的情愛。我在課堂上和美國學生說，「愛」不難，要長期和諧地快樂地生活在一起，就不那麼容易了。他們都同意地笑了。

「想不通就想不通好了」

馬　　您對「婚外情」怎麼看？很多人譴責它破壞家庭，是一種不道德、不負責任的行為。

李　　我強調「夫婦恩」，但不是說夫婦性愛就一定應是單一的，兩者之間並無必然聯繫。性愛和婚姻高度自由化，能使每個人在心理和生理上取得平衡和健康，有助於個性的全面發展，使人身心開闊和愉快。人就像樹葉一樣，每片葉子都是不同的，每個人的生理和心理結構也是不同的，應該瞭解自己的個性和需求，順其自然地發展。當然，婚姻自由化並不是指不負責任或欺騙別人的感情，相反，它反映了人類對愛情的處理態度越來越理智、成熟和自覺，不需要再靠結婚證書、道德規範、法律制裁去維繫感情。

「婚外情」是個很複雜的問題，很難簡單地說「對」或「錯」。婚外情的第三者一般也不該受譴責，男女感情只要是兩情相悅，彼此相愛，不是出於金錢、權勢等引誘逼迫等，那便是無可厚非的。當事人如果能妥善處理這個「三角關係」，那就更好。夫婦的愛和情人的愛，就不能相互替代。中國只講夫婦的愛，認為此外均邪門；西方則要求夫婦之愛等於情人之愛，於是，現代離婚率極高，問題愈來愈嚴重。其實，可以有各種不同層次、不同比

例、不同種類、不同程度、不同關係的性愛。我們不必為性愛這種多樣性、多元性感到害羞，而應當感到珍貴。

馬 您的意思是，「婚外情」可以存在，可以被接受，可以被寬容？

李 上面我講過，我一直主張有家庭，家庭的感情是其他感情所不能代替的。但不是説人這一生只能愛一個人，只能跟一個人有性關係。我覺得可以開放些，男女都一樣，可以有妻子和丈夫，也可以有情人。發現對方有情人就分手，我認為是很愚蠢的。情人的愛未必能等於或替代夫妻之愛。從性心理學上來講，都希望獨佔對方而自己有情人，女性也這樣，男性更強，這有族類生存競爭的生物學的進化基礎，特別是女人有了孩子，她們的情感和心思主要都放在孩子身上，「男性更強」這點就更為突出了。在動物界，為延續後代，雄性需廣種，雌性可拒絕，於是雄性便以健壯的身軀、漂亮的羽毛、強大的力量、優美的姿態以顯示自己的保護能力來吸引雌性；到人類，這些便轉變成以財富、地位、權勢、名聲、才幹以及身軀體格等仍無非是顯示出眾的保護能力和強勢力量來吸引女人。所以不問具體情況，過分指責女人的「好虛榮」是不合時的。因為這裡面有生物因素的原動力。

總之，每個人的生理情況和心理情況不一樣，每個人都應把握自己的存在，自己選擇，自己決定，自己負責，努力追尋自己的快樂，不要用一般的觀念來捆住。一些人可能對此點不贊同、想不通，想不通就想不通好了，也是一種選擇。

馬 如何看待同性戀？

李 人類的戀愛傾向有很多種，有的是自戀，有的是多戀，有的是單戀，有的是同性戀，這種種傾向的形成是值得進一步研究的。比如同性戀來講，它是先天的或後天的，都值得研究。我以為主要是先天即基因決定的。由於生物種族的繁殖和異性相吸的自然本能，男女性愛和婚姻關係還是會繼續處在支配地位。另一方面，「愛滋病」的蔓延，或許也能阻擋同性戀潮流。所以，同性戀的人數可能會擴大，甚至可以結婚，但絕不會成為主流，對人類來説畢竟是極少數，無傷生存延續的人類大局。

尾聲

「四個靜悄悄」

能用的只有腦袋了

馬 我感覺您的心態很好、很年輕。

李 我已經老了，做不了很多事了，現在看一會書眼睛都疼，總之是絕對不行了。

馬 眼睛老花？

李 是青光眼和黃斑裂孔，分別在左右眼，兩個眼睛都不行了。看書堅持不到半小時。

馬 但還是很有神采。

李 我在六十幾歲的時候，還不錯，頭髮比較黑，面貌也跟現在不一樣，現在眼睛已經失神了。

馬 在美國還看什麼書嗎？

李 現在的書和報紙都看得很少。這個幹一點，那個幹一點，加起來事情就多了。

馬 寫作用電腦？

李 還是用手寫，電腦就是看看一些新聞、信件。

馬 也使用微信？

李 我過去一直沒有手機，近幾年才用，也學會了用微信，很便捷，現在與外界聯繫、通話，也多用它。

馬 與您通話，感覺您的聲音很清亮，精神很好，思維敏捷，反應也很快，完全不像九旬老人。

李 不行了，現在自己唯一能用的只有腦袋，除記憶力外，其他還好，還能寫和講，還可以在口頭辯論中打敗一些年輕學人，我跟人家辯論都贏了，很高興，我抓住他的弱點拼命進攻，哈哈……

馬 您的生活和身體狀況如何？大家很關心。

李 我是自由之身，自己打出天下，無求於人，非常獨立，我很滿意。我太太只管花錢，不管來源，我值得驕傲的一點是我太太一生沒有為錢煩惱過。我經濟上安排得很好，錢用不完，根本不依賴孩子，精神也非常好。我從美國回

來，坐商務艙，自己掏錢。我還買了一些基金投資。

現在身體是每況愈下。我的心臟在美國做過插管的冠狀動脈造影。有問題，但不嚴重。還有一個問題，美國的醫生都沒有查出來，診斷不出來到底什麼毛病，是心臟胸悶，相當典型的悶，而且發展到背部，只要運動量大一點，上樓，再拿點東西肯定就不行了。有的時候很奇怪，散步走快點時間長點肯定心臟有反應，有時候坐著不動它也有反應。我現在有幾個病都搞不清楚。每晚必服安眠藥，愈來愈多。整天是昏昏沉沉的，但脾胃也還可以，但其他方面已不行了，近兩年尤甚。

馬　平常怎麼鍛煉身體？

李　就是散步。現在越來越不行了，老了，這是實踐證明的，能走的距離和我前三年、五年相比明顯縮短了很多。步子很慢，所以有的朋友笑我，你這等於沒走。現在有一個很大的問題，越來越不想走，腿沒勁了，最近已停止了散步。

最多是一個「狷者」

馬　您家離劉再復先生家遠嗎？

李　很近，走路就幾分鐘，可以常常見面。

馬　劉再復先生有一段話：「歷史把我們拋到一起，拋到洛磯山下的一個叫做博爾德（Boulder）的小城裡，讓我們可以常常一起散步，一起沐浴高原的燦爛陽光，一起領略人間精彩的智慧。真理多麼美呵，智慧多麼美呵，我常獨自感歎。如果不是漂流到海外，如果不是離李澤厚先生這麼近，我真不知道他除了具有天份之外，還如此『手不釋卷』，如此勤奮。也不知道他除了對哲學、思想史、美學、文學深有研究之外，還對古今中外的歷史學、倫理學、政治學、教育學具有如此深刻的見解。這才使我明白哲學家對世界、對人生見解的深度來自他們涉獵的廣度。李澤厚用百分之九十的時間閱讀，只用百分之十的時間寫作……」（《李澤厚美學概論》序）

李　我一輩子就只跟書本打交道。

李澤厚與劉再復（站立者）

馬 劉再復先生還談到您的性格：「李澤厚是一個性格特異的人，一個手不釋卷的人，一個整天活在『思想』中的人，一個極善於思考卻極不善於交往的人，一個內心極為豐富但表達時卻近乎『剛毅木訥』的人，一個只會討論問題而不會聊天（或不喜歡閒聊）的人，一個只『思索上帝』但絕不『接受上帝』的人，一個喜歡喝酒、喜歡『美食』卻從不進入廚房、一輩子也未曾煎過一個雞蛋的人，一個勤於思精於思卻不愛體力勞動的人。我還可以說他是一個知識很多、朋友很少的人，一個哲學、歷史、美學、文學都『很通』但人情世故卻很『不通』的人，一個能夠把握『時代』脈搏而往往不識『時務』也絕不追趕『時髦』的人。他的性格實在是很『孤僻』的。他除了喜好喝酒之外，還喜好旅遊與散步。旅遊時喜歡追尋文化遺跡，並不熱衷『自然風光』。除了下雪與酷熱，他幾乎天天都散步，每星期還去游泳一次，冬天可以在寒冷的游泳池裡游泡半個小時到一個小時。在高溫的『桑拿浴』裡也很經得住煎熬。他每天都喝一點酒，可惜無人奉陪，真的是『獨酌無相親』。」（〈劉再復答《博客天下》卜昌炯先生〉，2014 年 6 月 9 日）

李　說我「性格特異」的，已有好多人了。是好是壞，我也不清楚。

馬　想起曾看過的一張照片，您懷抱兩個酒瓶子，其中一個是茅台酒瓶，手裡還高舉一個不知是酒瓶還是酒杯的東西，人喝得有點歪。自題「小酒鬼一個」。哈哈……我發現您這一代學人中，能喝酒的真不少。您的酒量不小吧？（笑）

李　現在不敢說了。年輕時一斤酒根本不在話下。那時我喝酒經常是一個人。有一次在北海喝酒，喝得暈暈乎乎的，沒醉，微醺，感覺飄飄然，那心情非常愉快。北海那時十點才淨園。很晚了，我就睡在那個欄杆的外面，我現在印象很深，有個老頭就走過來，他怕我自殺，規勸了很多。（笑）我極少醉，連灌都很困難，我倒灌醉過很多人。

　　八十年代初，在夏威夷「朱熹國際學術會議」上，我與傅偉勳一見如故，開懷暢飲，喝到過半夜方休。第二天我昏昏然走上講台，他卻根本沒與會，睡大覺去了。從那以後，我們幾乎是每聚必飲，每飲必醉或半醉。偉勳酒量並不大，卻特別喜歡鬧酒，尤其人多的時候。我就特別喜歡他鬧。還有一次印象較深，1986 年在北海仿膳，湯一介、龐樸、孫長江、王守常、李中華、魏常海、魯軍等人參加，我與孫等幾人互相用碗賭白酒，那種很烈的，一口乾，痛飲暢敘，豪談闊論。這次我喝得太多，醉醺醺地回家了。

馬　哈哈，沒想到您還有如此豪放的一面，真乃性情中人！劉再復先生在一篇文章中講，一次開車去科羅拉多 Grand Junction，您以一百多公里時速在高速公路上狂奔四百餘里，把其他人遠遠甩在後面。

李　我很高興，在我這一輩的國內學人中，能開車、能享受在高速公路上狂馳的人恐怕不多。

馬　有篇報導講，在學生們的印象中，您是個很好玩的人。「他年齡比我們大，但說話非常平等，一起玩、一起喝酒、一起騎馬。人也很豪爽，有時他可能找二三十個人一起吃飯，都是他來埋單。」還講一事，您有次回國小住，提出要去蹦極，讓趙汀陽打電話去問，被對方堵回來了，以為遇到了神經病，因為那時您已經 70 歲了。（笑）

李　我很喜歡劇烈運動，騎馬、衝浪、蹦極，可惜年輕時候沒有條件。記得在密歇根（Michigan），有一次，我隨著音樂跳迪斯科，突然獲得場內一片掌聲，大概我的步子與音樂非常一致，入了迷，自己還加了些非常和諧的小步子，到了一種非常好的境界。（笑）無論讀書或寫文章，我都非常重視單位時間內的效率，從不苦讀苦寫、苦思冥想。寫不出乾脆去玩，我常說玩得好就寫得好。可惜我玩得並不好，所以寫得也並不好。現在老了，不能玩了，也就不寫了。因為寫本身不是玩，至少我是如此。別人可能以寫為玩，我不行，寫文章畢竟還是苦事情。

馬　趙士林教授說，做學生時，他沒少去您家蹭飯，有時還與您一起出去喝酒，喝醉了兩人互相攙扶著往回走。他說那時對您都是「直呼其名」。以現在的標準衡量，這哪像師生關係啊，完全亂了「規矩」。（笑）

李　我不在乎這些小節。

馬　看來您確實與眾不同。您的同輩人周來祥先生說：「李澤厚是一個很有個性的人，不大奉承人，不大巴結人，但也不苛求於人，不注意小事，與人相處友善而真誠。」何新先生說您：「平生為人不拘小節，樂於助人」，「知世而不世故，明察而不刻薄，好學深思，求智求仁。」

李　但即便如此，我還是常被人算計、欺負。

馬　我讀到過一個細節，一位記者採訪您，說採訪稿有一個地方應該修改一下，您就將筆遞給他，讓他改。這位記者說他感到很驚訝，也很感動！

李　只要說得有道理，對的，我都會接受，不管是誰講的，這很正常嘛。

馬　但另一面，您又很固執，堅持己見。（笑）

李　我在原則問題上寸步不讓，我不會刻意去討好誰、遷就誰，不管在學術上還是在其他方面，這是我的性格。所以雖然「腹背受責」，但「我自巋然不動」。

馬　您講過，自己是一個「狷者」。

李　我一生談不上「中庸之道」，也不算是進取的「狂者」，最多不過是「有所不為」的「狷者」罷了。我嘗自省，這一生也算溫良恭儉，以讓為先，兢兢業業，但直道而行；雖然缺點很多，但從不敢心存不良，惹是生非。只由於

性格孤僻，不好交往，便得罪了不少人。而一輩子沒權沒勢，從少到老，總被人無端欺侮，有時生一肚皮氣也毫無辦法。但由此反而索性橫下心來，我行我素，既知人事難酬，玲瓏不易，只好更加關起門來，自成一統，「遺世獨立」，感歎「運交華蓋欲何求」。

說也奇怪，我在理論和實際上一貫強調歷史主義，但另方面，也許仍是受魯迅的影響，我又非常注意人們的處世、為人。在我所認識的人中，我一直非常尊敬、讚佩和更為親近那些或勤勤懇懇、老實本分，或錚錚風骨、見義勇為的人，儘管他們非常普通，既非才華蓋世，又未顯赫於時，可說是「名不稱焉」，但他們比那些經營得巧、名重一時的「俊傑」老翁，或左右逢源、聰明圓滑的時髦青年，總要使我覺得可愛可信得多。中國古人有言說，「士先器識而後文藝」。可惜這一點點「倫理主義」在近幾代（不能只指責青年一代，還有「俊傑」老翁）中國知識分子好些人中，似乎在不同程度上被忽視、被遺忘了。

一輩子都在孤獨中度過

馬 您說過「實惠的人生我並不羨慕」，那麼，理想的人生或者說你最想過的人生是什麼？

李 雖然孤獨和寂寞，但我也不覺得不幸福，現在能活著就不錯了。那麼多政治磨難都逃過來了。每個時代都有局限性。理想的人生我是看不到了，但生活還是要有一些責任感為好，享受並不最快樂。

馬 有沒有想過抱孫子？

李 沒有。這比較特殊些，是個性問題。我不相信什麼傳宗接代，我這輩子見不到孫子都沒關係，我不重視這些。

馬 有沒有特別脆弱的時候？

李 我不認為自己是強悍的人，但也還不那麼脆弱，不然早死了。我想得開，很多事無所謂。

馬 您的學生許多已是當今著名學者、教授，趙汀陽還是中國社科院學部委員

（院士），他們來美國看過您嗎？

李　趙士林來過，當時他在加拿大。我沒有學生，都是名義上的。我回國到北京他們都不來看我，當然這完全不能怪他們，我也不通知人家。他們做學生時，我就跟他們說，過年不要到我這裡拜年，因為我從來不跟任何人拜年，幾十年來一直如此。

馬　您旅居美國近三十年了，為何仍不入美國籍？

李　要入美籍很容易，但過不了這心理關，不能成為美國公民。拿中國護照心理上比較舒坦些。當然，有時也比較麻煩。記得有一次跟劉再復到奧地利開會，提前三個月就申請，到了最後一天，還得請奧地利外交部幫忙，才搞好落地簽證。

馬　您的學說倡導「樂感」，自己卻很孤獨。

李　我這一輩子都在孤獨中度過，不孤獨的時候少。

馬　所以，您一直不喜歡與人打交道？

李　人本是社交動物，有社交的本能和慾望，但我的個性就是比較孤僻，不愛傾訴，不愛與人交往。我從來不是要人幫忙解悶的人。包括在美國散步，也喜歡一個人，不讓太太陪。我從小就見不得生人，見人就往後躲，這就是個性，個性的偶然性，沒法改。我的人際關係不好，沒什麼人緣。我在香港一年，離開後沒跟任何人打電話聯繫過。當然，別人打電話我是接的。有人認為我很傲慢，其實我是沒事就不聯繫。我從來不主動去拜訪人，連打電話問候也不會。我喜歡獨處，即使是非常熟悉的人，整天在一起，搞幾天我就煩，就要獨處。我這個人講話也比較隨便，常常衝口而出，那也不行。

我還有三個先天性毛病，與不喜歡跟人交往的個性惡性循環：一是記不住面孔；二是記不住聲音，別人打電話我總要問「哪位」，甚至包括我兒子，所以他現在總是先報上名來；三是記不住路。（笑）

馬　近幾十年，感覺您似乎是在自覺地與國內主流環境疏離，甘於邊緣，甘於寂寞，執著於自我，繼續孤獨地走自己的路。

李　對許多事情感到很失望。自己知道自己存在的價值和意義就是了。

從未有失落感

馬 您希望有更多年輕人來閱讀您的作品嗎？

李 當然了，因為我的一些東西一直遭到誤解，希望多些人看，瞭解得更多一些。但我不抱這種奢望，這不是我能左右的。特別是現代社會更加多元化、專業化，很多人根本不會看，很難強求。不可能、也不必要回到八十年代那種盛況。

馬 您在八十年代有巨大影響力，1992 年出國以後這種影響力在逐漸減弱，有沒有失落感呀？

李 哈，從過去至今幾十年來，我就從未感到過得意，所以也就從無失落感，所以能活到今天。我不在乎那個東西。在美國，我沒有什麼名氣。即使在國內，我也從沒覺得自己有什麼了不起，從心裡就平等待人了。人貴有自知之明，認識到自己只有那麼一點點力量，就會專注於自己能做到的事。我始終就是個普通老百姓嘛。但大概由於不喜往來，人們可能感覺不到這一點。我在美國基本上什麼會也不參加，也不習慣主動跟人來往，過的是非常平靜、非常單調、非常寂寞的退休生活。

香港《獨家人物》封面（2020 年第 5—6 期）

馬　如何評價自己？覺得歷史將會如何看待您？

李　我從來不評價自己，評價留待他人或後人，不管別人說我是或不是都無所謂。現在快死了，更無所謂了。

馬　我感覺您對自己提出的那套理論、學說，還是滿自信的。（笑）

李　當然，否則就不會去搞了。概括說來，我先後寫了「思想史三論」（「巫史傳統說」應該在「古代」內）、「美學三書」、「哲學三綱要」、「倫理學三說」，加上《論語今讀》一本，當然還有本「康德書」和對談與訪談等，「4×3 + 3 = 15」，多乎哉，不多也；少乎哉，亦不少。如此人生，而已而已。我的哲學簡單用一句話說，就是要以「人活著」（中國傳統的「生生」）來替代或超越海德格爾及西方傳統的 Being。對我的東西的現在，我很悲觀；但對將來，我非常放心。

馬　您這個「4×3 + 3 = 15」的概括非常有意思！我還想問的是：在這「15」裡，您比較滿意的是哪一本或哪幾本？

李　若講比較滿意的話，應是湖南嶽麓書社「當代湖湘倫理學文庫」中的《李澤厚集》（即《倫理學新說述要》增補本，2021 年），算是我的心理主義的倫理學小結，其中包含告別任何政治宗教等論點。當然，就我全部論著來說，《人類學歷史本體論》和《由巫到禮 釋禮歸仁》兩書可與這本《李澤厚集》並列。其他一些論著和各種對話之類，就不列舉了。

馬　您只列舉了三本，難道您那本最負盛名的《美的歷程》還列不進去？（笑）

李　當然排不上。

馬　我發現一個現象：相比您極盛的八十年代，九十年代以來，國內和國外學術界對您的關注、研究似乎更多了起來，有關您的學術研討會開了好幾次，研究專著出版了多部，研究論文也屢屢刊發，博士和碩士論文也不少。所以，我相信，您的原創性思想系統是不會被漠視的，未來，或許還會有「重新發現李澤厚」「回歸李澤厚」這樣的情況出現。（笑）

李　我的文章論著，從美學到哲學到倫理學，從思想史到「告別革命」，大都曾遭到各種狠厲攻擊。一生如此，至老猶然；頗為感慨，卻不傷心。我願學魯

迅，死後還有人咒罵。

我不太愛説狂言，不過現在想説一句：我那些書裡還有一些很重要的東西，到現在為止還沒有被人認真注意。不過沒發現也沒關係，遲早會被注意到；如果一直沒有，那也就算了。但真理早晚有人發現，科學上不常有重新發現的事情嗎？朱熹死的時候，他還是「偽學」，不讓人去告別嘛；王陽明死後四十年，他的書才讓出版。王船山更是被埋沒了幾百年。

馬　生前名和身後名？

李　倒不是名利問題，那是次要的，重要的是許多時候真理不大容易被人們接受，或害怕接受。我多次説過，包括愛因斯坦的相對論，一開始也受到當時的大物理學家的反對和指責。康德也如此。我堅持我的哲學，也從不怕任何挑戰。哈哈哈……

還有幾個題目

馬　還有什麼新著問世？

李　前面講過，「文革」中擬過九個研究提綱，可惜現在只完成了五六個。雖然還有一些東西想寫，但身體不行，正式文章也寫不成了，最多只能聊聊天。我這一輩子是純粹單幹，一直沒有任何助手和幫手。為核對一條小材料，查出處、翻書刊、跑圖書館等等，都得靠自己。現在沒法做了。

說來題目還有好幾個。例如，寫一本《新大同書》。原來是想在總結百年思想史特別是馬克思主義在中國的歷史基礎上，提出對未來的展望。這「未來」既指中國，也指世界。我似乎在無意識地重走康德晚年和馬克思晚年的腳步。康德晚年寫了《永久和平論》等著作，盼望人類遠景。馬克思晚年寫了大量關於人類學的歷史筆記。這說來會被人笑罵，我居然還想重提作為儒家宗教性道德的大同理想。當然這不是作任何具體的設想或設計，而只是借用一下康有為的書名。我似乎與康有為有緣，第一篇思想史論文就是《論康有為的「大同書」》。當然，我現在對康的評價也不像以前那麼高了，如同對馬克思。

馬　劉再復先生多次提及，你們還有一本待整理出版的對話錄《返回古典》，這本書什麼時候可以出版？

李　不會有了。國內「尊孔讀經」的復古思潮如此甚囂塵上，在此情況下，「返回古典」很可能會被開倒車的國粹派所利用，所以就不再多講了。

馬　真遺憾！您說的「返回古典」是什麼意思？

李　我們所謂「返回古典」是建立在現代性基礎之上，不要現代性的古典是種倒退。「返回古典」就是重新探求和確立人的價值。西方社會發展到現在的確是有很多問題。但中國和西方相比，還有相當大的距離，仍然需要理性啟蒙。在這個基礎之上跟傳統結合，返回古典，這才可能開創新的東西，將來對全世界做出貢獻。這是我一直講的「西體中用」，這麼多年來我一直堅持這些東西。

二十多年前，我提出過希望有「第二次文藝復興」。第一次文藝復興是回歸希臘，把人從神學、上帝的束縛下解放出來，然後引發了宗教改革、啟蒙運動、工業革命等等，理性主義、個人主義盛行，也導致今日後現代的全面解構。我希望第二次文藝復興將返回原典儒學，把人從機器（高科技機器和各種社會機器）的束縛中解放出來，重新確認和界定人是目的，發掘和發展個性才能。由「道始於情」而以國際和諧、人際和諧、宗教和諧、民族和諧、天人和諧、身心和諧為標的，使人類走向光明的未來。這就是「為生民立命，為往聖繼絕學，為萬世開太平」（張載），但這又仍然需要人類自身的努力奮鬥。

去留無意

馬　您欣賞誰的生活境界？

李　喜歡陶淵明的。

馬　您曾講過「四個靜悄悄」，哪四個？

李　一是「靜悄悄地寫」。我一生從沒報過什麼計劃、項目、課題，出書或發表文章之前從不對人說。當然，這只是我的個性。二是「靜悄悄地讀」。我的

書沒有炒作，不許宣揚，書評也極少，批判倒是多。但我有一群靜悄悄的認真的讀者，這是我最高興的。有人跟我說過，我在八十年代的讀者，主要還是在大學裡面，現在是逐漸走向社會，一般的青年啊、幹部啊、教員啊、企業家啊、媒體人啊、軍人啊，都願意看。他們有的還來看我，也有提問題討論的。倒是那些名流不讀我的書，或者是讀了不屑一提吧。

馬　另外兩個呢？

李　三是「靜悄悄地活」。近十幾年，我的「三可三不可」原則基本上執行了。四是「靜悄悄地死」。我死的時候除了家裡人，沒人會知道。我說過，對弟、妹，病重也不報，報病重有什麼意思？牽累別人掛念，幹嘛呢？靜悄悄地健康地活好，然後靜悄悄地迅速地死掉。當然，這也純屬個性，我非常欣賞、贊同別人熱熱鬧鬧地活著或死去。

馬　您講的「三可三不可」原則指什麼？

李　每次回國，媒體的採訪邀請很多，但我能回避就回避。2002 年我定了個原則：可以吃飯不可以開會；可以座談不可以講演；可以採訪、照相，不可以上電視。因為後者太正式，前者都屬聊天，願意聊什麼就聊什麼，隨意得很。至於上電視，我想是「語言無味、面目可憎」。韓、日國家級電視台、鳳凰衛視與某些地方電視台和中央某台都曾找過我上節目，甚至不用訪談只要同到南方遊覽他們跟拍就成。我感謝他們的好意，但我都拒絕了。

這裡要插一句，照相我是來者不拒，所以我和很多我根本不認識的人都照過相。以後如用照片來說和我認識甚至很熟等等，就完全不符事實，應在此聲明一下。

馬　您剛才提到不喜歡講演？

李　我一輩子講演沒有超過五十場吧。講課是要傳授知識，演講除了發表見解外，還要有創意，我講不出來。但這主要是個性問題，江山易改，本性難移。1982 年，哈佛的史華慈曾邀請我去講演，是 Luce 基金，我因答應林毓生在前，人要守信，就婉謝了，儘管哈佛名氣大。還有不少名校和一些場合、會議用高價請我講演或作 Keynote Speech（主旨演講），我都婉謝了。

馬　據我所知，唯一的一次「觸電」，應是 2014 年參加鳳凰網、嶽麓書院在北京中華世紀壇主辦的「致敬國學——首屆全球華人國學大典」啟動儀式。鳳凰台著名主持人許戈輝在介紹嘉賓時，特別說道：「過去十多年，曾多次與李澤厚先生邀約採訪，但都被拒絕，這次李澤厚先生『為大義而食言』，撥冗出席會議，足見本次活動的重要性。」

李　乃勉強參加，只待了十來分鐘，開幕式未完就走了。當時我便說過，「鄉情難卻，偶一為之」。我多次謝絕了許戈輝的「名人面對面」的專欄采訪。

馬　2018 年，李輝先生給我微信：「央視的朗讀者欄目請我推薦幾個人，我推薦了李澤厚先生，請他談《美的歷程》等，朗讀他喜歡的文章，如序言。美國他們有攝製組，請問李先生，能否撥冗參加，拍攝時間不長。這裡許多人都期盼見到他的身影和朗讀。」我轉給您，希望能破例一下，但也被您回絕了。

李　謝謝輝兄的好意。但人應能自知自愛，已語言無味，面目可憎了。我喜歡靜悄悄，作為一個老人，靜悄悄地消失就行了。

馬　如秋葉之靜美！哪一天讀者突然想起您來，卻聽不見您的聲音了，就證明您是消失了。再回首已是百年身……（笑）

李　哎，就是這樣，我比較欣賞這種。我現在努力做到寵辱不驚，去留無意，但觀熱鬧，何必住心。

至今未悟

馬　上次與您通話，您說科羅拉多州新冠疫情很嚴重，您所在的博多小鎮也死了不少人，主要是老人。美國疫情如此狀況，您怎麼看？

李　剛開始的時候，因為川普（Trump）不主張戴口罩，民間的習俗也不喜歡戴口罩，在老百姓那裡，戴口罩好像是病人；也不重視隔離、社交距離等等。這是一個很大的錯誤，其實戴口罩、保持社交距離，很大程度是保護自己不受外來的感染。現在有了一些限制。疫情在美國每個州擴散也不平衡，州政府有自己的權力，聯邦政府沒法指揮。有的州情況比較好，有的州情況就很差，我們這裡算比較差的一個州。川普就喜歡亂七八糟說話，他講的話也不

作數，今天這樣講，明天那樣講。美國政府犯了很大錯誤，造成疫情這麼嚴重。

馬　這次席捲全球的新冠疫情，首先受到重大衝擊的是各國的經濟，從而進一步引發了許多其他社會問題。

李　這次疫情恰恰證明我的「吃飯哲學」是對的。大家討論的主要是經濟問題。大家首先關注的是失業怎麼辦，沒有工作，沒有錢了，沒有飯吃了。哲學就是研究最基本的一些問題。我的哲學的第一個命題就是「人活著」。這是最重要的。所謂經濟問題，就是討論人怎麼能活下去而且活得更好，人的衣食住行能不能維持下去，維持得更好一些？研究那些玄而又玄或虛無縹緲的，上帝啊，語言啊，意識啊，人生意義啊，天下啊，那是次要的嘛，研究可以，但不是哲學根本問題。最普通的常識其實常常是最重要的，所以我寸步不讓。越罵我，我就講得越多。

馬　怎麼看待此次疫情對全球化的影響？

李　我一直認為，全球化是不可避免的歷史總趨勢。但疫情有可能讓全球化推遲二三十年。但人類幾百萬年了，有文明的歷史已經四五千年了，與人類歷史相比，這二三十年是很短暫的。在疫情前，已經出現了英國的脫歐，還有川普講美國優先，都是國家主義、民族主義，實際上就是推遲全球化。全球化會推遲，但也不會推遲特別長。經濟是互相需要的，高科技的發展在推動經濟一體化，這幾十年不是科技高速發展嘛，互聯網什麼的，大家在全球各地都可以聯繫。國家之間全部切斷不大可能。當然了，這得看國家領導人的智慧。

我講過，對中國和世界的未來，我是樂觀的，但對我個人的前途是悲觀的，我可能看不到一點希望或萌芽了。

馬　那麼悲觀嗎？

李　我已年近九旬，一個人最多活一百多歲，對人類幾千年歷史來說，這算什麼。我喜歡的自況集句聯是：「悲晨曦之易夕，感人生之長勤（陶潛）；課虛無以責有，叩寂寞而求音（陸機）」。

馬　如何面對死亡？記得您八十歲接受採訪時說，打算死後把腦袋冷凍起來，幾百年之後用來證明自己的「積澱說」──這很特異，也令許多人無法理解。（笑）

李　哈哈，若能證明文化影響大腦，我覺得比我所有書加起來意義都要大。我不是隨便講句空話而已。我已經聯繫了那個冷凍機構，已經捐了八萬美金，每年還得付幾百美金會員費。當然，如果做不成或不能做，這八萬美元會全退回，現在他們拿去是為該機構的投資等用途。很多人聯繫這個機構，是想復活（《聖經》便承諾過人身體復活），他們希望死了不久就復活。我認為復活是絕不可能的。我不要求復活，所以我要求保存越長越好，等到腦科學發達到可以進行研究的時候，但是能不能做到就不知道了。（笑）

我從不諱言死，這麼老了，儘管也可惜還有好些事情遠未做完，但總會有人來做的。在國內有一段時間我在家裡擺了個真的骷髏頭，用骷髏來提醒自己隨時迎接死亡。我的父母都死於四十歲以前，我估計自己只能活六十歲，活到現在這個歲數，我根本沒有想到。這也是一種偶然、僥倖。這聽起來好像不好聽，卻是事實。

我跟太太結婚的時候就講，說不定我哪天就要死掉了──那時候是開玩笑嘛，現在死亡對我來說是非常現實的問題。今天我見到你，明天也許見不到了。我曾經說過我要死的話，最好是心臟病發，沒有痛苦就死掉。其實我怕的是痛，不是死。但同時我也是養生一族，人都想活，這是動物性的本能，那麼就要健康地活著，快樂地活著。活百歲的人現在確實不少，但並非每個人都能夠，而且多活那幾年，如不健康，不如早死。

我 2010 年寫了十六個字：「四星高照，生活無聊；七情漸消，天涯終老」。

馬　有沒有落葉歸根的願望？

李　從來沒有。如果你是說一定要死在中國才叫葉落歸根，我沒這願望，死在哪裡都無所謂。我還講過，也許飛機失事最好，因為基本無肉體痛苦，精神緊張也是極短時間，那就更不知道死在哪裡了。飛機失事的唯一缺點是可能成為一條新聞。（笑）

馬　您七十歲、八十歲時，雖有不少熱心人張羅，但您卻拒絕過生日。

李　人家要給我搞活動，我統統拒絕。劉再複一番好意，講了好多次。還有紐約的朋友，説是借這次機會來東部開個學術討論會，邀幾個朋友，當然不是大型的，小型的、中型的都可以。我也拒絕。我説你們開吧，反正我不來，那當然就開不成了。我不參加對自己的祝壽活動，但願意參加也很欣賞別人的祝壽活動。我只過過一次生日，就是六十歲。那是 1990 年，在北京，我也只是請我的幾個弟弟妹妹來家裡吃了頓飯，沒有任何外人。

《南方人物週刊》封面（2020 年第 6 月第 20 期）

馬　明年是您的九十壽辰，按中國的老話，叫鮐背之年，應該過一下生日吧？

李　我已婉謝了一些人預賀九十壽辰的好意。八十九歲生日當天，如平常一樣，獨自餐飲，只多喝了兩杯路易十三。九十歲時，仍將如此。我一生最討厭虛偽，過生日總要聽些活一百多歲之類的話，聽那些真誠的假話很難受。

馬　最後想問一個問題：作為跨世紀的九旬老人，能否談談人生感悟？

李　至今未悟。

馬　哈哈……

李　當今要説「悟」，在此艱難時日裡，還是孟老夫子的「三不」吧：「富貴不能淫，貧賤不能移，威武不能屈。」

馬　這次談了這麼多，真是辛苦先生了，非常感謝！

李　不客氣。

後記　一部「特殊作品」

問　這「後記」也採用答問體？

答　是也。但卻非「虛擬」，而是真實的自問自答，就簡單說說這本書的來由。

問　書名為什麼要用「與李澤厚的虛擬對話」這樣一個副標題？

答　這正是我首先要特別申明的：之所以稱為「虛擬對話」，是因為我與李澤厚
　　先生從未真實有過這樣一場對話。

問　虛構的？

答　對，虛構的。但內容卻不「虛」，是很「實」的：它主要源自李先生的各類
　　論著，並經我重組、拼接、整理、編撰而成，算是對先生的一種理解與闡
　　釋，而所呈現的史實、情況、思想、觀點、看法等，則無任何變更。其中不
　　少材料是這些年在與李先生的交往中掌握的，或是先生此次新增補的。

問　從時間跨度上看，這本書涵蓋了李先生的一生。

答　是也。我的初衷與心願就是想通過這種「虛擬對話」，以親切自然、可讀性
　　強的答問體（這也是李先生晚年常用和喜愛的表達方式），粗略概述李先生
　　的經歷、論著、思想、治學、交往等，試圖探尋其獨特的學思之路，從中亦
　　能更加具體生動地感受到李澤厚的人格力量和鮮明個性。

問　那這本書就可作為「李澤厚自述」？

答　否。先生在為拙編《李澤厚散文集》所作序中，曾感慨道：「我多次發現有
　　好些關於我的流言、傳說，有好有壞，有美有醜，卻絕大部份均為虛構。我
　　不做自述，不願將諸多痛苦記憶和各種悔恨再次喚醒並存留，所以也堅決不
　　支持為我作傳。我願更寧靜地走完這孤獨的人生旅程；但雖守生前，卻難保
　　死後，也難免這些流言、傳說會作為材料。因之借此機會重申一次：除我生
　　前認定的詩文、話語、史實、情況外，其餘包括親屬之所言說、友朋之所讚
　　罵，均不足為信，宜審慎鑒別。我非常驚歎一些人想像豐富，甚至能編造出

完全子虛烏有的事蹟，使我常得不虞之毀譽，毀固不樂意，譽也不敢當，因均不符事實。當然，毀譽由人，自知在我；身後是非，更無所謂。但即使如此，仍應對此生負責，乃做此聲明，如蒙注意，幸甚至焉。」

因而，這本「人生小紀」，只能算是李先生「生前認定的詩文、話語、史實、情況」，而且僅是其中的一部份，如此而已。

問 你搞這本書，李先生事先認可嗎？

答 編撰之初，曾提及，但遭到先生的明確反對。

問 不贊同？

答 對。如同反對我搞《李澤厚學術編年初稿》一樣。但我仍繼續進行，並將第三稿快遞先生。令我沒想到的是，過了一段時間（大概八九個月），先生對稿子逐編、逐節進行了極為認真的修訂，用微信發來了141張修訂圖片。

問 這麼多圖片？

答 我寄去的第三稿是裝訂好的A4開本上下冊，攤開拍照，每張照片拍兩頁，這141張照片實際涉及近300頁。

問 李先生為何會轉變態度？

李澤厚對本書稿的第一次修訂

答 我「磨」的結果唄。（笑）先生最初是反對的，但我不管，仍繼續搞，並將書稿的一些東西斷斷續續通過郵件、微信發給先生。先生偶爾會回覆幾個字，但絕大部份「泥牛入海」。後來，先生在一次電話中講：「你如此之熱心，如此之執著，費了如許心力，我再不看一下，似乎就有點不近人情了。我是很認真對待的，希望你也一樣。」

問 我看過一些修訂照片，的確是「很認真對待的」。

答 非常認真！得到先生的認可後，我心裡就有些底了，對全書又作了一次較大的調整、增刪、完善，並打印快遞先生。豈料書稿在美國遺失，又恰逢新冠病毒肆虐全球，往美國的快遞已暫停而無法補寄，只好將書稿電子版發給先生，由先生打印出來。期間還得知，先生在家不慎意外跌倒，腰椎骨折，後

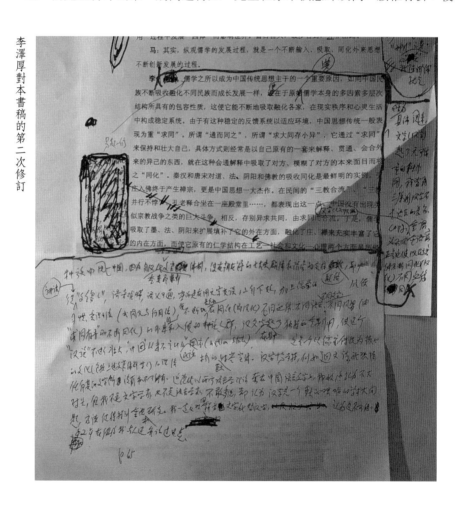

李澤厚對本書稿的第二次修訂

又引發其他疾病（先生本有 heart failure），因美國正處疫情爆發期，不能去醫院，只好臥床康復。正是於此內外交困、身心俱疲之下，先生強撐著勉力完成了第二次批閱，並發來 100 餘張修訂圖片。

我修改後，打印快遞先生，先生又發來 60 多張修訂圖片，並撰寫了序文。算下來，先生對書稿前後共作了三次大的修訂（涉及書稿的各個部份，包括標點符號），發來 300 餘張修訂圖片，這還不包括平時陸續提出的一些修訂意見。

問 已是九旬高齡的老人了，如此大的工作量，真了不起！

答 先生有眼疾，一次閱讀最多堅持半個小時，卻不辭勞瘁，三次修訂，真是令人感念萬分！從這些修訂中可以看出，先生雖已到了鮐背之年，但思想仍然活躍、敏銳，思維依舊清晰、縝密。

問 李先生下了如此大的功夫，我看此書完全可以視為他本人的作品了。

答 所以，我曾鄭重地向先生提出過：「鑒於書稿的內容來自先生的論著，先生又作了如此之多的刪、改、補，凝聚了大量心血，可將此書作為先生的論著，況先生也正缺一本回顧性的書。」但還是被拒絕了，先生說：「恰好相反，我寫的序中明確說了這是你的著作。」先生的這一態度，反使我平添了不少愧疚。其實，這本書即使不作為先生的獨立作品，至少也是我與先生兩人合作的產物。

問 似乎未曾遇到過像本書這樣的情形，真可謂一部「特殊作品」呀！

答 的確，它非常「特殊」，但也非常有趣。

問 這本書篇幅雖已不小，但我發現還是遺漏了不少內容。

答 是也。先生每次修訂完，我又陸陸續續作一些增刪、調整、完善，先生屢次勸阻說，不要再動了，否則會是無底洞，再加十萬字也不夠。所以，不少內容，包括一些非常重要的，因種種條件限制，有的無法呈現，有的只點到為止，有的只講了一個方面，如此等等，非常抱憾，卻也無可如何。

問 你與李先生晚年接觸較多，可否介紹一下這方面的情況？

答 這裡只能簡單說幾句，將來或許可以寫些東西談談。的確，我與先生晚年交

往很頻繁，算是密切聯繫者之一吧，主要幫助先生處理與出版社之間的相關事務，買書、寄書等等，還選編過幾部先生的論著。

但說來大家可能不相信，我與先生從未見過面（不是沒有機會）。除打過少數幾次電話外，平時主要是通過郵件和微信聯繫。

問　噢，你們沒見過面？

答　沒有。一次也沒有。（笑）

問　這倒有些特別。

答　想起一趣事。有一年春節，我走在路上，突然心血來潮，就給遠在美國的先生發去了一條問候微信，先生很快回覆：「謝謝！記得這幾年我們之間逢年過節並無問候，這應是第一次吧？其實，如之前那樣更好。」從此，逢年過

李澤厚對本書稿的第三次修訂

節我再也沒有問候過先生。（笑）

問　哈哈……這太有意思了！

答　先生晚年的一些文章及其修改，字小又潦草，許多人認不出來，基本都是由我辨識並整理出來的。先生多次講：「我的字大概只有你能看明白。」這些文章先生用手機拍照發我，但因年紀大，手顫抖，眼又不好，拍得很不清楚，更增加了辨識的難度。我多次建議，完全可由家人幫忙拍照，既便於我辨識，也免去先生多次拍照的勞苦。但先生說：「不行，還是我自己來吧。」我感覺，他總是一個人在孤獨地思考與工作。

問　能否談談你對李先生的總體印象？

答　可以引一段我接受《南方人物週刊》（2020 年第 20 期）採訪時講的話：「在馬群林看來，李澤厚不拘小節，樂於助人，平等待人，友善真誠。『你提的意見、建議只要好，他都會重視、採納，不管你是教授學者還是普通讀者。』但馬群林又說，李澤厚在原則問題上是絕不讓步的，他不會遷就和討好誰，討厭虛偽和不誠實，直道而行，極具個性（有人說是『特異』性格）。」

問　作為編撰者，還有什麼要給讀者講的。

答　該說的已說了。不過，這裡我還想貿然說一句：這本書或可視為雖粗淺但亦較全面的「李澤厚讀本」。

問　「李澤厚讀本」？

答　是也。有興致的讀者或可由此入門，進階研讀這位中國當代大思想家的諸多哲學、思想史、倫理學、美學論著，「沉潛往復，從容含玩」，從而窺堂奧，得真髓，悟命運。

　　是所望焉。

2019 年 9 月稿
2020 年 4 月修訂

又記

先生走了！

11 月 3 號上午，我接到李澤厚先生的公子李艾發來的微信：「馬先生，我是李艾。我父親今早過世了。」

據趙士林兄披露：「北京時間 10 月 29 日，恩師微信告知因肺栓塞急診住院剛剛出院，說身體虛弱，只能講幾句話，過一兩天再聯繫。我瞭解肺栓塞非常兇險，幾天來每天都多次給他發微信打電話，但均無回應，我隱隱感到不祥。北京時間 11 月 3 號上午聯繫到恩師兒子李艾，他告知我恩師已經於美國科羅拉多州時間 11 月 2 日晨 7 時許逝世。」

一代哲人靜悄悄地走了，宛如秋葉一般無聲無息地飄零……

先生享年 91 歲，按中國的老話已到了鮐背之年，算是高壽，但當噩訊傳來，我仍是毫無思想準備，驚愕萬分。因為 10 月 11 日先生還在修改人民文學出版社即將付梓的《倫理學新說》的序文，並拍照發我，叮囑將新序換上；18 日我發先生微信，問能否通話，回覆：「患病。很快我會打電話。」20 日先生打來電話，我們聊了一個多小時，先生說他不小心又摔了三次，但當時感覺先生精神狀態尚好，聲音依然清亮；31 日我收到《倫理學新說》樣書後，按之前的習慣先給先生發微信圖片，再快遞寄書（這次包裹裡除了新書，還有 1947 年版歐陽凡海著《魯迅的書》、維克多·克拉夫青科著《我選擇了自由》），但這些圖片和書籍，先生已永遠看不到、永遠收不到了。

10 月 20 日的那次通話，先生牽掛的一事，還是這本《人生小紀》的出版進展，他說：「最好在我死之前出，我死後再出，別人會認為你是在瞎編。我估計出版後，嘲笑、咒罵聲會很多很多，你要做好心理準備。」類似的意思之前也說過。

關於此書的來龍去脈，「後記」已詳述，此處不贅。需補充一點的是：這個書名也是先生最後敲定的。我擬過幾個，均被先生一一否定，認為不妥。我們在微信上反覆討論，最後先生說：就叫「人生小紀」吧，不改了！我也覺得甚佳，

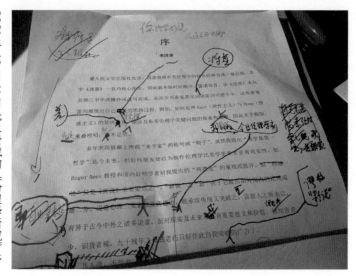

2021 年 10 月 11 日先生發我的《倫理學新說》序修訂稿微信圖片，這大概是先生最後的手跡

就這樣定了下來。

按最初計劃，這本書應在 2020 年 6 月先生 90 歲生日之前出，後因種種原因不斷推後、延遲，最終先生仍未能見到，想來真是令人唏噓不已！

另一件令我至今頗感後悔的事是，先生 2017 年回國之前曾告知我，我也想與先生見一面，但因先生此次回國要處理家裡的一些事務，比較勞累，我也就打消了這個念頭，心想等先生明年（2018）回國一定要去登門拜訪。誰知這樣的機會已經永遠地失去了，留給我的只有遺憾與哀傷。

還說些什麼？

似有許多話要講，卻又如鯁在喉，那就引先生為拙編《李澤厚散文集》所作序的最後一句作結吧：「雖世局變異但真理長存，願逝者如斯而未嘗往也。」

2021 年 11 月 5 日於怡豐苑

承香港三聯書店雅意，推出本書中文繁體版，非常感謝總編輯周建華先生，非常感謝劉再復先生、劉劍梅教授的鼎力推薦。亦感謝本書責編林冕女士的辛勤工作。

2021 年 12 月 2 日

附錄

附錄一 「救亡壓倒啟蒙」與「中國六代知識分子」 之「發明權」考釋

馬群林

近日，筆者拜讀了收入「北京大學新中國留華校友口述實錄叢書」中的美國衛斯理安大學（Wesleyan University）東亞系舒衡哲（Vera Schwarcz）教授的《回家的路 我與中國——美國歷史學家舒衡哲口述》（賀佳梅、倪文婷訪談，北京大學出版社，2018 年 5 月。以下簡稱《口述》）。《口述》乃 2017 年 10 月 18 日至 11 月 1 日舒在北大的訪談錄，其中第四章《中國啟蒙運動的光與影》談到與李澤厚的學術交往，主要涉及「救亡壓倒啟蒙」和「中國六代知識分子」最早是由誰提出並闡述的，即所謂「發明權」問題。但令人頗感困惑與遺憾的是，《口述》中所陳述的與事實大相徑庭，故有必要撰文予以考釋和糾正。

一 是誰最早提出「救亡壓倒啟蒙」？

對此，學術界一直存在著種種議論。作為當事人之一，舒衡哲教授在《口述》中是這樣陳述的：

> 我剛剛認識李澤厚的時候 …… 馬上感覺到我們有許多的共同語言。…… 李澤厚當時非常願意和外國學者交流他的思想，我也向李澤厚介紹了我的新看法。那時我還沒有出版《中國啟蒙運動：知識分子與五四遺產》。我給李澤厚講了我思考的「啟蒙」和「救亡」的差異，尤其是兩者存在衝突的看法。30 年代抗戰時期知識分子為了救國而放棄啟蒙，因為愛國，所以知識分子自願放棄，而不是中國共產黨要求知識分子放棄他們的啟蒙運動。這在二十世紀三四十年代之交已經變成了新啟蒙運動。我當時

也和很多人談了這個問題。……我和李澤厚的許多談話是朋友間的私下交流。……李澤厚說的「救亡壓倒啟蒙」是用了我的想法。我認為知識和思想分析方法不是個人資本，而且當時我為了升副教授，寫了《中國啟蒙運動：知識分子與五四遺產》，在我的職業生涯裡，這本書已經發揮了它的作用。杜維明告訴我說：「你看，李澤厚……」我看了李澤厚的書，想起我們在北大聊天喝酒，我剛給他介紹新的看法，他馬上就發表了。我一點都不覺得嫉妒。（第 121－124 頁）

但事實果真是如此嗎？

（一）李澤厚最早提出並闡述了「救亡壓倒啟蒙」思想

不少學人以為，李澤厚的「救亡壓倒啟蒙」觀點是出自 1986 年 8 月發表的那篇著名的《啟蒙與救亡的雙重變奏》文。其實，這個「時間點」，還必須向前再推至少八九年。

《歷史研究》1979 年第 6 期刊登了李澤厚《二十世紀初資產階級革命派思想論綱》（收入 1979 年 7 月出版的《中國近代思想史論》一書，以下簡稱《近代》）。李說：「《歷史研究》是黎澍主編的。……黎澍對我的文章特別喜歡。我寫辛亥革命的文章他就是作為刊物頭條登出來的。我的文章極少作頭條，所以這篇（就是提出『救亡壓倒啟蒙』的這一篇）記得特清楚，當時有哲學所的同事提起，我也挺高興。」（李澤厚、劉緒源：《該中國哲學登場了？》，上海譯文出版社，2011 年，第 39－40 頁，簡稱《登場》）

正是這篇文章，明確提出了「救亡壓倒啟蒙」的思想，甚至連「壓倒」這個詞也有了，譬如：

> 《革命軍》正如它的作者的短促年華一樣……很快也就消失在這長夜難明雲壓天低的封建暗空中。……幾千年的封建主義很快就把它們吞噬掉了。……如果說，鄒容《革命軍》的基調是反封，那麼，同樣受到狂熱歡

迎的陳天華的作品——《猛回頭》《警世鐘》《獅子吼》等基調則是反帝（當然這種比較均系相對而言，下同）；如果說，前者著重宣講的是為了民主自由而革命，那麼後者著重宣講的是為愛國、救國而革命；如果說，前者更多突出的是民主革命的一般原理，那麼後者更多突出的則是當前的危亡局勢……如此急迫痛切的國家種族的危亡感，如此憤激慷慨的救亡呼聲……反帝是中國近代一個基本命題。（《近代》第 300－302 頁）

不僅革命派，當年改良派的講民權（如譚嗣同）、自由（如嚴復），也都是為了「救亡」，即為了反侵略爭獨立而提出的手段和方案（詳見各文），反帝救國成了整個中國近代思想的壓倒一切的首要主題。（《近代》第 309 頁註腳）

五四運動提出科學與民主，正是補舊民主主義革命的思想課，又是開新民主主義革命的啟蒙篇。然而，由於中國近代始終處在強鄰四逼外侮日深的救亡形勢下，反帝任務異常突出，由愛國而革命這條道路又為後來好幾代人所反覆不斷地走，又特別是長期處在軍事鬥爭和戰爭形勢下，封建意識和小生產意識始終未認真清算，鄒容呼喚的資產階級民主觀念也始終居於次要地位。（《近代》第 311 頁）

不僅此篇，《近代》一書還有多篇談到「救亡壓倒啟蒙」思想，譬如更早的、刊於 1977 年第 2 期《歷史研究》的《論嚴復》一文：

迫切的救亡局面，把國家富強問題推到當務之急的首位，使嚴復愈來愈痛感「小己自由非今日之所急，而以合力圖強……為自存之至計」（《法意》卷 18 按語）。這樣，國家富強又比個體的德智體，比個人思想言論上經濟上的自由和發展要緊得多，急迫得多，應該擺在前面。這是近代思想家包括嚴復在內所實際著重的首要主題。（《近代》第 277 頁）

再譬如，李 1978 年秋為《近代》一書所寫的後記：

普列漢諾夫說過，每個時代都有它自己中心的一環，都有這種為時代所規定的特色所在。在世界範圍內，近代資產階級民族民主革命由西而東，如果說，這獨具特色的一環在十八世紀末十九世紀初的德國，是那抽象而深刻的古典哲學；在十九世紀的俄羅斯，是革命民主主義者的文學理論和批評；那麼，在近代中國，這一環就是關於社會政治問題的討論了。燃眉之急的中國近代緊張的民族矛盾和階級鬥爭，迫使得思想家們不暇旁顧，而把注意和力量大都集中投放在當前急迫的社會政治問題的研究討論和實踐活動中去了。因此，社會政治思想在中國近代思想史上佔有最突出的位置，是它的主要組成部份。其他方面的思想，如文學、哲學、史學、宗教等等，也無不圍繞這一中心環節而激蕩而展開，服從於它，服務於它，關係十分直接。[引者注：值得注意的是，這段話，李澤厚幾乎是完全重複了自己早年著作《康有為譚嗣同思想研究》（上海人民出版社，1958 年 8 月）「序」中的話，見該書第 2 頁]

　　民族鬥爭和階級鬥爭的尖銳激烈，使政治問題異常突出。這是優點，也有缺點。優點是如前所說，思想與人民、國家、民族的主要課題息息相通，休戚相關。缺點則是由於政治掩蓋、滲透、壓倒和替代了一切，各個領域或學科的獨立性格反而沒有得到充分展開和發揮，深入的理論思辨（例如哲學）和生動的個性形式（例如文藝），沒有得到應有的長足發展，缺乏反映這個偉大時代的偉大哲學作品和藝術作品。（《近代》第 475－476 頁）

　　如該書好些論文所說明，太平天國之後，中國近代思想和活動的主流是由知識分子帶頭，從愛國救亡而轉向革命的。愛國反帝始終是首要主題。這一主題經常沖淡了和掩蓋了其他，這與歐洲為爭自由而革命的數百年思想行程很不一樣。資產階級的自由、平等、博愛等民主主義，在近代中國並沒有得到真正的宣傳普及，啟蒙工作對於一個以極為廣大的農民小生產者為基礎的社會來說，進行得很差。無論是改良派的自由主義，或鄒容吶喊的平等博愛，或孫中山的民權主義，都遠遠沒有在中國廣大人民的意識形態上生根。相反，民族自尊和愛國義憤壓倒了一切，此外，從洪秀全到章太炎的種種小

生產者的空想和民粹主義，具有深厚的社會土壤，享有廣泛市場和長久影響。（《近代》第 479 頁）

從以上引述可見，「救亡壓倒啟蒙」在李澤厚那裡，早已是胸有成竹了，而 1986 年發表的《啟蒙與救亡的雙重變奏》，不過是 1979 年《近代》一書的繼續展開敘說而已，並非舒衡哲所講「李澤厚說的『救亡壓倒啟蒙』是用了我的想法」。如該文如下之表述：

> 五四時期啟蒙與救亡並行不悖相得益彰的局面並沒有持續多久，時代的危亡局勢和劇烈的現實鬥爭，迫使政治救亡的主題又一次全面壓倒了思想啟蒙的主題。之所以說「又一次」，是因為如前所說，這一直是近代中國歷史上的老問題，是曾多次出現過的現象。（李澤厚：《中國現代思想史論》，東方出版社，1987 年，第 32 頁，下簡稱《現代》）

這段話與前引《近代》一書，完全一脈相承，並無差異。據李回憶，這篇「雙重變奏」文寫於 1985 年 8 月，是應《北京社會科學》雜誌之約，為紀念「文化大革命」結束十周年而作。「這個文章寫得特別快，兩三天（就寫完了）。寫的時候段落都沒有分，可說一氣呵成。給《走向未來》發表時只分了段，小標題是到出書（引者注：指 1987 年《現代》一書）的時候才加上去的。原來交給《北京社會科學》雜誌，在那裡壓了一段時間，終於不敢用，退給了我，才發表在《走向未來》這本民間雜誌的創刊號上。」（《登場》第 52－53 頁）

（二）舒衡哲與李澤厚第一次會面的時間

舒衡哲教授 1979 年 2 月至 1980 年夏，作為首批美國交流生到北京大學進修（舒是其中唯一的博士）。關於與李澤厚的相識，舒在《口述》中說：

> 我和李澤厚怎麼認識的，不太記得了，最早是 1979 年王瑤給我介紹了

《讀書》雜誌的編輯，李澤厚也給《讀書》雜誌投過稿，可能是《讀書》雜誌的一些人給我介紹了他。我是通過《讀書》雜誌認識了李澤厚，而且是在認識朱光潛之後。第一次可能是我去中國社會科學院找李澤厚，第二次可能是李澤厚來北大找我。（第 120－121 頁）

從舒的敘述中，很容易使人得出這樣的結論：舒與李是在 1979 年相識並進行學術交談的。但事實並非如此。

1979 年 7 月李澤厚的《近代》一書出版，這本現在看似稀鬆平常的書，甫一出版，便立即在大陸學術界引起巨大轟動。正在北大進修的舒衡哲讀到了此書，並於 1980 年 1 月 10 日致信李，請求會面。（見下圖，為 2017 年李先生贈予筆者舒衡哲信的複印件）。

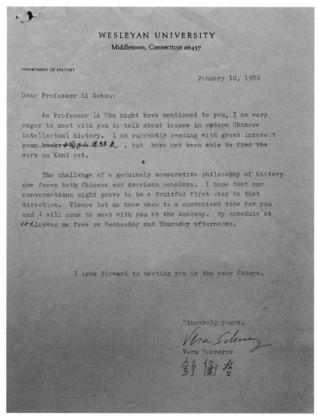

1980 年 1 月 10 日舒致李請求會面的信

舒在信中説：「因為黎澍教授可能向您提到過我，所以我非常渴望與您會面，討論中國近代思想史上的問題。我現在懷著極大的興趣閱讀您的書：中國近代思想史」（「As Professor Li Shu might have mentioned to you, I am very eager to meet with you to talk about issues in modern Chinese intellectual history. I am currently reading with great interest your book：中國近代思想史」）；「我期待著在不久的將來見到您」（「I look forward to meeting you in the near future.」）。

這封信，再清楚不過地説明：

第一，舒與李的第一次會面並非在 1979 年（所以才有 1980 年 1 月 10 日這封請求見面的信函），他們的第一次會面最早也應該是在 1980 年。筆者的以上推斷，也從李澤厚那裡得到了的驗證，李告知筆者：是 1980 年 3 月 12 日、5 月 31 日兩次在家與舒衡哲會面，從未去北大找過她，記得討論了中國近代史上的一些問題。當年在家接待外賓，曾引起院內所內的調查、詢問和警告，但很快也就放開了。

第二，在他們第一次會面之前，舒就「懷著極大的興趣」讀過李剛出版的、由《二十世紀初資產階級革命派思想論綱》《論嚴復》等十篇論文結集的《近代》一書。後來，舒的著作《中國啟蒙運動》也有幾處引用過李的《近代》。

第三，因此，倘若真像舒所述的那樣，是李「用了我的想法」，那將必然面臨這樣一個極為尷尬、無法解答的問題，即：李如何可能在 1980 年採用了舒的觀點，然後寫進前一年即 1979 年出版的論著（《近代》）中？

（三）李澤厚跟舒衡哲談過「救亡壓倒啟蒙」觀點

2018 年 5 月 31 日晚，筆者與李澤厚有過一次通話。其間筆者故意將話題引到「救亡壓倒啟蒙」的爭議上，李云：「舒哲衡斷斷續續與我有聯繫，去年（指2017 年）我回國時，她也在北京，還給我寫信，但我已到上海了，回她一短信。最早與舒交往是在北京，當時她好像正在北大進修，讀了我剛出版的《近代》，寫信要見我，那封信你是見過的（我：是的，英文信，您給我的是影本）。關於那次啟蒙與救亡的談話，我還有點記錄。至於後來如何演繹成所謂『爭議』問

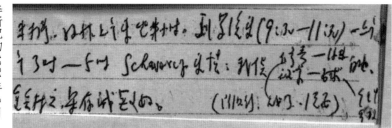

李所記的 1981 年 6 月 17 日下午與舒的交談要點

題，我就完全不清楚了，也毫無興趣，文章和書籍都在那裡擺著的嘛，可以去查看。」

據李澤厚現存的原始記錄，1981 年 6 月 17 日下午，他在家又接待過來訪的舒衡哲。應筆者再三要求，李將此次與舒所談的簡要原始記錄拍照發來（見上圖）。記錄如下：

> 下午 3 時－5 時，Schwarcz 來談，我談：修養—約束自由（階級鬥爭、戰爭的須要）；啟蒙—要求自由（個性解放）。

筆者問：「『修養』指什麼？」李説：「指延安整風和劉的《共產黨員的修養》等等，即救亡對個體整頓的落實，當時談得很細，我還舉了好些例子。如我完全不同意周揚名文中講延安整風是第二次思想解放，實際恰好相反，但當時奉為圭臬。所以才有『修養—約束』的説法。」（2018 年 8 月 7 日致筆者微信）

李所提到的「周揚名文」，乃指 1979 年 5 月 3 日周揚在中國社會科學院紀念「五四」運動六十周年學術討論會上作的《三次偉大的思想解放運動》報告（刊於《人民日報》1979 年 5 月 7 日）。周揚認為，本世紀以來，中國有三次偉大的思想解放運動：五四運動是第一次，延安整風運動是第二次，目前進行的思想解放運動是第三次。李不同意周將延安整風運動列為思想解放運動，他説：「我對此論頗為懷疑。延安整風是一次思想整肅運動，即批判資產階級小資產階級思想，批判個人主義、自由主義、絕對民主主義等等。它與強調個性解放、個人自由的啟蒙思潮恰好背道而馳。這思想整肅運動在當時有其極大的現實合理性：為了救亡。在你死我活的戰爭條件下，需要統一思想，統一意志，團結隊伍，組織

群眾，去打擊敵人，消滅敵人，一切其他的課題和任務都得服從和從屬在這個有關國家民族生死存亡的主題下，這難道不應該嗎？當然應該，這整肅從思想上保證了革命的勝利。……這就是我所説的『救亡壓倒啟蒙』。這是一個歷史事實，誰也沒法再去改變這一行程。問題在於今天有無勇氣去正視它、提出它和討論它。」（李澤厚：《啟蒙的走向》，見《雜著集》，北京三聯書店，2009年，第222-223頁）

李的原始簡記證明，並非如《口述》所云：「我給李澤厚講了我思考的『啟蒙』和『救亡』的差異，尤其是兩者存在衝突的看法。」也許，事實可能恰好相反。

其實，我們暫且撇開以上的繁瑣考釋，就是從一般常理角度來講，舒所謂「用了我的想法」，也難以講通。一個學人如何可能在沒有自身長期的、雄厚的知識儲備、思想積累等等前提條件下，只是偶然聽到、看到他人一個觀點（如舒所描述的：「我看了李澤厚的書，想起我們在北大聊天喝酒，我剛給他介紹新的看法，他馬上就發表了」），即受啟發並在極短的時間內（二三天）鋪就一篇意蘊深厚、影響甚巨的文章？而且，此文的思想還是貫穿於《中國近代思想史論》（1979）、《中國現代思想史論》（1987）兩部論著的一根主軸、一條紅綫。這顯然不符合常理。

二 「六代」分法真的是「一起討論出來的」嗎？

除了「救亡壓倒啟蒙」外，舒衡哲教授在《口述》一書中還拋出另一個「中國六代知識分子」劃分的話題：

1979-1980年,我和李澤厚一同分析了「中國六代知識分子」。我開始注意到曼海姆的代際理論,和李澤厚一起討論了好幾代中國知識分子的歷史經歷。不久,我和李澤厚合寫了一篇英文文章《現代中國的六代知識分子》(*Six Generations of Modern Chinese Intellectuals*),聯合署名發表在國外刊物 *Chinese studies in History*（1983年第2期,總第17卷）上。雖然我和李澤厚共同分析了這個問題,但他是從哲學美學的角度切入,我是從歷史的角

度切入。後來，我是通過杜維明才知道李澤厚在國內單獨發表了「六代知識分子」的中文文章，其中沒有提到我的名字。因為杜維明、李澤厚和我也一起討論過幾次「中國六代知識分子」的問題，80 年代末杜維明在北大聽到消息，主動問我是否看過那篇文章。我說沒看到。於是，杜維明送了我那本書。雖然李澤厚沒有送我那本書，不過，我沒有感覺到什麼，因為我從沒將「六代知識分子」的論述視為我個人的知識資本，所以李澤厚可以拿去使用，更何況他還冒了這個險，付了這個賬。我沒話可說。畢竟這些問題是我們大家一起討論出來的。(第 122－123 頁)

這段話裡，主要包含了以下一些資訊：

第一，舒認為，「中國六代知識分子」是她與李澤厚在 1979－1980 年「共同分析」的，是「我們大家一起討論出來的」，後來卻被李「拿去使用」了。

第二，「不久」，舒與李就合寫了一篇英文文章《現代中國的六代知識分子》，刊於國外的一本雜誌上。

第三，「後來」，李「在國內單獨發表了『六代知識分子』的中文文章，其中沒有提到我的名字」。

那麼，真相又到底如何呢？

(一)《略論魯迅思想的發展》最早提出「六代」分法

首先應更正一下，如前所說，舒與李的第一次會面是在 1980 年（而不是籠統的「1979－1980 年」）。這次會面談到了「中國六代知識分子」問題，據李告知筆者：舒是最早贊同他的「六代知識分子」分法，而當時國內學界並非如此。

但是，在他們第一次會面談「中國六代知識分子」之前，李澤厚早已在寫於 1978 年、刊於 1979 年 4 月《魯迅研究輯刊》第一輯的《略論魯迅思想的發展》一文中，就已非常明確地講到「中國革命與六代知識分子」這個問題：

魯迅曾經想寫包括自己一代在內的四代知識分子的長篇小說，可惜沒

有實現。所謂四代，前面已講。這就是，章太炎一代，這一代是封建末代知識分子，其中的少數先進者參加（或受影響，下同）了戊戌，領導了辛亥。下面是魯迅一代，這一代的先進者參加了辛亥，領導了五四。再一代的優秀者是五四的積極參加者，大革命的各級領導者。最後一代是大革命的參加者或受影響者，以後抗日戰爭的廣大基層的領導者。總之，辛亥的一代，五四的一代，大革命的一代，「三八式」的一代。如果再加上解放的一代（四十年代後期和五十年代）和文化大革命紅衛兵的一代，是迄今中國革命中的六代知識分子。（第七代將是一個全新的歷史時期。）每一代都各有其時代所賦予的特點和風貌，教養和精神，優點和局限。例如最早兩代處於封建社會徹底瓦解的前期，他們或來自農村環境或與社會有較多的關係和聯繫，大都沉浸在忠誠的愛國救亡的思想中，比較樸質認真，但他們又具有較濃的士大夫氣息，經常很快就復古倒退，回到封建懷抱中去了。第三代眼界更寬，見聞更廣，許多成為學者教授，有的叛離革命當了反動派，其中優秀者則首創與農民戰爭結合進行武裝鬥爭的光輝道路，成為中國革命的棟樑和柱石，是對中國革命最有貢獻的一代。第四代大多數是典型的小資產階級學生知識分子群，聚集於城市，與農村關係更疏遠一些了，他們狂熱、激昂然而華而不實，人數較多，能量較大，其中很多人在抗日戰爭中走上與工農兵相結合的革命路途，成了革命的骨幹，這也是對中國革命作了很大貢獻的一代。第五代的絕大多數滿懷天真、熱情和憧憬接受了革命，他們虔誠馴服，知識少而懺悔多，但長期處於從內心到外在的壓抑環境下，作為不大。其中的優秀者在目睹親歷種種事件後，在深思熟慮一些根本問題。第六代是在邪惡的鬥爭環境中長大成熟的，他們在飽經各種生活曲折洞悉社會苦難現實之後，由上當受騙而幡然醒悟，上代人失去了的勇敢和獨創開始回到他們身上，再次喊出了反封建的響亮呼聲。他們將是指向未來的橋樑和希望。總之，這幾代知識分子縮影式地反映了中國革命的道路，他們在辛亥革命失敗之後，邁過了啟蒙的二十年代（1919－27），動盪的三十年代（1927－37），戰鬥的四十年代（1937－49），歡樂的五十年代（1949－57），艱難的六十年代（1957－69），蕭條的七十年代（1969－76），而以「四人幫」的垮台邁向甦醒的

八十年代。當然，所有各代中都有工農出身的知識分子未計在內。每一代又還可再分，並且每代中又有各種不同的類型和性格，有些人則介乎兩代之間，有些人則屬於此代卻具有上一代或下一代的典型特徵⋯⋯如此等等。總之，他們的命運和道路，他們的經歷和鬥爭，他們的要求和理想，他們的悲歡離合和探索追求，他們所付出的沉重代價、犧牲和苦痛，他們所迎來的勝利、歡樂和追求⋯⋯如果譜寫出來，將是一部十分壯麗的中國革命的悲歌。魯迅的遺志應當有人來完成。

魯迅是不朽的。只有他，自覺地意識和預見到這個具有重大歷史深度的中國知識分子的道路和性格問題，並指出他們有一個繼續戰鬥和自我啟蒙的雙重任務，它與中國革命的過去、現在和未來息息相關。（《近代》第 470－471 頁）

李 1978 年這些關於「中國六代知識分子」的明確劃分與精彩闡釋，已十分清晰明豁。而當時寫下這些文字的李澤厚，恐怕還根本不知「舒衡哲」為何許人也，舒所謂的「是我們大家一起討論出來的」說法，就不知該從何談起了。

（二）關於《現代中國的六代知識分子》

舒衡哲教授云，「不久」，他們合寫了英文文章《現代中國的六代知識分子》（見下頁圖），但這個「不久」，也不是在「1979－1980 年」（《口述》給人的感覺似為這個時間段）。據李澤厚回憶，1982 年他首次出國訪美期間，與舒合寫了這篇東西，但基本觀點仍來自《略論魯迅思想的發展》，只添加了許多政治、學術、文學各方面的人物作為例證。

這篇英文稿，首句就是李《略論魯迅思想的發展》一文所關注的兩個主題：「農民與知識分子這兩類人物主導了魯迅的短篇小說。」（「Two types of characters dominate the short stories of Lu Xun peasants and intellectuals」）文章寫道：「我們在這個項目中的合作始於 1980 年春天在北京的對話。我們倆都很關心我們各自工作中的代際問題。我們當前努力的起點是李澤厚的《中國近

代思想史論》一書中對六代的描述。這已經引起了中國和國外的很多關注。」

（Our collaboration in this project began with Conversations in Beijing in the spring of 1980. Both of us have been concerned with the problem of generations in our respective work. The starting point for our current effort is the description of the six generations that appeared in Li Zehou's book, *Modern Chinese Intellectual History*. This passage has already attracted much attention in China and abroad.）

緊接著，用了佔全文兩頁以上的篇幅，引用了《略論魯迅思想的發展》一文中對

「中國六代知識分子」分析與闡述的那段著名文字（即本文上面所引用的那段）。這篇英文稿還多次引用了李的一些文章，如《讀書》1981 年第 3 期發表的《宗白華＜美學散步＞序》（「第二代」）、《文藝報》1981 年第 2 期發表的《畫廊談美》中談美術展覽（「紅衛兵一代」）等等。該文也記錄了李與舒的分歧：李對第五代評價和成果估計低而舒很樂觀等等。文章發表時，李澤厚已經回國了。

　　由此可見，《現代中國的六代知識分子》雖為李與舒兩人合作成果，但無法否認的事實是，其核心思想（「中國六代知識分子」）是李澤厚的，主要內容也出自李澤厚。

（三）關於《二十世紀中國（大陸）文藝一瞥》

　　舒衡哲教授所提到的「後來」的「中文文章」，是指李澤厚刊於 1987 年第 4 期《黃河》雜誌上的《二十世紀中國（大陸）文藝一瞥》一文；而「80 年代末」，杜維明先生「打抱不平」，特意提醒並送舒的「那本書」，應指李的《現代》一書。

　　其實，《二十世紀中國（大陸）文藝一瞥》一文並非專講「中國六代知識分子」，李提出「六代」分法，但從未寫過相關的論著。這篇「一瞥」文也只是從「中國六代知識分子」分期角度談二十世紀的中國文藝，與李、舒合寫之文（即《現代中國的六代知識分子》）毫無干係，當然不會提及舒的名字，舒的抱怨（「其中沒有提到我的名字」）並無理由可言。

　　關於「一瞥」文，正如有學者所指出的：「儘管李澤厚的《二十世紀中國文藝一瞥》的發表時間較晚，但其論文的觀點、論證思路、材料的使用都是來自他於 1979 年發表的《中國近代思想史論》一書。」（張偉棟：《李澤厚與現代文學史的「重寫」》，江西人民出版社，2012 年，第 15 頁）「只要我們細緻地分析《二十世紀中國文藝一瞥》的行文脈絡，就會發現，李澤厚的文章，其實是他寫於 1978 年的《略論魯迅思想的發展》一文的擴充。……李澤厚所提出的『近現代六代知識分子』的概念，正是在《略論魯迅思想的發展》一文的結尾處提出的。他提到魯迅曾計劃寫作一部關於『四代知識分子』的長篇小說，即章太炎一代，『這一代是封建末代知識分子，其中的少數先進者參加（或受影響，下

同）了戊戌，領導了辛亥』。魯迅一代，『這一代的先進者參加了辛亥，領導了五四』。再加上五四一代和抗日戰爭的一代，構成了魯迅所要描述的『四代知識分子』。李澤厚在這個基礎上提出了自己的『六代知識分子』的描述框架。在《中國現代思想史論》中，這個目標雖然未能完全實現，但我們看到《二十世紀中國文藝一瞥》基本上是貫穿了這一思路的，從文藝的角度梳理了六代知識分子『通過傳統轉換走向世界』的心路歷程，也正是在這個意義上，《二十世紀中國文藝一瞥》基本上可以看做是對《略論魯迅思想的發展》一文的擴展。」（同上書，第 224－225 頁）

李的《現代》一書後記亦說：

　　　　例如，這本書本來打算講的一個中心主題，是中國近現代六代知識分子（辛亥一代、五四一代、北伐一代、抗戰一代、解放一代、紅衛兵一代）。這問題在《中國近代思想史論》提出過，原來想在本書中再做些論述。例如第五代的忠誠品格的優點，第六代實用主義、玩世不恭的弱點等等，都需要加以補充和展開。……這是些很有意思的問題，只好等以後再寫了。

　　　　中國現代知識分子，如同古代的士大夫一樣，確乎起了引領時代步伐的先鋒者的作用。由於沒有一個強大的資產階級，這一點便更為突出。中外古今在他們心靈上思想上的錯綜複雜、融會衝突，是中國近現代史的深層邏輯，至今仍然如此。這些知識分子如何能從傳統中轉化出來，用創造性的歷史工作，把中國真正引向世界，是雖連綿六代卻至今尚未完成的課題。這仍是一條漫長的路。（《現代》第 343－344 頁）

可以說，「一瞥」文中「中國六代知識分子」的劃分與敘說，在李那裡早已不是什麼「新鮮」思想了，何來舒所謂的被李「拿去使用」一說？如果說真有「拿去使用」的事情發生，那麼，李與舒 1982 年合寫的《現代中國的六代知識分子》，倒可以說是將李《略論魯迅思想的發展》一文中關於「中國六代知識分子」的思想，「拿去使用」了！

三、兩點結論

綜上，我們可得出如下之結論：

第一，「救亡壓倒啟蒙」和「中國六代知識分子」，其核心思想都是由李澤厚最早提出並系統闡釋的，也就是說，它們的「發明權」在李澤厚那裡。

第二，李澤厚與舒衡哲就這兩個問題進行過交流（乃至合作），這在學術研究中是再正常不過的事了，但舒衡哲據此就武斷下結論，說李澤厚「用了我的想法」（「救亡壓倒啟蒙」）或「我們大家一起討論出來的」而被李澤厚「拿去使用」（「中國六代知識分子」）等等，而完全無視李澤厚 1979 年《中國近代思想史論》一書中關於「救亡壓倒啟蒙」和「中國六代知識分子」的思想和論斷，又拿不出其他有說服力的材料，真是令人頗為遺憾。

2018 年 8 月 10－13 日於南粵

（本文刪減版刊於上海《社會科學報》，2018 年 10 月 11 日）

附錄二　我和台北三民書局的故事

李澤厚

近日有人關切我和台北三民書局是否會打版權官司，希望瞭解情況。今概述如下。

一、事由

1. 1994 年 8 月 20 日，我與台北三民書局股份有限公司（老闆劉振強，合同簽字人劉仲文）簽訂《李澤厚論著集》（以下簡稱《論著集》）「著作財產權讓與契約」，附件細目中有「第一冊《我的哲學提綱》、第二冊《批判哲學的批判》、第三冊《中國古代思想史論》、第四冊《中國近代思想史論》、第五冊《中國現代思想史論》、第六冊《美的歷程》、第七冊《華夏美學》、第八冊《美學四講》、第九冊《美學論集》、第十冊《走我自己的路》」。其後又簽訂「著作財產權讓與證明書」。當年曾付我稿酬美金十萬。

2. 因此，我認為 1994 年 1 月由安徽文藝出版社出版的《李澤厚十年集》應停止發行。事實上，也從市場消失。迄今為止，有多家出版社提出出版李澤厚全集、李澤厚文存、李澤厚文集等等，因我遵守該《論著集》契約，均一概拒絕。

3. 因大陸版權問題日益突出，我身處海外，擔心萬一發生糾紛，不便處理，乃於 1998 年 10 月正式簽署委託書一紙，其中特別聲明，我在大陸書籍有關版權問題由江奇勇先生全權處理。2001 年又簽署聲明一紙，重申該委託書有效。二紙均交江奇勇先生保存。

4. 1998 年 10 月，安徽文藝出版社出版我的《世紀新夢》，收有該《論著集》中幾篇文章，我曾詢問江奇勇是否侵權，江答，依據大陸著作權法和台灣著作權法，該《論著集》系彙編作品，不屬侵權。以後江先生以我的代理人身份陸續與

多家出版社簽約，出版了我的許多著作。

5. 之後我聽到傳言，說劉振強先生對我表示抱怨和強烈不滿，認為我在大陸不斷出版自己的著作，是謀取鉅資厚利，侵害了三民書局版權，我未曾置信，因我始終未見三民書局提出任何正式的書面和口頭的表示或訴告。從而我認為，三民書局已默認該《論著集》乃彙編作品，其中作品在大陸單獨出版不屬侵權。

6. 2008 年，北京三聯書店與我談出版《李澤厚集》時，我曾言彙編文集權利屬三民書局。三聯當局說，他們當負責解決，於是《李澤厚集》中六種著作版權頁有「由三民書局授權」字樣，並未經我認可。經由三聯書店，三民書局曾要求我就《批判哲學的批判》等書簽署獨立合同，為我所拒絕。但此六書版稅全由三聯書店交三民書局，我未提異議，也未取分文。其中三書頗有修改、補充處，我亦未取本可有三民書局付與之修改費。

7. 2009 年 10 月，三民書局經三聯書店提出，要求我簽署一張在大陸停止印行收入該《論著集》中任何作品的文件，即可「既往不咎」，否則將上訴法院。

8. 因我已於十餘年前寫有委託書交江奇勇全權處理我的著作在大陸出版事宜，其中注明了包括版權糾紛在內，我詢問江先生的意見，江堅決表示如三民書局上訴，他既是代理人，將根據委託書負責應訴，並負責處理任何其他引發的問題。

9. 我向來主張「和為貴」，於 2009 年 10 月 16 日、28 日兩次通過三聯書店提出「不傷感情」，願自己以十萬美金買回該《論著集》版權，或根據台灣眾多出版社繁簡兩體字版權可分開之慣例，以美金十萬購買該《論著集》簡體字版權在大陸出版，繁體字版權仍由三民書局繼續持有。但均遭拒絕。據三聯書店轉告，劉振強先生強調，他買的是全球中文版版權，無論繁體簡體均包括在內。該契約確未注明字體。

二、補充

以上就是迄今為止的事實情況，下列幾點作為補充，並無法律上的意義，但

為便於瞭解情況，有說明的必要。

1. 我為何簽訂此契約？回答是：正如我在該《論著集》總序中所說，「由於我的作品在台灣累經盜版，錯漏改竄，相當嚴重，並且零零碎碎，各上其市，就不如乾脆合編在一起，不管是好是壞，有一較為真實可信的面貌為佳。何況趁此機會，尚可小作修飾，訂正誤會，還有正式的可觀稿酬，如此等等。那麼，又何樂而不為呢？」。(1994 年 3 月) 有人認為，我因剛離國去美，生活無著，經濟困難，需要錢財，才如此「賤賣」；也有人說，三民書局是「趁人之危，以廉價佔霸李某著作」，等等。此等傳言，均不屬實。我去國即任教，收入不菲（有當年薪金單作證，學校也有檔案可查），以後陸續受聘，從未失業，生活一直非常優裕。所以三民書局匯來之十萬美金，我分文未動地存入美國銀行，至今如此（銀行有資料可查）。但我承認，當時剛來美國，前景茫茫，十萬美金雖未動用，對我心理卻有某種穩定作用，所以我在該《論著集》總序中以及在書信中都對劉振強先生表示過深厚謝意。當然，當時對版權問題很不熟悉，認識極差，也是簽訂這個條款含混、很不明確的契約的重要原因。

2. 我為何同意在大陸又不斷出版舊作？這並非劉振強先生所言，是牟取鉅資厚利，我仍保有歷年所收版稅單據，出版社和代理人處也應有賬可查。該《論著集》中各種書籍單獨出版所得，僅人民幣數十萬元而已（不包括其他著作、特別是新著），遠非「鉅資厚利」，而且以後如有必要，我可將這數十萬元人民幣全部拿出。只是我那十本舊著，寫在大陸，也本為大陸讀者而寫，曾有一些影響，當然希望有更多的大陸讀者能繼續讀到它們，而三民書局自 1994 年至 2008 年從未授權任何大陸出版社出版我的任何作品。如按三民書局所執意理解的「契約」，則這十餘年來我不應在大陸出版包括《美的歷程》、《華夏美學》、《美學四講》、《批判哲學的批判》、《中國古代思想史論》、《中國近代思想史論》、《中國現代思想史論》等作品。那麼，讀者這十餘年就根本讀不到我的這些著作，這當然不是我所願意的。

3. 由於知識缺乏，我長期以來不很清楚的問題是，該《論著集》在法律上應否屬於彙編作品？江奇勇先生說是，因之十本書單獨出版不屬侵權。三民書局說

否，屬於侵權。近日我仔細查閱大陸著作權法，其第十四條全文如下：「彙編若干作品、作品的片段或者不構成作品的資料或者其他材料，對其內容的選擇或者編排體現獨創性的作品，為彙編作品，其著作權由彙編人享有，在行使著作權時不得侵犯原作品的著作權。」在編寫該《論著集》時，我作了大量的編排、分類、整理、修改、增補以及寫了「總序」、「分卷序」等等「體現獨創性的作品」的工作，因之該《論著集》完全符合上述「彙編作品」（台灣稱「編輯著作」）的規定。我是該彙編著作權的所有人，我讓與三民書局的正是這一彙編著作權，而並非「原作品」即《美的歷程》等十書的著作權。我也查閱了台灣相關法律，大體相同，如台灣法律規定「就資料之選擇及編排具有創作性者為編輯著作，以獨立之著作保護之。編輯著作之保護，對其所收編之著作之著作權不生影響」。因此，在江先生與三民書局兩種對立意見中，我現在更傾向於江的意見。

4. 依據大陸《著作權法》第二十五條，「權利轉讓合同包括下列主要內容：1. 作品的名稱；2. 轉讓的權利種類、地域範圍；3. 轉讓價金；……」該《論著集》的讓與契約竟缺少 2、3 項，因此我現在也可質疑該契約在法律上是否有嚴重缺失。

5. 「著作財產權讓與證明書」一紙列出的是十本書名，卻未能證明該十書各有讓與契約，而且與「著作財產權讓與契約」之著作物名稱不相符合。我也懷疑此證明書在法律上能否有效。

6. 另一使我不解的問題是，台灣眾多出版社都實行繁簡兩種字體的版權可以分開的處理辦法，為何三民書局對該《論著集》執意不願遵循慣例？

7. 我為何支持江奇勇先生？除了覺得江先生的意見在法律上有充分理據外，還因為江先生是在九十年代初期多家出版社或退稿、或中斷聯繫、或出書時掩蓋塗掉我的名字的情勢下，冒著極大風險，多方努力，才得以不斷出版我的舊作。有友人勸說「打官司對名聲不利」「打官司贏輸難定」等等，我既在理論上講倫理價值有絕對性，實踐也應如此履行。朋友情誼應高於財產、名聲，患難之交不可忘，當三民書局要求我簽署停止在大陸出版該十種著作而實質在於停止江的出版權利的書面文件時，我即表示願以原稿酬買回大陸版權。所以即使這次打官司

「贏輸難定」「對名聲不利」也無所謂。我仍然感謝江先生能使廣大讀者不斷讀到我的作品。

三、結語

在提出買回簡體字版權的建議遭到拒絕後，我查閱了相關法律文件，經慎重考慮，決定在此重申：我給江奇勇先生委託書中「全權代理」的字樣長久有效，以後一切事宜由江先生處理。

為使讀者瞭解情況，特別是為避免我身後（我年事已高）可能發生的各種糾紛和傳聞，特作此說明，敬希鑒察。

我即將離開北京，此件何時發表，由北京的朋友決定告我即可。

另附件兩份。

2009 年 11 月 6 日

[附件一]
委託書

茲委託江奇勇先生全權代理拙著在中國大陸的出版、發行等各項事宜（包括有關版權交涉諸問題在內）。

李澤厚（簽名蓋章）

1998 年 10 月 21 日於美國科州

[附件二]
聲　明

我曾於 1998 年 10 月 21 日簽署委託書，由江奇勇先生全權代理拙著在中國大陸地區的出版、發行諸事宜，其中注明包括版權問題在內（凡與我簽訂的出版合同，其複印件均由江奇勇先生保存，遇有問題或糾紛由他全權代行處理）。今

特在此聲明該委託書有效。

李澤厚（簽名蓋章）

2001 年 4 月 8 日於美國科羅拉多州

李按：原聲明中 10 月誤寫為 11 月，茲予改正。

「故事」續記

上文《我和台北三民書局的故事》當年即寄李昕先生、劉再復先生等五人，此次一字未改。

這裡要說明的是，我與三民書局實際上有兩個合同。

第一個合同不是現在的合同，是《李澤厚論著合集》合同，其中有繁簡字及包括大陸在內中文版版權歸屬三民書局條款，我當時在美國教書，劉振強先生在 1994 年 4 月寄來這合同，同年 5 月匯來十萬美金作稿酬，8 月寄來第二個合同即現在展示的這個合同。1995 年我以第二個合同為由提出簡體字本歸還作者以適應大陸讀者需要，劉以三民書局即將出版簡體字本供應大陸讀者為由拒絕，我覆信同意。第一個合同一直在當時委託人江奇勇先生手中，未作複印。因當時認為此合同已經作廢，無需保存了。在我保存的台北地方法院判決書及附件中也只見展示和多次提及第二合同，從未提及和展示這第一個合同。

第二個合同就是現在展示的這個合同（見圖 1 至圖 3）。這種合同本是供台灣學人使用的，所以其中並沒有寫明該合同適用的地域和繁體、簡體字。

當江奇勇先生（下簡稱江）擔任我著作版權全權委託人後，他在各地出版了我的不少著作，有如前篇「故事」所說，我曾問江這是否侵犯三民書局版權，江強調與三民書局的合同是一彙編作品，因此只有此彙編本的版權，而並不包括各書單獨出版的版權，並展示許多法律條文，我細讀後，認為江說有理，這些在前篇中已作說明，並認為三民書局也已默認，我在北京期間，三民書局曾兩次電話，說想和我簽訂《論著集》各書的單獨版權，我未理會。我認為三民書局也承認了只有彙編權，並無各書的單獨出版的版權。這使我的書能繼續在國內出版，

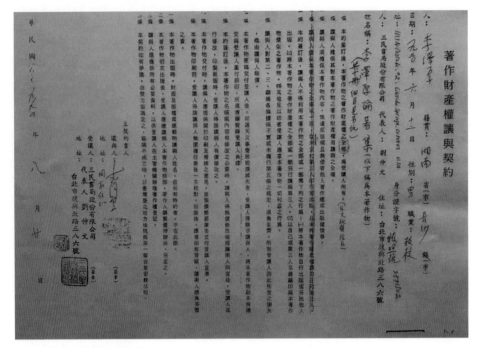

圖1：著作財產權讓與契約

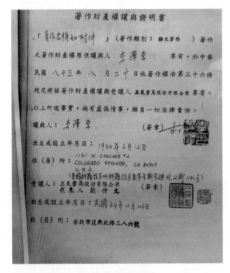

圖2：著作財產權讓與證明書

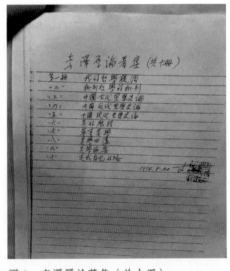

圖3：李澤厚論著集（共十冊）

擁有讀者。以後多年相安無事，未發生變故。

在北京三聯書店 2009 年出版《李澤厚集》後，三民書局在天津、上海等處向江所交付我著作的出版社提出訴訟。江則以我的名義在我同意前（江是我的全權委託人，我隨後只能表示支持），在合肥、南京控告國內三聯書店未與我簽訂合同，將我的思想史三部編入「中國文庫」出版，北京三聯書店侵犯了我的版權，時李昕先生擔任老總。

在上海中院開庭時，三民書局所出示的第一份合同被發現有後來加上和改過的痕跡，認定為偽品，三民書局立即在上海撤訴。當時我仍在美國，詳情細節江也未告知我。但當時訴訟檔案應仍可查核。

江奇勇先生滿懷必勝之心，仍以彙編作品與單獨作品為由繼續在天津（後移北京高院）、台北應訴，當時有人（也包括鄙人）認為既然第一合同（《合集》）因偽證作廢，就該主要以第二合同（即現存的合同）無地域、繁簡體漢字之分為理由來反駁，使三民書局難以回答。因為三民書局的主要證據只是我與劉振強的兩封信件，其中一封承認繁簡體均歸三民書局，但信件只表示一種意見，意見可因時而異，在法律上不能與簽字合同相比。江堅持己見，仍主要辯以彙編作品，終於在 2014 年最後敗訴。

江奇勇先生在敗訴後就不再與我作任何聯繫，2017 年我辦理了撤銷江作為委託人的公證書。

這就是事情的始末。

最後應說的是，三民書局既已有第一個合同，為何又要我簽第二個合同？這正是因為《合集》合同有彙編的含義，三民書局也曾使用這一合同向大陸各地出版社進行訴訟，而江奇勇先生確實抓住了這一要害（「彙編」）進行反擊，在上海法庭宣佈第一個合同是偽證使三民書局被迫撤訴後，據人相告，劉振強先生曾十分氣惱，於是組成有多名律師的律師團，以第二個合同繼續訴訟，終於在台北地方法院（台北是對我提出訴訟，大陸是對各出版社提出訴訟，所以我保留有台北法院的判決書）取得有利於三民書局的判決，即《批判哲學的批判》、思想史三論、美學三書等十書版權歸屬台北三民書局，我覺得這一判決深受包括繁簡兩

體的第一個合同的影響。我對此判決頗為不服，但接受和履行了這一法院判決。

因此次貴州事件（按：指 2020 年貴州人民出版社未經李澤厚先生同意，擅自將《美學論集》改名為《美的哲學》出版，李發聲明不承認此書是自己的著作），又涉及版權問題，議論紛紜，我覺得似有責任應將「故事」始末講完。這的確是「故事」，已故很久的事了。劉振強先生已於近年仙逝，我也不久將成為過去式，今日講來，並不是為了再惹波瀾，只是想趁我尚在人世，讓讀者們更具體地瞭解此事的原由、過程和情況，其中也可能有個人記憶上的錯漏，歡迎指出和批評或批判。總之，成灰之年，渴望休息，我不擬再談，讓它成為一個徹底的「故事」吧。

2020 年 5 月 31 日

[附] 李澤厚致江奇勇兩封電子郵件

我與江奇勇先生在訴訟過程中有分歧，下兩信有關「起訴三聯」「台北敗訴」兩件事，發表是為了保存史實，並無他意。我和江奇勇先生多年合作遠大於分歧，至今對他也仍懷紀念。尚憶 2012 年秋最後一面告別，是豐盛餐飲後在北京機場，他揮手說：「先生放心吧！」當時情景猶歷歷在目，今日回首卻不勝感慨係之矣。

（一）2012 年 11 月 17 日，星期六，12:08 下午

完全不能接受。你不該欺瞞我瞞我。我年歲已大，根本不在乎這些所謂權益，版權全歸三民也無所謂，如故事一篇所説我紀念的是當年你不畏風險出我書的情況以及以後的愉快合作，所以三民要三聯付他版税時，我一口承允，但這次要奪你的單行本版權時，我便毫不猶予地站在你方，我本不想打官司，你説一定要打，我也就同意了。但你以我的名義在合肥告三聯時並未告我。當劉再復勸我

時，我相當被動，並從此與三聯斷了關係，這也就算了。回想當年你出《論語今讀》時也未告我，你表示歉意後我也就過去了，這次又瞞我，有此必要嗎？那我怎麼能不想你還瞞了些甚麼呢？朋友之間應該互相信任，坦誠相待，才能共患難同安樂。此覆。李

（二）2013 年 8 月 15 日，星期四，10:33 上午

上海庭審打掉合集後，我即認為重點應放在字體，並主動提出信件問題（回避反讓對方抓住大作文章），強調信件不具法律約束力，雙方均有在不同時日改變看法和意見的權利，一切應以論著集的契約為准。你不聽取這意見。只反覆著力於一本還是十一本，以致導至北京判決。此次亦無希望。到此結束算了。

馬按：為保持信件原貌，收入本書時一字未改，包括錯別字。

附錄三　李澤厚著作年表簡編

馬群林　輯

1957 年

《門外集》，長江文藝出版社

1958 年

《康有為譚嗣同思想研究》，上海人民出版社

1979 年

《批判哲學的批判——康德述評》，人民出版社
《中國近代思想史論》，人民出版社

1980 年

《美學論集》，上海文藝出版社

1981 年

《美的歷程》，文物出版社

1984 年

《中國美學史》第一卷（與劉綱紀主編，劉綱紀執筆），中國社會科學出版社

1985 年

《李澤厚哲學美學文選》，湖南人民出版社

《中國古代思想史論》，人民出版社

1986 年

《走我自己的路》，北京三聯書店

1987 年

《中國美學史》第二卷（與劉綱紀主編，劉綱紀執筆），中國社會科學出版社

《中國現代思想史論》，東方出版社

1988 年

《華夏美學》，新加坡東亞哲學研究所

《李澤厚集——思想‧哲學‧美學‧人》，「開放叢書‧中青年學者文庫」，黑龍
　　江教育出版社

《馬克思主義在中國》，北京三聯書店

1989 年

《美學四講》，香港三聯書店

1991 年

《我的哲學提綱》，「風雲思潮叢書」，台灣風雲時代出版公司

1994 年

《李澤厚十年集》六卷本（《美的歷程・華夏美學・美學四講》《批判哲學的批判・我的哲學提綱》《中國古代思想史論》《中國近代思想史論》《中國現代思想史論》《走我自己的路》），安徽文藝出版社

1996 年

《告別革命：回望二十世紀中國》（與劉再復合著），「文學中國叢書」，香港天地圖書有限公司

《李澤厚論著集》十卷本〔《我的哲學提綱》《批判哲學的批判：康德述評》《中國古代思想史論》《中國近代思想史論》《中國現代思想史論》《美的歷程》《華夏美學》《美學四講》《美學論集（新訂本）》《走我自己的路》〕，台灣三民書局

1998 年

《論語今讀》（初稿），「文學中國叢書」，香港天地圖書有限公司

《世紀新夢》，安徽文藝出版社

《李澤厚學術文化隨筆》，「二十世紀中國學術文化隨筆大系」，中國青年出版社

1999 年

《美學三書》，安徽文藝出版社

《李澤厚哲學文存》（上下編），安徽文藝出版社

《中國思想史論》（上中下），安徽文藝出版社

《波齋新說》（內地版名《己卯五說》），香港天地圖書有限公司

2000 年

《探尋語碎》（楊春時編），「學苑英華」叢書，上海文藝出版社

2002 年

《浮生論學》（與陳明合著），華夏出版社

《歷史本體論》，北京三聯書店

《美學舊作集》，天津社會科學院出版社

2004 年

《走我自己的路‧雜著集》，中國盲文出版社

《走我自己的路‧對談集》，中國盲文出版社

2005 年

《實用理性與樂感文化》，北京三聯書店

2006 年

《馬克思主義在中國》，「廿一世紀文庫」，香港明報出版社

《李澤厚近年答問錄（2004 至 2006）》，天津社會科學院出版社

2008 年

《人類學歷史本體論》，天津社會科學院出版社

《新版中國古代思想史論》，天津社會科學院出版社

2009 年

《李澤厚集》十卷本〔《批判哲學的批判：康德述評（修訂第六版）》《美的歷程》《華夏美學‧美學四講（增訂本）》《中國古代思想史論》《中國近代思想史論》《中國現代思想史論》《論語今讀》《歷史本體論‧乙卯五說（增訂本）》《實用理性與樂感文化》《雜著集》〕，北京三聯書店

2010 年

《倫理學綱要》，「中華文化復興方陣‧人民日報名家談系列」，人民日報出版社

2011 年

《哲學綱要》，北京大學出版社

《該中國哲學登場了？》（與劉緒源合著），上海譯文出版社

《李澤厚論教育‧人生‧美——獻給中小學教師》（楊斌編選），「大夏書系‧名家談教育」，華東師範大學出版社

2012 年

《中國哲學如何登場？》（與劉緒源合著），上海譯文出版社

《李澤厚舊說四種》（《說文化心理》《說巫史傳統》《說西體中用》《說儒學四期》），上海譯文出版社

2014 年

《回應桑德爾及其他》，北京三聯書店

《李澤厚話語》（鄧德隆、楊斌編選），華東師範大學出版社

《李澤厚對話集》七卷本〔《八十年代》《九十年代》《廿一世紀（一）》《廿一世紀（二）》《浮生論學》《與劉再復對談》《中國哲學登場》〕，中華書局

2015 年

《由巫到禮‧釋禮歸仁》，北京三聯書店

《什麼是道德？——李澤厚倫理學討論班實錄》，華東師範大學出版社

2016 年

《人類學歷史本體論》，青島出版社

《給孩子的美的歷程》（霍籽編），「給孩子系列」，中信出版集團

2017 年

《倫理學綱要續篇》，北京三聯書店

2018 年

《李澤厚散文集》（馬群林選編），世界圖書出版（北京）有限公司

2019 年

《李澤厚卷》（馬群林編），「中國文化書院八秩導師文集」，東方出版社

《尋求中國現代性之路》（馬群林編選），東方出版社

《人類學歷史本體論》三卷本（《倫理學綱要》《認識論綱要》《存在論綱要》），
人民文學出版社

《倫理學新說述要》，世界圖書出版（北京）有限公司

《從美感兩重性到情本體——李澤厚美學文錄》（馬群林編），山東文藝出版社

2021 年

《李澤厚集》（《倫理學新說述要》增補本），「當代湖湘倫理學文庫」，岳麓書社

《中國哲學如何登場？——與劉緒源對話》（新編版），南京大學出版社

《李澤厚劉綱紀美學通信》（楊斌編），「蠹魚文叢」，浙江古籍出版社

《倫理學新說》，人民文學出版社

按：本年表所錄均為中文初版，不含外文版。

責任編輯　林　冕

書籍設計　a_kun

書　　名	**人生小紀：與李澤厚的虛擬對話**
編　　撰	馬群林
出　　版	三聯書店（香港）有限公司
	香港北角英皇道 499 號北角工業大廈 20 樓
	Joint Publishing (H.K.) Co., Ltd.
	20/F., North Point Industrial Building,
	499 King's Road, North Point, Hong Kong
香港發行	香港聯合書刊物流有限公司
	香港新界荃灣德士古道 220-248 號 16 樓
印　　刷	美雅印刷製本有限公司
	香港九龍觀塘榮業街 6 號 4 樓 A 室
版　　次	2022 年 5 月香港第一版第一次印刷
規　　格	16 開（170 × 240 mm）496 面
國際書號	ISBN 978-962-04-4934-5

© 2022 Joint Publishing (H.K.) Co., Ltd.

Published & Printed in Hong Kong